全国教育科学"十三五"规划2018年度教育部规划课题"童心本位视域下福建民间音乐文化启蒙教育的研究"(FHB180606)。

童心本位与文化陶冶

福建民间音乐的早期启蒙

程英 ○ 著

中国社会科学出版社

图书在版编目(CIP)数据

童心本位与文化陶冶：福建民间音乐的早期启蒙/程英著. —北京：中国社会科学出版社，2022.5
ISBN 978 - 7 - 5227 - 0008 - 3

Ⅰ.①童… Ⅱ.①程… Ⅲ.①民间音乐—学前教育—教学研究 Ⅳ.①G613.5

中国版本图书馆 CIP 数据核字(2022)第 056035 号

出 版 人	赵剑英
责任编辑	刘 艳
责任校对	陈 晨
责任印制	戴 宽

出　　版	中国社会科学出版社
社　　址	北京鼓楼西大街甲 158 号
邮　　编	100720
网　　址	http://www.csspw.cn
发 行 部	010 - 84083685
门 市 部	010 - 84029450
经　　销	新华书店及其他书店
印　　刷	北京明恒达印务有限公司
装　　订	廊坊市广阳区广增装订厂
版　　次	2022 年 5 月第 1 版
印　　次	2022 年 5 月第 1 次印刷
开　　本	710×1000　1/16
印　　张	22
字　　数	341 千字
定　　价	128.00 元

凡购买中国社会科学出版社图书，如有质量问题请与本社营销中心联系调换
电话：010 - 84083683
版权所有　侵权必究

序　一

在建党 95 周年庆祝大会的重要讲话中，习近平总书记强调："文化自信，是更基础、更广泛、更深厚的自信。"自此，文化自信开始成为继道路自信、理论自信和制度自信之后，中国特色社会主义的"第四个自信"。文化的自信，在于文化的积淀、传承与创新、发展。福建民间音乐，是中华文化大家庭中极具地域特色的文化遗产，在全球文化不断融合、民族文化有可能衰微的背景下，更应该不断地传承、发展、创新、应用。

程英老师密切关注中华与福建优秀文化的传承与创新，注重福建民间音乐资源的开发和利用，坚持从教育实践的源头做起，带领福建省三十一所幼儿园进行了长期、深入的研究，让当地的孩子们从小就接受福建民间音乐及其文化的早期启蒙。从而，在这些孩子幼小的心灵里，埋下一颗颗乡土文化传承与创新的种子，使其未来能够成为一支支发展福建民间音乐与福建文化精神的火炬，照亮民族音乐与文化的发展前程。从这个角度来说，程英老师所主持的全国教育规划项目"童心本位视域下福建民间音乐文化启蒙教育的研究"，以及该项目研究成果——《童心本位与文化陶冶：福建民间音乐的早期启蒙》这本专著有着厚重的意义，事关中国、福建民间音乐与民族文化的传承与创新，事关学前儿童早期文化自信的培育与塑造。

我与程英老师相识近二十年了，她对学前教育的热忱与执着、与幼儿园教师长期深入的合作共研与专业引领，都让我非常赞赏，在不断的思想、情感交流之中，我们也成为了忘年之交。我知道，作为大学教师的她，带着一群有志于幼教改革的研究团队，几十年如一日扎根一线，

童心本位与文化陶冶：福建民间音乐的早期启蒙

对幼儿园的课程建设与教育教学改革作出专业性的引领与情感性的支持。我也知道，她自身也在与幼儿园一线教师的互动中获得了滋养与成长。《童心本位与文化陶冶：福建民间音乐的早期启蒙》这本书稿，就是她理论与实践、教学与研究长期融合互动的产物。而读过之后，也刷新了我对程英老师专业成就的认知。

程英老师经过二十多年的理论研究与实践探索，创造性地借鉴了在"兴于诗，立于礼，成于乐"中所彰显出的礼乐合一的中华传统文化思想，以尊重幼儿内在感受和独特想象为前提，逐步形成了童心本位视域下"礼乐合一、以美润心"的中华优秀传统文化启蒙教育思想，建构了富于地域特色与推广价值的民族优秀文化美育启蒙课程。该课程共培训福建省内幼儿教师2万多人次，有效地推动了民族优秀文化启蒙从外在教化向审美感化的转型与升级，促进了孩子乃至家长对中华民族优秀文化的认同与喜爱。

特别难能可贵的是，她二十多年如一日，坚持到幼儿园一线进行田野研究和行动研究，积极推动福建民间音乐的早期启蒙与中华优秀文化的陶冶工作，并且带领团队中的专家与幼儿园一线教师共同研讨、改造与实验了适宜幼儿的民族民间音乐文化启蒙的一批鲜活案例，为创新发展幼儿民间音乐文化启蒙工作走出了一条新路。由此可知，她真的做到了将汗水洒在了福建省幼儿园民间音乐文化启蒙的园地里，把论著写在了中国学前教育事业的大地上。

八闽大地，人杰地灵，积淀了深厚的文化底蕴。闽都文化、朱子文化、闽南文化、红土地文化等承载着福建文化的根脉，是进行中华优秀文化熏陶、感染、教育的宝贵资源，任何一位明智的教育工作者都不会对这些民族文化宝藏视而不见、充耳不闻，而是会大力挖掘、开发、整理、凝练、提升，并且积极、有序、科学、高效地运用于立德树人工作之中。

在程英老师的引领下，福建各基地园开展了地域文化与闽乐乡音"礼乐合一"的系列教育活动，其中包括以"孝"文化为主线的闽都音乐文化启蒙、以"礼"文化为主线的闽中音乐文化启蒙、以"拼"文化为主线的闽南音乐文化启蒙、以"勇"文化为主线的闽北音乐文化启蒙、以"红"文化为主线的闽西音乐文化启蒙。这些内涵丰富、形式多样、立足本土、沟通古今的系列化教育活动，让"礼"文化与音乐形成了审美共振关系，使幼儿从中获得潜移默化的审美熏陶与文化陶冶，既展示了其研究福建闽文化的宏大视角和对时代脉搏的精准把握，也体现了锻造文化自信的强烈的使命感和责任感。

福建民间音乐文化与闽文化精神，传承的是福建人民的生命力和创造力，传承的是福建省深厚的文化底蕴。全国每个地域都有自己独特的民间音乐文化，而这些地方民间音乐文化又汇聚成了中华民族文化的壮阔海洋。程英老师的福建民间音乐的早期启蒙与闽文化的陶冶研究，是中国民族文化与民间音乐文化传承的一部分。

文化的传承要从娃娃抓起。中华民族伟大复兴的根基在于年幼儿童文化认同与文化自信的早期萌芽。让中华优秀文化以春风化雨的方式走进幼儿的心灵世界，成为他们一生的精神财富，这是当代学前教育应有的文化使命与责任担当。相信程英老师及其团队的敬业精神、严谨态度、务实研究与致用实践等，将会发挥出示范带动、推波助澜的作用，启示和激励其他学前教育研究者立足本土，沉到一线，脚踏实地，实事求是，研以致用，做真正的研究，把著作论文写在祖国的大地上，写在幼教的田野上，做出功在当代、惠及千秋的一番事业，持续推动、促进、加快塑造中华民族文化自信的伟大工程。

唐 淑[*]

于 2021 年 6 月

---

[*] 唐淑，女，南京师范大学学前教育系教授，中国著名学前教育史与学前课程专家，人民教育出版社"功勋作者"。

序　二

作为民族文化宝库中一种大众喜闻乐见的艺术形式，民族音乐是劳动人民在长期的劳动生活和社会生活中运用音乐，如民歌、歌舞音乐、曲艺音乐、戏曲音乐、民族民间器乐等，对自己生活的感情、感受和理想等进行表达的一种艺术形式，也是他们在日常生活中自娱自乐的主要方式之一。

福建有着悠久的历史和丰厚的民族音乐文化遗产。这种民族音乐文化遗产既是福建深厚文化底蕴构成的一个部分，也承载着福建的文化基因，体现着福建人文可持续发展的生命力和创造力。

自秦汉以来，由于各种社会原因，中原人民多次大规模迁徙入闽，促进了闽越文化与中原文化的融合，而华夏文明精华在八闽的层层积淀，又使福建传统音乐文化呈现出多样性和厚重感。其中，福建有代表性的民族传统音乐形成了闽西音乐文化区、闽南音乐文化区、莆仙音乐文化区、闽东音乐文化区、闽中音乐文化区、闽北音乐文化区、闽北客家音乐文化区、闽东畲族音乐文化区八个音乐文化风格区。拥有山歌、渔歌、唱诗、小调、儿歌、劳动号子等民歌；采茶灯、踩马灯、九莲灯、打花鼓、大车鼓、彩球舞、大鼓凉伞、拍胸舞、茉莉花舞等歌舞音乐；锦歌、南词、评话、椆鼓咚、竹板歌等曲艺音乐；闽剧、莆仙戏、梨园戏、高甲戏、芗剧（歌仔戏）、闽西汉剧等戏曲音乐；福州十番、闽西十班、闽南古筝音乐、闽派古琴音乐等民族民间器乐；南音、北管等综合性乐种。

福建民族音乐淳朴、生动、清新、优美、通俗易懂、生气盎然，是直接来自生活、反映生活的艺术，能给予幼儿丰富的艺术营养，带给幼儿快乐、智慧和灵感。

然而，随着现代化进程的加快，丰厚的民族音乐文化底蕴和脆弱的民间文化保护的反差，使得民族音乐在福建一度面临尴尬的境地，很多儿童对生活中的家乡民族音乐缺少接触与学习的机会，以至于由于对它缺乏了解而兴味索然，甚至产生某些抵触、排斥的消极心理。在下一代人中，福建民族音乐及其所蕴含的文化精神，曾经呈现过较为严重的衰弱、下滑、缺失的状态，令热心于民族音乐的教育者、研究者唏嘘不已，忧心忡忡，急欲扭转这种民族音乐文化的颓势。

程英教授就是关注这类民族音乐窘况的教育者。每次与她交谈，我都能够深深地感受到她对民族音乐启蒙教育的巨大热忱，以及她对幼儿民族音乐文化启蒙事业的真挚热爱，并且具有对振兴民族音乐文化教育的强烈使命感和责任感。

程英教授以福建民族音乐为切入点，选择学前儿童喜闻乐见、可理解接受的音乐内容与教育方式，对孩子们进行家乡故土音乐文化的熏陶与启蒙，通过激发他们对福建音乐文化的热爱之情，增进他们对社会主义祖国的热忱和热情，使祖国和家乡的音乐文化遗产从幼儿开始传承与弘扬成为可能。这一研究与实践是甚具眼光与意义深远的选择。故而，数年前当她提出希望我作为该课题研究的顾问，并为其著作《童心本位与文化陶冶：福建民间音乐的早期启蒙》写序时，我欣然应允了。

学术研究的第一要义就是科学严谨，民族音乐教育研究需要基于第一手的研究资料与第一线的教育实践，更需要严格、严谨的治学态度与大胆开拓的创新精神。在这一点上，程英教授是一位身体力行者。从2002年开始，她就带领着八闽各地30余所课题基地园的老师，开展了广泛而深入的福建民族音乐文化走进幼儿园的研究。作为这个课题组的研究顾问，我认为本课题从架构、开题到整个实施过程，都非常认真缜密。课题组通过从扎根现场、田野调查的行动研究，到对幼儿学习的观察反思、交流研讨等立体多维的综合实践，以及定量研究与定性研究的有机结合，确保了整个课题研究得以科学有效地顺利推进，也确保了研究成果的严密性、科学性与实效性。

综观本书，该课题研究的创新之处主要有如下三个方面：

一是提出了童心本位下"礼乐合一、以美润心"的民族音乐启蒙教育思想。即创造性地借鉴了中国传统儒家文化"礼乐相依"、"礼乐合一"的思想，重新定位了早期传统音乐启蒙教育中的师幼关系，以童心为本，注重传统音乐的"乐"教与传统文化"礼"教的和谐共生，用音乐架起"乡土文化"与"儿童心灵"之间的桥梁，创建了基于幼儿审美倾向和游戏天性、尊重幼儿独特审美感受与艺术表征方式的新型民族音乐文化启蒙教育思想，其核心是关注幼儿心灵的丰富与幸福成长对民族和家乡故土音乐与文化的内在需求。

二是构建了以幼儿为主体的民族音乐文化启蒙四大美育实践体系。即构建了以幼儿为主体、符合幼儿兴趣能力的童声歌唱型民间歌谣实践体系；符合体态律动学原理的童真表现型民间歌舞实践体系；基于福建戏曲特色且充满健康快乐的童趣游戏型民间戏曲活动实践体系；以"礼"、"孝"、"拼"、"勇"、"红"文化精神为主线的福建音乐文化启蒙教育实践体系。

三是形成了卓有成效的新型幼儿园民族音乐启蒙教学法。即提出了场域化、游戏化、开放化的"三化"教学策略，形成了一整套有效支持幼儿审美感受、表现与创造的民族音乐文化启蒙教育的教学法。在"以美感人、以情动人、以乐施教、以文化人"的民族音乐美育中，春风化雨般地滋养幼儿的心灵，实现以美育人、以美化人、以美培元的育人目标。

本书构建了具有本土文化感染力与生长力的幼儿园民族音乐文化课程，将福建音乐文化的精髓，以契合幼儿身心发展特点的内容与形式创造性地融入幼儿园课程，让幼儿在喜闻乐见的活动中获得陶冶，萌发对家乡故土音乐及其文化的亲切感与认同感，在幼小心灵中埋下民族音乐及家乡文化的种子。本书所形成的课程内容、课程设计和实施策略等，可直接运用于福建各地，有助于促进幼儿园园本化的课程建设，并推动福建民族民间音乐文化的保护、传承与发展。

福建与海峡对岸的台湾，在民族音乐文化方面有着许多共通之处，而充满生机与感染力的福建音乐文化，可以发挥桥梁与纽带的作用，加强海峡两岸民众的情感沟通与文化交流，从而进一步推进祖国统一大业，共同描绘出中华民族伟大复兴的宏伟蓝图。

清代著名文人画家郑板桥与其弟子韩镐论文,写下了这样一副名联:"删繁就简三秋树,领异标新二月花。"程英教授数十年如一日,始终坚守在幼儿音乐文化启蒙的领域里,并从丰富的实践经验中披沙拣金,百锻千炼,提出童心本位下"礼乐合一、以美润心"的民族音乐文化启蒙教育思想。其所编撰的这本书既有深入浅出地阐述的理论内容,也有化抽象理念为具体课程的生动实例,承载着创新性幼儿音乐文化启蒙教育的思想精华,就是一朵"领异标新"的"二月花"。

诚挚祝愿,本书的面世,能有力地推进幼儿民族音乐文化启蒙教育事业的蓬勃发展,迎来"春风化雨润青芳,桃花一笑映新阳"的大好局面。

是以为序。以上。

王耀华*谨具

2021 年 6 月吉旦

---

* 王耀华,福建师范大学教授、博士生导师,教育部艺术教育委员会副主任,亚太民族音乐学会会长,中国著名民族音乐教育家。

目 录

第一章 本能缪斯：民间音乐文化的魅力存在 …………… （1）
 第一节 中国民间音乐文化的历史与现实 ………………… （3）
 第二节 福建民间音乐文化的特点与类型 ………………… （12）
 第三节 民间音乐文化启蒙教育研究现状与展望 ………… （20）
 第四节 福建民间音乐文化启蒙教育研究思路 …………… （35）

第二章 文化断裂：幼儿园民间音乐文化启蒙的困境考察 ……… （42）
 第一节 幼儿园民间音乐文化启蒙的缺失状况 …………… （43）
 第二节 幼儿教师的教育态度与实施情况调查 …………… （46）
 第三节 幼儿园民间音乐文化启蒙的困境与成因 ………… （55）

第三章 童心视角：幼儿园民间音乐文化启蒙的突围前路 ……… （63）
 第一节 幼儿园民间音乐文化启蒙的价值意义 …………… （63）
 第二节 幼儿园民间音乐文化启蒙的理想境界 …………… （67）
 第三节 幼儿园民间音乐文化启蒙的教育策略 …………… （75）

第四章 童声歌唱：福建民间歌谣与幼儿园音乐文化启蒙 ……… （94）
 第一节 福建民间歌谣的审美意蕴与文化精神 …………… （94）
 第二节 福建民间歌谣名篇改编运用选介 ………………… （102）
 第三节 幼儿园民间歌谣歌唱活动示例 …………………… （125）

第五章　童真表达：福建民间舞蹈与幼儿园音乐文化启蒙 ……… （147）
　　第一节　福建民间舞蹈的审美意蕴与文化精神 ………… （147）
　　第二节　福建民间舞蹈名作改编运用选介 ……………… （154）
　　第三节　幼儿园民间舞蹈活动示例 ……………………… （170）
　　第四节　幼儿园民间舞蹈活动诊断修改示例 …………… （189）

第六章　童趣游戏：福建民间戏曲与幼儿园音乐文化启蒙 ……… （200）
　　第一节　福建民间戏曲的审美意蕴与文化精神 ………… （200）
　　第二节　幼儿园民间戏曲创意游戏示例 ………………… （214）

第七章　童心陶冶：福建文化精神与幼儿园音乐文化启蒙 ……… （235）
　　第一节　以"礼"文化为主线的闽中音乐文化启蒙活动 …… （236）
　　第二节　以"孝"文化为主线的闽都音乐文化启蒙活动 …… （255）
　　第三节　以"拼"文化为主线的闽南音乐文化启蒙活动 …… （264）
　　第四节　以"红"文化为主线的闽西音乐文化启蒙活动 …… （281）
　　第五节　以"勇"文化为主线的闽北音乐文化启蒙活动 …… （289）

第八章　研究综述：福建民间音乐文化启蒙的成效与启示 ……… （297）
　　第一节　家长与幼儿的态度及文化认同度的调查 ……… （298）
　　第二节　幼儿教师的认识与教学效能感的调查 ………… （309）
　　第三节　研究的启示与建议 ……………………………… （325）

参考文献 …………………………………………………………… （332）

后　记 ……………………………………………………………… （337）

第一章　本能缪斯：民间音乐文化的魅力存在

缪斯（希腊语：Μουσαι；拉丁语：Musae；英语：Muses）亦译作"缪思"，一般被认为是希腊神话中的9位主司文艺和科学女神的通称。在这些主神宙斯和记忆女神谟涅摩叙涅所生育的女儿中，克利俄管历史，欧忒耳珀管音乐与诗歌，塔利亚管喜剧，墨尔波墨涅管悲剧，忒耳西科瑞管舞蹈，埃拉托管抒情诗，波吕许尼亚管颂歌，乌拉尼亚管天文，卡利俄珀管史诗。而作为艺术之神，她们擅长轻歌曼舞，能够带来愉悦与欢乐，后来多被人们用来代表艺术和美，认为这些女神的身上放射着爱和美之光。

由于汉民族的先民们偏向于形象思维，在以象形为基础造字法而生成的汉字系统里，"美"的古字形就像一个戴着头饰站立着的人，因而在汉语词汇系统里，"美"的本义也就指漂亮、好看。后来经过引申发展，"美"除了表示具体事物的美好之外，还被用来表示某些抽象意义，如形容人的品德高尚就可以说"美德"。美好的事物具有独特的魅力，往往会给人以愉快的感觉，因此"美"又有了令人满意的意思，如人们对自己感到满意的商品会称赞它说"价廉物美"。

在美学范畴中，美是指能引起人们美感的客观事物的一种共同的本质属性，但其本身是人对外界事物的一种主观感受。美学就是研究人与世界上客观事物审美关系的一门学科，也可以说，美学研究的对象是人的审美活动。在美学里，美包括生活美和艺术美两个最主要的形态，其中生活美又分为自然美和社会美。处于这些形态美的环境之中，人们的心里就会产生出审美活动。而所谓的审美活动，是人的一种以意象世界为对象的人生体验活动，也就是人类的一种精神文化活动。

对于美的事物，比如优秀的音乐、美术等艺术作品，人们会产生出一定的美感。美感即人类的审美意识，是审美主体对客观现实美的主观感受。这是说，美感是人们在感觉到能满足自己主观需求的客观事物的存在时，这些客观事物的形态特征会使人们产生出来快乐的感觉。在美感心理活动中，美的认识过程始终不能脱离具体形象的感性印象，并且始终伴随着情绪、情感活动和联想活动，是感受、知觉、情感、想象等诸多心理活动的有机统一。在美感产生的主要心理过程中，人们通过自己的感官来对审美对象产生感觉，又在对审美对象个别属性的感觉基础上，产生对审美对象的综合知觉。由于受到来自审美对象的信息刺激，以及对自身过去生活经验、知识积累的调动，人们的头脑中便会产生组合新形象的创造性想象活动，并且随着具有先前理性认识基础的情感体验，使人们在生理、心理上产生出快适、愉悦之感。这也就是说，美感是人们在审美活动中，直接欣赏到了对象的美而激起愉悦的感情状态，属于对事物的美的一种心理反应。

在现实生活中，面对美的事物或者优秀的音乐、美术等艺术作品时，常人都会产生一种直觉式的愉悦情感体验。即便是懵懂初开的幼儿，对美的事物、艺术作品等也会产生这种愉悦的美感，而这种体验的本身也是具有艺术创造性质的。挪威奥斯陆大学的让－罗尔·布约克沃尔德认为①，这种艺术灵性可以称为"本能的缪斯"，是指人类每一个成员与生俱来的一种以韵律、节奏和运动为表征的生存性力量和创造性力量，而且在学前儿童的身上，这种力量体现得最为充分。

作为民族文化宝库中一种大众喜闻乐见的艺术形式，中国民间音乐也具有这类能够催生"本能的缪斯"的性质。这种民间音乐是中国劳动人民用自己的艺术灵性，以民歌、舞蹈、戏曲等通俗、朴素、大众化的艺术方式，对自己的生活环境、生活理想、思想感情的一种艺术表达，也是他们在日常生活中用于自娱自乐的主要方式之一。就社会功能而言，

---

① 让－罗尔·布约克沃尔德：《本能的缪斯：激活潜在的艺术灵性》，上海人民出版社1997年版，第1页。

中国民间音乐还具有一定的艺术熏陶、情绪感染、启迪心智、陶冶情操、传道育人等教化功效。

第一节　中国民间音乐文化的历史与现实

中国的民间音乐既有悠久灿烂的历史，又有无比深厚的文化内涵与无限勃发的生命力，几千年来一直生生不息，衍化出浩如烟海的音乐品种和丰富多彩的音乐风格。据20世纪80年代的调查统计[①]，中国拥有345个说唱曲种，317个戏剧剧种，17636种民间舞蹈，以及不计其数的民间歌曲、民间器乐曲、说唱音乐、戏曲音乐和舞蹈音乐的曲目与剧目。与其他传统音乐相比，中国民间音乐更具有优美动听的旋律、丰富多彩的风格、鲜明浓郁的特点、感人肺腑的艺术表现力以及勃发旺盛的生机，且非常贴近普通百姓的欣赏需求和习惯，深受人民群众的喜爱并广泛传播。

一　中国民间音乐文化的基本特点

中央音乐学院音乐教育专家周青青认为[②]，中国民间音乐具有创作的口头性与集体性、地域乡土性、即兴性、流传变异性、多功能性等特点。据此，分述如下：

（一）创作的口头性与集体性

中国民间音乐是劳动人民自发的口头创作，参与者众多，并主要借助口耳相传的形式进行传播。在一代代的传播过程中，它经历了无数人的加工与改造，凝结了无数人的集体智慧，是中国劳动人民在几千年历史进程中，经过不断积累、沉淀、筛选而形成的思想感情的体验和艺术表现手法的结晶。

（二）地域乡土性

中国民间音乐的内容、形式与表现手段总是与特定地区的自然条件、

[①] 《中国大百科全书》，中国大百科全书出版社1983年版，第3页。
[②] 周青青：《中国民间音乐概论》，人民音乐出版社2003年版，第4—7页。

社会生活、文化背景紧密联系在一起，每个地区的民间音乐都有其丰富的文化底蕴与丰富多彩的表现形式。中国幅员辽阔，地域跨越大，既有高原、山地、丘陵、平原、盆地等各种地形，又有四季分明的温带、终年长青的亚热带等迥然不同的气候条件，还有工、农、林、牧、渔等不同的生产与生活方式。一方水土养育一方人，在中华大民族、大文化的共同性之下，全国不同地域的地理气候、自然生产条件、方言语音等都各具特色，各地人民的生活方式、风俗习惯、审美情趣、文化氛围等也各有差异。这些文化经过当地人民的心理沉淀后，所创作出来的民间音乐的音阶、调式、润腔、音乐结构等外在形态与内在风格也呈现出很强的地域特色与乡土风格。

（三）即兴性

中国民间音乐的主要传播方式不是书面乐谱，而是口传心授，传播者凭借唱奏，学习者凭借听记，这使得大量的优秀民间艺人在传播过程中能够尽情发挥自己的聪明才智，对民间音乐进行即兴的加工改编。口耳相传的传承方式造成了民间音乐的不确定性与易变性，为集体加工提供了条件，使得世代相传的民间音乐日臻完美。

即兴发挥是中国民间音乐的创作与表演方式，创作者即表演者，表演者即创作者。如歌手在传唱民间歌曲时，既可以即兴编词，也可以改换曲调，还可以根据自己的特长、情绪与演唱风格，对原有的曲调或歌词进行即兴发挥。在中国各民族、各地的对歌活动中，得胜者都是那些善于将学来的曲调和唱词进行即兴发挥的优秀歌手。很多戏迷去戏园子听戏，更多都是喜欢名角的即兴变化之音。当演员在某处没有按照惯例表演，而是做了有利于表现剧中人物性格和故事情节进展的现场即兴发挥时，就会获得老戏迷们的连声喝彩。

（四）流传变异性

中国民间音乐口传心授的传播方式，以及乡土性、即兴性等特点，导致其在流传过程中发生了不少变异。

一是地域性变异。一首民间曲调在异地流传时，会由方音唱词的变化导致旋律的变化，也会因各地域人们性格的不同而发生曲调情绪的变化。

二是表现功能拓展性变异。民间音乐在创作与传播中具有一曲多用的传统，经常将表现某种题材的音乐曲调换上其他内容的唱词，并将曲调的速度、线条、旋律的繁简等进行适当的修改调整，以适应新的唱词内容。

三是情感渲染性变异。一些比较简单平直、在情感上属于中性的曲调，在流传过程中经过加工改编后，具有了鲜明而细致的情感倾向。

四是体裁间相互交叉、渗透的变异。一些民间小调吸收了说唱音乐的表现手法，增加了叙事、展开情节的功能；有些说唱歌曲吸收了戏曲音乐的表现手法，扩大了表现冲突和紧张情绪的能力；某些民间器乐和歌曲，在唱奏时互相吸取润腔方式，拓展了表现手法和表现范围等。

（五）多功能性

中国民间音乐具有很多功能。它可以是自娱的，在喜悦至极或愁苦之至时，唱上一曲以抒发强烈的情感，也可以是他娱的，在观众面前展示自己驾驭音乐的能力，博得满堂喝彩，赢得听者爱慕；可以作为青年男女之间感情交流的媒介，也可用于中国民间红白喜事的仪式；可以作为集体性生产劳动的组织与指挥方式，也可以成为传授生产经验、生活知识的手段；可以在不识字的劳动人民中充当记录历史的史书，也可以成为宣扬民族英雄光辉业绩的教本；可以用于首领或长辈对民众、后辈的号召、鼓动，也可以发挥逗乐孩童们的游戏作用；等等。这种多功能性，使得中国民间音乐与劳动人民的生活息息相关，成为一种民间的生活百科全书。

二 中国民间音乐艺术的主要类别

中国民间音乐艺术主要分为民间歌曲、民间舞蹈音乐、说唱音乐、中国戏曲和民间器乐五大类，每一类别之下还有更为细致的分类。

（一）民间歌曲

民间歌曲简称民歌，是劳动人民在生活与劳动中自己创作、自己演唱的歌曲。它以口头创作、口头传唱的方式流传于民间，在传唱中不断经历人民群众集体的筛选、改造、加工、提炼，随着时间的流逝而日臻完美。

童心本位与文化陶冶：福建民间音乐的早期启蒙

作为最早产生的音乐体裁之一，民歌是其他民间音乐的基础。中国的民歌有着悠久的历史。从文献记载上看，春秋战国时期孔子编定的《诗经》，是中国第一部乐歌总集，其中民歌的内容涉及劳动、生活、阶级压迫、爱国与乐观精神等方面。楚国诗人屈原也对楚国民歌进行了系统的整理与加工，存留于《楚辞》里的《九歌》之中。

中国民歌往往具有歌词通俗而富有诗意，曲调短小，用材经济、集中，结构精练，旋律清新，朗朗上口、易于记忆等特点。优秀的民歌积累和沉淀了中华祖先深刻的情感体验，代表了中华民族最完美的表情方式与表现手法。

关于汉族民歌体裁的划分，不同的学者从各自的研究角度出发，众说纷纭，但是多数人认为主要有劳动号子、山歌、小调等类型。

劳动号子是产生与应用于劳动的，具有协调与指挥劳动的实际功用。多种多样的劳动方式产生了多种多样的劳动号子，主要有搬运号子、工程号子、农事号子、船渔号子等。劳动号子的表现方法直接简朴，音乐性格坚毅粗犷，节奏具有很强的律动性，音乐材料基本是有规则地重复使用，最常见的歌唱方式是"一领众和"，领唱者往往就是劳动的指挥者。领唱者的歌词是劳动指挥者对劳动大众的召唤，曲调富于变化；和唱部分的歌词或是应和领唱者的衬词，或是劳动中的吆喝，或是对领唱者歌词的简单重复，其曲调往往比较简单而缺少变化。至于领与和的结合方式，主要有交替呼应式、重叠式、综合式等类型。

山歌多在户外演唱，其曲调往往高亢、嘹亮，节奏自由、悠长，是劳动人民用于自由抒发感情的民歌。传统山歌中，最常见的内容就是对爱情的讴歌和对苦难生活的倾诉，歌词多为即兴创作，其中纯朴的感情、大胆的想象和巧妙的比喻，均生动鲜活、真挚感人。山歌的表现方法坦率直露，音乐性格热情奔放，节奏节拍自由悠长，曲调高亢激昂，常常在音乐的一开始便出现全曲的最高音，畅快淋漓地宣泄着郁积已久的强烈感情，在高音区常常会有自由的延长音。高亢嘹亮的歌调如果长久地环绕在山间或旷野的上空，那里便会充满烂漫的气息。山歌可分为一般山歌、田秧山歌和放牧山歌三类。

小调又被称为小曲、俗曲等，除了在农村流传外，城镇集市上也多有传唱，而其流传与发展，则反映了城市与乡村之间音乐文化的交互影响与密切联系。小调的表现手法是叙事与抒情相交融，音乐性格曲折细腻，节奏节拍规整均匀，旋律的进行多呈曲折形态，表现手法比号子与山歌更加多样，曲调也更为幽默，是民歌中更为艺术化的形式。其歌唱形式有独唱、对唱、齐唱等，常有乐器伴奏，可分为吟唱调、谣曲和时调三类。

中国是一个拥有56个民族的多民族国家，而且各少数民族一般都是能歌善舞的，流传着大量的民间歌曲与舞蹈音乐。中国少数民族的民歌品种浩如烟海，包括蒙古族的长调与短调、朝鲜族的抒情谣、哈萨克族的独唱歌曲、维吾尔族的爱情歌曲、藏族的箭歌和酒歌、云南彝族的"四大腔"，还有壮族、侗族、布依族、土家族、畲族、瑶族等少数民族的多声部民歌等，数不胜数。

（二）民间舞蹈音乐

民间舞蹈音乐是在民间形成，流行于民间，并且用歌唱、器乐来配合舞蹈的音乐艺术。它由人民群众自创自演，表现民族或地区的文化传统、生活习俗及劳动人民的精神面貌，具有鲜明的时代、地方特色以及浓郁的民族风格，所以也被称为"土风舞"。民间舞蹈音乐是音乐与动作表演相结合的艺术，具有民间舞蹈与民间乐舞两种形式，前者属于歌唱与舞蹈的结合，后者属于器乐与舞蹈的结合。

中国民间舞蹈音乐历史悠久，其产生可以追溯到远古的氏族社会。《尚书·益稷篇》记载过这样的场景："击石拊石，百兽率舞。"通过这个画面，人们仿佛看到了中国原始社会时期，在原始乐器（如骨笛、陶哨、陶埙、石磬等）的伴奏下，先民们欢乐舞蹈的情景。这种民间音乐艺术还随着时代的变迁不断流传、发展和丰富，已经成为了中国民间社会文化生活中的一个重要组成部分。

中国是一个多民族的文化古国，各民族的民间舞蹈是中国传统舞蹈艺术的源泉。据统计，56个民族共有民间舞蹈17636个。在中国汉族的民间舞蹈音乐中，最具代表性的品种是北方秧歌和南方的花灯、采茶等，而少数民族舞蹈中较典型、有代表性的，主要有藏族民族民间舞、维吾尔族民族民间舞、蒙古族民族民间舞、傣族民族民间舞、朝鲜族民族民间舞等,它们均配以歌唱或器乐。这些有声有姿的民间舞蹈,民族风情醇厚、多姿多彩、风格独特,生动而鲜明地表达了中国各民族、各地区人民的审美心理、审美意识和生活情趣。

中国民间舞蹈音乐是中国舞蹈音乐的一个分支,狭义上是指那些在中国人民群众中广为流传,具有鲜明的民族风格和地方特色的民间舞蹈音乐,包括用民间乐队演奏的器乐曲牌,民歌小调和歌、舞、乐相结合的舞蹈音乐。从广义上看,也包括所有按照舞蹈、音乐艺术的规律,为民间舞教材、民间舞剧目而编创的音乐作品,是一个从民间到教材,再到剧目的完整体系。

一般而言,中国民族民间舞蹈主要有以下四个艺术特征:

一是载歌载舞。自古以来,中国民间艺术就有载歌载舞的传统,如汉族北方的秧歌,南方的"采茶灯"、"花灯",满族的"莽式",维吾尔族的"麦西来普",藏族的"弦子"等。这些载歌载舞的民间舞蹈不仅用以抒发情感,也擅长叙事,可以表达社会上广泛而又生动的生活内容,以及人们细致而又复杂的思想情感,起到"歌以咏言、舞以尽意"的作用。

二是喜用道具。中国民间舞蹈喜欢运用道具,这是中国民间舞蹈艺术表现的特有手段。常用的道具有:手上拿的手绢、扇子、花绸、伞、灯、刀、剑、棍等;头上戴的帽子、面具;腰里绑的腰鼓、腰铃;脚上踩的高跷;等等。这些道具的使用,发挥了延展人体动作、提示人物角色、增强舞蹈意境、凸显舞蹈亮点的作用。

三是形象鲜明、情节生动。中国民族舞蹈一般都以一个故事为依据,用舞蹈来刻画人物。处于一定故事情节中的人物,基本上都形象生动、活灵活现。

四是自娱与表演的统一。即表演者同时也可以是一个自娱者,既是观众又是演员。在舞蹈表演的现场,观众假如看后十分高兴,情不自禁了,自己也可以上场去即兴跳一阵、舞一下。

(三) 说唱音乐

说唱音乐又称曲艺,是以说说唱唱的形式来讲唱历史、传说、故事或刻画人物形象的艺术体裁,属于音乐、文学与表演相结合的综合艺术形式。中国民间说唱音乐源远流长，是由中国古代民间的口头文学和歌唱艺术经长期发展演变后，进而形成的一种土生土长、大众化的民间艺术形式。这种民间艺术的听众遍及社会各个阶层，具有广泛、深厚的群众基础。

说唱音乐的功能以叙述为主，兼有抒情，并有与语言音调密切结合的特征。由于中国各民族以及民族内部各地区语言的不一致，在此基础上形成的各种说唱音乐也就拥有了多种多样的曲调，进而又具有了浓郁的地方色彩。说唱音乐遍及中国各民族、各地区，内容丰富，形式多样。据不完全统计，大约有340个曲种，有单口唱、对口唱、帮唱、拆唱、群唱、走唱等主要表演形式。

一般而言，中国民间说唱音乐主要有以下三个艺术特征：

一是叙事性。说唱音乐大多以说唱故事为主要内容，为了能将曲折复杂的故事情节叙述清楚，说唱音乐以叙述性曲调为主，主要采用半说半唱、似说似唱、唱中有说、说中有唱的曲调来讲唱故事。同时，它的许多曲调又兼具叙事和抒情的弹性功能：速度较慢、曲调装饰较多时，适于表现抒情的、委婉的性格或悲哀的情绪；速度中等、曲调简洁时，适于表现平静的心情和客观叙述故事的发展；速度很快、曲调起伏跌宕时，适于表现欢快的、激动的或愤怒的情绪等。由于这个特点，说唱音乐在叙述性与抒情性的转换中既方便又协调。

二是叙事和代言相结合的表现方法。说唱音乐采用一人多角的表演方式。在讲唱故事的过程中，既使用第三人称的叙事体，也使用第一人称的故事人物的代言体。叙事时从客观的角度讲述故事情节的发展，代言时则模拟故事中人物的口吻、表情、姿态、性格，将人物的音容笑貌准确地表现出来。这种模拟不能像戏曲表演那样依靠演员的性别、音色、化妆和道具，而是靠一两个说唱演员的表情、语气和有限的姿态、动作，就要表现出男女老少各色人物的音容笑貌，因此说唱演员对人物的表演更要强调神似。从这一点上来说，说唱演员的表演难度更大。由于这样的表演性质，说唱音乐就要对曲调进行选择，既要便于讲清故事，又能用画龙点睛的手法来刻画人物的鲜明形象。

三是音乐与语言的密切结合。说唱艺术本身就是语言的艺术。说唱

童心本位与文化陶冶：福建民间音乐的早期启蒙

脚本首先以声调、语调、遣词造句等形式来刻画人物的形象，在此基础上，再用音乐来突出和夸张语言的表现。音乐与语言的密切结合，主要体现在声调、节奏和音色三个方面。

（四）中国戏曲

中国戏曲主要是由民间舞蹈、说唱和滑稽戏三种不同艺术形式综合而成的。它起源于原始舞蹈，是一种历史悠久的综合舞台艺术样式，经过汉、唐到宋、金，才形成比较完整的戏曲艺术。它由文学、音乐、舞蹈、美术、武术、杂技以及表演艺术综合而成，有360多个种类。它的特点是以一种标准，将众多艺术形式聚合起来，在共同具有的性质中体现其各自的个性。

中国戏曲与希腊悲喜剧、印度梵剧并称为世界三大古老的戏剧文化，经过长期的发展演变，逐步形成了以京剧、越剧、黄梅戏、评剧、豫剧五大戏曲剧种为核心的中华戏曲百花苑。中国戏曲种类繁多，据不完全统计，各民族地区的戏曲剧种有360多种，传统剧目数以万计。其中，比较著名的戏曲种类有：昆曲、坠子戏、粤剧、淮剧、川剧、秦腔、沪剧、闽剧、晋剧、汉剧、河北梆子、河南越调、河南坠子、湘剧、湖南花鼓戏等。

一般而言，中国戏曲主要有以下几个艺术特征：

一是综合性。中国戏曲是一种包容实践艺术与空间艺术的综合性艺术形式。这种综合性不仅表现在它融汇各个艺术门类（诸如舞蹈、杂技等）而出以新意方面，而且还体现在它精湛深厚的表演艺术上。各种不同的艺术因素与表演艺术紧密结合，通过演员的表演来实现戏曲的全部功能。中国戏曲是以唱、念、做、打的综合表演为中心的戏剧形式，有着丰富的艺术表现手段，而它与表演艺术紧密结合的综合性，使中国戏曲富有特殊的魅力。唱，指唱腔技法，讲究"字正腔圆"；念，即念白，是朗诵技法，要求严格，体现于所谓的"千斤话白四两唱"；做，指做功，是身段和表情技法；打，指表演中的武打动作，是在中国传统武术基础上形成的舞蹈化武术技巧组合。中国戏曲把曲词、音乐、美术、表演的美熔铸为一体，用节奏统驭在一个戏里，达到了和谐统一。它充分调动了各种艺术手段的感染力，体现出和谐之美，充满着音乐精神，形成了中国独有的节奏鲜明的表演艺术。

二是程式性。程式是戏曲反映生活的表现形式,是指对生活动作的规范化、舞蹈化表演,并且还被重复使用。程式直接或间接来源于生活,但它又是按照一定的规范,对生活经过提炼、概括、美化而形成的,是一种美的典范。它凝聚着古往今来表演艺术家们的心血,又成为新一代演员进行艺术再创造的起点,因而戏曲表演艺术才得以代代相传,并且能够推陈出新。戏曲表演中的关门、推窗、上马、登舟、上楼等动作,皆有固定的程式。除了表演程式外,戏曲从剧本形式、角色当行、音乐唱腔、化妆服装等各个方面,也都有一定的程式规定。在中国戏曲中,程式既有规范性又有灵活性,所以戏曲艺术被恰当地称为"有规则的自由动作"。优秀的表演艺术家能够突破程式的某些局限,创造出具有自己个性化的规范艺术。

三是虚拟性。虚拟是戏曲反映生活的基本手法,指演员在表演时,用一种变形的方式来比拟现实环境或对象,借以表现现实生活。中国戏曲的虚拟性,首先表现为对舞台时间和空间处理的灵活性。这种戏曲舞台不是单纯地模仿生活状况,而是对生活原形进行选择、提炼、夸张和美化,把观众直接带入艺术的殿堂。其次,在具体的舞台气氛调度和演员对某些生活动作的模拟方面,诸如刮风下雨、船行马步、穿针引线等,更鲜明地体现出戏曲的虚拟性特色。此外,戏曲脸谱也是一种虚拟方式。中国戏曲的虚拟性,既是戏曲舞台简陋、舞美技术落后的局限性所带来的结果,也是主要追求神似、以形写神的民族传统美学思想积淀的产物。这是一种美的创造,它极大地解放了作家、舞台艺术家的创造力和观众的艺术想象力,从而使戏曲的审美价值获得了极大的提高。

(五) 民间器乐

中国民间器乐是用中国各民族民间乐器演奏的民间乐曲。中国的民族民间乐器按其性能的不同,可分为吹、拉、弹、打四类。

吹管乐器有笛、箫、笙、管、唢呐等,大部分具有木管乐器的性质。这类乐器绝大多数能演奏流畅的旋律,而且一般声音都比较响亮,色彩比较鲜明,在许多合奏形式中占有重要的地位。各种吹管乐器,依其构造的不同,大体可以分为无簧哨的吹管乐器,如笛、排箫等;带哨的吹

童心本位与文化陶冶：福建民间音乐的早期启蒙

管乐器，如管和唢呐；簧管乐器，如笙。

拉弦乐器有京胡、二胡、板胡、革胡等。这类乐器大都擅长演奏歌唱性的旋律，音色一般也较为柔和优美，而且适应性较强。比较常用的拉弦乐器，有京胡、二胡等。

弹拨乐器有琵琶、扬琴、三弦、月琴、阮、柳琴、筝、古琴等。这类乐器大都比较擅长演奏活泼跳跃的旋律，有比较强的节奏表现力。弹拨乐器按照演奏姿势与形式，大体可分为：抱弹的弹弦乐器，如琵琶、阮、月琴、三弦、冬不拉等；平置弹奏的弹弦乐器，如古琴、筝等；打弦乐器，如扬琴。

打击乐器有鼓、锣、钹、木鱼、板鼓、铃鼓、梆子等。中国民族乐器中，打击乐器的种类很多，因其形制与质料的不同而各有不同的色彩，主要都是节奏乐器。

在表演上，中国民间器乐有独奏、合奏两种形式。独奏曲以乐器分类，并一般按演奏方式，归纳为吹奏、拉弦、弹拨等类型；合奏曲以乐器组合的方式分类，分为纯粹使用锣鼓等打击乐器的清锣鼓乐，由各种弦乐器合奏的弦索乐，由吹管乐器与弦乐器合奏的丝竹乐以及由吹管乐器与打击乐器合奏的吹打乐等形式。不同的乐器组合、不同的曲目和演奏风格，形成了多种多样的器乐乐种。

第二节　福建民间音乐文化的特点与类型

福建地处中国东南沿海，北接浙江，西邻江西，西南与广东相邻，东临台湾海峡，与台湾隔海相望。这片土地背山面海，四季常青，风景秀丽，物产丰富，有着漫长的海岸线、连绵起伏的山脉高峰、穿流其间且独流入海的河流，蕴藏着丰富的海产、山地等资源。这种复杂而多样的自然环境，既养育了勤劳勇敢的八闽儿女，也为福建文化及民间音乐的形成与发展奠定了良好的客观基础。

福建的民间音乐，就是基于本土方言、在福建八闽大地上代代相传的具有福建浓郁地方特色与传统习俗的音乐文化。其中，无论是民间歌曲、民间舞蹈，还是民间戏曲、民间器乐，不仅形式丰富，而且异彩纷

第一章 本能缪斯：民间音乐文化的魅力存在

呈。它们不仅构成了福建深厚、独特的文化底蕴，也承载着福建文化传承、创新、发展的基因，还体现着福建文化可持续发展的生命力和创造力。

一 福建民间音乐文化的基本特点

福建依山傍海，江河纵横，经过"靠山吃山，靠水吃水"人民的创造与交流，山文化、水文化与海文化各自独立，又相互交织。在长期的历史发展中，福建民间音乐形成了浓厚的地域特色和丰富的艺术内涵，具有形式多样、风格迥异、区域性强、与台湾关系密切等鲜明特点。

（一）形式多样

福建民间音乐种类繁多、形式多样，这和福建独特的历史、地理条件息息相关。

福建民间音乐历史悠久，又因这种悠久而变得丰富起来。勤劳智慧的福建人民，不仅早在新石器时代就创造了丰富多彩的印纹陶文化，而且在五代时期又产生了专业的音乐工作者[①]。西晋南北朝之后，随着中原人民的三次大规模入闽，北方先进的生产技术、文化艺术、风俗习惯等也相继被带入福建，并且逐渐与福建本土文化水乳交融。福建民间音乐至今尚存许多古代音乐的遗响，如南曲、莆仙戏等，都是福建本土音乐在与中原音乐交融中产生的文化结晶。

福建地理环境独特，并因这种独特而产生了民间音乐特色。福建东临太平洋，有着3000多千米的漫长海岸线与10多万平方千米的广阔渔场，烟波浩渺，水天无际，蕴藏着丰富的海产资源。全省面积中80%为丘陵山地，但沿海一带有广阔的冲积平原，土地肥沃，鱼米丰饶。在内陆地区，从东北到西南，洞宫山脉、武夷山脉等沿闽浙、闽赣边界形成天然屏障。中部的鹫峰、戴云等奇峰挺秀，纵横南北，层峦叠嶂，森林茂密，茶果飘香，山底溪涧穿凿，河谷盆地错落，闽江、晋江、九龙江、汀江、木兰溪等三十七条河流似银蛇蜿蜒，穿流其中。福建山区是中国畲族的主要聚集地，其中也有客家的祖地首府。

[①] 刘春曙、王耀华：《福建民间音乐简论》，上海文艺出版社1986年版，第1页。

童心本位与文化陶冶：福建民间音乐的早期启蒙

颇为独特的地理环境、复杂多样的自然条件等，为勤劳智慧的福建人民提供了农、林、牧、副、渔等式样的劳动条件，也造就了绚烂多姿的民间歌曲、民间舞蹈、民间戏曲、民间器乐等音乐形式。闽江渔歌、荷叶说唱、闽剧、车鼓弄、锦歌、芗剧、木偶、南音、高甲戏、拍胸舞、火鼎公婆、莆仙戏、十音八乐、采茶灯、畲族风情等，丰韵各异，形式多样。自古以来，福建素有歌乡之称，民间歌曲数量繁多，目前尚无确切的统计数量，仅体裁形式就有劳动号子、渔歌、山歌、小调、童谣等多种类别，其中的劳动号子又有林区号子、渔民号子、船民号子、打夯号子、搬运号子、压路号子、建筑号子等10余种风格迥异的表现形式。福建民间舞蹈有160多种，如闽西的采茶灯、踩马灯，闽南的船灯、彩球舞、拍胸舞，闽北的茉莉花舞等，至今都仍然流行在乡土民间，并在国内外享有盛誉。福建地方戏剧剧种繁多，数量居全国前列，目前在舞台上演出的就不下20种，演出形式分为人演戏和木偶戏两类，而从剧种形成来源角度看，可分为本地剧种与外来剧种两类。福建地方曲艺有20多种，大致可分为曲牌类、弹词类、鼓词类、渔鼓类、板歌类、韵颂类、评话类共七类。

（二）风格迥异

福建省境内山、水、海相互交织，形成了山文化、水文化与海文化相呼应、具有鲜明区域特色且风格迥异的闽方言、生活习俗与音乐文化。福建是个多方言地区，不同地区的方言往往隔山而异、跨河而殊。自汉、唐以来，北方士民南迁，带来了各自的语言特征和风俗习惯。由于南来移民的各自祖籍地不同和南迁时间差异，在长期的社会变迁中，福建便形成了众多的方言体系。福建还与浙江、江西、广东等省交界，因此全省虽然通用汉语，但又分闽方言、闽赣方言、闽客方言三大类方言。其中，闽方言分布区域最广，包括福州方言、闽东方言、闽南方言、莆仙方言和闽北方言。

福建东南面向大海，随着海上交通的发展，在东汉初年就成为了海上联系的纽带。五代时，福州成了"控东欧而引南粤的海市"。至南宋和元代，泉州成了世界著名的大港和"海上丝绸之路"的起点。因此，福建文化在自身发展与承袭中原文化的同时，还受到海外文化的影响与撞击，从而别具一格，独树一帜。

复杂的自然环境、多样的生活条件、繁杂的方言土语、迥异的文化风俗、多种的劳动方式等，造就了福建多姿百态、风格迥异的民间音乐文化。为了体现福建民歌独特的色彩音调，专家曾将其分为七个色彩区①，即闽西色彩区、闽南色彩区、莆仙色彩区、闽东色彩区、闽中色彩区、闽北色彩区和闽北客家色彩区。各个色彩区不仅民歌风格千姿百态，地方戏剧与民间舞蹈等也是特色鲜明、风格迥异。即使在同一色彩区里，不同地域的民间音乐也是风格独特、别具特色的。如闽西色彩区的山歌，按音调特点可分为客家山歌、龙岩山歌、连城山歌。其中，客家山歌的调式以徵调式居多，羽调式次之，旋律音调具有吟诵风味，强调羽、商两音在旋律中的典型意义；龙岩山歌基本结构是对称式的上下句，旋律音调与语言音调相吻合，构成以宫音为支点的上下回旋型的进行方式；连城山歌的特点是多羽调式，并在旋律进行中强调角羽宫、羽宫角各音之间的分解与跳进。

（三）闽台文脉相承

福建与浙江、江西、广东等几个邻省，过去千百年来，由于山峦阻隔，交通不便，方言难通，几乎处于隔离状态，因此在音乐上，也相对更多地保留了自己的传统。福建与台湾隔海相望，咫尺毗邻，在远古时期，如今一水相隔的闽台两岸同属于闽台半岛，因而闽台人民在历史上一直保持着密切的骨肉联系。台湾居民中，很多人的祖先都是由福建过去的，祖籍是福建的台湾居民大约达到80%。加上闽台间水上交通方便，福建人民与台湾人民来往频繁，从而闽台之间具有地缘相近、血缘相亲、文缘相承、商缘相连、法缘相循的"五缘"关系。赴台的闽籍同胞带去大量的福建民间音乐，并使其在台湾广为流传。可以说，福建民间音乐的种子几乎撒遍台湾各地，并已生根开花。如台湾的《天乌乌》，就是泉州与漳州《天乌乌》的继承与翻版；厦门同安的民间舞蹈《车鼓弄》，传入台湾后仍然称为《车鼓弄》；漳州各地的锦歌，流传到台湾后称为台湾歌仔戏的主要曲调；有些客家山歌在明末清初传入台湾后，衍

---

① 刘春曙、王耀华：《福建民间音乐简论》，上海文艺出版社1986年版，第163页。

变为采茶戏。

数百年来，传至台湾的闽剧、高甲戏、傀儡戏、布袋戏等，一直活跃在台湾的乡镇农村并广受欢迎，而福州的十番、闽南的十音等也遍及台湾各地。凡是福建有的民间音乐，在台湾地区也几乎都存在。当今，闽、台两地的文化交流更加活跃频繁。以泉州为例，近年来，近6万人次的台湾同胞来泉州参加各种交流活动。泉州举办的国际木偶节、海内外南音大会唱、海丝国际艺术节等大型文艺节庆，每次都有大量台湾同胞组团参会。泉州南音、梨园戏、高甲戏、木偶戏等戏曲团体，多次赴台湾、金门等地巡演。可以说，福建民间音乐文化已经成为海峡两岸文化交流与情感沟通的重要纽带。

二 福建民间音乐文化的主要类别

（一）福建民间歌曲的主要类别

为自然环境所决定，福建民间歌曲反映了福建人民在改造大自然过程中所进行的多种形式的生产劳动，如林业砍伐、渔业捕捞、开山打石、筑堤修路、耕田耨草、采茶割禾等，其唱词的内容以劳动呼号和鼓舞生产的居多。由于地理环境、劳动方式、生活习俗、人口变迁、方言俚语的不同，以及文化心态、审美观念的差异，呈现出品种繁多、风格各异的现象。就体裁形式来说，福建民间歌曲主要有劳动号子、渔歌、山歌、小调、童谣等类别。

劳动号子是福建民间歌曲中的重要部分。由于福建的地理特点，劳动项目十分多样，因此福建的劳动号子包含林区号子、渔民号子、船民号子、打夯号子、搬运号子、压路号子、建筑号子，以及与劳动有关的牧牛歌、耘田诗等。其中，流传于闽北地区的《砍伐号子》《锯木号子》和流传于闽东的《拔帆》《捎排号子》等都是非常有特色的经典作品。

渔歌是以捕鱼为生的渔民用以抒发情感、表达对生活的感受的民间歌曲。福建海岸线绵长，河流众多，渔民也就分出海洋捕捞和江河捕捞两大部分。由此，渔歌就有了海上渔歌与水上渔歌两种类型。其中，海上渔歌多反映海上捕鱼生活，主要流行于闽东、闽中沿海区域，而水上渔歌则主要流行于江河纵横的闽中、闽南各县。

山歌泛指田园山野之歌。福建山多，山民也多，因而山歌的品种就十分丰富了。各地都有一些富有特色的歌种和旋律十分优美的曲调，其中以盘诗、锁歌、茶歌流传最广。受方言区语言的影响，各地山歌的调式、音调都有很大的不同。

小调也被称为"里巷之曲"，一般来说，各种日常生活中所唱的小曲都可以归在此类。小调多流行在城镇之间，传唱较为广泛，而且往往经过职业艺人的加工，具有较高的艺术性。它的乐曲题材广泛，曲调流畅抒情，结构完整，真实地反映了人们的现实生活。

福建童谣大多是伴随儿童游戏时唱的，一种是按方言音韵自然哼唱的类似口语的歌曲，另一种则是母亲唱给孩子听的，如《催眠歌》《摇篮曲》《洗澡歌》等。这两种歌曲调和语言结合得十分密切，由于福建方言众多，所以各地的儿歌都有自己独特的风格和韵味。儿歌的曲式结构一般都比较短小单纯，但福建汉族民歌中的儿歌部分中有几首的篇幅比较长。有的是七个乐句组成的多乐句体乐段结构，如泉州市的《天乌乌》；有的是由两个乐段加补充性的尾声组成，逻辑严谨，层次分明，如南安县的《月亮月光光》；有的前后两个乐段在曲调、调式、速度等方面还有一定程度的对比，而且结尾也很有韵味，如漳浦县的《乖囝唔通吼》。这些代代传承的传统童谣不仅有着浓厚的生活气息与乡土情怀，也给人们带来了艺术上的审美享受。

（二）福建民间舞蹈音乐的主要类别

福建地处东南沿海，史称"闽越"故郡，有着得天独厚的地域、历史等条件。由于无数源自中土的舞蹈文化荟萃于此，素有"舞蹈之乡"的美誉。福建民间舞蹈不仅历史悠久，而且种类繁多，有160多种。这些民间舞蹈不仅在国内外享有盛誉，而且还富有生命力，如闽南的拍胸舞、彩球舞、车鼓弄，闽西的采茶灯、踩马灯，闽北的板凳龙、刀花舞等，至今都仍然流行于乡土民间。

福建人民常以舞蹈作为喜庆活动的内容。流传于福建南部晋江、南安、同安等地城镇和农村的彩球舞，相传始于唐代宫廷的踢球戏，传入民间后逐渐形成民间舞蹈形式。流传于闽北的"竹林刀花"（也称"刀花舞"），生动地反映了人民的劳动生活情景。在当地，农民出工劳动时

童心本位与文化陶冶：福建民间音乐的早期启蒙

都会自带柴刀、竹扁担。初始时，他们为了解闷而随意用柴刀敲打竹扁担，有时还和着山歌，变换不同节奏，边歌边舞，自娱自乐。后来，经过众人的不断加工修改，就成为了表现当地人民劳动情趣的一种舞蹈。流传于漳州和龙海的"大鼓凉伞"（也称"花鼓阵"），是当年闽南人民为戚家军胜利归来击鼓庆功而出现的。据说，戚继光看到当地人民在炎热的太阳下打鼓（一说在雨中打鼓），个个满头大汗（满身湿透），十分感动，就命令战士和侍女们撑伞为打鼓者遮凉（遮雨）。他们都随着队伍走动，形成边打边舞的场面，后来就以此为基础，逐渐形成了"大鼓凉伞"这种民间舞蹈。

舞蹈特征与风格的形成一定程度上是受环境影响的，不同的环境会产生不同的舞蹈风格。相异的自然条件产生不同的生活与生产方式，从而形成不同地域的人们的群体性格差异，而这也会决定分属不同群体的人们思想、情感表达方式的不同。基于这些特点，各具风格的地域舞蹈也就形成了。如盛行于龙岩地区的舞蹈"采茶灯"（又称"采茶扑蝶"），相传是"昔时，每年采茶季节，茶女们上山摘新茶，休息时，常聚于山上'茶寮'，演唱茶歌，配以采茶劳动、扑蝶的舞蹈，久而久之，动作渐渐趋于多样，队形变换丰富，并被用于喜庆场合，成为年节喜庆活动中不可缺少的内容"。"采茶灯"的舞蹈动作优美，灵活多变，节奏感强。在这种舞蹈中，表现上山和下山时的队形变化，就与闽西山地丘陵的地理环境密不可分。

俗话说"舞如其人"，闽南的"拍胸舞"历史性地积淀了闽南地区特定的社会生活内容，其舞蹈风格离不开闽南的地理环境与习俗风情，体现了闽南人轻巧、诙谐、爽朗的性格特征。这种舞蹈以"八响"（即以手双拍掌、双拍胸、双夹胁、双拍腿产生八个响声）为主干动作，配以身体有节奏的横向晃动，并带动松弛的脖颈连头自然而然地如钟摆一般的左右摆动，使舞蹈洒脱自然，显露出机灵与轻巧、诙谐与爽朗相结合的艺术个性。

（三）福建民间戏曲的主要类别

福建戏曲以其悠久的历史与独特的风格，格外引人瞩目。唐朝时期，福建就有百戏活动；宋朝时期，福建各地傀儡、"百戏"相当活跃，莆仙地区还出现了初具规模的民间戏曲形式①。福建民间戏曲多生发于民间，与福建各地区域性繁复的民间文化相互依存。作为农耕文明的产物，福建民间戏曲的根在农村，很多村落的习俗文化本身与地方戏的剧种历史有着深厚的渊源。据各地方志记载，以戏曲为节目活动，做迎神赛会应酬形成惯例后，就相传而成习俗。这些习俗活动使许多民间歌曲、民间舞蹈向地方小戏发展，如高甲戏就是在南安的岭兜村，从装扮《水浒传》中梁山一百零八将故事的"宋江戏"中孕育出来的。

福建民间戏曲种类丰富，1966年前，福建民间戏曲剧种在舞台上演出的就不下20种。从演出形式来看，可分为人演戏和木偶戏两类；从剧种形成来源来看，可分为本地剧种与外来剧种两类。下面，按本省剧种、外来剧种、木偶戏与纸影戏四大类型进行介绍。

福建本省剧种具有更为鲜明的地方风格，大多分布在沿海的丘陵地带和闽江、晋江、木兰溪、九龙江下游的平原。其中，主要有流行于福州地区、福安及闽北部分地区的闽剧；流行于莆仙地区及福清南部的莆仙戏；流行于泉州、厦门地区与南洋华侨繁居地区的梨园戏、高甲戏、打城戏；流行于闽南地区的芗剧、竹马戏；流行于福清、平潭地区的词明戏；流行于闽西地区的山歌戏；等等。

福建现存的外省传来的剧种，主要有流行于南平、三明以及与江西交界地区的赣剧；活动于邵武等地的三角戏；活动于南平地区的南词戏；活动于龙岩地区的汉剧；活动于永安乡村的湘剧；活动于全省各地的越剧；活动于福州、厦门、闽北、闽西部分地区的京剧；等等。

福建木偶戏分布于全省各地，其中主要有以泉州、漳州地区以及福州、上杭等地的提线木偶；流行于泉州、漳州等地的布袋戏（也称指头木偶）；来自潮州并大都在诏安演出的铁线木偶等类型。

另外，来自广东的纸影戏，曾在闽南的龙海县境内流动演出。

同中国各地戏剧相似，福建民间戏曲唱腔的结构形式基本上可以分为曲牌体与板腔体两种。其中，属于板腔体结构的剧种多为外省传来的，如京剧、汉剧等；属于福建本地剧种的唱腔，如闽剧、莆仙戏、高甲戏、

---

① 刘春曙、王耀华：《福建民间音乐简论》，上海文艺出版社1986年版，第331—332页。

芗剧等，更多属于曲牌体制的结构形式。历史较为悠久的剧种，如莆仙戏、梨园戏等，结构形式上保留了较多的宋元南戏的遗踪；而近代发展起来的地方小戏，如闽西山歌戏、邵武三角戏等，是分别在闽西、闽北民间音乐基础上发展而来的，形式活泼，结构自由，散发着浓郁的乡土气息与泥土芬芳。

（四）福建曲艺音乐的主要类别

福建的曲艺音乐（说唱艺术），历史悠久，形式多样，有着浓厚的民间风格与浓郁的地方色彩。

据不完全统计，福建曲艺大约有20种，大致可分为曲牌、弹词、鼓词、渔鼓、板歌、韵颂、评话共七类。其中，曲牌类是将若干曲子连缀起来表现故事内容，或用一两个基本曲调重复演唱的，如福建的南音、锦歌、芗曲说唱、伬唱、八乐等均属于此类，其伴奏乐器有琵琶、三弦、月琴、二胡以及打击乐器等。

福建曲艺音乐的唱腔体式和各地一致，基本可分为主曲体、联曲体、主曲联曲混合体三种。曲艺形式中，说与唱的关系上主要有只唱不说、只说不唱、说唱结合三种，表演形式上有单口、单口对口相结合、领和、折唱与演唱小折戏等种类，既可由表演者自弹自唱，也可由乐队伴奏。

福建曲艺无不扎根于民间乡土文化之中，洋溢着浓浓的乡土风情。用乡音说唱乡情、反映乡风乡俗、表达乡趣是福建曲艺的一大特色。

第三节　民间音乐文化启蒙教育研究现状与展望

民间音乐产生于民间，根植于民间，其内容反映的是广大民众的劳动和生活情景，也发挥着娱乐、交流、仪式、凝聚等社会功能，是群众音乐文化的一种独特表现形态。民间传统音乐文化是传统文化中的瑰宝，是各民族经久不衰地屹立于世界民族之林的重要精神基础。音乐教育作为音乐文化传播的重要主体，也应当肩负起传承与保护各种本土民间传统音乐文化的重任。

学前教育是整个国民教育体系中的基础部分，而学前阶段是音乐教育的启蒙阶段和关键时期。音乐教育是提高个人素质修养的一种艺术教育，也必须进入人的童年早期。现在，学前启蒙教育已经受到了社会大众的广泛关注和重视，学前儿童音乐启蒙教育的重要性也开始被人们广为了解和瞩目。音乐启蒙教育会获得如此受重视的地位，是因为这种幼儿艺术教育在各大领域教育的交叉和融汇过程中，能够发挥出重要的中介作用。比如，德国当代著名儿童音乐教育家奥尔夫认为："音乐构成的第一要素是节奏，节奏是音乐的生命，是音乐生命力的源泉。"通过音乐节奏的学习，可以使幼儿对音乐学习产生更多更大的兴趣，而培养幼儿的音乐素养则能够增强幼儿对音乐的感悟、理解和创造能力，并且还能够对其身心健康发展、增强想象创造能力等产生积极的影响。

现代教育本身就是一个开放性、国际化的现象，是相互交流、研究、学习、借鉴、模仿、创造的结果。也只有在这样的开放性、国际化的相互交流之中，各国家、各地区、各层级、各类型的教育才能得到源源不绝的动力和不断的发展进步。比如，奥尔夫音乐教学法体系是现今著名且极具影响力的音乐教育体系，其教育原则为"诉诸感性，回归人本"。自1980年这种教育理论与教学方法传入中国后，经过四十年左右的研究和实践，便在中国的教育沃土中培育出了许多新的果实，特别是给中国学龄前阶段的音乐启蒙教育带来了颠覆性的改变和跳跃式的发展。

当今世界变化如此多样和迅速，以至于人们对新现象、新问题时常应接不暇。作为基础教育之基础，包括幼儿民间音乐文化启蒙在内，中国幼儿音乐教育也要放开世界眼光，跟上时代步伐，把握社会脉搏，勇敢地去面对、接受、战胜接二连三的各种挑战，才能培养出适应未来社会需要的现代人，才能为丰富中国人力资源奠定扎实的基础。为此，必须以高度重视的态度去关注国内外民间音乐文化启蒙教育的研究进展情况。

一 国外民族音乐文化启蒙教育研究现状

（一）关于民族民间音乐文化启蒙教育价值的研究

Kodaly Zoltan 在 1947 年发表的重要文章《百年计划》中，明确提出了"发展匈牙利音乐文化"的目标，并高度重视童年形成时期的音乐教育，指出"能够给予儿童更多见识、增长洞察力的各种游戏，在民间音

童心本位与文化陶冶：福建民间音乐的早期启蒙

乐中保存的最多。歌曲结合着动作和活动是比单纯的歌唱更复杂的现象、更原始的形式。传统中的朴实、原始、有趣味的特性仍然对儿童起着作用，儿童的想象力和创造力使得那些简单的歌曲有着数不尽的变化，可以使他们获得更深入的生活体验"①。Kodaly 认为，简练淳朴、富有生活情趣的民间儿童歌曲与歌唱游戏是儿童进入音乐世界的最好材料，是发展民族特点、民族潜意识的最好基础，是培养儿童热爱民间音乐、继承民族传统的必由之路。在他的积极推动下，匈牙利民间音乐得到了很好的传承与发展。

1980 年，在华沙召开的主题为"民族文化——音乐教育的动力"的 ISME 会议，推动了各国对民族民间音乐的重视。2003 年，联合国教科文组织通过的《保护非物质文化遗产公约》，更是助推了全球对包括民间音乐在内的非物质文化遗产传承与保护的热潮。

美国在 1994 年颁布的针对 K—12 年级学生的《美国艺术教育国家标准》中，充分体现了尊重各个民族和本土音乐文化的精神，明确指出了对社区资源的创造性和经常性的利用是确保儿童深入学习艺术的重要因素。刘沛②认为，美国的幼儿园至 4 年级阶段的学生，必须通过音乐教育理解他们自己的及其社区内外其他民族的历史和文化遗产。全美幼教协会（NAEYC）2009 年发布的发展适宜性教育方案，就特别突出了文化适宜性，提出要积极鼓励各家庭以符合他们文化的有意义的方式参与到学前课程的实施中来，以确保儿童认知、语言和情感等的发展与他们的母语和所属文化之间的密切联系不会被斩断。

新西兰学前课程指南强调，幼儿园课程应支持所有儿童对自己所属文化的认同，并认可和接纳文化差异，形成积极的多元文化认识。为此，课程内容设计应尽量使每个孩子对所属的文化都能通过音乐、语言、舞蹈、手工等不同的形式体现出来，让每个儿童都能够体验到自己和他人所属的文化，以拓展他们多样化的文化理解。日本也将民俗中的艺术内

---

① 杨立梅：《柯达伊音乐教育思想与匈牙利音乐教育》（新版），上海教育出版社 2011 年版，第 33 页。

② 刘沛：《美国学校音乐教育概况》，上海教育出版社 2011 年版，第 130 页。

容作为幼儿园教育的重要内容。

（二）关于儿童音乐文化建构的民族志研究

当前，国外对于儿童音乐教育的研究已经转变为在儿童所生活的文化背景下，结合可利用的音乐教育资源和活动而展开研究。为了更好地理解儿童是如何在社会和文化背景下构建属于自己的音乐，很多学者运用了社会学和人类学的研究方法。

Gluschankof（2002）[①] 关于"幼儿在音乐活动中的音乐风格研究"和 Marsh（2008）[②] 关于"多元文化背景下的游乐场游戏研究"，都着重强调了儿童自己的文化世界能产生的作用，认为不同程度的环境因素对儿童音乐行为的习得能够产生极大的影响。Gluschankof（2002）使用 Cohen 提出的框架分析工具，对以色列两所没有成人指导的音乐区里的幼儿自由演奏进行质性分析。结果发现，即便幼儿存在个体差异，但相同的音乐风格依旧会在两所幼儿园里出现。

Campbell 和 Wiggins（2013）[③] 出版的书籍《牛津儿童音乐文化手册》集结了世界各地对儿童音乐的研究成果，通过非统计性的文字记述从儿童的角度来理解儿童过去的音乐文化，对音乐童年和儿童音乐文化方面进行了相关研究。例如，手册中 Alan M. Kent 试图了解文达儿童如何参与康沃尔节，来揭示在地文化背景下儿童音乐学习、适应和创造的全过程。Sylvia Nannyonga Tamusuza 考查了巴甘达当地女孩的歌曲、音乐故事和游戏的具体含义、创作、学习和表演的过程，认为当地音乐是直接促进巴甘达儿童实现性别社会化过程的主要因素。

（三）关于儿童音乐行为与在地文化环境的关联度研究

当前，全球对于儿童音乐教育的研究都已经转变为：在儿童所生活的文化背景下，结合可利用的音乐教育资源和活动而展开研究。Barrett

---

[①] Gluschankof, C., "The Local Musical Style of Kindergarten Children: A Description and Analysis of Its Natural Variables", *Music Education Research*, Vol. 4, No. 1, 2002, pp. 7–49.

[②] Marsh, K., *The Musical Playground: Global Tradition and Change in Children's Songs and Games*, New York: Oxford University Press, 2008.

[③] Campbell and T. Wiggins, *The Oxford Handbook of Children's Musical Cultures*, New York: Oxford University Press, 2013.

(2011)[①] 提出，背景和环境是构成人类思想和活动的组成部分，而不是在调查一种现象时要考虑的变量。所以，我们不能分离心灵从文化和背景、价值观和信仰以及文化中介的身份来认识。儿童生活在社会文化环境中，因此他们的音乐行为和经历受到环境的影响和依赖。Young（2009）[②] 通过一项关于幼儿在家中使用卡拉 OK 的音乐活动的研究，以及为英国穆斯林社区服务的幼儿中心开展的一个以实践为基础的项目研究中发现，当前不断变化的经济、社会、文化和技术环境对人们看待幼儿的方式产生了重大影响。理解当代童年的多样性和技术变革所带来的影响、潜力、挑战，对幼儿的研究至关重要。

这一观点推动了儿童音乐文化活动研究的扩展，Koops（2010）、Lum（2009）和 Marsh（2008）都针对世界各地不同文化背景的儿童音乐活动进行了相关的研究。Gillen（2010）[③] 等开始使用多元民族志学的方法，有意识地从儿童所处的家庭、社会与文化背景入手，考量它们是如何对儿童音乐经验产生影响的。虽然研究并未使用实证数据来演示如何在交互过程中实际地生成价值，但这项研究"生命中的每一天"显示出幼儿作为社会行为者，与他们的个人和社会有着密切的联系，幼儿需要这种生态来体验自己是有能力的人。

（四）关于儿童民族民间音乐文化启蒙方法策略的研究

在如何保护民族民间文化传统、开展儿童民族民间音乐文化启蒙教育方面，研究者们提出了多样的方式方法来创设积极的教育环境。

Somîtca 和 Stan（2019）[④] 等人研究发现，通过鼓励亲子、师幼穿着民族传统服装演唱爱国歌曲以及合作本土舞蹈等方式有助于学龄前儿童所在的家庭进行代际互动与传承，同时也有助于幼儿形成"我是罗马尼

[①] Barrett, M., *Cultural Psychology of Music Education*, UK: Oxford University Press, 2011.

[②] Young, S., "Towards Constructions of Musical Childhoods: Diversity and Digital Technologies", *Early Child Development and Care*, Vol. 179, No. 6, 2009, pp. 695–705.

[③] Gillen, J., "MusicalityIn J. Gillen and A. Cameron (Eds.)", *International Perspectives on Early Childhood Research: A Day in the Life*, London: Palgrave Macmillan, 2010, pp. 27–36.

[④] Somîtca, Ana-Maria and Stan, Cristian Nicolae, "The Role of Intergenerational Learning in Building National Identity and in Children's Patriotic Education", *Romanian Review of Geographical Education*, Vol. 8, No. 1, 2019, pp. 24–40.

亚人，勇敢的罗马尼亚人"与"我为自己是罗马尼亚人而自豪"等积极的爱国意识。

Lum（2009）[①] 通过对新加坡儿童（5岁至7岁）的音乐生活进行为期五个月的研究，来探索一个融入全球化世界的技术和媒体的家庭的"音乐"记忆是如何构成的。结果发现科技和媒体带给他们具有社会意义的曲目和戏剧，并渗透进孩子们的游戏、歌唱和欣赏活动中，甚至在他们的睡眠习惯中，浓缩出这些孩子的家庭音乐体验。

Koops（2010）[②] 通过调查西非冈比亚郊区社区儿童的音乐教学和学习过程发现在拥有丰富的音乐环境、对音乐的期望和学习的动机的情况下，孩子们似乎是以"自学"和互相教导的方式完成学习的。

Olga Denac 和 Jerneja Žnidaršič（2018）[③] 通过调查发现学龄前儿童对民间音乐的兴趣很大程度上取决于教师与家长陪伴进行民族音乐的演唱、演奏和欣赏活动的时长。

Park 和 Hyoung-Shin（2013）[④] 等人通过实验比照发现，基于民歌形式的创造性歌唱活动对幼儿的音乐创造力以及幼儿对韩国传统音乐兴趣的形成能够产生积极的影响。

Marsh（2008）[⑤] 在早期的音乐学和民间音乐研究的基础上，通过实地研究，发现了当代儿童音乐游戏练习和听觉发展不匹配的证据，以此促使成年人思考如何在自然主义背景下的音乐游戏中培养儿童的创造力。

---

① Lum, C. H., "Musical Memories: Snapshots of a Chinese Family in Singapore", *Early Child Development and Care: Special Issue*, Vol. 179, No. 6, 2009, pp. 707 – 716.

② Koops, L. H., "Learning in the Gambia 'Deñuy jàngal seen bopp' [They teach themselves]: Children's music" *Journal of Research in Music Education*, Vol. 58, No. 1, 2010, pp. 20 – 36.

③ Olga Denac and Jerneja Žnidaršič, "The Use of Folk Music in Kindergartens and Family Settings" *Creative Education*, Vol. 9, No. 16, 2018, pp. 2856 – 2862.

④ Park, Hyoung-Shin, Cho, Eun-Jung, "The Effects of Creative Singing Activities Based on Form of Folk Song on Young Children's Musical Creativity and Preference for Korean Traditional Music", 열린유아교육연구, Vol. 18, No. 5, 2013, pp. 109 – 131.

⑤ Marsh, K., *The Musical Playground: Global Tradition and Change in Children's Songs and Games*, New York: Oxford University Press, 2008.

(五) 关于新技术对儿童在地音乐文化体验的影响研究

此外,新技术、新媒体的融入让越来越多地域儿童音乐教育的资源、模式、方法及效果等发生了新变化,Young(2012)[1]认为,儿童能够借助新技术的支持获得丰富性质和种类的音乐体验资源。

对新技术的研究主要集中在两个方面:一是以 De Vries 和 Vestad 为代表的对幼儿日常数字音乐体验的研究,二是以 Kim 和 Koops 为代表的对如何将新技术纳入音乐文化教育的实践研究。

De Vries(2007)[2]记录了父母对家庭环境中五岁以下儿童如何使用音乐 CD 和 DVD 的看法。他向三所幼儿园的家长发送了一份调查问卷,询问父母的音乐背景、幼儿参与音乐节目的情况、音乐活动的类型。结果发现:家庭日常使用 CD 和 DVD 进行音乐活动频率很低(最高为18%,最低为0%),大多是鼓励幼儿自己播放自己喜欢的音乐。家长们对家庭中进行的低频率音乐活动并不感到惊讶,理由是没有时间每天参与儿童音乐活动。父母表示他们很重视孩子喜欢音乐,但是,因为缺乏音乐技巧,特别是时间不够,所以他们倾向于购买 CD 和 DVD,让孩子们可以在没有成人陪伴的情况下听或看。Vestad(2010)[3]研究了3—6岁的挪威儿童如何在日常生活中使用录音音乐,该研究与儿童文化研究领域相结合,立足于定性调查(观察和采访),通过对4名幼儿的游戏和幼儿动画片配乐的视听环境进行跟踪研究,发现录音音乐和儿童使用音乐的方式可能会对儿童与音乐的关系、音乐品味和态度产生影响。

Kim(2013)[4]采用"conver"原则,在韩国庆吉省的一所小学将多样化的数字技术应用到音乐课堂上。通过3个月的实验,从学生的

---

[1] Young, S., "Theorizing Musical Childhoods with Illustrations from a Study of Girls'karaoke Use at Home", *Research Studies in Music Education*, Vol. 14, No. 2, 2012, pp. 113 – 128.

[2] De Vries, P., "The Use of Music CDs and DVDs in the Home with the Under-fives: What the Parents Say", *Australian Journal of Early Childhood*, Vol. 32, No. 4, 2007, pp. 18 – 21.

[3] Vestad, I. L., "To Play a Soundtrack: How Children Use Recorded Music in Their Everyday Lives", *Music Education Research*, Vol. 12, No. 3, 2010, pp. 243 – 255.

[4] Kim, E., "Music Technology-mediated Teaching and Learning Approach for Music Education: A Case Study from an Elementary School in South Kore", *International Journal of Music Education*, Vol. 31, No. 4, 2013, pp. 413 – 427.

思维图、深入访谈及调查结果中发现，以数码科技为媒介的教学方法，有可能加强学生对音乐课堂的自我激励参与及对音乐课程的认知。Koops（2012）①通过对6名学前儿童的音乐活动进行视频记录的方法，探讨儿童在家庭及课堂环境中进行音乐表演的影响因素。基于对音乐课程现场记录、父母在社交网络平台撰写的文章、家庭视频以及儿童音乐能力发展评价等定性数据的分析，发现儿童机构的课程是促进幼儿表演行为的一个关键因素，家长如果与儿童机构合作，则更容易提高幼儿的表演能力。

在音乐教育实践研究中，还可以进一步分为以 Ferrari 和 Addess（2014）为代表的专门为音乐教育实践设计和开发的技术，以 Burton 和 Pearsall（2016）为代表的平板电脑使用技术。Brooks（2015）认为，在新技术的支持下，媒体（包括社交媒体）是另一个迅速发展的维度，它激发了人们对探索新媒体的影响和儿童如何参与的兴趣。Gluschankof（2011）一直对幼儿音乐如何在 YouTube 等社交媒体上呈现和表现感兴趣。

新技术和新媒体对幼儿音乐文化教育的影响深刻而深远，但却是一个新的研究领域，目前还处于起步阶段。

二　国内民间音乐启蒙教育研究现状

（一）关于民间音乐文化启蒙教育价值的研究

张卫民（2007）②认为，幼儿园民间音乐文化启蒙应坚持"面向本土、来自本土"的教育方针，"注意回归本土这一教育的特殊性，从而培养具有传承、发展、创新本民族文化艺术意识和审美能力的一代新人"。叶谦（2007）③认为，优质的幼儿园课程文化不应也不能脱离本

---

① Koops, L. H., "Now Can I Watch My Video?: Exploring Musical Play Through Video Sharing and Social Networking in an Early Childhood Music Class", *Research Studies in Music Education*, Vol. 34, No. 1, 2012, pp. 15-28.

② 张卫民、彭芝兰、杨素琴、吴金英：《湘西土家族幼儿园本土艺术教育资源的开发与利用》，《学前教育研究》2007年第11期。

③ 叶谦：《幼儿园课程文化探析》，《教育导刊》（幼儿教育）2007年第9期。

国、本民族、本地区的文化特质，优秀的传统文化及当地健康的民俗文化为幼儿园课程文化的创建提供了取之不尽的资源，对幼儿的全面和谐发展具有重要价值，优秀的民族传统文化和民俗是儿童成长的自然导师。金顺爱（2009）[1]认为，一个民族的音乐所涵盖的情感与精神，往往就是这个民族的灵魂与思想，以音乐作为纽带使人们有机会接触丰富的民族文化，认识与理解本民族的历史与文化意蕴，形成民族审美心理，加强对本民族文化的认同。侯杰（2012）[2]在对长沙地区部分幼儿园进行社区民族音乐资源的开发与利用的研究中发现，对幼儿进行民族音乐欣赏教育，可以让幼儿持续感受不同民族的音乐，有利于培养幼儿多元文化的"音乐耳朵"，能欣赏并接纳不同风格、特色的音乐形式和音响特点。

近年来，党和政府高度重视学校美育与中华优秀传统文化传承的研究。2015年9月，国务院办公厅印发了《关于全面加强和改进学校美育工作的意见》，明确提出学校美育要"根植中华优秀传统文化深厚土壤，汲取人类文明优秀成果，引领学生培育深厚的民族情感"等指导思想。2017年1月，中共中央办公厅、国务院办公厅印发了《关于实施中华优秀传统文化传承发展工程的意见》，将实施中华优秀传统文化传承发展工程作为建设社会主义文化强国的重要战略任务，明确提出"把中华优秀传统文化教育贯穿于启蒙教育、基础教育、职业教育、高等教育、继续教育各领域"以及"挖掘和保护乡土文化资源，提升乡土文化内涵"[3]等要求。2020年10月，中共中央办公厅、国务院办公厅印发了《关于全面加强和改进新时代学校美育工作的意见》，提出新时代学校美育工作要"以立德树人为根本，以社会主义核心价值观为引领，以提高学生审美和人文素养为目标，弘扬中华美育精神，以美育人、以美化人、以

---

[1] 金顺爱：《中小学音乐课程的民族性研究》，博士学位论文，东北师范大学，2009年。

[2] 侯杰：《幼儿园对社区民族音乐资源的开发与利用——以长沙地区幼儿园为例》，《当代教育理论与实践》2012年第4期。

[3] 中华人民共和国中央人民政府：中共中央办公厅、国务院办公厅印发《关于实施中华优秀传统文化传承发展工程的意见》，http://www.gov.cn/gongbao/content/2017/content_5171322.htm，2017年1月25日。

美培元"等指导思想以及"强化中华优秀传统文化、革命文化、社会主义先进文化教育"等工作原则，要求各地区各部门结合实际认真贯彻落实。①

霍力岩和胡恒波（2017）②指出，新时代的启蒙教育需要从文化自信中寻求与反思，着力构建有中国底蕴、具中国特色的启蒙教育体系，而启蒙教育体系之灵魂在于传承精神血脉、建立文化自信，让中华文化独一无二的理念、智慧、气度和神韵等成为植根幼儿内心深处的精神血脉和文化素养，激发幼儿内心深处最早的文化自信和民族自豪。

龚艳艳（2017）③认为，在儿童音乐教育阶段中融入传统文化的元素，有助于激发儿童的音乐潜能、增加儿童对音乐的理解程度、丰富儿童的情感体验、培养儿童的音乐审美能力，以及培养下一代的优秀文化传承精神。在儿童音乐启蒙课程中传唱民间童谣、融入民间舞蹈、传唱民族节奏乐等是儿童音乐启蒙教育中输入传统文化的有效途径。

鲁晓波（2021）提出需以"大美育"为引领构建育人新格局，将中华优秀传统文化和社会主义核心价值观作为"大美育"中重要的审美素材，进而构建具有新时代风范的"大美育"体系。④

陈向荣（2021）⑤认为，优秀传统文化对学前儿童发展的影响具有综合性、弥散性和浸润性，将中华优秀传统文化融入幼儿园课程，可以启蒙幼儿的心智，发展和确立幼儿的价值观念，提升幼儿的生命体验，发展幼儿的文化理性和文化信念。

（二）关于童心本位及其视域下民间音乐及文化教育的研究

关于童心主义的思想，不少人认为该思想源自西方的洛克、卢梭等人

---

① 中华人民共和国中央人民政府：中共中央办公厅 国务院办公厅印发《关于全面加强和改进新时代学校体育工作的意见》和《关于全面加强和改进新时代学校美育工作的意见》，http://www.gov.cn/zhengce/2020-10/15/content_5551609.htm，2020年10月15日。

② 霍力岩、胡恒波：《构建有中国底蕴的启蒙教育体系》，《光明日报》2017年11月5日第7版。

③ 龚艳艳：《中国传统文化融入儿童音乐启蒙教育的意义及途径》，《中小学音乐教育》2017年第10期。

④ 鲁晓波：《以"大美育"为引领构建育人新格局》，《中国高等教育》2021年第12期。

⑤ 陈向荣：《基于中华优秀传统文化的幼儿园课程建构》，《学前教育研究》2021年第6期。

的教育思想。其实，中国历史上一直有着童心主义的思想，王阳明的童心主义思想比洛克早出现了160多年。东西方对于童心主义的认识不是对立的，都具有自己的文化土壤与历史语境，二者相互呼应、相互补充。

华东师范大学刘晓东（2015）[1]认为，世界上最早具有童心主义思想的当数春秋时期的思想家老子，老子将"婴儿"、"赤子"视为人的身心所体现的"自然"、"道"与"天"。因此，"婴儿"、"赤子"代表了人性的原初、本真状态。李贽的童心者"自在、自出、自文"的思想能够较好地诠释童心主义的内涵，其以赤子童心为核心概念而构建的思想体系成为"中国近代思维的一个顶点"[2]。他提出，童心主义可能是最好的天人合一说，他强调中国童心主义哲学是对童心资源的发现，是中国式的"发现儿童"。

台湾宜兰大学陈复（2018）[3]认为，学前教育需要与传统文化进行连接，要思考成圣治学之道，摆脱形式主义的拘束，真正认识儿童的"心"。黄曦（2011）认为，幼儿园民族音乐教育的目的不是培养专业的民歌演员，而是在民族音乐教育中，使幼儿的身心按照客观规律自由发展，学会发现美、感受美、欣赏美和创造美，在自主体验中获得多元文化的情感体验。许卓娅（2008）[4]通过民间音乐采风发现，原生态的音乐舞蹈活动在形式和内容上都非常突出"好玩"、"一起玩"、"逗你玩"及"即兴创造的自由感和自我实现感"等特质，非常适合学前儿童。

（三）关于幼儿园民间音乐课程建构的研究

虞永平（2004）[5]提出，幼儿园课程是早期儿童文化的优秀文本，民间艺术的生活性、审美性、实践性和综合性决定了其对幼儿的全面和

---

[1] 刘晓东：《童心哲学史论——古代中国人对儿童的发现》，《南京师范大学学报》（社会科学版）2015年第6期。
[2] ［日］岛田虔次：《中国近代思维的挫折》，甘万萍译，江苏人民出版社2008年版，第112页。
[3] 程英：《童心本位的中华优秀文化传承——第五届海峡两岸学前教育论坛综述》，《陕西学前师范学院学报》2018年第34期。
[4] 许卓娅：《民间音乐与人的教育》，全国音乐教育课程培训研讨会学术报告文集论文，北京，2009年。
[5] 虞永平：《文化、民间艺术与幼儿园课程》，《学前教育研究》2004年第1期。

谐发展具有重要的价值，民间艺术要成为幼儿园的课程内容，必须关注其实践性与可操作性。

许卓娅（2008）在"第六届全国幼儿园民间音乐文化启蒙观摩研讨会"中，对39个具有中国民族民间传统音乐舞蹈背景的幼儿园音乐活动进行研讨时，提出任何一种民间音乐作品，只要它被选入幼儿园的课程，我们就首先要认真评量其形式和内容中有哪些价值可能是更为终极性的教育价值，即可能会更有利于幼儿当下的健康成长和终生的幸福生活。而"好玩"是建构幼儿园民间音乐课程最重要的原则，她提出"好玩"的五个标准：第一是能够体验到自然、自由地参与音乐舞蹈过程时身心活动的审美流畅性，第二是能够体验到人与人之间身心"相互交流、相互支持"的亲切与和谐，第三是能够体验到即兴创造的自由感和自我实现感，第四是能够体验到人的自我约束、自我完善的力量，第五是能够体验到反思生活，反映积极生活的乐趣。

上海市浓溪幼儿园历时16年，从民间文学、民间音乐、民间美术、民间游戏四个方面，对民间艺术进入幼儿园课程进行了全方位的实践探索，并从环境创设、集体教学、一日活动及家园共育等途径，初步构建了民间艺术教育的特色课程。

（四）关于幼儿园民间音乐文化启蒙教育方法策略的实践研究

最近的十多年里，一些幼儿园教师围绕民间音乐文化启蒙教育的方法，从实施策略方面开展了不少实践探索，进而总结出了一些可以推广的经验。

黄曦和谢小于等（2011）认为，实施民间舞蹈活动既可以从动作开始，也可以从音乐开始，其核心目的是为了激发幼儿愉快地参与活动，愿意用肢体进行表现和创造性表达。

郭金一（2012）提出，要充分运用游戏的方法让幼儿玩童谣。该研究将本民族的文化、语言、民歌、童谣以及方言有机融入奥尔夫音乐教育体系中，挑选孩子比较感兴趣的童谣，谱上曲子，使诵读的童谣变成了有节奏的吟唱童谣，将节奏等巧妙地融入音乐活动当中，使本土民歌民谣更被幼儿熟知、理解与接受。

韩恬恬（2014）[①]认为，依据幼儿的心理审美特点，幼儿园民间音乐文化启蒙采用多通道教学最适宜，应该引导幼儿通过视、唱、赏、动、画、演、奏等多种教学方法，调动其语言、动作、想象、情感等多通道参与，投入审美体验、情感表达。

纪璐（2017）认为，可通过情景再现的方法，把蒙古族民间音乐整合渗透在幼儿园课程中。庞晨曦（2019）将幼儿园四大领域有机融合，将秦腔与艺术、秦腔与文化、秦腔与历史、秦腔与情感有机联系，注重营造艺术氛围，引导幼儿积极调动听觉、视觉、触觉、情感、思维、想象、动作、语言等多种审美通道参与，协同感知体验与创意表现秦腔的唱腔、伴奏、脸谱、戏服、剧本等，全方位体验与表演创作秦腔之美。她建议将秦腔的美融入到幼儿园的生活空间中，创设出一种艺术与生活融为一体的教育环境，使幼儿成长于美，长成于美。

三 福建民间音乐及其启蒙教育研究现状

（一）关于福建民间音乐的研究

刘春曙、王耀华（1986）认为，福建是中国古代音乐保存最丰富的地方。他们对福建民间音乐进行了20多年的素材收集与整理，并对福建各地的民间歌曲、曲艺音乐、戏曲音乐、民间器乐的种类与分布情况、历史沿革、艺术风格与音乐特点等进行了深入的研究，为民间音乐研究者打开了一个通道。

陈雷、刘湘如、林瑞武（1997）对福建的莆仙戏、梨园戏、闽剧、高甲戏、芗剧五大剧种，以及8个稀有剧种、6个外来剧种、木偶戏等，就它们的历史渊源、表演艺术、戏曲音乐、舞台美术进行了研究，并对传统剧目进行了整理与改编。

郭金锁和黄明珠（2008）对闽南民间舞蹈的历史沿革、流行情况等进行了归纳与总结，对闽南民间舞蹈在动作的韵律、体态、技巧以及音乐、服饰、道具等方面进行了研究，并对其中风格独特、具有训练价值的舞蹈内容进行了整理。

---

① 韩恬恬：《南通民间音乐在学前教育视阈下的传承》，《教育评论》2014年第9期。

王珊（2009）立足于普及的角度，从历史概貌、乐器形态、演奏演唱方式、传播与传承及载体等，对有着音乐"活化石"之称的泉州南音进行了研究。

不过，这些音乐领域专家、学者们的研究极少涉足启蒙教育阶段的民间音乐文化教育。

（二）关于福建民间音乐启蒙教育的研究

在丰富的福建民间音乐资源中，利用各地童谣与闽南民间音乐是福建各地幼儿园较为普遍开展实践研究的内容。相对而言，其他形式的福建民间音乐启蒙教育实践研究较为少见。

李晖（2012）认为，闽南童谣具有多元的文化价值，但目前传承力与影响面有限，主要原因是缺乏文化土壤。毛丹萍（2011）认为，闽南舞蹈有着独特的艺术内容与表现形式，在幼儿园教学活动中应注重内容的选择与文化环境的创设，保证闽南舞蹈教学与幼儿园教学融合的实效性。孙婉贞（2011）以曲子短小、生动活泼的锦歌为切入点，以听、说、唱、表演、奏乐等相结合的方式，引导幼儿打开多种感知通道，对音乐美进行欣赏。

陈芳（2014）通过采风活动，整理出20多首福州童谣，将之分为幻想类与现实类，并期待能有更好的方法培养现代儿童对方言童谣的认同感。

四 民间音乐文化启蒙教育的问题与展望

综上所述，重视民族文化及民间音乐传承，已成为全球的普遍共识与教育发展的共同趋势。但总体而言，中国国内民间音乐文化启蒙教育的研究较为薄弱，主要存在以下四大问题：

一是民间音乐文化启蒙教育研究存在较为严重的学科壁垒。文化学者专注于对民间文化保护与传承的呼吁；音乐学者重在挖掘与整理民间音乐素材；教育学者着眼于民间音乐文化启蒙教育及早期民间音乐启蒙重要性的研究。但是，由于各自学识上的局限，教育学者无法对民间音乐做出相对专业的研究，而音乐学者、文化学者也无法提出有力的支持启蒙教育的专业理论。因此，学科壁垒是导致幼儿民间音乐文化启蒙教育研究相对薄弱的重要因素。

二是理论研究与实践研究缺乏有效合作，造成研究的系统性与深刻性不足。理论研究者更多是从理性分析的视角，对当前幼儿园民间音乐文化启蒙的价值、其中儿童文化的缺失等部分内容进行分析；而幼儿园一线教师则重在对某些民间音乐进行启蒙教育中的具体方法策略的实践探讨。理论研究者的问题无法通过实践研究解决，而实践研究也无法得到科学有效的理论指导，从而影响了研究的系统性与深刻性。

三是较少关注到民间音乐背后的文化精神。原有的研究更多着眼于民间音乐及其教育本身，对于民间音乐背后的文化精神整体上关注不足。

四是民间音乐文化难以与幼儿心灵共鸣。不少教师步入"为了儿童有余、基于儿童不足"的误区，幼儿兴趣不高，教育成效不佳。

针对国内外民间音乐文化启蒙教育研究的现状与问题，今后的深入研究可在以下四个方面展开：

一是打破学科壁垒，构建跨领域合作的研究生态链。打破学科壁垒，高校学前教育、音乐教育专家与幼儿园教师密切合作，携手构建多方协作的民间音乐文化建设的生态链，形成从民间音乐与学前教育理论研究到实践探索的双向互动机制，多角度、多层面地深化幼儿园民间音乐文化启蒙教育的理论与实践研究。

二是采取田野采风与实地调研的方式，建设民间音乐文化启蒙教育素材资源库。通过专家、学者与民间艺术家的对话，挖掘民间音乐中所蕴含的文化精神，同时，通过广泛调查，深入了解幼儿园在民间音乐文化启蒙教育中存在的困惑与问题，以确保研究的科学性与有效性。

三是加强理论与实践研究的合作，在"计划—行动—诊断—改进"循环式上升的研究中提升民间音乐文化启蒙教育的质量，着力追求民间音乐中的知识技能与文化精神、民间音乐中的传统习俗与现代生活、民间音乐的传承与幼儿创造之间的和谐，实现民间音乐文化启蒙教育的审美性、教育性与游戏性的和谐共赢，保障研究的科学性与可行性。

四是着力挖掘本土民间音乐中蕴含的文化精髓，从童声歌唱、童真表现、童心陶冶、童稚游戏等维度展开全方位的探索，用幼儿喜闻乐见的方式架起民间音乐、音乐文化与幼儿生活之间的桥梁，创造性地建构起开放式的幼儿园民间音乐文化课程，使之兼具儿童的精神与本土文化的灵魂，从而打通幼儿走向民间音乐文化的"最后一公里"。

第四节　福建民间音乐文化启蒙教育研究思路

在长期的历史发展演变过程中，中国民间音乐文化不仅与其他文化形态共同铸造了博大精深的中华文明，而且也因为寄寓了中国人民群众的深厚情感，已经发展成为中华民族气概的一种重要载体。在新时代的背景下，中国政府、人民基于对百年未有之变局的新认识，着眼于中华民族伟大复兴事业，加强了对传统文化、传统思想价值体系的认同与尊崇，着力提振中华民族的文化自信。

众所周知，文化自信是一个民族、一个国家以及一个政党对自身文化价值的充分肯定和积极践行，并且还对其文化的生命力持有坚定的信心。精神文明特别是思想文化，是一个国家、一个民族的灵魂。如果没有中华文明的继承和发展，没有中华文化的弘扬和繁荣，就没有实现中国梦的可能性。只有坚持从历史走向未来，从延续中华民族文化血脉中开拓前进，中国人民才能做好复兴中华民族的伟大事业。中华民族优秀传统文化，既可以为治国理政提供有益的启示，也可以为道德建设提供有益的启发，还可以为塑造时代新人提供多种资源。因而，作为增强新时代中国人精神志气的表现之一，全社会都展现出了对中华民族优秀传统文化的高度重视。

民间音乐文化源于民间，来自生活，历史悠久，受众甚多，积淀深厚，拥有广泛、厚实的社会基础。在中国传统音乐文化中，民间音乐文化占据着重要的地位，而在当代世界多元化的宏观环境中，其传承直接关系到现代多元文化的建设，其运用也影响着新时代教育事业的发展。在学前教育中，通过幼儿民间音乐文化的启蒙，切实推进民族民间音乐文化的传播，能获得有效提升幼儿综合素养、增强民族文化认同等社会功效，其意义和作用不可小觑。

思想是行动的先导，理论是实践的指南，研究是理论创新的基础。

在学前教育中融入中国民族民间音乐文化,这是当前中国幼儿音乐美育的一个发展趋向。而从其重要性出发,当然也就要明确幼儿民间音乐文化启蒙教育的目标,提出相关的任务,并且确定达到目标的主要路径、基本方式等。为此,在提出完善课程结构、选择教材内容、加大教师队伍建设等方面的策略之前,福建民间音乐文化启蒙教育工作者必须精心规划和设计,先行做好深化本省民间音乐文化启蒙教育认知的研究工作,为福建乃至中国学前民间音乐文化启蒙教育的改革、发展、进步提供一定的理论支持和实践示范。

一 基于童心本位与文化传承的研究思路

幼儿园民族民间音乐文化启蒙教育必须基于童心本位与文化传承的视域,紧紧围绕"福建民间音乐"、"童心本位"、"文化传承"三个核心概念,把握提升审美素养、培育民族情感两条主线,深入开展理论研究与实践探索。

(一) 围绕三个核心

1. 福建民间音乐

福建民间音乐是福建民间文化宝库中一种大众喜闻乐见的音乐艺术形式,是八闽大地上的劳动人民自当地社会文明开启之后,用民歌、舞蹈、戏曲、器乐等朴素、通俗的音乐形式,对自己的生活环境、生活理想、思想感情等的一种艺术表达,也是他们在日常生活中进行自娱自乐、传道教化等活动的主要方式,具有浓郁的八闽乡土风情韵致,是福建及中华优秀传统文化中的瑰宝,承载着福建文化传承、创新、发展的基因。

2. 童心本位

童心本位是以明代杰出的思想家、教育家王阳明为代表的中国童心主义思想作为哲学基础,吸收外国的洛克、卢梭等人的自然主义教育思想,强调儿童自然的童心是民间音乐文化启蒙教育的前提与本位。童心本位视域下的民间音乐文化启蒙教育中,儿童既是出发点又是目的地,成人必须时时处处站在儿童的立场上,基于儿童的兴趣、生活经验与缪斯天性,充分关注儿童的内在感受与独特想象,强调儿童天性在民间音乐文化启蒙教育中那种诗情画意的灵动性。

3. 文化陶冶

文化是人类在社会发展过程中所创造的物质财富和精神财富的总称，文化传承是指上述财富在前、后辈人们之间的传递和承接过程。而"陶冶"关注的不再是文化外在知识技能的授受，注重的是源于受教育者内在精神世界的心灵成长。文化陶冶是指通过文化教育对受教育者的人格进行精神陶冶与人格唤醒，特别关注精神生活和心灵世界的提升。本书中的文化陶冶是指将福建民间音乐及其文化的精髓，以契合幼儿身心发展特点的内容与方式创造性地融入幼儿园课程之中，让幼儿在喜闻乐见的活动中获得春风化雨般的审美熏陶与心灵滋养，初步萌发其对民族民间音乐及其文化的亲切感、认同感与归属感，在其幼小心灵中埋下中华民族优秀传统文化的种子。

（二）把握两条主线

学前阶段是一个人审美心理发生的关键期，其审美心理结构正处于早期萌芽与初步建构阶段，对美好事物的特征开始产生审美感兴与审美体验，并有初步的审美偏好和选择美好事物的审美标准，这是儿童最初审美心理结构的雏形。用中华民族优秀民间音乐传递与弘扬民族优秀传统文化，实施契合幼儿审美心理的民间优秀音乐文化的启蒙教育，将会引导幼儿对民族民间优秀传统文化产生最初的审美感兴与审美体验，有效萌发儿童对于民族民间优秀音乐及其文化的亲切感与认同感，在润物无声中印刻下终生难忘的民族与乡土文化记忆。

根植于民族民间优秀传统文化的幼儿园民间音乐文化启蒙教育兼具音乐与文化的双重属性，幼儿园民间音乐文化课程的建构必须以民族民间优秀传统文化作为根基。为此，必须基于儿童本位，紧紧把握提升审美素养、培育民族情感两条主线，精选出符合社会主义核心价值观、历久弥新且与当代生活息息相关的民族民间优秀音乐及其文化内容，建构出契合幼儿审美需要与心理需求的民间音乐文化启蒙教育课程，把幼儿园美育活动与民族民间优秀传统文化紧密结合，让浸透着滋养幼儿身心的民族民间优秀传统文化精神的音乐活动绽放出多元的价值，让华夏文明深深镌刻在儿童幼小的心田。

（三）研究思路

1. 深入开展文献研究、教育调查与田野采风，保障研究的前沿性

广泛查阅资料，了解国内外民间音乐文化启蒙教育的研究现状，寻找突破方向；广泛调查，了解幼儿教师开展民间音乐文化启蒙教育的困惑与问题；开展田野采风，与民间艺术家对话，挖掘民间音乐中蕴含的文化精神，共建民间音乐文化启蒙教育素材资源库。

2. 构建多方合作的研究生态链，在PDCA循环式上升的研究中保障研究的科学性

打破学科壁垒，高校学前教育、音乐教育、文化教育专家携手民间艺术家和幼儿园教师，构建多方合作的民间音乐文化建设的生态链，形成从音乐与教育理论研究到实践探索双向互动机制，多角度、多层面研究幼儿园民间音乐美育，在"计划—行动—诊断—改进"（PDCA）循环式上升的研究中提升民间音乐文化启蒙教育的质量，保障研究的科学性与可行性。

3. 扎根园本教研，依托多元互动平台，保障研究的应用性

依托"福建学前儿童音乐教育研究中心"这一全省性的学术研究平台，通过深入现场的园本教研，并辅以网络指导、不定期的区域性研讨以及全省性观摩研讨会等方式，将所建构的民间音乐文化启蒙教育课程及其方法等广泛实践与推广验证，共同推进民族民间优秀传统文化的传承与创新。

二 民间音乐文化启蒙教育研究的价值与目标内容

（一）研究价值

1. 学术价值

深入挖掘蕴藏在福建民间音乐和民间文化中的思想精髓，以及其在幼儿园启蒙教育中的价值内涵，探讨童心本位视域下幼儿园民间音乐文化美育启蒙的意义、特点与原则，丰富和创新优秀本土文化在促进儿童早期传承发展中的理论研究。

2. 应用价值

深入探讨如何将福建民间音乐文化的思想精髓，以契合幼儿兴趣与身心发展特点的内容与方式，有机融入幼儿园美育课程之中，构建切实

可行的民间音乐美育启蒙的课程体系与实践操作体系，进一步完善幼儿园民间音乐文化美育启蒙的实践研究，为福建民间音乐美育启蒙提供可资借鉴的课程资源与教育策略，有效推动本土优秀音乐文化在早期教育中的传承与创新，培养幼儿对本土优秀音乐文化的亲切感与认同感。

（二）研究目标

1. 挖掘福建民间音乐中蕴含的审美意蕴与文化内涵，整理、研发幼儿喜闻乐见的福建民间音乐文化启蒙教育资源，着力用沉淀于福建民间音乐文化中的美育精髓与文化精神去滋养幼儿的身心。

2. 探讨童心本位视域下民间音乐文化走进幼儿园课程的内容、途径与教学方法策略，初步形成福建民间音乐文化启蒙教育课程的内容体系与实践操作体系。

3. 建设幼儿园民间音乐文化启蒙教育的系列教育案例与素材资源库，搭建福建民间音乐与幼儿园教育之间的桥梁。

（三）研究内容

1. 梳理福建民间音乐文化的审美内涵及国内外民间音乐文化启蒙教育的研究史，调查幼儿园本土民间音乐文化启蒙教育中的困惑、问题与成因，探讨童心本位下幼儿园民间音乐文化启蒙教育的理想境界。

2. 整理贮存于福建各地民间中脍炙人口的歌谣、舞蹈、戏曲、游戏等作品，挖掘其中蕴含的审美意蕴，基于童心本位对其中具有当代价值的优秀题材进行改编与创作，建设幼儿园民间音乐文化启蒙教育的素材资源库。

3. 开展幼儿园民间音乐文化启蒙教育的行动研究，观察幼儿在福建民间音乐文化启蒙教育中的兴趣、情感态度、能力等方面的发展情况，探讨童心本位下民间音乐与幼儿园课程生态式融合的有效途径与方法策略。

4. 挖掘福建各地民间文化中蕴含的"孝"、"礼"、"拼"、"勇"、"红"等文化精神，与幼儿园音乐美育进行有机整合，研发系列主题活动，构建礼乐合一、幼儿喜闻乐见的福建民间音乐文化启蒙教育园本课程。

三 民间音乐文化启蒙教育研究的方法与路径

（一）研究方法

1. 文献法

首先，通过图书资料、网络等形式查阅相关文献，了解国内外民间音乐文化启蒙教育的研究现状、学术史及经验等。

其次，梳理福建历史文化与民间音乐文化史，整理福建民间音乐、民间习俗的典型素材，了解福建民间音乐文化启蒙教育的研究现状及经验等。

2. 调查法

首先，采用开放性问卷，让幼儿教师就同一典型案例进行作答，了解教师在民间音乐文化启蒙教育领悟层面上的理念；采用封闭与半封闭式问卷，调查幼儿教师对民间音乐美育启蒙的态度、动机、问题、困惑等情况。

其次，采用封闭与半封闭式问卷，并结合个别访谈，了解幼儿家长对当地方言、本土民间音乐以及孩子参加民间音乐文化启蒙教育活动的态度、意义等情况。

3. 观察法

首先，在自然教育情境下，对幼儿园民间音乐文化启蒙教育活动进行参与式观察，了解幼儿对民间音乐的兴趣与关注点。

其次，采用描述性观察记录的方式，以期更客观地分析幼儿的发展情况，探寻教育现场中幼儿园民间音乐文化启蒙教育的宝贵经验与问题。

4. 田野研究法

首先，到闽都福州、闽中、闽南、闽东、闽西、闽北等八闽各地开展民间文化采风，实地考察各地民间音乐风情与民风民俗，收集整理民间文化与民间音乐素材。

其次，与各地民间音乐家、非物质文化传承人等对话，进一步收集整理民间文化与音乐素材，了解相关民间音乐背后丰富的文化内涵，并基于时代要求及幼儿的兴趣能力等进行与时俱进的改造与创新。

5. 行动研究法

首先，借鉴德金（Deak）行动研究模式，在福建各子课题基地园开展"计划—行动—观察—反思"螺旋式深化的行动研究。

其次，探讨童心本位下福建民间歌谣、舞蹈、曲艺等在幼儿园音乐启蒙教育中运用的有效途径与方法策略，整理出幼儿喜闻乐见的系列案例。

最后，在子课题基地园里，开展体现福建各地"孝"、"礼"、"拼"、"勇"、"红"等文化精神的音乐主题活动的行动研究。

（二）研究路径

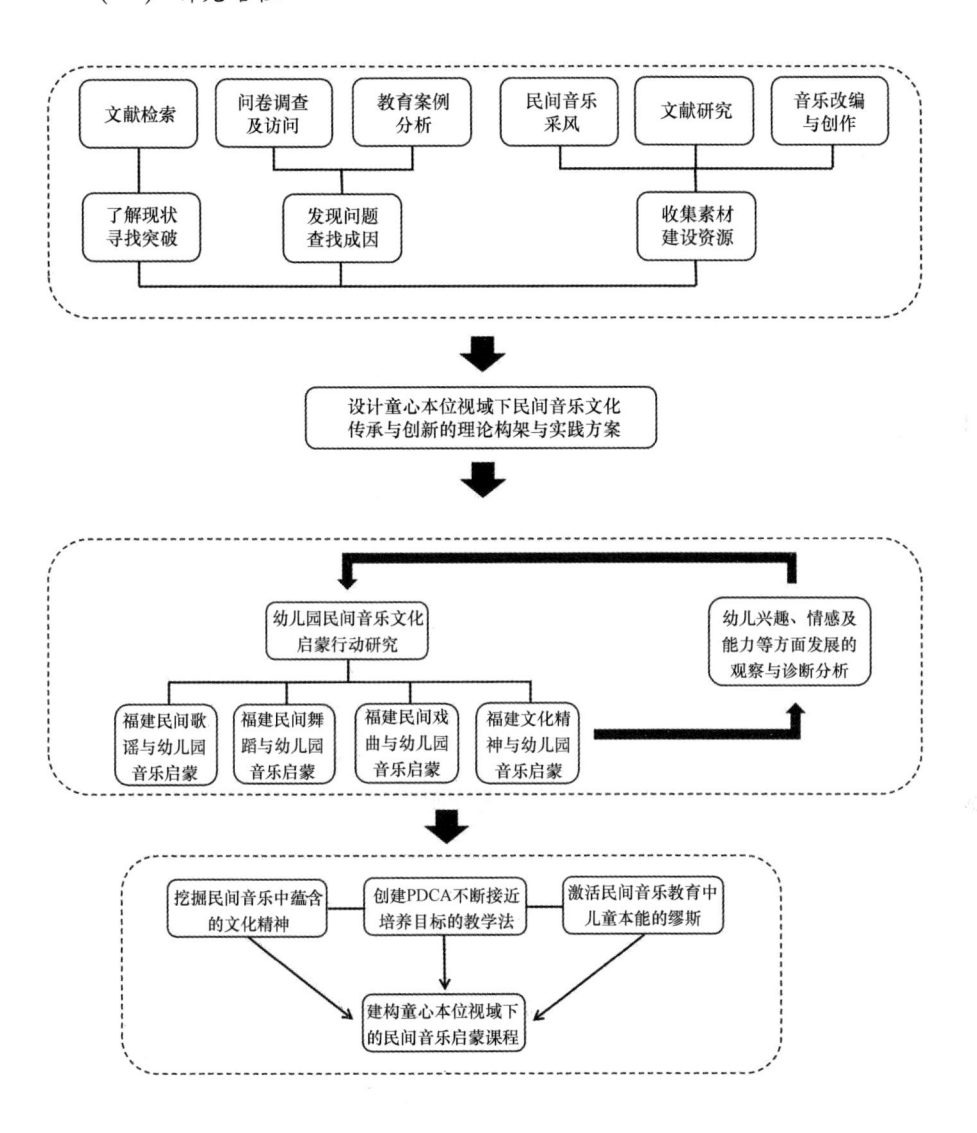

第二章　文化断裂：幼儿园民间音乐文化启蒙的困境考察

前文已述，挪威音乐教育家让-罗尔·布约克沃尔德教授认为[①]，人类每一个成员都有一种与生俱来的以韵律、节奏和运动为表征的生存性和创造性力量，即"本能的缪斯"。这种"本能的缪斯"是人类获取语言与文化内部规则的钥匙，而其力量在学前儿童的身上体现得最为充分。事实上，这种观点是有科学依据的，并能够解释相关的现象。

脑科学研究表明，学前期是人的大脑对新经验最开放的时期，是儿童成长的"精神胚胎期"，也是儿童接受本土音乐熏陶的关键阶段。由于人脑的运作具有连贯性，一旦启用便会不断地自我连接，深深地依赖经验去埋下路线。因此，环境与经验影响着人的大脑的发展，而早期丰富多元的民间音乐文化体验及相关音乐技能的学习与创造，对儿童的发展具有独特的价值。

越是民族的就越是世界的，这是文化人类学家提出的一个经典命题。同理，越是本土的也就越有独立存在、丰富文明、作用社会的价值和意义。随着现代文明的发展与进步，国际社会对民族文化的传承越来越重视，对非物质文化遗产进行保护、利用的意识也不断增强。在这种宏观的时代和社会环境下，沉淀已久的民间音乐文化逐步融入现代化的进程之中，也必将进一步走入幼儿启蒙教育的视域。不过，在当下，文化的断裂造成了中国民间音乐文化启蒙的一些困境，引起了必要的关注和重视。

---

① 让-罗尔·布约克沃尔德：《本能的缪斯——激活潜在的艺术灵性》，上海人民出版社1997年版，第1页。

第一节　幼儿园民间音乐文化启蒙的缺失状况

随着社会城市化和全球化进程的不断加快，传统民间音乐艺术正逐步丧失其原生态的由生活、习惯与文化语境构成的社会环境。当代儿童大多已经无法像祖辈那样，从日常生活、社会交往等活动中，通过口传心授的方式学习民间音乐，更多地需要依赖学校进行专门的民间音乐文化启蒙教育。

然而，在学校教育中，口耳相传、习惯渗透等最适宜民间音乐学习的形式往往无法得到有效的保存与发展，片面重视知识、技能已成为学校民间音乐文化启蒙教育中世界性的共同问题。正如文化人类学家保罗·鲍哈楠所言，"在习惯中，人类学会了他们不将其当作具体学习技能的文化方面。而在教育中，他们在接受传授……具体而言，被传授的是技能"[1]。

民间音乐是福建民间文化中最重要的内容之一，也是福建宝贵的"非物质文化遗产"。然而，随着现代化进程的加快，在社会浪潮急剧变化中，本土传统民间音乐不再具有很大的吸引力，福建传统民歌等正在走向消亡[2]。丰厚的民间音乐文化底蕴和脆弱的民间音乐文化传承的反差，使得民间音乐在各级各类学习中尤其在学前启蒙教育中面临着尴尬的境地：很多幼儿及其家长、教师们，对生活中的本土民间音乐文化常常"闻而不听"、"视而不见"，甚至还存在一些抵触、排斥的心理。由此可见，福建本土民间音乐艺术正在逐渐远离家庭、幼儿园、家长的教育视域，呈现出较为严重的弱化、缺失状态。

一　幼儿园民间音乐文化认同感的缺失

开展本课题研究之初，在对基地园的部分幼儿及其家长进行调查时

---

[1] Bohannan, Paul, *Social Anthropology*. New York：Holt, Rinehart Winston, 1963, p. 23.
[2] 李向京：《论福建传统民歌的继承与创新》，《福建师范大学学报》（哲学社会科学版）2002年第1期。

发现，大多数的家长与幼儿知道贝多芬、克莱德曼、周杰伦等人物，听过交响乐，欣赏过芭蕾舞，但却对自己家乡的民间音乐及其文化知之甚少，态度较为漠然，很多还不屑一顾，充满排斥感，斥之为"过时"、"土鳖"。不少家长甚至认为，西方音乐才是真正富有美感的艺术，闽剧、芗剧、汉剧以及福建山歌等民间音乐只适宜老年群体与农村地区的文化生活，在当代社会中缺乏生存土壤及存在的价值，以后肯定会逐步消亡的。因此他们觉得，幼儿园没有必要开展民间音乐文化启蒙教育，民间音乐文化对幼儿的发展没有多大的教育价值，不如让孩子多学些有用的知识，如识字、弹琴、舞蹈、画画、外语等。这一切彰显出了民间音乐在福建本土民众心中文化认同感的严重缺失，同时也彰显着在幼儿教育中民族意识的缺失与生活意识的错位。

二 幼儿园民间音乐文化资源的缺失

在文化资源建设方面，尽管福建各地相关部门采取了许多民间文化保护举措，但民间音乐研究人员仍存在短缺、萎缩、断层等现象，历史上流传下来的丰富的传统民间音乐作品缺乏必要的挖掘与整理，更缺乏与时俱进的改造与创新，除了童谣外，专门为学前儿童进行改编与创作的福建民间音乐更是微乎其微。由于普通话的广泛推广，当代家庭中方言的使用群体基本是老年人，大多数年轻父母不会说方言，听得懂本土方言的幼儿也日渐稀少，而福建民间音乐大多使用的是幼儿难以理解的乡土方言，教育、传承遭遇了极大的语言障碍。幼儿园教师面临着本土音乐教材资源建设的困难，这也在客观上导致了幼儿园民间音乐文化启蒙教育的缺失。

三 幼儿园民间音乐文化土壤的缺失

从民间音乐作品的内容上看，很多传统民歌、童谣、民间戏曲等表现的都是早期农耕时代的生活、劳动、传统习俗以及人际交往方式等方面的内容。由于现代生产技术、生活方式以及人际关系等的改变，传统民歌所依附的传统劳动与生活方式已经改变甚至消失了，当代儿童已经难以体验到这些民间音乐所表现的社会生活内容，传统民间音乐文化的生活土壤正在逐步消失。如福建民歌中有非常多的劳动号子，都是劳动人民在传统劳动中创作出来并直接伴随着生产劳动歌唱的民间歌曲。过去的房子都是用土木砖瓦建筑的，因此松溪、莆田等地都有《打夯歌》《打夯号子》。那时，在建房过程中，孩子们可以听到伴随打夯、打桩的劳动而哼唱出来的劳动号子，感受到明快、豪迈、雄壮的音乐节奏。福建多山，森林覆盖面广，素有"绿色金库"之称，因此以往山区里有很多伐木工人。他们每天都会伴随着劳动节奏，高亢地哼唱《伐木号子》《锯木号子》《驮木号子》《装排号子》等民歌，以鼓舞情绪、调节精神。现在，这种劳动随着生态环境保护的发展也已经逐渐消亡，福建民歌所依附的劳动号子失去了生存土壤。过去，八闽各地人民爱唱民歌，甚至可以说唱民歌已成为福建人民的主要生活方式和必备生活技能，现如今，八闽各地人民的生活方式发生了很大的变化，唱民歌不再是福建人民的主要生活方式。由此可知，许多民间音乐失去了原始依附的生存与发展的文化土壤，这也是导致幼儿园民间音乐文化启蒙教育难以开展的重要原因之一。

四 幼儿园民间音乐文化教育生态观的缺失

在福建各地，一些幼儿园也曾将乡土民间音乐纳入教育视域，并将其作为园本特色课程。但是，由于一些教师缺乏教育的生态观，使得幼儿园民间音乐文化启蒙教育过程中进入了某些误区，如截取民间音乐艺术中的某一片段进行单纯性的教学，将民间音乐与其植根的民间文化土壤相隔离；民间文化与幼儿文化之间没有找到有效的连接点，幼儿园民间音乐文化启蒙教育远离幼儿的兴趣特点与接受能力；偏重于以知识、技能为主的模仿学习，忽视幼儿对民间音乐艺术个性化的理解与创造性的表达；对幼儿园民间音乐文化启蒙教育的价值缺乏全面认识，民间音乐文化启蒙教育过程过多地讲求花样，流于形式……这种教育生态观的残缺与错误，导致幼儿园民间音乐文化启蒙教育丧失了应有的教育魅力。

五 儿童本能缪斯的衰微

一些教育者把儿童对民间音乐文化的体验、学习与创造的过程设想为简单的累加过程,把儿童审美陶冶、审美能力、个性发展等看成是可以沿着一个方向累加的单向线性变化过程,认为只要儿童学得越多,模仿得越逼真,儿童的兴趣就会越高,其音乐审美能力以及对本土民间音乐文化的情感也将随之得到相应的培养与增强。然而,这类不适切的灌输式教育可能会带来民间音乐文化启蒙教育的低效、无效甚至反效,很多儿童在某些教师的不当教导下,索然无趣地进行被动的学习与技能训练,丧失了对民间音乐的兴趣与灵性,导致了儿童民间音乐本能缪斯的衰微。

第二节 幼儿教师的教育态度与实施情况调查[①]

"教师作为文化的传递者就必须承担对乡土文化的传递、重构与创造。"[②] 在整个社会民间文化保护思潮的影响下,在诸多幼教专家对于民间艺术活动的积极倡导与导向性的支持下,中国民间音乐文化启蒙在幼儿园教育中的缺失问题得到了一定程度的解决。

但是,作为民间音乐文化启蒙教育活动具体实施者的幼儿教师,他们对民间音乐文化启蒙教育活动持怎样的态度?他们开展民间音乐文化启蒙教育活动的动机、困难以及主要考虑的因素是什么?他们在实施民间音乐文化启蒙教育活动的过程中有哪些亟须解决的困惑?他们的教育价值取向与教学观主要体现在哪些方面?诸如此类问题,是必须摸排清楚的。

通过对福建学前儿童音乐教育研究中心准备开展民间音乐文化启蒙教育活动研究的部分基地园教师进行的分阶段、多形式调查,了解到了幼儿园一线教师的不少真实想法,也透析了他们开展民间音乐文化启蒙教育活动后形成的价值观、教学观等缄默知识,以及为幼儿园民间音乐文化启蒙教育活动深入、有效地开展提供一些有益的思路。

一 调查过程与方法

本书采取问卷调查与座谈会、个访等相结合的方式,在 2008 年 10

[①] 程英:《幼儿教师对民间音乐教育的态度及其实施情况调查》,《学前教育研究》2009年第 10 期。
[②] 陈永明:《现代教师论》,上海教育出版社 1999 年版,第 353 页。

月至 2009 年 4 月期间，分三个阶段，围绕幼儿教师对开展民间音乐文化启蒙教育活动的必要性、满意度、动机、困难、主要考虑的因素、需要专家指点的困惑等问题展开调研。

第一阶段为预调查阶段，以开放式问卷与座谈会相结合的方式，在福建省福州市、泉州市分别召开了相关教师座谈会，与会者简单填写一份涉及上述内容的开放式问卷后，再以两地开展的民间音乐活动为例展开研讨。两地共 89 位幼儿教师参与了本次调查。

第二阶段为正式调查阶段，根据第一阶段调研所获得的信息，整理出相对集中的选项设计正式问卷。此次调查选取福州、泉州、厦门、晋江、龙岩等 15 所课题基地园中曾经开展过民间音乐文化启蒙教育的教师作为参与者，共发放问卷 200 份，回收有效问卷 174 份，有效回收率为 87%。被试者的其他情况如表 2－1 所示。

表 2－1　　　　　　　　参与教师基本情况概览

	幼儿园类型			教龄			职称		
	优质园	标准园	一般园	0—5 年	6—14 年	15 年及以上	初级	中级	高级
人数	76	68	30	39	67	68	38	66	70

本次调查所获得的数据运用 SPSS 11.0 软件包进行统计处理。从表 2－1 中可见，在此次调查中，教师的职称与教龄具有很强的一致性，故而统计分析时以职称作为分类依据。

第三阶段的研究针对第二阶段调查统计中发现的一些典型问题，对 12 位教师代表进行个别深入访谈，以收集、丰富本项研究所需的信息。

二　调查结果与分析

（一）幼儿教师对民间音乐文化启蒙教育活动的基本态度

调查结果表明，近 84% 的参与者认为有必要或较有必要在幼儿园开展民间音乐文化启蒙教育活动，58% 的参与者对自己曾经设计、组织的民间音乐文化启蒙教育活动感到满意或比较满意，而感到不够满意或不满意的仅14%。这说明，教师们对自己组织的民间音乐文化启蒙教育活动有较高的教学效能感。

(二) 幼儿教师开展民间音乐文化启蒙教育活动的主要动机

由表2-2可知，超过64%的参与者开展民间音乐文化启蒙教育活动的动机来自幼儿园的要求、专家的倡导、社会中广为人知的文化保护宣传等外在因素，不到20%的参与者是因为自己对民间音乐感兴趣而开展此类活动的，而源于幼儿的兴趣开展民间音乐文化启蒙教育活动的参与者仅17%左右。这表明，目前幼儿教师对民间音乐普遍缺乏内在兴趣。

表2-2　　　　　幼儿教师开展民间音乐文化启蒙
　　　　　　　　教育活动的主要动机（单选）　　　　　单位:%

项目	教师兴趣	儿童兴趣	园部要求	专家倡导	文化保护
初级教师	5.26	15.78	47.36	15.79	15.79
中级教师	9.09	18.18	27.27	24.24	21.21
高级教师	34.28	17.14	8.57	11.42	28.57
均值	18.39	17.24	24.13	17.24	22.99

通过比较不同职称的教师对上述问题的认识可以发现，职称越低的教师开展民间音乐文化启蒙教育活动的动机受外因的影响越大。其中，近一半的初级教师开展民间音乐文化启蒙教育活动是因为园部的要求，源于自身兴趣的仅5.26%（见表2-2）；中级教师开展民间音乐文化启蒙教育活动的动机受园部要求的影响虽仍占第一，但已降至27.27%，不过专家倡导、文化保护等因素的影响也较大，可见该类教师对民间音乐的兴趣度仍较低；在高级教师中，自身对民间音乐的兴趣与热爱是其开展民间音乐文化启蒙教育活动的主导性动机，受民间文化保护诱因的影响也明显强于初、中级教师。从访谈与日常交流中得知，高级教师群体普遍比较热爱民间音乐，甚至在园部要求改换课题，抑或在已经退休的情况下，仍可能执着地坚持开展或自愿义务指导年轻教师开展民间音乐文化启蒙教育活动。

（三）幼儿教师开展民间音乐文化启蒙教育活动的主要困难

由表2-3可知，参与者认为在影响民间音乐文化启蒙教育活动开展的因素中，困难程度的大小依次为：民间音乐文化启蒙教育素材的选择（67.82%）、方言障碍（59.77%）、幼儿的创造表现（43.68%）、师幼互动（43.68%）。据教师们反馈，目前适宜幼儿园使用的民间音乐素材仍十分缺乏，需要教师们花费大量时间、精力进行挖掘、整理与改造，还时常需要借助专业人员的帮助。很多民间童谣、歌曲、戏曲等都是用方言演唱的，而大多数孩子听不懂更不会说方言，故而在民间音乐的体验、理解与学习中困难重重。此外，各约有13%的参与者对于民间音乐文化启蒙教育中的师幼互动、创造表现感到困难。他们反映，在民间音乐文化启蒙教育活动中，虽然教师已经注重幼儿情绪的调动以及教学活动的游戏性与趣味性，但单纯的教师教、幼儿学的现象仍较普遍。

表2-3　　　　　　　　幼儿教师开展民间音乐文化启蒙
教育活动的主要困难（选三项）　　　　　　单位：%

选项	教材选择	价值把握	示范表演	方言障碍	兴趣激发	师幼互动	技能学习	创造表现
初级教师	94.74	15.79	15.79	57.89	26.32	26.32	15.79	47.37
中级教师	69.69	15.15	15.15	78.79	18.18	39.39	21.21	42.42
高级教师	51.43	31.43	37.14	42.86	21.21	57.14	17.14	42.86
均值	67.82	21.84	24.14	59.77	20.69	43.68	18.39	43.68

各级职称教师在开展民间音乐文化启蒙教育活动过程中的困难与总体情况大致相近，但困难集中度各有不同：职称级别越低，困难项越集中；职称级别越高，困难项越分散。其中，初级教师的困难典型集中在教材选择与方言障碍上，几乎所有的初级教师对民间音乐教材的选择都感到困难；高级教师的困难则明显偏向于师幼互动，该群体特别关注民间音乐文化启蒙教育活动中的师幼互动问题，而他们对民间音乐示范表演方面的困难也明显高于另两类教师。

在访谈中，不少教师（包括执教者本人）对民间音乐文化启蒙教育活动感受最深的就是比较困难，需要实现的目标太多，有教育价值的因素很多。这使得他们常常抓不住核心，顾此失彼，难以产生令人满意的教育效果（与常规性的音乐教育活动相比）。

（四）幼儿教师设计、组织民间音乐文化启蒙教育活动时主要考虑的因素

幼儿教师在开展活动时，主要考虑的问题能体现出教师民间音乐文化启蒙教育的价值观与教学观。调查结果显示，幼儿教师设计、组织民间音乐文化启蒙教育活动时主要考虑的因素为：幼儿兴趣（75.86%）、文化价值（57.47%）、音乐特色（42.53%）、有利于创造（36.78%），具体情况如表2-4所示。可见，这些教师尤其关注幼儿在学习过程中的兴趣，同时也比较注重民间音乐潜藏的文化价值、民间音乐素材中具有审美感染力、富有特色的音乐元素以及幼儿在活动中的创造性表现。

表2-4　幼儿教师设计、组织活动时的主要考虑因素（选三项）　　　单位:%

选项	教师表演	音乐特色	文化价值	幼儿兴趣	学习难度	自主学习	便于展示	有利于创造
初级教师	21.05	89.47	36.84	94.74	10.53	0	26.31	21.05
中级教师	9.09	39.39	60.61	81.82	21.21	30.30	18.18	39.39
高级教师	28.57	20	65.71	65.71	25.71	40	11.43	42.86
均值	19.54	42.53	57.47	75.86	22.99	27.59	17.24	36.78

不同职称的教师除了在考虑幼儿兴趣的因素上具有很大的相似性，其余方面有较大的差异。初级教师极为注重考虑音乐特色，他们的说法是"选好音乐素材就等于成功一大半"，但没有一位教师把幼儿的自主学习作为主要考虑的因素；中高级教师考虑的因素大多比较接近，比较重视民间音乐文化启蒙教育活动的文化价值以及活动组织中幼儿的创造与自主学习。相对而言，高级教师还较多考虑教师的示范表演。他们认为，教师准确、富有感染力的表演是幼儿感受、了解民间音乐的主要途径，是激发幼儿的兴趣、实现其他教育效果的前提。这说明高级教师对民间音乐艺术的示范表演要求较高，而这也许是在前项调查中，他们对表演感到困难的主要原因。

（五）幼儿教师对于民间音乐文化启蒙教育活动的困惑与期待

在调查中，幼儿教师的困惑集中反映在以下两个方面：一是既然社会如此重视民间音乐艺术的传承与发展，为什么没有一支专业的文化建设队伍对福建各地的本土民间音乐及其文化进行深入挖掘与整理，建设符合幼儿园教育需要的本土音乐教材与素材库？二是《幼儿园教育指导纲要（试行）》中先进的教育理念如何在民间音乐文化启蒙教育中得以实现？他们也意识到在民间音乐文化启蒙教育活动中存在着幼儿主体性偏弱、教师教导得太多等问题，但却无法在实践中予以有效的解决。因此，他们期盼相关部门能尽早开发、建设一个完善的民间音乐素材库，期待幼教专家能深入现场剖析具体教育活动中存在的问题及原因，提供有效的指导策略，为民间音乐文化启蒙教育活动的科学、有效开展提供具体的帮助。

三 研究结论

（一）绝大多数幼儿教师认同在幼儿园开展民间音乐文化启蒙教育活动的必要性，他们对自己组织的民间音乐文化启蒙教育活动有较高的教学效能感。

（二）激发幼儿教师开展民间音乐文化启蒙教育活动的主导性动机主要源于幼儿园要求、专家倡导、社会上广为人知的文化保护宣传等外在因素，而源于幼儿与教师兴趣的比率较低。在这方面的问题上，年龄越小、职称级别越低的教师表现越为明显，而对民间音乐的兴趣则是高级教师的主导性动机。

（三）幼儿教师开展民间音乐文化启蒙教育活动中的困难集中表现在音乐素材的选择、方言的障碍、幼儿的创造表现、师幼的互动等方面。教师的职称级别越低，困难项越集中在前两项上；职称级别越高，困难项则相对越分散。

（四）幼儿教师在设计组织民间音乐文化启蒙教育活动中，主要考虑的因素是幼儿的兴趣、民间音乐的文化价值、音乐本身的特色以及幼儿的创造性表现等，对于学习难度、幼儿的自主学习等因素考虑较少。在这方面，初级教师尤为如此。

（五）幼儿教师期盼着尽早拥有一个现成、适宜的民间音乐教材与资源库，期待着专家扎根教育活动现场的有效指导，以使先进的教育理念在民间音乐文化启蒙教育活动中得以实现。

四　讨论与建议

（一）幼儿教师具有较强的民间文化保护意识与文化责任感，但其文化自觉性尚待提高，教育视野亦须扩大

调查结果表明，作为民间音乐文化教育的具体执行者，幼儿教师普遍认同在幼儿园开展民间音乐文化启蒙教育活动的必要性，文化保护是他们开展民间音乐文化启蒙教育活动的主导性动机之一，民间音乐所蕴含的文化价值也是他们设计、组织相关活动时主要考虑的因素。可见，幼儿教师具有较为强烈的民间文化保护意识与文化传承责任感。

但与此同时，幼儿教师的民间文化自觉性与文化底蕴仍有待提高。很多教师尤其是中青年教师对民间音乐不熟悉，对民间音乐所蕴含的文化不了解，无法深入挖掘这种文化的内涵，在教育活动中也就只能对幼儿进行人文知识的简单告知。大多数年轻教师对民间音乐缺乏内在兴趣，对民间音乐艺术本身的不熟悉使他们在教育过程中无法自如发挥与即兴教学，只能依样画葫芦地按照预设的程序教学，导致在该类活动中教师牵着幼儿鼻子走的现象比较突出。

解决上述问题的思路主要有：首先，提高中青年幼儿教师对民间音乐文化启蒙教育及其文化的内在兴趣，激发其开展民间音乐文化启蒙教育活动的内在动机。教育行政部门、园部管理者以及专家等在指导与评价中青年幼儿教师的教学活动时应积极鼓励，注重保护他们的积极性，同时应为他们提供行之有效的具体化指导，帮助他们在不断进步中产生效能感。其次，积极创设各种条件，如组织民间音乐知识培训、乡土文化游、民间音乐采风、乡土文化竞赛等活动，增进他们对民间音乐文化的了解与热爱。最后，各级幼儿师范院校应把民间音乐纳入学校音乐教学的范畴，让幼儿教师能在职前就对民间音乐及其文化有更多的接触、认识与学习。

特别需要强调的是，幼儿教师应走出幼教的一隅天地，扩大教育视野，主动融入基础教育改革的大阵营中。自2001年《福建省人民政府关

于基础教育改革与发展的决定》提出"推进乡土艺术进校园"的要求后，福州、泉州、厦门等地的中小学"乡土音乐进课堂"活动都开展得较有声势，但幼儿教师参与其中的较少，甚至很多人根本不知道身边的该项教育发展活动。

（二）多方合作共建幼儿园民间音乐教材与素材库，形成民间音乐文化建设的生态链

福建省幼儿园民间文化建设的缺失现象在多年前就已经存在了[①]，全国其他地区也出现了幼儿园课程内容民族文化传统与现代文明成果分离的现象[②]。教材建设是民间音乐文化教育的保证，"乡土音乐进课堂是一个政、学、社、研相结合的系统工程"[③]，必须由教育行政部门或者权威专家牵头，组建一支由民间音乐艺术家、音乐专业工作者、幼儿音乐教育专家以及幼儿教师共同参与的队伍，多方合作共建幼儿园民间音乐教材与素材库，并逐渐形成"挖掘—改造—创造—应用—再改造—再应用"民间音乐文化建设的生态链，保证所建设的教材与素材库能不断充实、完善并适宜幼儿园的民间音乐教学需要。

同时，幼儿教师们的共享意识也亟待增强，狭隘的产权保护意识需要消解。根据教师们的反映，不少幼儿园虽已开发了部分优秀的民间音乐素材，但由于"产权保护"意识很强，其他幼儿园难以共享这种教育资源。再加上许多教师把音乐的特色简单理解为就是做别人没有做过的东西，导致花费大量精力开发出来的素材用过一次后就束之高阁，未能发挥出其应有的社会效益。

（三）透析幼儿教师在民间音乐文化启蒙教育行为后的缄默知识，幼儿园民间音乐文化启蒙仍然任重而道远

缄默知识是个体自身获得的一种"行动定向知识"，具有程序性和

[①] 程英：《追求和谐，走向融合——多元文化视角下幼儿园民间音乐文化启蒙教育的思考与探索》，《文化传承与幼儿教育》，浙江教育出版社2005年版，第340页。

[②] 徐莉、陈时见：《论民族幼儿教育中传统与现代的断裂与对接——以广西融水苗族自治县民族幼儿教育为例》，《学前教育研究》2005年第4期。

[③] 马达：《福建省乡土音乐文化进课堂的实践与思考——兼论区域性音乐课程资源的开发与利用》，《教育探究》2009年第1期。

实用性，能够帮助个体达到自己认为有价值的目标①。尽管许多教师对幼儿是学习主体，教师是幼儿学习的支持者、引导者等理念已经熟记于心，能够脱口而出，但潜移默化地支配着幼儿教师的民间音乐文化启蒙教育行为的却是缄默知识。从此次调查中，可以窥视到影响幼儿教师在民间音乐文化启蒙教育活动中的缄默知识主要有：

1. 重视外显知识与技能的学习、表现与创造，注重即时性的教学效果展示

民间音乐中蕴含着丰富的教育价值，既有外显的知识与技能，也有内隐的文化习俗、价值观、生活态度等。在民间音乐文化启蒙教育活动中，教师们更多关心的是如何在一次教育活动中让幼儿较为完美地再现所学习的民间音乐知识与技能。追求即时的学习效果与热烈的活动氛围，这似乎已经形成幼儿教师在民间音乐文化启蒙教育活动中的集体无意识。从教师们关注的问题、感到困难的因素等情况中，都能透析出这一思想。如教师感到选材与方言困难的根本性原因也在于感到幼儿无法学会教材中的知识、技能，无法通过教学活动展示即时的学习效果。在访谈中，教师们表露的观点也证实了这一点。以知识与技能的学习、表现与创造为主的民间音乐文化启蒙教育成了一种存储行为，民间音乐文化启蒙教育呈现出较为典型的"存储式"教育②。蕴藏在教材中的文化与技能只是由教师简单地存储到幼儿的头脑中，并没有被幼儿真正理解与吸收。虽然调查结果显示教师们十分注重文化价值，但什么才是民间音乐文化启蒙教育活动中具有文化价值的东西，他们常难以把握。如在针对闽南民间舞蹈《车鼓弄》展开的研讨活动中，教师们对于本活动重点的探讨多半聚焦于如何引导幼儿学习、创编车鼓公与车鼓婆走路与合作抬南瓜的动态、表情，如何指导幼儿完美再现整个音乐作品等方面，对于闽南民间舞蹈中以诙谐幽默的风格处理人际争端的人文价值理解与重视不够。

2. 以教论学，对幼儿的主体性观照不足

从幼儿教师在设计、组织民间音乐教学时主要考虑的问题中不难发

---

① 郭秀艳：《内隐学习和缄默知识》，《教育研究》2003年第12期。
② 保罗·弗莱雷：《被压迫者教育学》，华东师范大学出版社2001年版，第25页。

现，教师们考虑的大多是围绕着教师的教而展开的。他们对如何挖掘民间音乐的文化价值教材、如何凸显音乐的特色、如何突出教师的表演、如何生动地讲解与教授，以及对幼儿的学习能力及其主动发展等均关注不足，体现出一种以教师为本、以教论学的教学观。

创造是文化发展的动力所在，虽然此次调查表明教师们比较关注幼儿的创造，但在实际教学中，他们给儿童的创造活动施加太多的任务与要求，使得这种创造脱离了儿童幻想的文化本真与自由自主的创造精神。

在民间音乐教学活动中弘扬与发展幼儿的主体性，教师必须摆正自己的角色地位，把关注的重点转向幼儿。教师在幼儿民间艺术学习中的主要作用不是解释和教导，而是启发与引导幼儿动手，引发幼儿创造[①]。不能让幼儿体认的文化再优秀也无法产生塑造作用，不能让幼儿主动学习的技能再精湛也无法发展其审美能力，不能让幼儿自由创造的产品再完美也无法焕发生命活力。

当然，不少幼儿教师也开始意识到自己的教学问题。他们对民间音乐素材如何处理得更适合幼儿的年龄特点，如何有效引导幼儿了解方言从而与民间歌曲产生共鸣，如何摆脱幼儿在学习民间音乐时因经验不足而导致的被动地位，如何由浅入深地引导幼儿体验民间音乐的魅力，如何理解民间音乐文化启蒙教育活动中蕴含的音乐、动作、文化等丰富、多元的教育价值，怎样确立一次活动的核心目标等问题，进行过一些思考与探索，但成效并不如愿。他们强烈期待着专家能进行更高层次的专业引领与扎根现场的具体指导，以逐步摆脱与化解缄默知识的制约，将先进的教育理念活化为指导具体教育行为的具体策略，使得民间音乐文化启蒙教育活动更加科学化。

由此可知，幼儿园民间音乐文化启蒙之路仍然漫长，福建民间音乐文化启蒙教育改革仍然任重而道远。

第三节　幼儿园民间音乐文化启蒙的困境与成因

近年来，中华优秀传统文化备受尊崇，也带来了民间文化社会地位

[①] 虞永平：《文化、民间艺术与幼儿园课程》，《学前教育研究》2004年第1期。

的提高。随着社会对民间文化以及非物质文化遗产保护意识的不断增强，幼儿教师的民间文化保护意识与文化责任感也不断增强。而且，沉淀已久的民间音乐及其文化逐步走进幼儿园的教育视域，优秀的民间音乐文化逐步成为幼儿园课程中重要的教育资源。但是，由于文化生态的变化、教师民间文化素养以及教师教育理念、教学范式等多方面因素，幼儿园的民间音乐文化启蒙教育仍然面临着诸多问题与困境。

一 幼儿园民间音乐文化启蒙教育的问题与困境[①]

当前，幼儿园民间音乐文化启蒙教育仍然存在着诸多问题，例如：以成人化的民间音乐素材、以民间音乐技能传承学习为主的民间音乐文化启蒙教育，降低了儿童对民间音乐的兴趣，导致了儿童对民间音乐本能缪斯的衰微；不注重挖掘民间音乐中蕴含的文化内涵与文化精神，导致民间音乐文化启蒙教育中文化育人的欠缺；片面强调集体教学，忽视儿童对民间音乐、文化与生活经验的整体建构，影响了幼儿的主动学习与表现……幼儿园民间音乐文化启蒙教育的问题与困境，从下列一组真实的教学镜头中可见一斑。

（一）缺乏童心本位导致儿童兴趣的衰微

镜头1：成人化的教育内容

在某大班开展的锦歌《二十四孝》欣赏活动中，教师首先播放了民间艺术家演唱的乡土韵味十足的音乐视频。在幼儿认真倾听后，教师引导他们回顾歌里唱了些什么，思考为什么要孝敬父母。接着，教师再通过多媒体课件，逐一介绍了锦歌中使用的琵琶、洞箫、二弦、三弦及木鱼、双铃等伴奏乐器。最后，教师带领幼儿边听音乐边用木鱼、双铃为乐曲伴奏。对于原曲中的唱词，教师未进行改造，一些幼儿很不解，有人问道："生病了，'问神拜佛求名医'是什么意思？哪个更有用？"这说明，虽然孝敬父母是幼儿熟悉的内容，但是成人化的原唱内容让幼儿感到不解，进而可能削弱了他们对锦歌的感受与表现的兴趣。

[①] 程英：《幼儿园民间音乐教育的困境与破解》，《福建教育》2020年第20期。

镜头2：照相机式的简单复制

某年端午节将至，某教师在组织幼儿学唱福州童谣《扒龙船》活动中，采取了引导幼儿观看划龙舟录像、听福州方言演唱录音、教师边范唱边出示图谱、幼儿跟念等多种方式，帮助幼儿感受、理解与学习歌曲及其方言。之后，教师带领幼儿随乐反复演唱。最后，再引导他们边唱边随着音乐节奏表演划龙舟。此次音乐活动内容较简单，幼儿在前半部分时间里还饶有兴趣，但到了一句一句跟念方言词句的环节时，他们的兴趣逐步下降，最后的演唱与表演也就变成了被动应付的行为。

（二）缺乏文化理解导致文化育人的薄弱

不少幼儿教师在开展民间音乐文化启蒙教育活动过程中，仅把民间音乐作品作为普通的音乐教育活动素材，对其中蕴含的文化内涵没有深入挖掘，未能理解、领会其文化意蕴。并且，他们在具体教学过程中，忽视了对幼儿进行民间音乐中所蕴含文化精神的启蒙，使得民间音乐美育仅注重音乐的审美性而缺乏文化的精神性，致使文化育人的目标未能同步实现。

镜头1：不明就里地简单化学习

为了帮助幼儿感受与学习家乡所在地少数民族——畲族的舞蹈，一位年轻教师将畲族的歌曲《山哈的歌谣》改编成幼儿能够理解掌握的歌谣，并通过歌唱与表演等形式组织他们学习。活动中，教师通过视频、示范、语言提示、图谱、跟随教师练习、随乐练习、同伴合作表演等多样化的教学方式，基本完成了儿童对该歌曲及其表演动作的感受、学习与掌握的目标任务。但是，幼儿除了理解歌词中"山哈"、"泼妮崽"等畲族独特的词语外，对歌词中的织布、采茶等反映畲族劳动的独特内容以及为什么要开展"山歌对唱"等，均不太了解。在随乐动作表演时，孩子们基本能跟着录像、教师示范、教师语言与动作提示等，学习与表现畲族舞蹈中大拇指基本手型、"踮踏步"等基本脚步，但对于这些舞蹈动作所表达的畲族独有的文化寓意却不甚了解。

镜头2：缺乏与时俱进的改造

《拍胸舞》是福建闽南地区最具代表性的民间舞蹈之一，又称《打七响》《乞丐舞》。《拍胸舞》最初为祭祀之舞，后来逐步衍化为民间一种形式独特的舞蹈。再后来又被梨园戏吸收，演化出郑元和沦为乞丐后边唱边跳的场面，并获得广泛传播。为了帮助幼儿了解该舞蹈的由来，教师请家长先查阅资料，将有关内容念给孩子们听。结果，有的家长就从网上摘录了郑元和上京赶考时，流连花楼等地后钱财散尽、上街乞讨的故事，未进行与时俱进、适合儿童的改造，就"原汁原味"地讲给自己的孩子听。此后，孩子们在交流时，就说这个舞蹈说的是一个秀才没钱了，跳着舞上街做乞丐讨饭的故事，并且纷纷嘲笑这个穷困潦倒又行为怪异的秀才，使得幼儿的学习兴趣大打折扣，并且还带偏了教育方向。

镜头3：忽视文化精神的音乐表现

某教师为了增强幼儿学习《拍胸舞》的自主性，引导他们认真观看社区踩街活动中的民俗表演视频，并辅以教师放慢的示范动作。这位教师要求幼儿仔细观察这个舞蹈的动作顺序，寻找出其中的动作顺序规律，然后按顺序把图谱排出来，并自主记忆拍击各部位的动作顺序。在教师的精心指导下，幼儿逐步掌握了"拍手—拍胸—夹胁—拍腿"的动作及顺序，并能随乐有节奏地进行再现。为了增强活动气势，教师不断通过示范、语言提示等，反复提示幼儿要有节奏、有力量、有气势地拍击。但是，通过这个活动，幼儿仅知道《拍胸舞》是自己家乡富有特色的民间舞蹈，并能随乐进行模仿表演，至于为什么要跳这个舞蹈、为什么要有力量地拍击等，都缺乏应有的认识，也未能从舞蹈动作学习及表现中获得不怕困难、敢于拼搏等方面的熏陶与启蒙。

（三）缺乏课程生态观导致儿童主体的缺失

一些教师对幼儿园民间音乐文化启蒙教育中各种教育形式之间相互渗透、有机融合的意义与机制的认识仍然不足，实际操作中仍仅注重组织幼儿开展与民间音乐相关的歌唱、韵律、欣赏、演奏等集体性音乐学活动，忽视了通过区域活动、主题活动、生活活动、亲子活动等多种方式，整体建构儿童关于民间音乐及其文化的学习经验，影响了儿童生动、活泼、主动地学习与表现。

镜头1：填鸭式的集体教学

在某幼儿园大班开展的闽南民间舞蹈《拍胸舞》活动中，教师首先播放了当地节日民俗踩街中《拍胸舞》的现在生活和活动中场录像，让幼儿初步感受该舞蹈动作的粗犷、欢快与热情，重点引导幼儿观察该舞蹈的基本动作及其顺序。接着，教师开始示范表演，然后边示范讲解边带领幼儿学习该舞蹈中的拍手、拍胸、拍胁、拍腿等动作。在图谱的支持与教师的示范带领下，这些幼儿终于掌握了该舞蹈的基本动作。最后，教师要求幼儿自己边听音乐边有节奏地表演拍胸舞。短短30分钟里，幼儿既要反复观看录像、听教师的讲解以及感受该舞蹈所表现的民俗风情与文化，还要仔细观察教师的示范动作、学习舞蹈基本动作、进行有节奏的表演，最后还要独立听音乐，完整地表演整个舞蹈、玩踩街游戏等。整个活动一环赶一环，但每一环节都是匆匆带过的。由此而来，儿童最初的兴趣也在匆忙而紧张的学习中逐渐消逝，更多时候只是机械地跟着教师与音乐，看着图谱紧张地学习、记忆动作，对整个舞蹈丧失了应有的学习欲望与热情。

镜头2：立竿见影式的创造表现

在一次高甲戏《老鼠嫁女》集体音乐教学活动中，教师在引导幼儿欣赏高甲戏表演VCD、了解闽南婚俗习惯、倾听感受音乐后，开始教这些幼儿反复学说"迎新娘喽"、"上轿"、"出发喽"等几句与剧情关系密切的闽南语。之后，请当地的梨园艺人上场表演，让幼儿真切地感受到高甲戏丑角的表演美与服饰美。幼儿分组向民间艺人学艺后，教师带领幼儿，分别扮演唢呐手、伴娘、小乐队、新娘、轿夫等角色，在民间艺人的带领下，进行"老鼠嫁女"的表演。最后，教师鼓励幼儿大胆表现，把自己的动作、表情夸张地表现出来，并要求幼儿自由想象、大胆创编结束部分"快走"的造型动作与表情。实际上，绝大多数幼儿很难达到教师的要求，教师只好在前面边启发边带领，而幼儿则手忙脚乱地跟随其后，做出各式各样的模仿动作。

镜头3：独白式的教学指导

某教师在开展闽剧主题活动中，采用了集体教学、区域活动、户外游戏、创意戏剧、生活活动、环境创设等途径，也采取了邀请闽剧艺术家进幼儿园、观看视频、教师示范等多种方式。但是，这些活动仍然基本以成人"教"、幼儿"学"的角色定位为主，教师基本上都是直接把闽剧音乐、闽剧角色及道具、与闽剧相关的方言等方面的知识、技能告知与教授给幼儿，极少与他们进行互动。而幼儿对于上述内容缺乏自主的探究，也没有与民间音乐、民间艺术家、教师以及同伴进行对话。在这种民间音乐文化启蒙教育活动中，幼儿的自主性、想象力、创造性、表现能力等仍然难以得到有效发展。

（四）缺乏民间音乐素养导致审美能力缺失

镜头1：缺乏乡土韵味的审美表现

在一次闽南童谣《羊仔囝》的教学活动中，某教师非常勉强地用半生不熟的闽南话，简单、生硬地模仿"羊仔囝，咩咩吼"、"惊甲赶紧走，害我绁甲抛辗斗"等方言话语。在这个过程中，由于教师缺乏相应的语言表演能力，使得该童谣富有闽南韵味的抑扬顿挫的声韵美、生活情趣的意境美都无法得到充分展现，从而影响了幼儿对闽南童谣的审美感受与表现。

镜头2：对民间艺术的审美要素缺乏研究

在某幼儿园开展的闽剧欣赏活动中，教师通过剧本小故事的方式，帮助幼儿感受与理解该剧的内容，幼儿也穿着富有闽剧特色与美感的服饰，进行初步的角色表现。但是，由于教师对闽剧的学习、研究不够，认知不足，讲解欠缺，致使幼儿对于闽剧角色服饰的色彩美、造型美、道具美，以及闽剧表演中所用福州方言的语言艺术美等，都缺乏初步的感知与体验。

二 幼儿园民间音乐文化启蒙教育问题的成因解读

在上述教师精心组织的民间音乐文化启蒙教育活动中，儿童真正获得了什么？这样的民间音乐文化启蒙教育是否适合儿童、对儿童的身心成长能否取得实质性的促进效果？

从毕生发展观的视角出发，发展不仅意味着功能的增加。实际上，在生命历程中，任何时候的发展都是获得与丧失、成长与衰退的整合。回顾过去，不少成年人曾被幼年时"填鸭"式的教育弄伤了"胃口"，早期的不适当教育不仅未让他们获得应有的陶冶与发展，而且造成了心灵上的伤痕甚至残缺。当前，在许多民间音乐文化启蒙教育活动中，儿童学习的动力并非源于内在的需求，他们的审美期待、审美经验都未得到合理的积淀（其他一些教育活动也有类似现象）。在教师为幼儿精心准备的"民间音乐与文化的盛宴"中，由于缺乏对幼儿生命存在与学习天性的关注与尊重，幼儿并未得到预期的教育影响。不适宜的民间音乐文化启蒙教育不仅对幼儿的审美能力的发展不利，还有可能压抑他们的缪斯天性，致使他们对本土民间音乐及其文化产生不适应、不接受的状态，甚至还会表现出逆反态度，从而丧失对本土音乐及其文化的自觉性。

综而观之，产生上述现象的原因主要有以下几个方面：

（一）教师儿童观的桎梏

随着社会对民族优秀传统文化以及非遗文化保护意识的不断增强，幼儿教师传扬民族优秀文化的意识也逐步提升，但不少教师步入"为了儿童有余、基于儿童不足"的误区，在民族文化与幼儿心灵之间没有找到有效的链接点。在教师为幼儿精心准备的"民族音乐文化盛宴"中，民间音乐技能的学习与文化教化过于外在、显性，教师们辛辛苦苦的教授与苦口婆心的教化并未收到预期的教育效果。这种不适切的民间音乐文化启蒙教育难以与幼儿的心灵同频共振，不仅无法打动幼儿，难以帮助幼儿对民族民间文化建立起积极的认同意识与初步的认同能力，还有可能压抑幼儿的天性，导致幼儿对民族优秀文化产生不适应、不接受甚至逆反心态，使学前教育失去了引导文化自信早期萌发的机会。

（二）教师文化素养的瓶颈

中华民族源远流长的优秀传统文化与福建民间音乐很多反映的都是较为古老的生活内容，如山野放牛、郑成功收复台湾、田地挖泥鳅、用谷糠养鸭等，与当代生活存在一定距离。不少教师尤其是年青一代的教师，由于时代变化、生活环境、教育经历等原因，自身就对民间音乐及其文化缺乏必要的了解，对方言的韵味以及民间艺术缺乏基本的研究，对民间音乐中蕴含的审美与文化内涵缺乏感受与表现能力。因而，他们在民间音乐文化启蒙教育活动中就只能现学现卖，依样画葫芦，教授一些自己刚刚学会的内容，难以根据幼儿的学习兴趣与需要做出自如的表现。八闽各地有着丰富的音乐文化元素，哪些是适宜孩子的？如何对民间音乐文化课程内容进行与时俱进的改造，使得幼儿喜闻乐见？文化精神是抽象的，如何通过课程使之转化为可感、可观、可玩的活动形式，让幼儿在活动中潜移默化地获得文化陶冶？这些问题始终困扰着幼儿教师，成为幼儿教师实施民族优秀文化启蒙教育最大的技术瓶颈。

(三) 教师课程观的局限

不少教师仍然奉行以教师预设的知识、技能传授为中心的科学中心主义课程范式。他们为了追求某次教学活动的完美结果，安排了大量的学习内容与过于丰富的教学形式；对幼儿学习表演民间音乐的特征把握不够到位，未能准确把握民间音乐文化启蒙教育活动设计、组织的重点，过分注重音乐技能的教授与学习，忽视了儿童对民间音乐作品中所蕴含的丰富情感与文化内涵的独特感受，最终导致了幼儿园民间音乐文化启蒙教育活动无法收到应有的教育效果。

不少教师认为民间音乐文化是一种"神圣的历史文化遗产"，只能学习与传承，是不能随便改变的。有的教师事先没有对幼儿进行必要的经验铺垫，导致幼儿对活动中的背景知识一无所知，只会在教学活动中进行紧张的学习与单调的重复练习。部分教师事先通过认真解读艺术大师的文本信息，获得了既定的信息，拥有了话语的霸权，而后在教育活动中，自觉或不自觉地将对话转换为独白。这种独白是以教师为中心的，注重对艺术作品约定俗成的解释和对艺术表演技能的模仿，而幼儿在习得一些"科学"的艺术知识和"准确"的艺术表演技能后，审美感知能力渐渐封闭与退化，最终导致审美素质的下降。

第三章　童心视角：幼儿园民间音乐文化启蒙的突围前路

幼儿喜欢什么样的民间音乐、文化及其教育教学方式？什么样的教育才能打动幼儿的心灵，使得福建优秀文化的种子能在其幼小的心灵中播种、生根、成长？怎样的教育才能真正激发儿童的缪斯本能，让幼儿在喜欢参与、乐于表达的民间音乐艺术美育活动中获得全面和谐健康快乐的成长？无疑，在当下民间音乐文化启蒙的突围过程中，以上所问都是必须解决的一些重要问题。

关注与尊重儿童的生命存在与学习天性，是教育的出发点，也是幼儿园民间音乐文化启蒙的着眼点。只有坚持以儿童为本，以发展、开放的思想对待民间音乐及其文化，克服教育过程中的功利化取向，合理把握幼儿园民间音乐文化启蒙的价值追求，才能真正激发儿童的缪斯天性，实现民间音乐与儿童间的"缪斯性对话"；只有基于"礼乐合一、以美润心"的教育理念，充分挖掘福建民间音乐以及福建文化的文化内核，并进行与时俱进的筛选与改造，同时实施"以美感人、以情动人、以乐施教、以文化人"四位一体的民族文化美育启蒙教学法，才能让优秀的民族音乐及其文化与幼儿心灵共鸣，引导孩子们在快乐的音乐与游戏之旅中受到民族优秀文化的熏陶、浸染与感动，在幼小的心灵中印刻下美好的民族文化记忆。

第一节　幼儿园民间音乐文化启蒙的价值意义

音乐，原本是幼儿离开母体后最早表现出来的"本能的缪斯"。对于幼儿，音乐就是天性的表现与本能的歌唱，而喜欢、热爱音乐，则是幼儿的天性之一。幼儿降生后的第一声啼哭，就表现出强烈的缪斯式的冲动，也就是音乐的冲动。而富有乡音乡韵的优秀本土民间音乐，淳朴、生动、清新、率真，通俗易懂，活泼有趣，是最直接的来自生活、反映生活的艺术。它能增进家庭情感沟通，给予幼儿丰富的艺术营养，带给幼儿快乐、智慧与灵感。蕴含生命活力的本土音乐文化，还能涵养幼儿的家国情怀，培养他们对家乡音乐及其文化的认同感与自豪感，丰富幼儿的情感体验，对幼儿的品德行为、认知见识、审美素养、人际交往等各方面的健康成长都有着十分重要的价值与意义。

一 涵养家国情怀，根植乡土文化记忆

福建是一个山清水秀、地灵人杰的地方，八闽大地钟灵毓秀，人文荟萃，生活着祖祖辈辈坚守家乡、勤劳善良、乡愁浓郁的当地居民。同时，还有许多来到福建各地工作、生活的外乡人，他们扎根福建，而八闽的山山水水养育了他们及在此地生长、生活的孩子们，由此福建也成为了这些可爱的新福建人的第二故乡。福建各地的本土文化就是当地孩子们的根，对自己所生长的地方，孩子们除了要知道有美丽的风景、美食等，更应该了解其内在的文化精髓。

儿童是传承、传播和创造优秀乡土文化的潜在力量，乡土文化教育应从娃娃抓起。通过本土民间音乐及其文化的浸润，可以帮助孩子们萌发对家乡的爱恋情感，对家乡文化产生初步的认同感与归属感。各地朗朗上口的民间童谣、具有浓郁乡土特色的音乐舞蹈以及活泼有趣的曲艺表演等，可通过符合儿童兴趣与接受能力的方式，成为儿童启蒙教育中的重要内容。幼儿通过感受、欣赏本土音乐文化中蕴含的声韵美、节奏美、表演美等，了解家乡独特的音乐艺术及文化，潜移默化地在乡土音乐文化的滋养下，涵养家国情怀，将爱家乡的乡土情结根植在心灵深处，成为终生难忘的文化记忆，从而为乡土优秀文化的传承、发展与创新奠定坚实基础。

二 丰富情感体验，陶冶美好品德情操

优秀的民间音乐以活生生的感性形态存在于日常生活之中，以能激

发人们的情感、情绪为最大特色，这与幼儿的认知特点与情绪特征完全吻合。幼儿对民间音乐具有一种本能的反应，有时，丰富的音响、鲜明的节奏、动听的曲调、滑稽幽默的表演等，会使他们情绪激动，身心愉快；有时，绵长优美的唱腔、空谷幽兰般的曲调也可以使幼儿心情放松，消除其紧张情绪，并获得丰富的情感体验。

在丰富多样、活泼有趣、健康向上的民间音乐文化启蒙教育活动过程中，幼儿广泛接触表现多种风格及其情感、内容的本土民间音乐作品及其文化之后，他们的心灵世界将逐渐变得更丰富、充实与和谐，并潜移默化地受到乡土文化中蕴含的孝顺长辈、待人有礼、热爱劳动、敢拼会赢、团结友爱等真善美思想的陶冶，逐步形成爱美、求真、向善等积极向上的良好品质，为其一生的健康成长提供宝贵的精神食粮。

三 增强美感情趣，提升艺术审美素养

每个儿童的心里都有一颗美的种子。民间音乐能够以其独特的魅力，给予幼儿丰富多样的审美体验，向幼儿输送丰富的艺术营养。民间音乐的旋律在起伏变幻、抑扬顿挫、迂回曲折中，在动和静、高和低、快和慢、紧和松的对比组合运动中，能够展现其独特的艺术审美魅力，并激起幼儿美感的波澜，增强幼儿的审美情趣。在这个世界上，丰富多彩的民间音乐是幼儿感受美、表现美和创造美的重要内容，能有效培养儿童对自然界、生活与民间艺术美的感受、表现与创造能力。

民间音乐文化启蒙教育是一种有强烈艺术感染力的审美教育，能以幼儿喜闻乐见的感性形式，将音乐作品中蕴含的形式美、内涵美潜移默化地滋润幼儿的心灵，进而提高幼儿的审美素养。在教师的引导与支持下，幼儿如果在与民间音乐一起"玩"的过程中，始终自主、自由、开心、愉快，那么他们通过音乐耳朵的倾听，就能感受到民间音乐中蕴含的艺术美。而能够通过富有创造性的嗓音、姿势、动作等音乐语言，来表征他们对民间音乐文化的理解与建构，并不断迸发出创造性表现的灵感，那么他们的艺术审美感知、表现与创造能力就已经得到了有效的提升。

四　扩大生活见识，增添乡土生活意趣

源自八闽乡土生活的福建民间音乐及其文化中蕴含着丰富的自然与劳动知识，如天气变化、采茶织布、耕田种菜、山区伐木等自然界早期劳动的知识；叙述了大量体现劳动人民传统的家庭与社会的生活故事，如娶亲嫁女、保家卫国、思念故乡等；贮存了很多关于民间曲艺的艺术知识，如闽剧、歌仔戏、高甲戏的各种角色、头饰、戏服、道具、装扮、乐器等；潜藏着很多当代生活中较难见到的民俗风情，如山歌对唱、传统节日习俗；还有很多深受幼儿喜爱的嬉戏逗乐的题材，如鸡公草蜢互斗、群丑献艺、彩球木偶等。

这些富含生活智慧、生活情趣的题材与内容具有丰厚的自然科学与社会科学价值和意义，有助于扩大幼儿观察世界的视域、进入社会的通道和体验人生的途径，增强他们对于自然、生活与传统社会的感受和认识，给他们增添了许多现代生活世界难以体验到的乡土生活意趣。

五　融洽祖孙关系，增进家庭情感交流

在各地民间音乐文化启蒙教育实施过程中，可以惊喜地发现，充满乡土乡情的民间音乐文化不仅有利于培养幼儿爱乡恋土的情结，而且拉近了孩子与爷爷奶奶、外公外婆等祖辈的生活和心理距离。与年轻的父母们相比，祖辈们对于长期流传的方言童谣、民间音乐文化习俗有着更多的了解，因而孩子们经常向祖辈们讨教相关的知识，学习地道的方言童谣。在许多地方，幼儿园也经常邀请有相关经验的祖辈到幼儿园去助教。

祖辈们通过与孩子们的交流互动，展现了他们独有的经历、知识、技能、经验、教育等方面的魅力，孩子们则不再觉得年老的祖辈们无知与过时了。以前，祖辈们在家庭里主要是做些家务，料理孩子们的生活琐事，地位不甚重要；现在，他们因为会说好听的方言，会朗诵韵味十足的方言童谣，会唱好听的闽剧、芗剧，会讲过去的生活故事，在孩子们心目中的地位就显著提高了。而且，家庭之间的情感交流会明显增多，祖辈与孩子之间的心理距离也就不断拉近。当"听爷爷奶奶讲过去的事情"成为家庭生活中的一项重要内容，祖孙有了共同话题之后，家庭关系就会更加融洽和睦，家庭生活也会变得更加其乐融融。

第二节 幼儿园民间音乐文化启蒙的理想境界

幼儿园民间音乐文化启蒙应以什么为核心？什么样的民间音乐文化启蒙教育能有效唤起幼儿的学习兴趣与生活热情，真正走进他们的心灵，促进他们情感、态度、能力、技能以及个性与社会性等方面全面健康和谐地发展？研究、解决幼儿园民间音乐文化启蒙难题，走向民间音乐文化启蒙的理想境界，上述这些问题是不能离开的出发点与立足点。

一 幼儿园民间音乐文化启蒙的教育理想

每位儿童的心里都有一颗美的种子，热爱音乐是学前儿童的天性。对儿童而言，音乐教育是成就一生、幸福一生、完美一生的奠基石，对他们的身心全面和谐成长发挥着十分重要且不可替代的作用。2001年颁布的《幼儿园教育指导纲要》（试行）强调艺术教育对幼儿健全人格的促进作用，提出了审美感受与创造表现并重的艺术教育观，强调幼儿在艺术活动过程中的情感体验和态度倾向；2012年颁布的《3—6岁儿童学习与发展指南》明确指出，幼儿艺术领域学习的关键在于充分创造条件和机会，在大自然和社会文化生活中萌发幼儿对美的感受和体验，丰富其想象力和创造力，引导幼儿学会用心灵去感受和发现美，用自己的方式去表现和创造美；2016年颁布的《幼儿园工作规程》明确提出了"培养幼儿初步感受美与表现美的情趣与能力"的幼儿园保教目标；2020年颁布的《关于全面加强和改进新时代学校美育工作的意见》明确指出，美育是审美教育、情操教育、心灵教育，也是丰富想象力和培养创新意识的教育，能提升审美素养、陶冶情操、温润心灵、激发创新创造活力。

根据上述精神，幼儿园民间音乐文化启蒙绝不是为了培养未来的民间音乐专业人才，也不在于教会幼儿一些简单的民间歌谣与民间舞蹈，而是为了让幼儿在喜闻乐见的民间音乐活动及相关文化活动中，感受乡土音乐文化及其生活的浓厚情趣，获得春风化雨般的审美陶冶与心灵滋养，增进幼儿对家乡文化以及乡土生活的了解与喜爱，潜移默化地受到乡土音乐文化中蕴含的优秀民族文化精神的熏陶，牢固地根植于高尚的家国情怀，逐步形成积极向上的良好品格，为其一生的健康成长提供宝贵的精神食粮。

童心本位视域下的民间音乐文化启蒙，教师需时时处处站在儿童立场，基于儿童的兴趣、生活经验与缪斯天性，通过生动有趣的音乐美育文化课程架起"优秀文化"与"儿童心灵"之间的桥梁，让富有生命活力的福建优秀民间音乐文化甘泉滋养幼儿，润物无声地萌发幼儿对家乡优秀文化的认同感，在儿童幼小的心灵播撒下民族优秀传统文化的种子，让爱国爱家、文明守礼、敢拼会赢等民族优秀传统文化的基因有机地融入儿童的精神血脉，培养具有民族情怀、时代精神与审美品格的新一代福建儿童。

二 幼儿园民间音乐文化启蒙的教育境界

境界是中国哲学、美学、艺术、教育等人文社科领域中的经典话语。教育境界是人的境界在教育中的集中反映，是人所从事的教育活动达到的境地和程度，是人在追求教育的发展过程中，在探索与反思教育的意义和价值中，经过教育历史积淀、现实社会环境和教育实践活动的反复作用，而逐渐形成的一种思想境界与理想追求。[①] 有怎样的教育境界，就会有怎样的教育样态。

教育成就人生，幼儿园一切教育的目标都是促进儿童全面健康的发展。幼儿园民间音乐文化启蒙教育要最终落在"以美育人、以美化人、以美培元"的育人价值上，可借助教育家孔子"兴于诗、立于礼、成于乐"这一"为学修身成仁"审美人生的教育认识，依据学前儿童的身心发展特点，通过实施"礼乐合一、以美润心"的教育，努力实现以下三重教育境界：

一是喜，即喜欢、喜爱，指幼儿能够被教师创设的教育环境、氛围以及活动吸引进来，喜欢参加民间音乐文化启蒙教育活动并乐于表现。

---

① 郭文良：《教育境界的基本意蕴与价值使命》，《当代教育科学》2021年第7期。

孔子认为,"兴于诗"是审美人生建构的第一阶段,兴即兴起、兴发,也就是教育的开端与起点,指的是通过充满诗情画意的文字,构建审美人生的起始与感兴阶段,促进人的性灵的解放,让人的一生充满激情,从而培养"真性情"的仁人,实现人的生命与创造精神的升腾与洋溢。好玩、爱玩是幼儿的"真性情",与民间音乐相关的生动有趣的故事、充满想象力的语言、好玩的游戏、引人入胜的情境等都是兴发因素,是吸引幼儿参与民间音乐文化启蒙教育活动的重要形式,能够让幼儿充满激情地主动参与其中,对民间音乐文化启蒙教育活动感到由衷的喜爱,乐此不疲地参与其中,并成为一生的乐趣。

二是育,即教育、培育。教育是传递社会生活经验并培养人的社会活动,在孔子的"立于礼"中,礼指的是人类社会规范化、艺术化的道义承诺与君子行为,是与社会和他人相处时知所进退之道,这是君子立身处世、安身立命的准则,是成"仁"的最高标志,是至高无上的教育内容。幼儿在民间音乐文化启蒙教育活动的过程中,在学习、体验、游戏与表演等活动中,逐步习得许多关于音乐与文化等方面简单粗浅的基本知识、关键能力和核心价值,扩大视野,开启心智,发展能力,丰富情感,慢慢学会做人、学会做事、学会生活、学会审美。

三是化,即感化、润化。在孔子的"成于乐"中,乐指的不是乐技,而是乐境、乐道。"乐由中出",说的是心中荡漾着音乐精神,这是一种艺术的品质与精神的超越。孔子认为,教育就是将理性的"礼"通过感性的"乐"来达到和谐,从而让"礼"在心灵中诗意地栖息,最终实现"修身成仁"的审美人生。当然,孔子的"礼"主要是周礼,有很强的时代局限。本书所弘扬的"礼",则是指符合社会主义核心价值观的民族优秀文化精神内核。民间音乐文化启蒙教育的最高境界,就是通过富有审美感染力的"乐"教来实施民族文化的"礼"教启蒙,在"礼"与"乐"相辅相成、共生共行中,推动民间音乐文化启蒙教育从外在教化到内在感化的模式转型,引导幼儿在蕴含着生命活力的民间音乐文化甘泉中,与中华民族优秀传统文化发生审美共振与心灵共鸣,在润物无声之中受到民族优秀传统文化潜移默化的陶冶与熏陶,进而使其建立起积极的认同意识与喜爱情感,真正实现以美育人、以美化人、以美培元的育人目标。

三 幼儿园民间音乐文化启蒙的设计思路

与幼儿园其他的课程内容相比,幼儿园民间音乐文化启蒙教育没有统一的课程内容与大纲规定,教师在课程设计过程中,应着力遵循以下思路:

一是细,即细研,教师需对本土民间文化、民间音乐以及幼儿的审美心理等,进行认真、严谨、深入、细致的剖析,然后基于3—6岁幼儿的兴趣、经验、能力与审美心理等方面实际,对可作为幼儿园教育资源的民间优秀传统文化与民间音乐内容,按照新时代社会主义核心价值观的要求,取其精华,去其糟粕,进行细致入骨的改造与创编。

二是通,即通达,也就是著名学者王国维所说的"不隔"。教师需深入挖掘本土民间音乐所蕴含的体现中华美育精神与民族审美特质的部分,包括体现心灵美、礼乐美、语言美、行为美、科学美、秩序美、健康美、勤劳美、艺术美等丰富的美育资源,一方面教师自身要通达民间音乐的审美与教育境界,另一方面要努力将之与幼儿的生活和兴趣等连成一体,打成一片。

三是融,打成一片还不够,还要能实现融合。教师需有机整合幼儿园的五大领域,积极推进集体教学、区域活动、游戏活动、生活活动、亲子活动等各种教育形式的有机融合;创造性地将民族优秀传统文化之"礼"与民间艺术之"乐"生态式融合,将民间音乐、优秀传统文化与幼儿心灵有机融通,使得"礼"与"乐"相辅相成、共生共行,合而为一;将幼儿园、家庭、社区一体化,形成以幼儿园为主体,营造出家庭及全社会共同促进幼儿园民族文化美育发展的良好氛围,构建充满生机活力、跨领域协作、多学科融通、开放高效的中华民间优秀传统文化美育启蒙新格局,从而实现民间音乐文化启蒙融于教学,融于生活,融于生命。

四 幼儿园民间音乐文化启蒙的基本原则[①]

文化认同、文化自信的早期萌发等往往不是靠灌输与说教等呆板、

---

① 程英:《"审美与快乐"式的音乐教育——关注儿童生命和谐发展的幼儿音乐教育探讨》,《学前教育研究》2003年第7—8期。

枯燥、简单的传承与教化，更多的是靠生活中的浸染、艺术中的感悟、游戏中的体验以及教师与成人价值观、行为、态度的感化等"隐性"的教育。因此，民间音乐文化启蒙教育强调以富有艺术美感的环境、生活与音乐为载体，以快乐的游戏为手段，提倡各教育内容的有机整合，重视幼儿对音乐的自主感受、欣赏与体验，鼓励幼儿富有个性和创造性的音乐表现。为此，幼儿园民间音乐文化启蒙应遵循"以美感人、以情动人、以乐施教、以文化人"的基本原则。

"以美感人"是指幼儿园民间音乐文化启蒙应该是"审美"的，教师应用美的民间音乐来感召幼儿，引导幼儿感受和体验生活环境里的音响和音乐中蕴含的美，进入音乐的美妙境界，并且插上想象的翅膀，创造性地运用各种方式来表现自己的体验与感受，从中熏陶自己的思想，塑造自己心灵世界的美好。

民间音乐文化之美，主要包括音乐美、动作美、环境美、氛围美等内容，而开展幼儿园民间音乐文化启蒙教育活动时，必须利用好这些美好的事物。在实施民间音乐文化启蒙教育活动的过程中，首先，教师应尽量选择优秀、经典、适合幼儿兴趣与能力水平的音乐作品。经典的音乐作品之所以能够流传久远、富有生命力，是因为它们是艺术美的精华，具有鲜明生动的艺术形象、优美动听的节奏与旋律、健康丰富的审美情趣等。这类音乐精华能迅速地打动幼儿，引起他们的心灵共鸣。其次，教师的表演、体态、声音等要进行艺术化处理，做到富有美感，有助于以美感人，以美动情，增强民间音乐文化对幼儿的吸引力和感染力。最后，所创设的教学环境也要注重艺术设计，具有视觉美，有利于渲染、强化民间音乐美的氛围，能够带给幼儿一个整体的美感。

"以情动人"是指用音乐的情感去打动与感染幼儿，让他们能受到音乐情感的感染与陶冶。之所以必须如此，是因为音乐是情感的音乐，离开了情感的体验与抒发、感知与表现，那就不再是音乐了。并且，情感与思想关系密切，深厚、诚挚的情感有助于学习、接纳相关的思想观念。在民间音乐文化启蒙教育中，"以情动人"有助于走向文化陶冶的育人目标。

"以乐施教"是指幼儿园民间音乐文化启蒙教育活动还应是"快乐"

的，教师要在幼儿园民间音乐文化启蒙教育课程中注入自由、自主、愉悦、创造的游戏精神，让幼儿园民间音乐文化启蒙教育活动真正成为幼儿的活动。教师必须让幼儿与音乐一同游戏，在快乐的游戏中主动探索音乐、大胆创造音乐，满足他们活动和交往的需要，使其获得应有的自我愉悦与审美享受。除了游戏的快乐外，这种快乐还包括整个活动组织得张弛有度，幼儿在活动中不疲劳、不紧张以及不断得到成功体验等。必须指出，单调的音乐技能训练、过于理性的民间音乐学习与文化灌输是不符合幼儿的学习特点与需要的。

"以文化人"是指幼儿园民间音乐文化启蒙是一个春风化雨的"文化浸润"与"文化生发"的扎根工程，必须通过生动有趣的美育来架起"福建文化"与"幼儿生活"之间的桥梁，让富有生命活力的福建民间音乐文化甘泉真正能够滋养幼儿的身心，实现以美育人、以情动人、以文化人的和谐统一，让幼儿在潜移默化的文化浸润中生发对福建优秀民间音乐文化的认同感，将福建优秀文化的基因有机融入自己的精神血脉，以培养出具有民族情怀、时代精神与审美品格的现代中国人、福建人。

五 幼儿园民间音乐文化启蒙的实施要求[①]

关注与尊重儿童的生命存在与学习天性是学前教育的出发点，也是幼儿园民间音乐文化启蒙教育的立足点。只有坚持童心本位，充分观照幼儿的身心特点与当代生活的时代特征，注重儿童的内在感受、个人体验与独特想象，合理把握幼儿园民间音乐文化启蒙教育的价值追求，充分强调儿童天性在民间音乐文化启蒙中那种诗情画意的灵动性，才能真正激发儿童的缪斯天性，让幼儿在喜欢参与、乐于表达的民间音乐艺术教育活动中获得应有的发展，让闽乐乡音中蕴含的美育精髓与文化精神真正滋润学前儿童幼小的心灵。

（一）坚持童心本位，追求民间音乐艺术与幼儿文化的和谐

坚持童心本位，观照幼儿身心发展特点，在幼儿园进行民间音乐文化启蒙教育活动中，就应着重突出"童"与"趣"这两个要点。

---

① 程英：《闽乐乡音润童心》，《福建教育》2019年第33期。

突出"童",就是教师要在确立教育目标、重难点以及引导幼儿感受体验、表达表现时,应关注幼儿的生活经验、接受能力与理解水平,注重满足幼儿期待受到教师表扬、鼓励的心态。譬如,在中班福州方言童谣《我唱艾沙吗?》歌唱活动中,为了帮助幼儿学习、理解福州方言中的家人称谓,教师精心制作图谱,通过看图猜测歌词的游戏,帮助幼儿理解、记忆歌词;在幼儿尝试用方言叫出爷爷、奶奶、爸爸、妈妈等称谓时,教师竖起大拇指,用上扬的语调说出"你丫沙啊"、"你丫霸啊"等表示表扬的福州方言语句,再配上教师满是称赞的眼神与笑意,幼儿就能更加感受到演唱方言童谣的乐趣。

突出"趣",就是教师在引导幼儿感受、体验、表现时,要注重有趣与快乐。对幼儿而言,这种"趣"很重要,荒诞稀奇的故事会激起幼儿的好奇心,游戏化的活动对幼儿具有很强的吸引力。譬如,在大班汉剧小调《小放牛》欣赏活动中,教师以游戏化的趣味语言,通过带领幼儿赏花、呼叫牧童、问路等活动,营造出浓浓的游戏情境,就能带着幼儿在游戏中走入这个汉剧小调的音乐意境之中。而通过"牧童找花"游戏,让幼儿随乐舞动,他们就能以自己的动作来表达对汉剧小调音乐的体验和感受。再如,在大班区域游戏战胜鼓系列活动中,幼儿在教师设计的"击战鼓传战旗"、"蒙眼击战鼓"、"抢占阵地"等游戏中,由于游戏饶有趣味,他们也就乐于向延平战胜鼓队的阿姨们学习简单的战胜鼓节奏。

(二)关注时代气息,追求民间音乐文化启蒙教育中传统与现代的和谐

福建本土民间音乐的许多题材都是较为古老的民间故事或者早期的生活内容,如山野里放牛、水田里挖泥鳅、郑成功收复台湾等,与当代幼儿的现实生活存在着一定的距离,很多幼儿缺乏相关的生活体验。因此,教师在开展民间音乐文化启蒙教育活动的过程中,就不能将这些隔代感很强的内容简单、粗暴地灌输给幼儿,而应该着力追求传统与现代的和谐。

首先,教师应通过多种方式丰富儿童的相关经验。在这方面,可以将民间音乐中的相关知识编成幼儿容易理解的有趣故事,并配合相关的

影像视频，让幼儿在形象、生动的故事与情境中去感受民间音乐里所表现的内容，体会其浓浓的生活情趣。譬如，在进行《小放牛》欣赏活动前，教师布置出春天田野的景象，再结合形象化的口述，创设出春天生机勃勃的意境，并通过自制的故事情景视频，带领幼儿去感受春天的美好，体验牧童放牛时悠然自得的生活情趣。再如，在战胜鼓区域活动开展前，教师通过有关郑成功收复台湾的故事与视频，拉近时空距离，解决背景问题，让幼儿认识、理解、喜爱、崇敬民族英雄郑成功，激发幼儿的民族情怀。

其次，教师应着力赋予传统题材以当下时代的意蕴。譬如，在引导幼儿欣赏闽北音乐《伐木歌》活动中，感受其中的劳动节奏，体会劳动者的辛劳之后，教师让幼儿伴随着音乐，进行挖地、植树、浇水、施肥等劳动，并且运用图片对比、游戏表演、道理讲述等方式，从大地植被对于自然环境、人类社会的重要意义和作用角度，让幼儿深刻体会到保护自然生态、建设生态文明、实现人与自然和谐的重要性。

最后，教师可在民间音乐表现方式上融入现代化手段。譬如，在传统的闽江渔歌和闽北山歌中，唱词表现的都是旧时成人生活的内容，与当代幼儿所感知到的现代社会生活存在着很大的隔阂。于是，教师可以将这些民歌的传统唱腔配上反映幼儿现代生活题材的内容，使之具有当下性，便于理解和接受。经此处理，幼儿也就不再因懵里懵懂而无精打采，转而变得兴趣盎然了。再如，在活泼欢快的方言童谣演唱中，教师有意识地加上现代化的鼓点伴奏、说唱等方式，就更能引起幼儿的学习兴趣。

（三）注重体验感悟，追求音乐文化的传承熏陶与幼儿探索创造之间的和谐

首先，采取多种方式引导幼儿自主感受与体验民间音乐的艺术美，以及蕴含其中的文化内涵美。教师在幼儿园开展民间音乐文化启蒙教育活动时，应努力创设一种能够逼真体现民间音乐艺术的原生态文化环境，并积极引领、支持幼儿运用听觉、视觉、运动觉等多种感知觉，对民间音乐艺术进行全方位、多层次的感知与体验，引发他们的情感共鸣，让民间音乐艺术的美有效地感染与打动幼儿。

其次，引导幼儿以其独特的视角去发现、理解民间音乐及其文化。教师要打破传统教学模式，通过开放式的环境和开放式的问题，引领幼儿与民间音乐进行对话，让幼儿感受民间音乐作品中所蕴含的丰富情感与思想内涵。在师幼的讨论过程中，尽量让幼儿与教师展开平等、充满情感的交流，以让幼儿形成自己独特的感触与领悟。

最后，鼓励支持幼儿大胆探索与自主表现。在评价上，教师不能以单纯"模仿"、"再现"的水平去衡量或诠释民间音乐文化启蒙教育活动的效果。由于每个幼儿对音乐都有自己独特的理解，也都有自己喜欢的表现方式，因此教师应通过提供不同的表现材料及可供幼儿自主选择的创意表现方式等，支持幼儿对民间音乐展开自由自在、多样化的创意表现，进而使幼儿更加尊重、认同并热爱他们生活环境里的民间音乐及其文化。

（四）做好家园共育，追求民间音乐文化启蒙教育中幼儿园与家庭教育的和谐

家长对民族文化与民间音乐的态度显著影响着幼儿，为此，幼儿园应积极创设以优秀文化为"母语"的家园共育生态环境。首先，幼儿园需主动加强家园合作，组织幼儿的父母与祖辈们积极参加民间文化故事、民间童谣等民间音乐与文化的收集与表演活动。其次，幼儿园可主动邀请父母与祖辈们共同参与幼儿园文化故事会、民俗博物馆、民间游戏与表演等各种亲子民间文化共享活动，在活动中增强家长们对民族民间音乐及其文化的认识与认同感。最后，积极创设以中华与本土优秀文化为"母语"的、大中小"课堂"有机结合的民间音乐文化美育启蒙生态环境，培育家园联动全方位的民族民间文化教育氛围，增强教育合力。

第三节　幼儿园民间音乐文化启蒙的教育策略

基于民间音乐文化独特的文化内容与特殊的生活题材，为了有效增强幼儿在民间音乐文化启蒙中的主体性、积极性与创造性，注重在"礼"与"乐"相辅相成、共生共行中，推动民间音乐文化启蒙从外在

教化向内在感化的转型。为此，幼儿园要着力通过构建情境化的多元审美场域，采用游戏化的活动方式，引导幼儿与民间音乐大师展开对话等教育策略，帮助幼儿直观感受民间音乐文化之美，体验民间音乐文化的快乐之旅，让每个儿童对民间音乐文化都有一套自己的解读，产生独特的感悟与体会。

一 场域化策略：在多元审美场域中直观感受民间音乐文化之美[①]

"场"最早源于物理学领域，是一个以时空为变数的物理量，指某种力量所覆盖的空间范围。受物理磁场的启发，勒温、布迪厄、阿恩海姆等学者相继将场域引入心理学、社会学与美学领域，创造性地拓展了场域理论。其中，勒温趋向于将场域看作一种从心理学出发的研究方法，提出场域是"特定时间，决定个体行为与心理活动的所有事实，是一个个体的主观因素、客观环境及被主观化了的客观环境构成的一个不可分割的整体系统"。为此，他主要提出了"心理场"、"行为场"的概念。布迪厄则从更加宏观的视角看待场域，他认为，场域不仅是事物存在的空间，还是一种有力量、有生气的关系系统，他认为社会空间中存在多种多样的场域，如教育场域、美学场域、文化场域等。借鉴上述理论，本书所指的场域，既包含物理学意义上的场域空间，也包含人的心理、行为以及与此相连的多种多样的社会空间。

在美学领域，格式塔心理学着重探讨了"场"的美学价值。作为格式塔心理学的代表人物，阿恩海姆主要从视觉艺术的角度，诠释了审美场的性质以及审美场效应产生的机制。他认为，审美场的构成源于审美对象给予审美者一种牵引或诱导，而这种牵引或诱导的前提在于物理—生理—心理之间存在着某种同型的对应关系，即物理上的力会在生理上引起类似的感觉，进而在心理上引起某种相应的反应。

音乐是一门听觉的艺术，主要依靠声音的高低、长短、强弱、音色等基本特性，通过旋律、节奏、力度、速度、音色、结构形式等表现手

[①] 程英：《多元场域下儿童对中华优秀音乐的审美感知素养培育》，《陕西学前师范学院学报》2020年第36期。

段，描述外部世界，表达思想情感。在民间音乐审美活动中，充满着多种多样的力的要素，如物理之力、生理之力、心理之力、行为之力、文化之力等。只有基于学前儿童音乐审美感知的特点，合理建构支持儿童感受体验福建优秀民间音乐的审美情绪场、物理场、文化场与教育场等多元审美场域，巧妙地将各种力有机地作用于儿童的审美活动之中，各种场域的审美力才能共在共融并相互创生，积极牵引与诱导学前儿童进入福建优秀民间音乐的审美世界之中。

（一）营造游戏性的审美情绪场，引导儿童对优秀民间音乐的审美期待

审美情绪场是一种能给儿童带来情绪感染与情感呼唤，进而产生动机与需要的环境因素。学前儿童的学习具有很强的情绪性，他们对优秀民间音乐审美感知的启动需要审美兴趣、注意与期待的积极参与。尽管喜爱音乐是儿童的天赋本能，但如果缺乏有趣的情境与教师富有感情的诱导，儿童继承的"原始遗产"也难以显现与正常发展。因此，教师要理解儿童的兴趣点，选择他们感兴趣的音乐作品、故事情境以及动画片角色与情节等主题作为线索，用"带小朋友到畲乡参加'二月二'歌会"等有趣的"游戏外衣"引发他们的审美注意与期待，诱导其进入有趣的音乐之旅。

同时，教师要善于运用情感的魅力，创设与音乐相适宜的情感环境与心理氛围，增强中华优秀音乐文化的审美牵引力。同时，教师还要帮助幼儿唤起以往的审美经验，搭起先行经验与教育目标之间的桥梁，让幼儿尽早进入对审美突破点的注意与期望状态。如为了帮助大班儿童更深入地感受闽南童谣《上元丸》的音乐情绪及其所描绘的闽南传统元宵节的节日文化，在开展音乐活动前，教师采取了系列活动了解并引导孩子们的先行经验：请孩子们与家长共同采集了幼儿在元宵节时与爸爸妈妈共同滚元宵、煮元宵、吃元宵的生活照片，并贴在班级的照片墙上；组织了"元宵圆"的谈话活动，让孩子们轮流上台讲述自己一家人滚元宵、煮元宵、吃元宵的故事与感受；组织区域活动"上元丸"，让孩子们动手，在幼儿园生活坊里和老师及小朋友们一起滚元宵、煮元宵、吃元宵，同时播放背景音乐《上元丸》。有了这些先行经验，孩子们一听

到《上元丸》的歌声，就感到十分亲切与期待，对童谣中其乐融融的闽南节日文化元素的感知也更为深刻，对于音乐中需要孩子们细微感受的审美突破点，即歌词中"小孩小孩头圆圆，小孩小孩嘴甜甜"与"上元丸圆又圆，上元丸甜又甜"两句歌词之间的关系，孩子们也能水到渠成地细致感知与自我发现。

（二）创设唯美视听环境的审美物理场，引发儿童对优秀民间音乐的审美共鸣

审美物理场是指给儿童带来艺术美感的场域。音乐之"美"主要包括音乐美、动作美、环境美、氛围美等，美好的音乐视听环境取决于音乐作品本身、乐器和音响质量以及教师示范表现等多种因素，蕴含着各种物理之力。教师应尽量以多种方式呈现音乐，构建符合优秀民间音乐的审美物理场，使得音乐的上述审美要素变得更加感性、更富有吸引力，所产生的引力场能有效吸引幼儿主动充分地倾听与体验，全方位感知优秀民间音乐之美，促使音乐产生物理审美力量，最直接、最迅速地作用于幼儿的心灵，与幼儿的情感发生共振，牵引出生理、心理以及文化之力，引发儿童对优秀民间音乐的审美共鸣。

首先，精心选择或营造与所欣赏的优秀民间审美意蕴紧密关联的空间环境，引导幼儿在与环境积极互动中，直观感受音乐背后蕴含的文化内涵。有时，选择给幼儿欣赏什么样的民间音乐需要应时应景，如在元宵节临近时，幼儿园以及班级活动室里处处张灯结彩，悬挂的红灯笼、张贴的上元丸剪纸等物品，能把幼儿带进充满"元宵节"的喜气洋洋的节日氛围中，这时开展歌唱活动《上元丸》就特别适宜，幼儿的情绪容易与音乐产生审美共振，更加能体会到音乐的快乐意境。同时，教师要努力创设能帮助幼儿感知生活中丰富多彩的音乐元素及细微区别的生活环境。幼儿特别喜欢各种有趣的音响音效，幼儿园里的饲养角里经常饲养着小鸟、青蛙等，如果教师能有目的地引导幼儿倾听与感知各种鸟儿、青蛙等鸣叫时音高、音色与节奏的区别，则能有效积累幼儿相关的音乐经验，培养幼儿审美感知的敏锐性。

其次，将优秀民间音乐以最美的方式呈现给孩子，引发儿童的审美共鸣。教师需充分考虑细节，如播放的音质、音量等都要与音乐的情绪

相吻合，让幼儿能瞬间被吸引，产生审美感动。此外，教师的表演、体态、声音等也要富有美感，创设的教学情境要有利于渲染音乐的氛围，带给儿童整体的美感。当教师身穿由五节很宽的蓝、红、白、绿、黑布圈或彩缎镶接而成的彩虹式花襟的畲族服装，梳着"凤凰髻"，做出大拇指的手指造型，用优美的声音演唱畲族山歌《山哈的歌谣》时，幼儿容易被音乐清新欢快之美打动。

最后，营造"峡谷"式的教育环境，引发幼儿产生自主的审美共鸣。福建优秀民间音乐中蕴含的美感及其深厚的文化内涵，需要儿童通过反复倾听体验来自主感受与领悟。幼儿要获得与音乐的审美共鸣，需要对音乐形成自己独特而不是统一的审美体验与认识。因此，教师要努力营造"峡谷"式的教育环境，以开放式的问题引导幼儿积极倾听音乐，主动与音乐对话，自主感悟优秀民间音乐的审美力量与文化内涵，使得幼儿对优秀民间音乐的感知体验与表现，能够沿着教师指导性的价值体系与幼儿自主的感知行为体系的峡谷，以最小的能量耗费流向既定的目标，从而切实达到实现自我、体验快乐的目标。在幼儿园大班《山哈的歌谣》的舞蹈活动中，教师通过3次不同形式的示范表演，以及"今天我们就一起走进畲家山寨，看看山哈们平常都喜欢做什么？"、"这首歌曲和小朋友平时唱的歌曲有什么不一样？"等指导性引导语，引导幼儿通过认真倾听，自主感受畲族歌曲的歌词内容与山歌衬词的独特韵味，自主思考、自主探究发现歌曲的节奏及词曲结合的规律，并用自己独特的方式表达对畲族劳动的向往与热爱。在这些活动过程中，教师始终尊重儿童，对于每个儿童独特的体验与表达，教师都是饱含热情地予以肯定与鼓励，有效激发了幼儿参与倾听、交流与表现的愿望与积极性。

需要指出的是，从物理学的角度来看，物体产生共振必须有一定的频率，两个频率相近的音叉靠近时才会产生共鸣。因此，教师在创设视听优秀民间音乐的审美物理场时，一定要注意其力度与频率要靠近幼儿对音乐的审美感受频率，才能有效引发儿童对优秀民间音乐的审美共鸣。

（三）构建具有联觉效应的审美教育场，丰富儿童对优秀民间音乐的审美体验

本审美教育场专指在幼儿园开展优秀民间音乐文化启蒙教育活动时

具体的教育场域。音乐是一种抽象、非语义的音响艺术，学前儿童要真正感受体验优秀民间音乐文化的内涵之美，需要有机融合听觉、视觉、运动觉、语言觉等多种感知觉通道，构建整体融合、多通道参与且具有联觉效应的审美教育场，将优秀民间音乐与身体动作、视觉形象、语言材料等进行有机同构，实现相互间力的沟通与渗透，全方位、多层面地感受与体验福建优秀民间音乐的审美特点与内在意蕴。

身体动作指的是符合所选音乐的性质，并能基本反映音乐的节奏、结构、旋律、内容与思想感情的身体节奏动作、舞蹈动作以及夸张滑稽的动作等。这些动作不宜太难，应是大多数幼儿能自然表现的。此外，动作不必追求过于具体与统一，应有助于幼儿独立选择与自主表现。如在表演《山哈的歌谣》时，教师可引导幼儿用上畲族舞蹈中的大拇指基本手型及基本脚步"踹踏步"动作，随歌曲自主创造性地表现畲族人唱山歌、跳舞、采春茶、织彩带等动作，直观地体验畲族人民勤劳有礼、热爱生活、载歌载舞的生活方式。

视觉材料主要指能形象反映音乐的内容、节奏特点与结构等的可视材料，可以是图片、幻灯、录像、多媒体课件等。这些视觉材料在线条、构图、造型、色彩、氛围等方面需与音乐的情绪、内容相吻合，其画面变化的力度与节奏应与音乐变化的力度与节奏相辅相成，有助于幼儿感受、理解福建民间音乐的意境与形象，达到艺术沟通的效果。此外，教师应注意适度留白，不能过于具体以免限制幼儿的思维，要留给幼儿更多遐想的空间。如在闽南童谣《月娘月光光》活动中，教师提供了"阿公在月光下劳作"的图画情景，帮助幼儿直观地感受老阿公深夜种地的辛苦。

语言材料主要指那些与优秀民间音乐意境相贴切的故事、诗歌、散文以及富有诗意的对话等内容，由于语言具有较强的指向性，辅以动作、视觉材料等展示方式，可以有效丰富幼儿的审美体验，引领他们走进中华民间音乐所呈现的世界之中。比如，在学习《拍胸舞》时，教师就编了这样一个故事：很早很早以前，有一个年轻的读书人要走很长很长的路，到很远很远的京城去赶考。半路上，他不小心丢失了钱和冬衣。当时天气很冷很冷，他没有又厚又暖的冬衣可穿，但却拍着胸脯说："没关系，我一定能坚持走到京城。"后来，走在路上时，他用力地拍着自己的胸脯，既给自己鼓劲，又为自己驱寒。很多人很喜欢这个上进、坚强、乐观的年轻人，送了一些食物来，让他能吃饱饭。就这样，他一直坚持走到京城去考试，还考得非常好。后来，为了学习这个年轻的读书人这种不怕困难、坚持到底、敢于拼搏的精神，人们就把他边走路边拍胸的动作编成了《拍胸舞》，并且在每年的春节、元宵节，都上街去表演这个舞蹈。通过这样的故事讲述，可以进一步强化幼儿对《拍胸舞》这个闽南民间舞蹈的体验与理解，帮助他们更加深入地感受不怕困难、敢于拼搏的闽南文化。

（四）建设浸润式的审美文化场，培育儿童认同优秀民间音乐文化的审美心灵

审美文化场不仅是一个充满优秀民间音乐的听觉场域，还应是一个充盈着福建文化元素，让幼儿能全身心浸润其中的文化场域。这个场域不仅弥漫在幼儿园的教育空间里，还应进一步延伸至儿童的家庭与社区空间，拓展儿童对福建优秀民间音乐的审美感知广度。一个襁褓中的婴孩听到熟悉的声音，如动物鸣叫声、妈妈的歌声以及好听的音乐时，会努力用视线寻找声源，并产生亲切感与愉悦感。一个听力正常的学前儿童，很小就会对倾听音乐表现出浓厚的兴趣。而且，儿童早期的音乐记忆会持续影响儿童一生的审美爱好与情趣。要让儿童对优秀民间音乐文化感到熟悉、亲切与认同，需要建设浸润式的审美文化场，尽早在生活中进行优秀民间音乐潜移默化的渗透式培育。

首先，充分利用幼儿园生活的各个环节，如在幼儿来离园、用餐、吃点心、午睡前后、散步、阅读等环节播放优美动听的本土优秀民间音乐，为儿童创设充满本土优秀民间音乐的浸润式环境，让幼儿在无意识的倾听与感受中，潜移默化地获得优秀民间音乐的熏陶与浸润。

其次，创设充满本土优秀民间音乐文化的艺术区角，让儿童在愉悦的游戏中潜移默化地感受本土优秀民间音乐及其文化的魅力。如设置茶艺区，让儿童在古韵悠悠、清新悦耳的南音伴随下开展茶艺游戏，感受福建茶文化的艺术美；设置水墨画区，让儿童倾听绵长悠远、如诗如画的中国丝竹音乐，一边想象音乐的意境一边画水墨画；设置听赏区，如

在音乐区、音乐长廊中，布置鼓板、椰胡、尺八、南琶、响盏、小叫、铜中和锣鼓仔等富有特色的福建民间乐器图片，幼儿自主点击下面的按钮，就可以播放该乐器的简要介绍以及典型的演奏乐段，帮助幼儿直观感受不同民乐音色、音高、音质的区别，体验福建民间音乐的情绪风格与表现方式。

最后，引导家长在家里经常播放各种风格的福建民间音乐作品，并经常带领幼儿参观民俗博物馆、民间艺术馆、茶艺馆、龙舟赛、踩街、舞狮等各种传统民俗文化活动，或带领幼儿观看各种艺术活动，如民乐演奏会、民间童谣表演及拍胸舞、闽剧、高甲戏等本土民间艺术与民俗活动，感受丰富多彩的中华文化气息，积淀文化内储，增强对中国优秀艺术审美感知的广度。

总之，上述审美场域的构建应以福建民间音乐文化内涵为核心，以福建民间音乐文化传承为主线，注重各场域间的相互联系与融通，积极诱导与有效牵引学前儿童进入福建民间音乐的审美世界之中，全方位感受体验福建民间音乐文化的审美意蕴。

二　游戏化策略：在趣味游戏中享受民间音乐文化的快乐之旅[①]

心理学研究表明，人有一种先天性的行为趋避倾向——趋向积极的情感体验而回避消极的情感体验。学前儿童尤其如此，对于能带给他们快感并获得成功体验的活动，他们总是乐此不疲，并能表现出不凡的创造性。因此，民间音乐文化启蒙教育活动不能是增加儿童学习负担的文化苦役，而应着力追求游戏化，使得民间音乐文化启蒙教育活动更加契合幼儿的学习心理，让他们在快乐的游戏与轻松愉快的活动中不知不觉地感受民间音乐的美，享受民间文化的快乐之旅。

（一）创设音乐、情节与动作完美结合的游戏情境，激发幼儿主动参与

情境是游戏化民间音乐活动的前奏。适宜有趣的游戏情境能吸引幼儿主动参与民间音乐活动，为他们理解文化背景、感受、探索与表现音

---

① 程英：《创意戏剧中丰富幼儿审美体验与创意表现的策略》，《福建教育》2018年第38期。

乐等提供有效的支架，让他们能以自己理解与喜爱的方式，全身心投入民间音乐文化的旅程之中，实现激发动机、感受音乐与学习动作等多重目标。

1. 故事情境紧扣主题，有助于幼儿感受理解民间音乐的情绪风格与文化背景

故事情境是民间音乐活动游戏化的入口与线索，是幼儿与民间音乐、游戏之间的桥梁。一个适宜有效的故事情境能引导幼儿进入民间音乐活动的游戏情境之中，激发他们主动参与的兴趣，并为他们感受理解与创意表现音乐提供一种意境、一座桥梁。这是以遵循幼儿艺术学习与发展的规律作为导向的，幼儿的音乐学习与发展必须在丰富的生活经验与充分的音乐审美感受基础上才能进行表现与创造，游戏化的民间音乐活动也不例外。

以音乐为主线的民间音乐游戏化活动既能烘托音乐气氛，又能有效发展幼儿的审美能力。故而，教师必须在深入分析音乐作品的情绪风格、节奏特点、结构曲式等审美要素的基础上，设计有助于支持幼儿感受与理解民间音乐及其文化的故事情境，并以他们喜闻乐见的方式来引导他们感受音乐，帮助他们体验民间音乐的情绪风格与外在形式，激发他们主动参与感受、想象并用肢体动作大胆表现音乐的愿望。

《老鼠仔钻壁空》是孩子们十分喜欢的一首闽南童谣，其形象鲜明，句式工整，简短易读，富有童趣，深受幼儿喜爱，特别适合3—4岁幼儿学习与游戏。在游戏活动开始时，幼儿装扮成小老鼠，而教师则播放相关音乐，引导幼儿跟着音乐的节拍，甩动自己的"长尾巴"跳起来。并且，教师还要通过"小老鼠今天一宿没困，心情真好，要钻出洞找吃的。你们猜猜它待会儿出来吃东西是什么样子的"的故事情境，萌发幼儿对小老鼠不同动作样式的好奇心，以及参与小老鼠创意动作表现的迫切愿望，开始快乐的民间音乐游戏旅程。

2. 游戏情节紧扣幼儿兴趣与经验，有助于幼儿角色描摹与创意表现

游戏情节是幼儿与音乐、动作之间的桥梁，让幼儿对角色的想象与动作的创意有了故事的支架。情节不仅仅要根据幼儿的兴趣，更要紧扣幼儿经验，增强幼儿对民间戏曲角色的感知理解，引发幼儿对角色的想

象与动作表现。比如，大班幼儿对小丑这个角色有一定的认识，看过马戏团的小丑表演，而这些经验能帮助他们在高甲戏"群丑献艺"活动中，更好地表现高甲戏男丑、女丑滑稽与有趣的形象与各种动作。在高甲戏欣赏"群丑献艺"中，教师可以先以"高甲戏剧团招收小丑演员"的情境导入，接着依次请出"男丑"、"女丑"演员，通过"男丑（女丑）演员的服装与打扮有什么特别搞笑的地方？男丑（女丑）走路的动作有什么特别？你来猜猜看男丑（女丑）们在玩一个什么游戏"等问题，引导幼儿来想象游戏的情节，从而帮助他们以这些情节为支架，随乐想象并表现相应的角色动作，进行迁移学习与创意表现。

一个"真"游戏化的民间戏曲活动，游戏主题、情节、角色、动作、规则等要素应与音乐的情绪、风格等内涵以及节奏、速度、力度、曲式等形式有机统一，游戏规则也应与音乐结构密不可分。教师可以借助示范、录像、语词、图谱等外在的形式进行辅助教学，但最终必须引导与支持幼儿进行自主的创意表达。

（二）设置适宜合理、逐阶递进的游戏挑战，焕发幼儿持续表现

挑战是游戏能够吸引幼儿持续参与的重要动因。只有好玩的游戏情境却缺乏适宜合理、逐阶递进的游戏，只能吸引幼儿一时，但常常会导致他们的学习动机逐渐弱化，学习动力不断下降。挑战难度太低易导致幼儿丧失参与欲望，挑战难度太高又会导致他们产生挫败感。因此，教师应深入分析幼儿游戏学习的心理动力因素，通过设置适宜合理、逐阶递进的挑战，不断提升他们的参与度和成就感，促使他们主动、持续地参与到民间舞蹈、戏剧等创意表现的全过程中。

1. 设置合理适度的"挑战性困难"

在引导幼儿创意表现过程中，教师应设置适当的问题情景，创造与他们年龄相适宜的、跳一跳够得着的"挑战性困难"，让他们的角色体验、动作学习与创意表现等充满挑战，以不断体验到自我实现的快乐。在进行闽南民间舞蹈游戏"彩球舞"中，1位教师扮演"球手"，4—6位教师扮演舞球的"村姑"，并根据"球手"的动作与球的位置相应做不同的玩球动作与队形，帮助幼儿感受与理解"球手"动作、球的位置、"村姑"动作与队形之间的匹配关系。幼儿不只是去听教师的讲授，还凭借细致的观

察进行体验与学习。这种挑战是适宜幼儿的，他们只要认真观察、用心记忆就可以做到，挑战的成功也会给他们带来极大的快感。

在这一过程中，教师必须认真观察幼儿的表现，及时发现他们的问题与困难，在提高他们倾听感受音乐与随乐律动能力的同时，把握其中可能遇到的困难和需要努力的程度，让他们在这种富有挑战性的问题情境中充分激发智慧，在不断克服困难、完成任务的过程中体验成功的喜悦。在"彩球舞"后半部分的幼儿游戏活动中，教师扮演"球手"，幼儿扮演玩球的"村姑"时，出现了部分幼儿自己围着圈乱转、没有与"球手"的彩球有效互动等问题。教师马上巧妙地暂停，以"观众给演员提建议"的方式，让部分幼儿当观众，认真观看演出，发现问题后引导幼儿共同讨论解决办法。最后，幼儿一致认同，跳舞时要围着球手，眼睛要看着球手和彩球，彩球舞到哪个地方，"村姑"就要根据球的位置，或蹲或跳地做捧球、托球、顶球、踢球等动作。这样处理后，自然而然地突破了教学的重点难点，也增强了幼儿的成就感和自信心。

2. 逐阶递进增大挑战难度

要让幼儿在活动过程中都能自始至终保持学习兴趣，教师应基于幼儿的能力与水平设计逐阶递进的挑战难度。在闽南高甲戏"群丑献艺"游戏活动中，为了引导幼儿感知音乐的结构，能够从初步随乐律动到自主创编表演各种丰富的动作，教师设置了逐阶递进的挑战（见图3-1），以小步递进的方式有效吸引幼儿主动参与学习，积极应对挑战，不断体验成功，焕发了他们持续参与学习与创编的欲望。

（三）给予充分有效的启发引导，促进幼儿深度学习与创造

深度学习是"通过让学习者真正理解学习内容而促进长期保持，从而能够提取所学知识解决不同情境的新问题"。因此，深度学习是一种以幼儿为主体的自主、长效、有意义的学习。"真"游戏化的民间音乐活动非常强调活动中对幼儿自主、自由、创造等游戏精神的培养，倡导以幼儿为主体的有意义的迁移学习、多角度的探索、想象以及高水平的创意表现。

1. 生动示范，引导幼儿理解动作与角色关系

在民间舞蹈、戏曲等活动中，幼儿的角色、动作等从来都不是"无

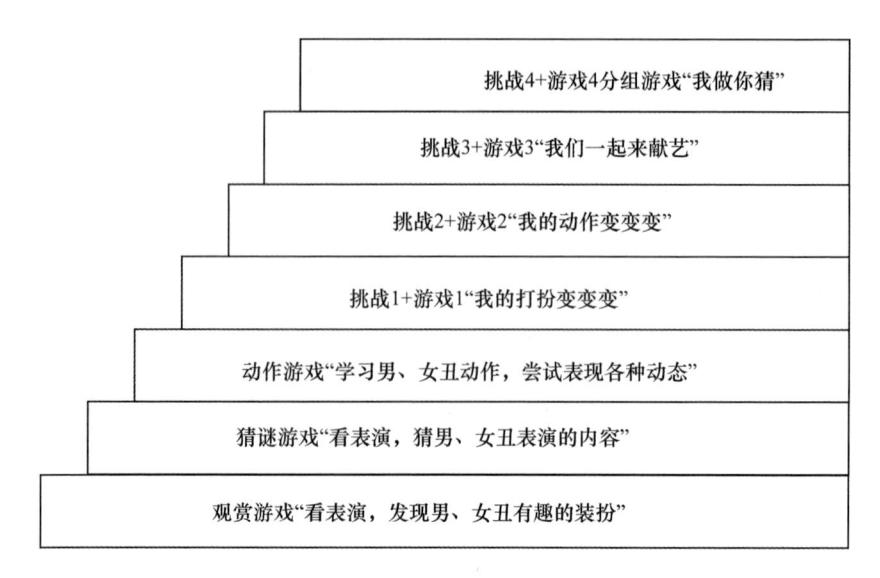

```
┌─────────────────────────────────────────────┐
│  挑战4+游戏4分组游戏"我做你猜"              │
├─────────────────────────────────────────────┤
│  挑战3+游戏3"我们一起来献艺"                │
├─────────────────────────────────────────────┤
│  挑战2+游戏2"我的动作变变变"                │
├─────────────────────────────────────────────┤
│  挑战1+游戏1"我的打扮变变变"                │
├─────────────────────────────────────────────┤
│  动作游戏"学习男、女丑动作，尝试表现各种动态" │
├─────────────────────────────────────────────┤
│  猜谜游戏"看表演，猜男、女丑表演的内容"      │
├─────────────────────────────────────────────┤
│  观赏游戏"看表演，发现男、女丑有趣的装扮"    │
└─────────────────────────────────────────────┘
```

图3-1 高甲戏"群丑献艺"游戏活动挑战进阶示意图

中生有"的，而是"有中生有"的，关键是要积累有关的生活与动作经验，进行"授之以渔"的启发，引导幼儿理解动作与角色的关系。

在泉州"彩球舞"的活动中，为帮助幼儿理解彩婆的角色形象与动作的特点与风格等，首先，教师将自己打扮成丑角的样子，穿着彩婆的衣服与鞋子，脸蛋画着两圈红，头上带着一朵红花，摇头、摆头、点头、伸缩，做着鬼头鬼脑、滑稽有趣的表情与动作，迅速地把幼儿带入了"彩球舞"的游戏角色和状态中。其次，教师通过生动的示范，有意识地带入语词动作"来来来来，看我表演"、"来来来来，看我托球"、"来来来来，看我顶球"、"来来来来，看我踢球"等，引导幼儿发现"看我表演"时"彩婆"丰富的眼神与面部动作，以及捧球、托球、顶球、踢球等不同玩球的动作，进而理解"彩婆"角色与动作、表情的关系。

2. 有效引导，启发幼儿多角度地思考与探索

在游戏化的民间音乐活动中，教师务必把幼儿作为学习与探索的主体，善于提出各种引导性的问题，启发幼儿从更多角度思考，进一步拓展幼儿的学习空间，促进经验整合。

首先，教师要以方向性的问题帮助幼儿丰富游戏情节，支持幼儿成为游戏的开发者。比如在"群丑献艺"游戏活动中，教师在请出两位高甲戏男、女丑演员时，引导幼儿认真观看他们的服饰与打扮，提出"大家认真看看两位演员表演，发现男、女丑的服装、打扮有什么特别好玩的地方"这个问题，引导幼儿发现高甲戏男、女丑装扮的特点，为后面的角色扮演奠定基础。

其次，教师以开放性的问题，引导幼儿去探索高甲戏角色与动作的奥秘，支持他们成为民间音乐表演的探索者。教师在幼儿欣赏高甲戏演员表演前，提出"男女丑走路时手的动作有什么特别的地方？你觉得他们在做什么？看了这个表演你想做什么"等问题，引导他们边欣赏表演边感受高甲戏幽默独特的表演风格，想象男、女丑表演的动作寓意，为后面模仿与迁移创编积累经验。

最后，教师要以挑战性的问题激发幼儿自主探索与创造，支持他们成为动作的创编者。教师在引导幼儿观察高甲戏演员是如何通过简单的动作表现任务的行为，并尝试在初步模仿的基础上，提出"你们有没有信心挑战一下，你们来当高甲戏的演员，进行献艺表演，你会用哪些动作表现自己"等问题，引导幼儿迁移高甲戏夸张幽默的表现方法，大胆想象与创编自己生活中的各种动态。并且，教师还通过游戏"我做你猜"，充分发挥幼儿的主动性、积极性与创造性，把整个活动推向高潮。

3. 合理留白，拓展更多的戏剧想象空间

以游戏为主的民间戏曲、舞蹈应是一门想象的艺术，每个幼儿都可以对角色与动作拥有自己的认识。教师不要什么都告诉幼儿，不必要求他们穷尽一切答案，更不宜要求他们千篇一律地按照统一的理解去诠释。相反，应该合理留白，给幼儿拓展出更多的自由想象与创意表现的空间。一个好的故事能诱发、鼓励、鞭策读者去阐释，与文本进行对话，好故事应该具有足够的不确定性以诱使读者参与到对话中来。在实践中也会发现，当成人把所有的东西都毫不保留地告知幼儿后，这些儿童会认为毫无悬念是一件最不好玩的事情。

因此，教师要善于运用留白艺术，引导幼儿与民间戏曲、舞蹈中的角色和音乐展开对话，引导幼儿大胆想象情节，创意表现角色动作。

"群丑献艺"游戏之所以如此吸引幼儿,与教师充分"留白",让幼儿自己去与角色对话不无关系。因此,无论是角色、动作还是剧情发展,教师都要善于给幼儿适度留白,让他们拥有更多的想象与表现空间。

4. 巧妙退位,鼓励幼儿充分自主随乐表现

游戏化的民间音乐活动应尽量让幼儿自主掌控创编与表演过程,避免为了追求幼儿表演结果的完美,教师从头到尾不停地进行示范、提示等行为。教是为了不教,无论是教师的动作示范、语言提示还是形象化的故事图谱等,都是为了支持幼儿的自主学习而采用的临时性支架,最终目的是使他们能够脱离这些"支架"自主学习。因此,如何有效撤去支架、合理退位,使得幼儿的"进"更为自然和凸显,这是教师在游戏化的民间音乐活动设计指导中必须认真思考的问题。教师"一退",幼儿"一进",在进退之间就能够为幼儿自主、创意的音乐表现,拓展出无限的发展空间。

需要强调的是,在游戏化的民间音乐活动中,幼儿对角色与音乐的体验、自主的动作探索与创意表现等,都是日积月累的长期过程,不能期望他们在一两个单位时间内就能获得完美的结果。因此,教师不能急于求成,要有"静等花开"的心境与智慧。

三 开放化策略:在对话中形成对民间音乐文化的独特体悟[①]

对话是指人与人之间建立和形成的一种平等、真诚、开放、自由、民主的相互交往关系,是对话双方的"敞开"与"接纳",是对"双方"的倾听,是指双方共同在场,互相吸引,互相包容,共同参与的关系,这种对话更多的是指相互接纳与共同分享,指双方的交互性和精神的互相承认。对话突出的特征,是对"中心意识"的消解。在与民间音乐大师对话的过程中,幼儿、教师、艺术大师三者之间是一种相互平等的对话关系和多向交流的活动过程。

与艺术大师对话之民间音乐文化启蒙教育,包含着与艺术作品对话、人际对话与自我对话三种对话方式和内容。其中,与艺术作品的对话是

---

① 程英:《与艺术大师对话的幼儿音乐教育探析》,《教育导刊·幼儿教育》2005 年第 10 期。

指让幼儿直接面对福建民间优秀的音乐作品或艺术表演，打开感官与心灵，真切感受和体验其中传递出的多元信息，并学习用各种方式进行表达；人际对话是指教师与幼儿在直面民间艺术大师的作品时，展开平等的讨论与交流，坦陈自己的感受与体验，尊重各自的观点与想法，并在相互的思维碰撞中激发出更多的灵感。由于幼儿水平有限，他们不可能与艺术大师展开有效的对话，所以就需要教师具备较高的对话艺术，引导和帮助幼儿与艺术大师对话；自我对话则是幼儿及教师对自己内心的感受进行表述与反省。

感受与欣赏民间音乐作为民间音乐文化启蒙的重要开端与关键环节，在开阔幼儿音乐视野、陶冶幼儿的情操、丰富和美化幼儿的心灵等方面都起着独到的作用。幼儿对民间音乐的欣赏若只是停留在不随意的、被动的状态，没有凭借有效的中介，仅大多依靠其个人的经验，对音乐的理解与表现也较多地滞留在粗浅的水平上，那么他的心理机能难以向高级水平发展。与音乐大师对话，能拓展幼儿的视野，促使幼儿积极参与到有意义的民间音乐文化交流活动中，从与艺术大师的对话中吸取宝贵的艺术养料。在与艺术大师对话、交流、沟通中，在与教师、同伴的合作互动中，将艺术大师的养料转变为自身高级心理机能成长的营养，内化为自身心理的一部分，就能促进幼儿高级心理机能的有效形成。与艺术大师对话的音乐教育并不是为了让孩子成为大师级的人物，而是要丰富幼儿的审美经验与艺术表现语汇，逐步培养幼儿具有审美的耳朵、审美的眼睛以及审美的心灵。

（一）在感受中生发民间音乐多样化的意义——与艺术大师对话之民间音乐启蒙的教学价值

现代美学认为，艺术是无限开放的。民间音乐艺术的意义不是固定不变的，同一作品在不同时代、不同场合、不同欣赏者的心中，都会显现出新的意义。所以，民间音乐作品蕴含意义的多样性只有在对话中才会生发出来，正如教育家保罗·弗莱雷所说的："没有了对话，就没有了交流；没有了交流，就没有真正的教育。"[1]

---

[1] 保罗·弗莱雷：《被压迫者教育学》，华东师范大学出版社2001年版，第41页。

与对话相反的是独白。在引导幼儿与民间艺术大师对话的过程中，不少教师经常易犯的一个错误就是，他们事先在认真解读民间艺术大师的文本信息中获得了既定的信息，拥有了话语的霸权，在教育过程中自觉或不自觉地将对话转换为独白。独白是以教师为中心，注重对艺术作品约定俗成的解释和对艺术表演技能的模仿，从而在幼儿习得一些"科学"的民间音乐文化知识和"准确"的艺术表演技能时，幼儿的审美感知能力渐渐封闭与退化，最终导致审美素质的下降。

在与民间艺术大师对话过程中，每个幼儿都有一套自己的解读，教学不再是教师知识独白、传递信息的过程，而是创造情境，引导幼儿以自己的理解方式去解释信息、师生共同参与交流碰撞的过程。因此，在引导幼儿与民间艺术大师对话的过程中，教师应当拥有生成、开放的教学观，淡化教学过程中的预成性与统一性，注重对话过程中的再生性与多元性，不以预设的方案去束缚师幼的大脑与手脚，不以有限的结果去锁定无限的对话过程。

欣赏者与艺术大师的作品之间的对话，更多的是在审美体验和领悟的基础上进行的语言与非语言性的信息交流、沟通与表达。在引导幼儿与民间艺术大师对话之前，教师可先与艺术大师进行对话，找出民间音乐作品的特点、背后的文化精髓以及欣赏要点，然后将其转化为开放性的问题，引导幼儿从内容美、形式美等方面进行多方位的感受与体验，并逐步引导幼儿感受艺术大师作品中蕴含的丰富感情与思想内涵，使得在教师、幼儿与艺术大师的作品之间，在展开平等、充满情感的双向交流、讨论过程中，生发出多种意义，充分发挥幼儿的审美主体性与创造性，使幼儿的审美潜力在不断的对话中得以挖掘。

（二）在探究中形成良性的"问题链"——与艺术大师对话之民间音乐启蒙的理想路径

良性的"问题链"是指在整个对话过程中，幼儿是带着问题走向问题，而不是由原来的喜欢质疑到"没有问题"，或是由刚开始时的"问号"到活动结束时的"句号"。对话的过程应是幼儿运用自己的感官、经验、思维积极探究的过程，而非传统意义上对民间艺术大师作品的接受学习（如引导幼儿记忆艺术作品抽象的理论特征、单纯模仿艺术大师的表现技法等），教师在引导幼儿与艺术大师进行对话时应避免将对话等同于"教师提问—幼儿回答"模式。教师应努力营造一种开放的问题情境，为幼儿提供更多发现问题的机会，引发幼儿内在的问题意识，引导幼儿进入主动探求的过程。教师不仅要用语言引发和鼓励幼儿提问，而且要通过创设环境、提供机会和合作支持等比较隐蔽的手段，促使幼儿形成良性的"问题链"。

实践表明，幼儿对艺术大师的作品有极大的兴趣与非凡的感悟能力，他们在面对艺术大师的作品与表演时常常有着不同于成人的独特感觉。而且，其好奇的大脑里充满了问号，他们想知道、要知道的东西太多了。

譬如，幼儿在观看高甲戏《群丑献艺》表演中，在跟着哈哈大笑的同时，许多幼儿的脸上表现出了困惑与不解。教师及时捕捉到这一信息，向他们问道："你们为什么皱眉头？有什么想不明白的？快跟大家说说。"结果，这些孩子们的问题匣子一下打开了，大家争先恐后地提出了许多问题，如"他为什么把自己打扮得这么丑？"、"他们鼻梁上为什么有一块白色的小方块？"、"女的嘴巴上为什么都有个大黑痣？她们的脸上为什么涂得那么红？"、"每个人脸上的颜色为什么都不一样？"……在激烈的争论与探究后，孩子们到处找资料、向周围的人学习，在不断的探究中初步明白了高甲戏表演大师夸张幽默的行当、脸谱及其独特的动作唱腔等各种艺术表现方式，之后又产生了更多的问题，形成了更多的探究兴奋点。

在良性"问题链"的形成初始，教师可先提供具体性的引导（有关音乐知识技能方面），为幼儿的思维提供一个路径；再进行开放式的提问，以引发幼儿多角度的经验，启发幼儿多层次地思考和回答。此时，教师应善于倾听幼儿的心声，欣赏幼儿的表演。

下面是一组开放性提问的事例：

其一："关于高甲戏你知道什么？关于这个表演你知道什么？"——了解并分享幼儿已有的经验。

其二："通过听音乐、看表演、录像，你发现了什么？"——将幼儿的无意活动引向有意，让幼儿以自己独特的视角发现特别、新奇的东西。

其三："你还有什么不理解、不明白的地方要问大家？"——通过多向提问的方式，把教学引向开放；鼓励幼儿大胆提问，培养幼儿主动学习的能力，促使幼儿主动梳理与反思自己的学习过程，让幼儿站在自己的思维水平和立场上提问。

其四："你还想了解什么？"——把学习的主动权交给孩子，而非单纯记忆已有的知识，了解孩子的探究兴奋点。

其五："看了这个表演，你有什么想法，你想怎样表达？"——为孩子提供表达艺术想象与创造的自主选择权，而不是以统一的形式去限制与规范幼儿。

在整个对话过程中，教师应强调幼儿在探究与对话中获得亲身体验，逐步形成一种在学习与生活中喜欢质疑、乐于探究、努力求知的心理倾向，激发探究与创新的积极愿望。因此，这种对话已不限于师生之间、生生之间言语的应答，按照雅斯贝尔斯的说法，"是真理的敞亮和思想本身的实现"。同时，教师应善于促进幼儿自我调节，在发现幼儿具有独立学习探究与感受能力时，教师应放弃对他的协作与帮助，给予幼儿靠自己的努力去解决问题的能力。只有幼儿真正遭遇困难，被"困住"时，教师才需要介入。

（三）在多元化的审美表达中进行艺术创生——与艺术大师对话之民间音乐启蒙的表达平台

创造是艺术的生命，民间音乐启蒙也是培养幼儿创造性的重要手段。教育的最终目的不是传授已有的东西，而是要把人的创造力量诱发出来，幼儿的创造性不是"学"出来的，而是教育激发与弘扬的产物。中国著名美学家滕守尧认为[①]，人的创造不能凭空产生，只能来自不同信息、不同要素、不同文化的对话与融合，其途径是不断通过与异质事物的对话，达到自我更新与超越。

幼儿从对民间艺术大师作品的视听感受到初步模仿，再到个性化的艺术表现，实际上是经历了一番与艺术大师的深层对话，细细品味、精心揣摩了艺术大师创作与表演时的心境、思想以及蕴含在艺术作品中的精神。幼儿在与艺术大师对话的过程中，感受到艺术美的魅力与审美情

---

① 滕守尧：《艺术与创生：生态式艺术教育概论》，陕西师范大学出版社2002年版，第58页。

趣时，容易激发审美创作的热情，碰撞出丰富的艺术想象与艺术创造的火花，此时，教师应为幼儿搭建多元化的审美表达平台，鼓励与引导幼儿在艺术大师的肩膀上进行艺术创生。

在福建某幼儿园，在欣赏著名的闽西民间舞蹈《采茶扑蝶》时，教师播放了当地姑娘上山采茶的视频后，又相继播放了中央电视台录制的大型舞蹈《采茶扑蝶》、龙岩市舞蹈剧团随音乐表演的节日踩街舞蹈《采茶灯》、幼儿园小朋友表演的游戏早操《采茶扑蝶》，还给幼儿看了由当地艺术家从美术视角制作的相关动画音乐，引导幼儿进行同一民间音乐的不同作品的对比欣赏。在美好的舞蹈中，在青翠欲滴的茶山中伴随彩蝶飞舞、姑娘飘舞等美丽而直观的动画中，孩子们的感受更加直接而深刻，联想也更加丰富而多元，他们根据音乐自己创作了想象力丰富的图画、故事、表演，有的幼儿还自动结成小组，"创作"自己的舞蹈……孩子们虽没有很高的表演技巧，但他们的创造热情被充分调动，创造天赋也在教师有效的支持与引导下被激发出来。幼儿从不同类型的艺术作品中获得了多样的启迪，拓展了他们的表现空间，对他们的审美创生起着潜移默化的作用。

随着幼儿与艺术大师对话活动的展开，孩子们对民间音乐大师的作品产生了神奇、不可思议的美妙感觉，民间音乐艺术大师的作品不再是抽象的、不可高攀的圣物，也不是一种简单的感知与记忆的符号或是模仿的图式，而是成为支持幼儿审美发展的重要载体与积极媒介。与艺术大师对话的民间音乐文化启蒙有助于让幼儿从小接触高尚的民间艺术作品，站在民间艺术家的肩膀上去感受民间音乐、观察民间文化、体验民间生活，并逐步学习用艺术家的眼睛去感受生活，用艺术家的心灵去品味生活，用艺术家的灵感去创造生活。

第四章　童声歌唱：福建民间歌谣与幼儿园音乐文化启蒙

实践证明，歌唱是幼儿最常见和最喜爱的音乐活动形式。它就像说话一样，是儿童表达思想和交流情感最自然的一种方式，同时还是他们的一种生活、一种游戏和一种特殊的语言。在愉快的本土民间歌谣歌唱活动中，儿童不仅能够感受当地民歌中富有特色的方言、旋律与节奏，获得充分的审美体验，还能从中感受家乡人民丰富的生活内容与浓厚的生活情趣。并且，他们通过歌声交流思想，可以表达自己的情感体验，获得满足感和成就感。

第一节　福建民间歌谣的审美意蕴与文化精神

自古以来，福建素有歌乡之称。福建人民热爱且善于歌唱，歌声成为福建人民劳动生产的有力助手、掌握知识的手段、传播文化的方法以及日常生活的亲密伙伴，甚至还是革命斗争的精神武器。福建民间歌谣枝繁叶茂，百花争艳，其形式复杂多样，按其产生环境、演唱场合和音乐特点，大致可分为山歌、童谣、劳动号子、渔歌、小调、舞歌、习俗歌曲、唱诗、生活音调、宗教歌曲等十几种类型。

福建民间歌谣的创作技巧颇具特色，有着不同的地方风格。小调的形式比较规整匀称，旋律性强，表现手法多样，具有朴实细致的表现特点。而且，无论是音调、节奏，还是曲调的结构、发展手法等方面，都表现出较为鲜明的地方特点，地方色彩比较浓郁。此外，还有许多外来小调，与福建各地人民的语言、风俗习惯、思想感情相结合，已成为当地人民喜闻乐见、富有地方特色的音乐形式。中国山歌曲调高亢嘹亮，节奏自由悠长，具有直畅而自由抒发感情的特点。福建各地的山歌，在音乐上除具备山歌的一般特点外，都各具特色。号子的音乐坚定、豪迈、粗犷，表现方法直接而简朴，有规则地重复使用音乐材料，基本特点是节奏的律动性强、音乐语言简练、音乐形象鲜明，其曲调与当地山歌、小调有较多相似之处，听起来悦耳动听，且节奏有力，劳动气氛很强，因而形成别具一格的独特风味。

根据学前儿童的审美能力、理解水平与兴趣爱好，本书选择福建民间童谣以及适宜幼儿感受、理解与表现，且在各地具有代表性的山歌、民歌进行重点介绍和分析。

一 福建民间童谣的审美意蕴与文化精神

童谣，古代称童子谣，近代又称儿歌，是由一代代人口耳相传，在儿童口中传唱，带有浓厚方言韵味、乡土风情、诙谐幽默、音节和谐、形式简短的歌谣。民间童谣根植于民间生活，很多是用朴实简练、充满乡土气息的语言记录儿童喜闻乐见的家庭生活、劳动场景、动物植物、游戏逗乐以及民间故事等，蕴含着祖辈们丰富的生活经验与生活智慧，能教给儿童很多知识与道理，给孩子们的生活增添不少情趣。有的童谣运用了拟人、比喻、夸张、变形等艺术手法，创作出许多拥有神奇力量的主人公，让自然界的事物拥有人类的思想、情感、语言与生活方式。这种天马行空的幻想非常契合儿童的思维特点，深受儿童的欢迎。

福建民间童谣分布较广，几乎各个区县都有，比较典型的是闽南语童谣与福州语童谣。福建民间童谣基本都是用各地方言诵读或演唱，音韵和谐、对仗工整、讲求押韵、朗朗上口，儿童易念、易懂、易唱、易记，有利于发展幼儿的语言能力，增强艺术素养，传承本土方言，萌发对家乡文化的认同感与亲近感。

（一）闽南语童谣

闽南语童谣是指用闽南方言说唱的童谣，也叫闽南童谣、闽南歌诀，主要传唱于泉州、厦门、漳州等以闽南语为方言的闽南地区，在台湾地区也广为流传。闽南童谣的素材多数是从生活中来的，取材于当地的生活情景，带着浓厚的闽南乡土人情和古早味道。闽南童谣非常丰富，目前广为流行的就有100多首，像《天乌乌》《上元丸》《羊仔囝》《月娘月光光》《老安公》《一只鸟仔》《老鼠钻壁洞》《蚂蚁扛蜈蚣》《㾮虾㾮蛟蚤》《丢丢铜》等。由于有生活、有趣味、有童真，它们都脍炙人口，家喻户晓。

闽南童谣的押韵特色与闽南方言有密不可分的联系。闽南方言与普通话甚至是其他方言之间存在着很大的区别，尤其是在声调上。普通话有阴平、阳平、上声、去声四种声调，而闽南方言却有七种声调（不包括轻声），这是闽南方言的独特之处。闽南童谣唱诵时"依字行腔"，其歌词大多也是根据生活口语整理改编而成的，俗谚俚语，简短顺口。其音乐的主题节奏往往是与闽南日常口语的语言节奏相吻合的，音调以闽南方言的语音为核心，并为其提供主导性的旋律依据。

闽南童谣源于农耕文明，产生于村落社会，内容大多描绘农村生产、生活的场景与风土人情，颇具乡土田园文化韵味。比如，台湾版的《天乌乌》描绘的是闽南人家阿公、阿嬷吵架的日常生活场景，富有人性情趣；泉州版的童谣《天乌乌》（也作《天黑黑》）则充分发挥想象力，将各类特性水族拟人化，描绘海龙王娶亲时，水族们为其大办喜宴的繁忙场景，全曲简单明快，风趣幽默，形象生动，气氛热闹。许多闽南童谣将山水、气象、动植物、民俗场景等融为一体，或者描述田间劳作，或者描述儿童游戏，或者描述大自然的变化，或者描述陆地与海洋动物的各种习性等，反映了儿童与自然融洽和谐互动的生动场景。如《蚂蚁扛蜈蚣》就是一首生动有趣、情节诙谐的闽南童谣，叙述了小蚂蚁路遇蜈蚣，蜈蚣想吃小蚂蚁，最后小蚂蚁们团结起来战胜蜈蚣的故事。在趣味盎然、娱乐怡情、朗朗上口的闽南童谣歌唱和诵读中，儿童们可以认识生活、积累常识、了解社会、塑造人格，还增强了语言表达能力，启发了儿童对于世界万物的想象和创造。

融入闽南人民生活的闽南童谣是闽南区域文化地方性知识的延续载体，也是乡音乡情的象征，更是文化认同的基因。那些充满童心情趣、洋溢浓浓乡情的闽南童谣是闽南人生活的一部分，在世居闽南或现侨居他乡异国的闽南人心中留下不可磨灭的文化印记。闽南人无论走得多远，只要听到那一首首世代相传、耳熟能详，而且蕴含着祖先经验与智慧、承载着童年回忆和梦想的闽南童谣，总能唤起对家乡故土的深深思念。

传统的闽南童谣在传承传播的过程中，也与时俱进，创新形式，当下正尝试着与动画、动漫等新媒体的接轨。比如，《闹元宵》《新正如意》等喜庆热闹的童谣就以MTV的形式展现出来了，《西北雨直直落》等也从形式上表现出与动漫相结合的愿望。在创新创造成为时代潮流、信息技术日新月异地发展进步的当下社会里，从音乐形式到表演形式，闽南童谣都有了极大拓展与更新。

（二）福州语童谣

福州语童谣是以福州本土方言"福州语"为表现载体的，流传于当年福州府及其周围十邑（闽侯、长乐、福清、连江、罗源、永泰、闽清、古田、屏南、平潭等县）。在这个乡音相连、风俗相通、利害相关的地区，福州语民间童谣所反映的内容蕴含着丰富、深厚的地方文化信息，具有浓厚的乡土韵味和方言魅力。同时，它们也伴随着历史进程而改变与发展，体现了鲜明的时代特点。

迄今为止，以福州语吟唱的民间童谣已有一千多年的历史。据《闽都别记》载述，唐代天宝末年，常衮任福建观察使，发现当时"闽人一字不识，难以开导，遂作俗谣《月光光》，以土音教之，歌既能唱，随写字教之识，儿童如识一字，即以一金钱付之，由是闽人渐渐识字知字"[①]。而且，这个官员还不辞劳苦，亲自动手，整理、加工出福州民谣《竹枝词》百首，教会了当地许多儿童歌唱这些民谣。

福州语童谣非常丰富，目前广为流行的就有近百首。像《月光光》《真鸟仔》《奢奢粟》《元宵灯》《扒龙船》《阿蛴叫》《豆腐团》《指纹谣》《仔啊仔啊》《爱困眠》《表兄表弟捉螃蟹》《桔仔圆圆》《十二月果子》等，都深受当地孩子们的喜欢。由于短小韵美，朗朗上口，易于传唱，因此这些福州语童谣经久不衰，流传广泛又久远。

就作品的内容而言，福州语童谣反映的题材十分广泛，涉及日常生

---

① 黄德舜：《常衮与福州民谣〈月光光〉》，《福州晚报》2021年4月19日海外版005版——闽都文化。

活的许多方面，触及了人类心灵的深处。因此，这些童谣不仅富有人间烟火气，而且极具人文意义。

其中，有的童谣反映的是孩子们身边的生活故事与民俗风情，如《砻砻粟》《阿蛴叫》反映的是生活中的鸭子吃糠谷生蛋、知了叫等，《元宵灯》《扒龙船》《搓糍》等体现的是元宵花灯、端午龙舟赛以及冬至搓糍粑等福州人传统的节日习俗。有的反映的是孩子们喜欢的幻想童话故事，如《鲤鱼娶亲闹昂昂》这样写道："鲤鱼讨亲闹昂昂，雷公做炮嘭嘭嘭。竹篮做花轿，桶盖当锣钵，火钳当轿扛，火卷当喇叭，知知知，打打打！"该童谣中，新郎是鲤鱼，媒人是乌贼，亲家是龙虾，娘家人有鸭母和胡鳅，竹篮火钳做成花轿，桶盖火卷当成乐器，就连雷公都来放炮助兴……这表现出在孩子幻想的世界里，鱼类动物及雷公等都是有着人类情感的生命体，大家可以一起来操办喜事，非常热闹。有的童谣反映的是父母对宝宝的关爱与赞赏，如《真鸟仔》中写道："真鸟仔，啄菠菠，三岁娘哦（小孩）会唱歌。不是爸奶（父母）教奴（我）唱，是奴（我）腹佬（肚子）通隆歌（聪明）。"该童谣中，字里行间都流淌着父母对年幼孩子浓浓的关爱，表现出父母对孩子掌握了新本领的自豪之情。还有的童谣是与民间游戏相伴相生的"游戏歌"，如《点点笃笃》中写道："点点笃笃，桃花李落。人君子，底侬屈街中拉屎，铳拍霹噗噼。"孩子们可以边念这首歌谣，边玩"点点笃笃"的游戏，念一个字点一个人，最后被点到者即为被选中者。该童谣节奏欢快，用语幽默，孩子们可以边唱边玩，因而非常喜欢。

与闽南语童谣不同，福州语传统童谣大多都以节奏诵读为主，较少谱曲吟唱。当前，一些音乐工作者如赖董芳、游万玲等人，结合福州语童谣的音韵特色，为许多福州语童谣编创了曲调。这种音乐化的艺术加工，使得福州语童谣更加易于传诵，在低幼龄儿童群体中也得以更为广泛的传播。

古韵悠悠，乡音亲切。福州语童谣朗朗上口，趣味盎然，寓教于乐，记录着福州人遥远快乐的童年，承载着福州祖辈人对儿女孙辈们满满的关爱。在许多时代里，这些流传于坊间的童谣都忠实地陪伴着当年的儿童们成长，是当地孩子们成长过程中的良师益友。

二 福建山歌的审美意蕴与文化精神

山歌是劳动人民在山野田间抒发内心感情的一种抒情小调,"下里巴人"的艺术性质比较鲜明和突出。福建多山脉少平原,丘陵和山地占全省总面积的85%以上,山村居民为数不少。早年间,由于山区交通不便,经济落后,更缺乏文化娱乐条件,编山歌、唱山歌、学山歌也就成为闽地上不少山区人民文化生活中的重要组成部分。不过,大多数山歌的内容相对比较成人化,目前比较适宜学前儿童的主要有闽西山歌、客家山歌、畲族山歌等。

(一) 闽西山歌

闽西地属武夷山脉南段,当地人民勤劳勇敢,乐观开朗,喜爱唱歌。其中,龙岩素有"山歌之乡"的美誉。逢年过节,龙岩城乡常常歌台高筑,出现"龙川河水波连波,龙岩山歌锣打锣。这山唱来那山应,一人唱歌万人和……"的盛大景象。在这种歌会上,歌声此起彼伏,演唱形式有对唱、和唱、联唱、表演唱等。这些山歌曲调高亢悠扬,悦耳动听,行腔流水行云,时张时弛,顿挫有致,深受广大群众的喜爱。

以龙岩山歌为代表的闽西山歌是福建省汉族的民间音乐。龙岩山歌的表现形态主要有个人清唱、山歌对唱、表演唱等几种类型。

闽西山歌唱词、道白常借用山歌的比兴手法,音简意赅,通俗生动,押韵顺口,诙谐活泼。其音乐曲调以闽西山歌、竹板歌、民间小调、民间器乐曲为主,又经加工提炼,形成自己独特的风格。其中,有的高亢嘹亮,热烈奔放;有的悠扬婉转,清新明快;有的轻松活泼,诙谐生动。

闽西山歌以反映现实生活题材为主,以题材来划分,可分为劳动山歌、历史歌谣山歌、儿童山歌、时政山歌、仪式山歌、爱情山歌、生活山歌、红色苏区山歌、婚庆山歌、祭祀山歌等。

如《猜谜歌》是一组脍炙人口的龙岩山歌,曲调优美,节奏比较鲜明,唱起来朗朗上口,其问答式的对唱具有浓郁的山歌特色。其中曲五的歌词"火箭哎走路啊在空中噢"、"航母哎走路啊在海中噢"、"父母哎恩情呀比山高噢"、"共产党哎恩情啊在海深噢"等,不仅让演唱者与欣赏者体验到猜谜游戏的乐趣,还可以让幼儿了解祖国繁荣富强、中国共产党领导是大家幸福生活强有力的保障,在幼儿的心中播撒爱国、爱党的种子,深受当地劳动人民的喜爱。

(二) 客家山歌

客家人是从秦朝征岭南、融百越时期至宋朝时,由中国北方南迁而来的汉人及其后代组成的一个民系。由于这个民系自我封闭性较强,内部传统力量强大,因而客家语言成了古汉语的活化石,客家文化也有古汉文化活化石之誉。处于这样的历史和社会环境之中,客家山歌作为中国传统民歌中的一种,自唐代以来,已有一千多年的历史,被称为有着《诗经》遗风的天籁之音。在当今的福建,客家山歌主要流行于龙岩的长汀、上杭、武平、连城,以及三明的宁化、清流、明溪等客家人聚居地。

客家山歌的内容非常广泛,包括劳动歌、劝世歌、行业歌、耍歌、时政歌、仪式歌、情歌、生活歌等,基本上涉及客家人生活的方方面面。这种山歌用客家方言演唱,也体现了客家人的族群性格。其语言朴素、通俗、生动,歌词善用比兴的手法,尤以双关见长,语音押韵上口,韵脚齐整。歌词的句式大体相同,每首4句,每句7字,均为"2、2、3"的组合方式,逢一、二、四句多押平声韵。词曲不固定,一般都是即兴编唱,可以一曲多词,反复演唱。

在音乐上,客家山歌除具备一般山歌的特点外,调式以徵调式居多,羽调式次之;旋律音调上突出羽(6)、商(2)两音。如羽调式的长汀山歌《风吹竹叶》,不仅将商(2)音作为乐节的顶点音和结束音,还在第二、三、六、七小节的开头,以突出的位置往羽(6)音进行,构成纯四度的跳进,配以中速舒缓的节奏,具有悠扬、优美、流畅、爽朗的感情特征。

(三) 畲族山歌

福建是畲族人的主要留居地,闽东地区是畲族在福建的主要聚居地,福建畲族山歌主要以闽东畲族山歌为代表。畲族人自称"山哈",大多居住在深山僻坳间,受外界干扰较少,民风民俗相对保留得比较完好。他们勤劳勇敢、能歌善舞,创造了一批富有特色的民间文学、音乐、工艺、美术等灿烂的民族艺术。畲族人民喜爱唱歌,民歌内容丰富,以山歌为主。这种唱山歌的习俗延续至今，一直是畲族人民日常生活娱乐的主要形式。无论在节日、嫁娶、迎客等，还是在日常生活、田间劳作等场景里，随时随处都可以听到畲族人悠扬动听的歌声。

畲族人爱唱，也会唱，把唱歌当作"歌言"。也就是说，如同对待语言的作用一样，他们将唱歌作为描述生活、交流思想、抒发情感的重要表达方式。除了一些重要的仪式活动用歌外，畲族人常常合着曲调，根据演唱的环境、遭遇的情境等情况现编现唱，具有很强的即兴性与创造性。从声音方面看，畲族人唱歌善用假声，歌声柔和优美，能够穿透到很远的地方。

学术界根据地域特征，将闽东畲族山歌曲调划分为福宁调、福鼎调、霞浦调等。各地山歌因地域分布略有区别，各有特色，但在调式、音阶、曲式结构等方面，仍有许多共同点。如在福安、宁德流行的福宁调，节拍为5/5拍，每段由两个乐句及其变化重复组成，每乐句两小节，中分两部分，全曲为五声商调式；福鼎调畲族山歌则音调较为高亢，常在高音区作自由延长，节奏比较自由，句末有延长尾音，也是由两个乐句及其变化重复组成，曲调多为五声商调式。畲族人善于用假声演唱山歌，常常一首歌曲会出现三种不完全相同的曲调，即平讲调、假声唱和放高音。歌唱形式有独唱、对唱、齐唱、重唱等，最有特色的是畲族双音，即"双条落"，闽东畲族双音有自己独特的复调特点。

闽东畲族山歌大多属于杂歌，歌词题材丰富，大多是畲族人民现实生活的写照。山水风情、花鸟蝴蝶、日月星辰、劳动交往等，只要是生活中存在的事物，歌者都可以用歌唱出来。这种歌曲中，同类词运用比较广泛，朗朗上口，还常用各种比喻，具有很强的文学性。畲族民歌的语言结构基本是四句七言，第一句、第二句、第四句必须押韵。起承转合四句为一段，以分节歌的形式唱几段。同大多数中国民歌一样，畲族歌曲的歌词里也有丰富的衬词衬腔，使得畲族山歌具有很强的歌唱性。但是，各地也稍有差异，各有特色，像霞浦调山歌里衬词较多，福宁调山歌的衬词少而单一，而福鼎调山歌的衬词多自由延长音。

逢年过节时，闽东各地的畲族人民都会举办节日歌会，开展自己的赛歌活动。赛歌是畲族传统节日活动的基本内容和独特的体裁形式，如福鼎农历二月二歌节（也称"会亲节"），畲族男女都身着本民族盛装，从四面八方翻山越岭会集到歌点，进行群体性的赛歌活动。福安、霞浦两地，每年到了农历四月八、六月一、七月七、八月十五、九月九等时候，畲族男女青年都身穿鲜艳的盛装，背着干粮，赶到各地的"歌坪"，三五成群地进行盘歌（即以问答的方式对唱），向心仪的对象表达心愿，显示才能，以期找到和自己情投意合的佳偶。正如他们在山歌里唱的"生的喉咙要唱歌，做人总得要快活，无衣无食歌当饭，赛过老爷咬燕窝"，畲族人把唱歌当作生活中不可或缺的重要组成部分，并且从这种简单、朴素的生活中获得了许多乐趣。反过来，这种大众化、普惠性的生活乐趣也使闽东畲族古老的山歌艺术得以代代相传，并且惠及畲族人民中的男女老幼。

第二节　福建民间歌谣名篇改编运用选介

儿童喜闻乐见的福建民间歌谣，主要包括适合幼儿感受欣赏或者演唱的福建各地富有特色的童谣或者山歌、民歌等。其中，童谣大多是由一代代人口耳相传、在儿童中传唱，并且带着浓厚的地方特色、音节和谐、形式简短的歌谣。这种儿童歌谣中，包括用方言或嗓音来演唱有旋律、有歌词的歌曲以及节奏朗诵、唱名游戏等，可以用歌曲、说唱或节奏朗诵等方式来表现。福建童谣与其他的福建民歌一样，大多用本土方言演唱，带着当地浓郁的乡土生活气息与方言韵味。它们易于上口，风趣幽默，还寓教于乐，有着当地孩子们健康成长所不可或缺的价值归属和情感体验，是这些儿童成长过程中最好的伙伴和老师。

福建各地的民间歌谣数量众多，种类丰富，其中哪些适合教给幼儿，能得到他们的喜爱，并能够给予他们健康成长丰富的滋养呢？下面，精选出一些福建各地富有特色、儿童喜闻乐见且适合幼儿理解与演唱的民间歌谣，包括闽南语童谣、福州语童谣、闽西山歌、畲族山歌等童谣与民歌，对它们的审美特点及文化意蕴进行简略的分析，并根据当前幼儿的兴趣需要、学习能力与生活经验进行与时俱进的改编，以期适合幼儿园民间音乐文化教育。

一　闽南语童谣名篇及其改编运用选介

（一）《天乌乌》

1. 音乐作品

天 乌 乌

1=G 2/4　　　　　　　　　　　　　　　　　泉州童谣

中速

天乌乌，卜落雨，海龙王，卜娶某，(1) 龟吹箫，鳖打鼓，水鸡(2)扛轿目吐吐,(3) 田蛉(4)举旗喊辛苦，火萤(5)挑灯来照路，虾姑(6)担盘勤腹肚。

(1) 卜娶某：卜，音be，要娶妻。
(2) 水鸡：田鸡。
(3) 目吐吐：眼睛凸出来。
(4) 田蛉：蜻蜓。
(5) 火萤：萤火虫。
(6) 虾姑：虾的一种

2. 作品的审美特点与文化意蕴

（1）审美特点。

《天乌乌》是一首流行于闽南一带和台湾北部的民歌，具有叙事特征，幽默有趣。该童谣节奏轻快响亮、句型简短、语言活泼、用词简单，主要有台湾与泉州两个版本。不管哪个版本，其字里行间都具有一种诙谐幽默的童真童趣。

泉州版的《天乌乌》（也作《天黑黑》），采用以 re、mi、sol 三音音列构成的徵调式,"天乌乌"、"龟吹箫"、"鳖打鼓"以及"勒腹肚"的音乐为同音反复,纯一度进行,而"海龙王"、"娶某"、"目吐"和"举旗"为纯四度进行。

与闽南方言异曲同工的是闽南童谣的"韵"。在闽南语中,押韵被称为"逗句",而这源自闽南方言中自然天生的八音。闽南童谣中,"逗句"形式有一韵到底、隔行同韵、前后段转韵、唐诗韵、每行一韵等类型。同时,闽南童谣也十分讲究对仗和节奏感,其节奏可分为整齐式和变化式,但以变化式为主。如《天乌乌》中"龟吹箫,鳖打鼓"、"水鸡扛轿目吐吐,田蛉举旗喊辛苦"、"火萤挑灯来照路,虾姑担盘勒腹肚"这三组是整齐的对仗,每句都押ō韵,节奏为"三言七言"的变化式,这使得歌曲富有韵律感,更易流传。"韵"的运用,使得闽南语童谣产生了一种声音节奏回环的谐和感。在这种趣味盎然、娱乐怡情、朗朗上口的歌唱与诵读中,儿童们可以认识生活、积累常识、了解社会、塑造人格,增强语言表达能力,启发想象力和创造力。

(2)文化意蕴。

台湾版的《天乌乌》,描绘的是闽南人家阿公、阿嬷吵架的日常生活场景。该童谣的情节主要分为两部分:第一部分唱阿公在下雨前去挖芋头,却从地里挖出了一条泥鳅;第二部分唱阿公、阿嬷因煮泥鳅而发生口角,以致将锅打破了。虽然其内容在写两老争吵,但是该童谣依旧用诙谐风格来呈现,反映出闽南人自古流传下来的乐观开朗的族群性格。

泉州版的《天乌乌》,内容与闽南古时的农耕生产环境有关。闽南濒临东海,气候瞬息万变,尤其是在夏季田间劳作时,暴雨来袭之前"天黑黑"的情形时常发生。在这样一个经常"困于旱潦"、旱魃为虐的地区,人们对雨水有着更急迫、更强烈的企盼,对风调雨顺有着更真切的向往。于是,泉州版的《天乌乌》便将打雷下雨想象成海龙王娶亲时的喜庆场景,以此来寄托以上的愿望。这首童谣的作者充分发挥想象力,讲述农夫走在水路旁时,发现鲫鱼娶亲的一个场景。并且,还将各类特性的水族拟人化,描绘海龙王娶亲时,水族们为其办喜宴的繁忙场景。全曲简单明快,风趣幽默,形象生动,气氛热闹,特别是以生动的比喻及拟人化等手法，营造、构建出了富有情趣和奇妙的儿童生活世界。

3. 幼儿园里的运用分析

童谣《天乌乌》节奏明朗、韵脚清晰、易于传唱。两个版本的作品中，不管是阿公、阿嬷相争或是鲫鱼娶亲的场景，都具有鲜明的童谣形象，情节富有童趣，适合幼儿学习和表演。

该音乐作品适宜运用在幼儿园中班和大班的歌唱活动、韵律活动、演奏活动和游戏活动中。例如，在中班的歌唱活动中，表现为"能有节奏、有表情地演唱歌曲"；在中班的音乐欣赏活动中，表现为"在闽南童谣音乐的氛围中，感受童谣的节奏感、韵律感以及诙谐幽默的特点；在大班的打击乐活动中，表现为"能有节奏地合作演奏童谣"；在大班的游戏活动中，表现为"能根据童谣中的故事情节，用表情、动作、语言等方式表现角色鲜明的形象及诙谐的趣味等，与同伴互动游戏，体验游戏乐趣"。

该作品源于生活，情节丰富，简单易懂。在教学活动中，其重点在于让幼儿感受童谣的节奏韵律和理解童谣的故事趣味，让他们学会想象并表现童谣中的角色的表情、状态及动作等。其难点在于：童谣中"角色"冲突和互动的感受和表现，如阿公和阿嬷的争执、鲫鱼娶亲队伍的阵势等。

另外，该作品适用于幼儿园中班和大班音乐活动的集体教学形式。如中班的音乐歌唱活动和音乐游戏活动，大班的打击乐活动和大班集体舞活动；区域活动中音乐表演区的演唱、表演、打击乐演奏等；早操或午间操活动中的小游戏同伴互动环节等。

（二）《元宵圆》

1. 音乐作品及其改编

本歌谣选用的是台湾民歌《草蜢弄鸡公》的曲调。《草蜢弄鸡公》又名《草蜢弄鸡公》，有着小调式的曲调和欢快诙谐的曲风，在1980年中国台湾拍摄的一部爆笑电视连续剧中做插曲，此后迅速走红，深受大众的喜爱。

元宵圆

1=C 2/4

泉州歌诀《上元丸》词
台湾民歌《草蜢弄公鸡》曲

（乐谱）

上元丸 圆又圆，上元丸
甜又甜，小孩小孩头圆圆，
小孩嘴甜甜 嘴甜甜，
大家都喜欢， 喜欢上元丸。

教师根据泉州地区过元宵节的习俗，在泉州歌诀《上元丸》的基础上，把童谣《元宵圆》配上曲调，并在旋律不变的情况下，对歌词进行了一些改编，在"小孩小孩嘴甜甜"这句歌词的后面再多重复了一句"嘴甜甜"，让这个音乐作品更工整、更有趣。在后期的剪辑制作中，还加入了闽南的地方乐器（如压脚鼓）的旋律，以及富有闽南元素的配乐，使这个作品更富有闽南元素和意趣。

2. 作品的审美特点与文化意蕴

（1）审美特点。

"元宵圆"，闽南话讲为"上元丸"。在泉州，元宵节时闹元宵、吃元宵是每个家庭都要遵循的传统习俗，寓意着全家团圆和美、吉庆快乐。在元宵节当天，家家户户都会以"上元丸"这种食物来供祀祖先、神明（包括灶君、土地公等家神），谓之为"祭春"，并在祭毕后，将"上元丸"给家人当早餐，以兆一年圆满吉庆。元宵节前后，若有亲友来访，主人也常以"上元丸"来待客。

泉州"上元丸"的做法独特，先把一粒小小的元宵馅沾点水，再放在糯米粉里翻滚，反复多次，直至其变大、变圆。煮熟后，食之香甜而不腻嘴。因为"上元丸"的皮Q馅甜，幼儿十分喜爱食用。

(2) 文化意蕴。

《元宵圆》歌词朗朗上口，富有押韵，易于幼儿理解和掌握。其旋律是台湾民歌小调式的曲风，活泼俏皮，适合幼儿的年龄特点。这个童谣的内容，围绕"圆"、"甜"两个字进行填词，又让"上元丸"的圆和甜与小孩的头圆圆、嘴甜甜相呼应，突出了过元宵节时的团圆、美满之意，并凸显出闽南方言独特的韵律美。

由此可知，《元宵圆》这首闽南童谣突出地体现出了闽南人借助元宵佳节制作、食用"上元丸"的习俗，期待生活圆圆满满、甜甜蜜蜜的文化内涵。

3. 幼儿园里的运用分析

《元宵圆》这首童谣节奏鲜明，旋律活泼欢快，歌词押韵，朗朗上口，贴近幼儿生活，深受幼儿喜爱。在游戏的情境中，幼儿用自己的方式愉悦地再现做"上元丸"、煮"上元丸"的生活情景。体验了闽南民俗文化独特的趣味，在幼儿的心灵里播下了爱家乡的种子。

该音乐作品适用于歌唱、韵律、欣赏、游戏、演奏活动中。比如，其歌唱活动目标，可定位于"在理解歌曲内容的基础上，能用愉快的情绪进行演唱"；韵律活动目标，可定位于"能听音乐的节奏用身体动作表现做元宵、煮元宵的过程，体验自主表现的快乐"；欣赏活动目标，可定位于"理解歌曲内容，感受歌曲欢快的情绪，并能用自己喜欢的方式大胆表现对作品的理解"；音乐游戏目标，可定位于"尝试与同伴互动游戏，体验互动游戏的乐趣"。

由于该作品的内容是反映元宵节的习俗，因此教师应首先引导幼儿观看、了解制作"上元丸"的方法。然后，引导幼儿理解歌词中"小孩小孩头圆圆，小孩小孩嘴甜甜"与"上元丸圆又圆，上元丸甜又甜"两句歌词之间的内容关系，理解作品的内涵与特点。在充分感受、理解作品的基础上，再引导幼儿表现做"上元丸"和煮"上元丸"的过程。

该作品可运用于集体教学、区域活动中，也可渗透于早操活动，将其编成集体舞，让幼儿与同伴合作表演。在区域活动中，幼儿可以根据自己的意愿，采用自己喜欢的形式（如乐器演奏、舞蹈表现、演唱等）自主地进行表现。另外，在过新年、元宵节时，也可以运用此作品进行表演，以营造地方民俗节日的喜庆气氛。

(三)《羊仔囝》

1. 音乐作品及其改编

羊 仔 囝

1=D 4/4

闽南民间童谣

```
3 6 5 - | 5 0 5 0 5.4 4 | 3 5 5 1.2 | 3 - - 0 |
羊 仔 囝,   咩 咩 吼,   牵 你 去 吃 草,

2 0 3 5 3 | 2 0 3 5 1 2 2 1 1 - 0 |
走  到 老 叔 公  仔 们 脚  口

1 5 5 3 | 3 2 2 - 0 | 3 0 6 3 5 0 5 0 | 5 - 3 0 1 |
遇 着 一 只 狗,     狗 仔 汪 汪 吼, 羊 仔

2 0 3 0 5 0 5 2 | 3 - 6 0 2 | 5 3 3 5 2 2 | 3 1 1 - ‖
惊 甲 赶 紧 走, 害 我 缉 甲 抛 辗 斗。
```

上面的这个音乐作品,源自闽南民间童谣传唱《羊仔囝》。为适应小班幼儿的年龄特点及生活经验,教师对歌词进行了一些改编,删掉了"走到老叔公仔门脚口"这句歌词。同时,为便于幼儿理解和游戏,借鉴幼儿歌曲《蚂蚁搬豆》,将原童谣中"害我缉甲抛辗斗"改为"躲在大门口",使得这个童谣的情景更贴近幼儿的生活,便于他们理解,也易于他们边唱边游戏互动。

下面为改编后的音乐作品《羊仔囝》:

羊 仔 囝

1=D 4/4

闽南民间童谣

```
3 6 5 - | 5 0 5 0 5.4 4 | 3 5 5 1.2 | 3 - - 0 |
羊 仔 囝,   咩 咩 吼,   牵 你 去 吃 草,

1 5 5 3 | 3 2 2 - 0 | 3 0 6 3 5 0 5 0 | 5 - 3 0 1 |
遇 着 一 只 狗,     狗 仔 汪 汪 吼, 羊 仔

2 0 3 0 5 0 5 2 | 3 - - - | 5. 3 2 3 | 1 - - - ‖
惊 甲 赶 紧 走,        躲 在 大 门 口。
```

2. 作品的审美特点与文化意蕴

（1）审美特点。

该童谣素材取于农家生活，属于生活童谣，体现的是人们在生活中与自然的和谐互动。在闽南语中，"羊仔囝"指的是"小羊羔"。该童谣从孩子泛灵性特点的视角出发，用"小朋友"与"小羊羔"对话的口吻来展开童趣生活故事，内容精练、节奏明快、音韵和谐、情节童趣。这个童谣通过配曲，可以将生活趣味以歌谣的形式，轻松愉悦地教与孩子传唱。由于易于诵唱、易于表演，能让幼儿在唱念和游戏中，充分地感受到歌谣艺术美、音乐声韵美和生活意境美。

（2）文化意蕴。

《羊仔囝》这首童谣描述了农家乡土生活的日常情景，讲述的是这样一件事情：一个农家孩子听到小羊羔肚子饿得"咩咩叫"，于是就牵着可爱的小羊羔去吃草。经过老叔公家的大门口时，他们遇到一只看门狗。这只狗"汪汪汪"地大声吠了起来，小羊羔被恶狠狠的看门狗吓坏了，连忙跑开。这个小朋友追着小羊，摔了个大跟斗。

在旧时的闽南农家生活中，多以大家族群居的生活居住方式为主，因此左邻右舍也多为或远或近的各方亲戚。而且，家家户户都豢养有小羊、看门狗等家畜。在农家生活中，"放羊吃草"这项任务一般是小孩儿的日常家务劳动。农家小孩天天跟小羊羔在一起，关系甚为亲密，情感也颇深。而在闽南地区，"老叔公"、"老伯公"是小孩儿对上了年纪的男性长辈的尊称，现多统称为"老爷爷"。

综观《羊仔囝》这首童谣作品，无论是从故事角色、情节内容上，还是从语言音韵上去看，都体现着闲适、和谐的闽南地域农家生活和孩童趣味，以及当地世代相传的乡土生活文化形态。

3. 幼儿园里的运用分析

该作品源于生活，简单易懂。特别是其节奏明朗、韵脚清晰、易于传唱，而且作品中的小羊、小狗动物形象鲜明、情节富有童趣，适合小班幼儿具象思维的学习特点。

就幼儿教育而言，该作品适用于幼儿园音乐活动的集体教学形式；区域活动中音乐表演区的演唱、表演等；早操或午间操活动中的小游戏环节；户外"躲闪"、"追逐"类的体育游戏等。

具体来说，该音乐作品适宜运用在幼儿园的歌唱活动、韵律活动、演奏活动和游戏活动中。例如，在歌唱活动中表现为"能愉快地演唱歌曲"；在韵律活动中表现为"能根据童谣内容，用肢体动作随乐表现小羊走路、吃草、跑走、躲避等动作"；在游戏活动中表现为"能根据童谣中的故事情节，与同伴进行'追逐'和'躲避'的互动游戏，体验游戏乐趣"。

这个作品运用于幼儿音乐教学时，重点在于让幼儿理解童谣音乐情节的幽默趣味；让幼儿学会想象并表现小羊的表情及状态。作品的难点在于：当小羊遇到小狗时，引导幼儿在表情、动作、音乐表达上的情绪转换。

二 福州语童谣名篇及其改编运用选介

（一）《真鸟仔》

1. 音乐作品及其改编

这是流传于民间的老福州童谣，原词中有这样的文句："真鸟仔，啄菝菝，三岁娘哦（小孩）会唱歌。不是爸奶（父母）教奴（我）唱，是奴（我）腹佬（肚子）通隆歌（聪明）。通隆歌。"事实上，《真鸟仔》为成组的童谣，共有20首，上文引述的是其中的第一首。

为了帮助幼儿更好地感受这首童谣中的韵味，有教师将上述这首童谣谱上曲调，改编为如下形式：

真鸟仔

福州童谣
游万玲曲

$1={^\flat}E$ $\frac{4}{4}$

```
3  3 6 5  -  | 3  5  5  -  | 3  6̣  6̣  1  | 1  2  2  - |
真  鸟 仔,      啄  菝 菝,      三  岁  娘 哦  会  唱 歌。

3  3  3  3  | 2  1  3  -  | 2  2  3  3  | 3  6  5  -  | 6̣  1  1  - ‖
不 是 爸 奶  教  奴 唱,      是  奴 腹 佬  通  隆 歌,     通  隆 歌。
```

110

对于中国人民来说，2020年春节寒假是一个特殊的假期，为了抗击新型冠状病毒的入侵，人们都宅在家里出不了门。新学期开学后，某幼儿园大班的老师和孩子们及其家长一起，根据这段刻骨铭心的生活经历，按照老福州童谣《真鸟仔》的语言格式，以抗击新冠肺炎疫情为主题，一同创编出了下面这首福州语新童谣《真鸟仔》：

> 真鸟仔，啄菠菠。
> 新肺炎，呀啰嗦，
> 不出门，齐预防，
> 不让病毒到处传。
> 真鸟仔，泊墙角。
> 勤洗手，戴口罩；
> 多喝水，多通风；
> 多多运动更健康。
> 真鸟仔，啄鱼肚。
> 在家也有好活动，
> 看书游戏加劳动，
> 全家大小团圆圆。
> 真鸟仔，啄核核。
> 大家都来信科学，
> 心齐齐，没问题，
> 欢欢喜喜去上学！

如果通过敲击不同打击乐器来有节奏地说唱这首新童谣，那么便会觉得它朗朗上口，富有韵味，而且十分有趣。在这样的说唱过程中，孩子们不仅可以感受到福州方言的韵味美、节奏美，还可以学习如何利用自己的知识和能力，将当下万众关注的时政、喜闻乐见的事情等改编到原有的福州语童谣之中。当然，他们也会在这种吟唱、表演、创编的活动中，培养出自己对社会生活重大事件的关注力，并且于润物无声的感化之中，逐渐培育和增强自己的社会责任感。

2. 作品的审美特点与文化意蕴

（1）审美特点。

在福州方言里，所谓的"真鸟仔"，是指一种比麻雀稍大一些的鸟儿。这种鸟儿尾巴长，嘴巴尖，喜欢在菜园子里寻找食物。而所谓的"菠菠"，指的则是一种小叶子的野菜。在《真鸟仔》各个版本里，这一鸟一菜都是为了比兴而出现的，而由于有了这两种形象，也增加了这首童谣文字的生动性和趣味性。从20世纪50年代至今，这首经典童谣在不同的时期里，根据有关的时代背景进行多次修改，有了一些新的填词，而不同时期的文词也体现出了鲜明的时代特征，成为了时代的一种印记。但是，其中还有不变的词句，那就是形象、生动、风趣的"真鸟仔，啄菠菠"。

这首童谣内容简短、节奏明快，尤其是用福州语方言演唱"菠菠"、"娘哦"、"唱歌"、"腹佬"、"通隆歌"时，由于尾字都有"o"这个声音响亮的韵母，形成了鲜明、突出的押韵，因而富有节奏美与声韵美。也因此，这首童谣易于诵读，即便是年幼的儿童也容易朗朗上口，并能够从自己的说唱之中获得音韵之美的感受和享受。

（2）文化意蕴。

在福州十邑里，《真鸟仔》可以说是历史最悠久、流传最广的一首启蒙童谣。之所以能够久久传唱，还能够历久弥新，不仅是因为其语言、音乐具有美感，而且其中更是渗透、浸润着温馨的情感，让男女老幼都十分享受。如《真鸟仔》中的第一首，说的是长辈赞美孩子聪明伶俐，三岁就无师自通，学会了唱歌。显而易见，其字里行间流淌着长辈浓浓的关爱和自豪之情。

当然，用福州话讲福州人、叙福州事、表福州情，这也就决定了这类童谣可以成为乡愁的一种载体。而对于福州的成年人，从中不仅可以获得乡土的温情，而且还会想起童年的生活。由于有了这样的本土内容和时空跨越，这些篇章短小的童谣也就丰盈了自己的文化内涵，意蕴就不再简单了。

3. 幼儿园里的运用分析

基于人类的天性，孩子们对禽鸟和青菜都很喜爱。对这样一种叫作"真鸟仔"的鸟儿，他们也会充满好奇心，同时对这种鸟儿去啄"菠菠"的样子，他们应该也会特别感兴趣的。由此，他们应该会喜欢边有节奏地说唱，边用身体动作来表现"真鸟仔"啄食"菠菠"的行为。

这种童谣作品源于生活，富有情趣，而且句少意浅，简单易懂，适用于幼儿园区域音乐活动的集体教学形式，如在音乐表演区里的演唱、表演，在早操或午间操中的小游戏活动等。

如果运用在幼儿园的歌唱活动与游戏活动中，它们可以达到多种教育教学目的。例如，在歌唱活动中，可以实现"能愉快地演唱歌曲"；在游戏活动中，可以实现"能根据童谣内容，边唱边随乐舞动，用肢体动作表现'真鸟仔'飞、啄'菠菠'、唱歌、'通隆歌'（聪明）等动作，体现出自信的喜悦"等。

至于这种作品的教学重点，在于让幼儿理解方言词语的意思，朗诵并演唱出童谣中福州方言的独特韵味。难点在于"真鸟仔，啄菠菠，三岁娘哦会唱歌。不是爸奶教奴唱，是奴腹佬通隆歌"的方言诵读。

（二）《我唱艾沙吗》

1. 音乐作品

《我唱艾沙吗》是一首福州童谣歌曲，由福州资深的词曲作家、乡土音乐人赖董芳创作。这首歌谣音乐旋律欢快，节奏鲜明，歌词通俗易懂，易于幼儿朗朗上口。该歌曲由郑翰小朋友原唱，经过大众媒体的传播后，很快就引起福州地区孩子与家长们的关注。后来，在江苏卫视的《乘着歌声的翅膀》节目中，林欣锴小朋友进行了翻唱，借助这个知名节目的平台力量，直接推动了该歌曲在更广大范围里的传播。

附曲：

我唱艾沙吗
ŋuai cuoŋ e sa ma

1=E 4/4

福州方言歌曲
童声表演唱

赖董芳 词曲

[曲谱略]

2. 作品的审美特点与文化意蕴

（1）审美特点。

与同类作品一样，这首童谣歌曲也是旋律欢快，节奏鲜明，歌词通俗易懂，易于幼儿朗朗上口的。一般情况下，幼儿听到这首曲子的旋律，便会跟随律动，情不自禁地舞动自己的身体。并且，该歌曲针对儿童音域的主要特点，进行了专门的设计和谱曲，符合儿童的年龄特点和演唱方式。

（2）文化意蕴。

这首福州话歌曲来自福建资深的词曲作家、音乐人赖董芳，他一直致力于福州方言歌曲的保护、创作与推广。整首歌曲的曲子与福州语的音调、韵律十分吻合，很有地方语言文化方面的韵味。这首歌曲的文字并不多，内容就是推广福州本土的语言和音乐。显而易见，其主要内涵也就是希望福州本土的孩子们能够从小学习、掌握福州本土语言以及方言民歌，以便未来能够更好地传承、弘扬福州优秀的本土文化。

3. 幼儿园里的运用分析

生活在福州的本地幼儿，对于福州语中关于爸爸、妈妈、爷爷、奶奶、哥哥、姐姐、弟弟、妹妹等家人的称谓，应该会特别感兴趣。而且，他们对于生活中常听到的福州语"艾沙吗"、"艾霸吗"等乐声，应该也是耳濡目染，非常喜欢的。

这首歌曲曲调欢快，朗朗上口，容易受到大众的青睐，也是会为幼儿所喜欢的。在幼儿园中，教学这首福州方言童谣时，可以让幼儿通过欣赏活动、歌唱活动以及演奏活动，对这首童谣的内容，在进行游戏或创意表演过程中加以理解和呈现。

教学实施时，应注意该作品的教学重点在于让幼儿理解作品中方言词语的意思，感受词曲中福州方言语音上的独特韵味。教学的难点在于这首歌曲中存在较多不易听懂、理解的方言词语，以及前后段落的节奏。因为方言词语较多，为了降低难度，教师可以剪辑出普通话版本的 A 段，通过学习、欣赏来理解歌曲的内容。在此基础上，再引导幼儿学习、欣赏福州话表达的 B 段，从而能够完整地理解、演唱这首福州方言童谣歌曲。

这首歌曲适宜在集体教学中感知、欣赏、学唱、训练，也可以延伸到区域活动的表演区活动中，还可以作为六一节、毕业典礼等节庆活动的节目，向广大的师生、家长、来宾等群体展演。

三　闽西北山歌童谣名篇及其改编运用选介

（一）龙岩山歌《猜谜歌（曲五）》

1. 音乐作品及其改编

《猜谜歌（曲五）》是一首脍炙人口的龙岩山歌，其曲调优美，节奏比较鲜明，唱起来朗朗上口，其问答式的对唱具有浓郁的山歌特色。

其歌词"火箭哎走路啊在空中噢"、"航母哎走路啊在海中噢"、"父母哎恩情呀比山高噢"、"共产党哎恩情啊在海深噢"等，不仅可以让演唱者与欣赏者都体验到猜谜游戏的乐趣，还能够让幼儿了解祖国繁荣富强的重要表现、中国共产党的领导是大家幸福生活强有力的保障等内容，进而在幼儿的心中播撒下热爱党、热爱祖国、热爱社会主义等思想的种子。

为了支持幼儿富有韵味地演唱山歌，教师们对这首龙岩传统山歌进行了改编。改编后的歌曲为：

动物猜谜歌

$1=G \quad \frac{3}{8}$

(5̇ 3̇5 2̇ | 2̇3̇ 2̇1̇ 6 | 2̇ 5 6 1̇ | 6.)

2̇ 2̇ 3̇ | 2̇3̇ 2̇1̇ 6 | 2̇ 5 6 1̇ | 2̇.
什　么　（哎）　脑　袋　啊　圆　又　圆　（噢）

2̇ 2̇ 3̇ | 2̇3̇ 2̇1̇ 6 | 2̇ 5 6 1̇ | 2̇.
蝌　蚪　（哎）　脑　袋　啊　圆　又　圆　（噢）

2̇ 2̇ 5 | 2̇3̇ 2̇1̇ 6 | 2̇ 5 6 1̇ | 6.
什　么　（哎）　耳　朵　啊　大　又　大　（噢）

```
2̇  2̇  5  | 2̇ 3̇ 2̇ 1̇ 6 | 2̇  5  6 1̇ | 6·  |
小猪 (哎)  耳朵  啊  大  又  大  (噢)

5  5  2  | 2̇ 2̇ 1̇ 6 | 2̇  5  6 1̇ | 1̇ 6·  |
什么 (哎)  尾巴  啊  长  又  长  (噢)

5  5  2  | 2̇ 1̇ 6 | 2̇  5  6 1̇ | 1̇ 6·  |
什么 (哎)  尾巴  啊  长  又  长  (噢)

1̇ 1̇2̇ 6 | 1̇ 1̇2̇ 6 | 1̇ 6 6 | 6̲ 5· | 2̇3̇ 2̇· ‖
大家 (哎) 猜谜 (啊就) 真开心 (噢) 呦喂
```

改编后的这首山歌,既保留了原山歌中的曲调与演唱风格,又根据幼儿的兴趣与经验,将歌词内容改编成猜动物身体特征的题材,更加适合孩子们演唱与即兴创编。山歌的演唱方式是灵活多变的,为了帮助幼儿较快地学会山歌的旋律,记住谜语的问题,改编者又将原来曲目中四问四答变为一问一答格式,这样就能更好地帮助幼儿自如地学习与表现了。

2. 作品的审美特点与文化意蕴

(1) 审美特点。

龙岩山歌的演唱形式,主要有个人清唱、山歌对唱和表演唱。这种山歌的内容不拘,当地的人们常用它们来反映自己的生活和劳动,抒发喜忧哀乐之情。从艺术表达上看,它们直抒胸臆,自由活泼,即兴创作,顺口成章,旋律高亢简朴,节奏自由绵长。其歌词中,衬词的大量运用使音乐打破了正常均衡的结构,显得更富有生活气息。

至于《猜谜歌(曲五)》的艺术之美,主要表现在曲调优美、节奏鲜明、富有童趣、唱起来朗朗上口等方面。比如,在最后的结束句中,增加了龙岩山歌中比较经典和常用的衬词"啊就"、"哟喂"等,有效地增加了这首山歌的趣味性。

特别是其问答式的歌词,增强了作品及其学习活动的趣味性,从而也会增加幼儿学习龙岩山歌的兴趣,易于激发幼儿参与唱山歌这种音乐

activ动的热情。

（2）文化意蕴。

龙岩山歌是福建省的民间音乐，也是闽西传统文化中的非物质文化遗产，拥有源远流长的历史。如今，随着经济和科技的不断发展，以及外来文化的冲击，越来越多的人一味追求流行文化，逐渐淡忘了身边一些历史悠久的本土文化。对于年青一代的教育者而言，不仅有责任和义务去保护、传承祖先留下的非物质文化遗产，还应该让幼儿也都能够了解、喜欢龙岩山歌，将优秀的本土文化代代相传、发扬光大。

在当下中国，随着城市化、现代化的不断推进，越来越多的男女老少已经日益远离了山村故土和祖宗文化，地理空间上的大量游子需要一个敞开的文化窗口，来保持、维系与精神原乡的联系。通过学唱山歌这种活动，能让这类精神已经成为浮萍的当地幼儿初步了解龙岩山歌的优美旋律和表现方式，认知家乡的山水田园及其乡土文化，增强热爱家乡的情感，萌发尊重传统文化的意识，对民间音乐艺术拥有必要的审美情趣。

3. 幼儿园里的运用分析

生活在龙岩的幼儿，由于周边文化环境的影响，对龙岩山歌优美的旋律以及衬词都有一定的审美体验，也非常喜欢参加社区举办的山歌演唱活动。《猜谜歌（曲五）》这首龙岩山歌，曲调优美，节奏鲜明，唱起来朗朗上口，特别是其问答式的对唱具有十分浓郁的山歌特色。因此，以这首山歌为教材，可让幼儿初步感受龙岩山歌对唱的旋律，激发起对民间音乐的兴趣。

在教学活动中，教师通过与幼儿玩动物猜谜游戏和有节奏地朗读歌词，能够加深幼儿对歌词、歌曲节奏的印象。教师可以采用一问一答的游戏方式，让幼儿慢慢地熟悉歌曲的旋律，尝试用对唱的方式完整地演唱出这首山歌。然后，以猜谜的方法，让他们尝试将不同的歌词编到这首山歌里，感受龙岩山歌的现编词现歌唱的表演形式，培养幼儿善于思考，勇于接受挑战的能力，并且为他们提供互动合作的空间，体验和分享成功与合作的快乐，激发出幼儿对龙岩山歌的兴趣与热爱。

在这个过程中，教师可让幼儿在幼儿园里通过欣赏活动来有意识地感受这首山歌的原曲,通过歌唱活动、区域活动等进行歌曲学习与创意表演。

(二) 永福童谣《小蜜蜂》

1. 音乐作品

小 蜜 蜂

1=♭E 2/4　　　　　　　　　　　　　　　　　永福童谣

3 1̇ 3 | 2 2 2 | 2 3 5 3 2 | 1 2 2 | 2 3 2 5 |
小蜜蜂，嗡嗡嗡，飞来飞去　绕花丛，做什么，

3 2 3 5 | 2 3 5 3 2 | 1 2 1 | 3 2 3 5 6 | 1 — ‖
去做　工，赶采花汁　一盅盅，酿蜜　度寒　冬。

2. 作品的审美特点与文化意蕴

(1) 审美特点。

这首《小蜜蜂》,是流传于龙岩漳平市永福镇的民间童谣,具有节奏明快、短小有趣、贴近生活等特点。它用朴素自然、生动活泼的语言,描绘了永福小蜜蜂在花丛中飞来飞去采花酿蜜的劳动情景,再现了永福十里花街的美丽景色。其歌词简单易懂,前两句写了小蜜蜂在花丛中飞来飞去,描绘出了这种小动物忙碌又可爱的形象;中间部分通过"做什么,去做工"这种一问一答方式,进行语意的过渡;最后部分,引出"赶采花汁一盅盅,酿蜜度寒冬"的主题。

作为可以歌唱的民间音乐作品,这首童谣押的是"ong"韵。经过这种音韵上的处理之后,这首《小蜜蜂》不仅朗朗上口、易诵易唱,而且韵脚声音洪亮,适合幼儿恣意放声歌唱。

(2) 文化意蕴。

永福十里花街位于福建省龙岩漳平市的南部,是中国著名的花木之乡。当地生产的杜鹃花、茶花、兰花、瑞香等都享有盛誉,桂花、君子兰等也是异彩纷呈。这条十里花街是一个高山花园式的旅游胜地,山青水秀,气候宜人,风光秀丽。每逢花儿盛开时节,小蜜蜂每天都会嗡嗡嗡嗡地在花丛中飞来飞去,采花酿蜜。这种小蜜蜂辛勤工作的样子,会给当地的幼儿以深刻的印象。

通过感受与演唱这首童谣歌曲，能对幼儿进行潜移默化的精神滋养。也就是说，通过歌词和歌曲的学习，小蜜蜂这种不辞辛苦的形象会牢固地树立在他们的心中，这些幼儿也会受到"生活要勤劳、劳动最光荣"的生活态度、劳动品格等优秀乡土文化的熏陶。

3. 幼儿园里的运用分析

生活在漳平市的幼儿，对家乡永福的十里花街和永福蜂蜜都有较丰富的生活体验，也很喜欢去永福看花，并在赏花时观察小蜜蜂采花蜜的情景。

在教学活动中，教师可通过永福十里花街中小蜜蜂采花酿蜜的图片，引起幼儿的情景回忆，然后引出"小蜜蜂嗡嗡嗡，飞来飞去绕花丛"的歌词。接下来，教师可通过提问"做什么"，引导幼儿回答"去做工"，在这种教师与幼儿的一问一答中，让幼儿认识小蜜蜂的勤劳品质。最后，引出"赶采花汁一盅盅，酿蜜度寒冬"，让幼儿认识到辛勤劳动与幸福生活之间的关系。

帮助幼儿形成正确的劳动、幸福等生活观念，是这首童谣的思想教育落脚点。因此，对于这首童谣中的最后一句，教师要作为重点来进行解说，并采用讲故事、看图谱等方式，引导幼儿展开思绪，让他们明白歌词中所蕴含的生活哲理与勤劳精神。

这首童谣内容有趣，节奏明快，篇幅短小，念唱起来朗朗上口，孩子们非常喜欢歌唱，具有易懂、易念、易唱、易记等特点。而且，小蜜蜂形象的动感很强，教师可通过歌唱活动进行歌曲教学，并引导幼儿运用形体动作，进行歌唱创意表演。在幼儿园里，还可将本童谣用于集体性的音乐文化熏陶，如作为小班的早操音乐。当然，也可以在其他合适的播放时间里，面向某些大众群体，播放这首具有鲜明地方音乐文化特色的童谣歌曲。

四 闽东畲族山歌名篇及其改编运用选介

（一）畲族《茶歌》

1. 音乐作品

畲族《茶歌》的歌词为：

第四章 童声歌唱：福建民间歌谣与幼儿园音乐文化启蒙

> 茶米种在对面山，清明抽芽叶青青。
> 你那提篮我提篮，努女上山采茶青。
> 茶米种在对面坝，清明抽芽叶盖盖。
> 你那提篮我提篮，努你上山采茶载。
> 娘是青山茶米心，郎是龙井水来清。
> 茶米与水有缘分，清水泡茶甜到心。

这首原生态《茶歌》，是课题组通过对福鼎市磻溪镇赤溪村第五届"四月四"畲族歌会（凤凰节）进行采风而获得的。其演唱者李枝枝是当地的一位畲族歌手，从小在畲乡里长大，久受当地民间文化的熏陶，擅长畲歌的创编，这首茶歌为她的原创作品之一。

2. 作品的审美特点与文化意蕴

（1）审美特点。

畲族人民在日常生活中，以歌代言，以歌颂物，以歌抒情，以歌传茶，以茶做歌。畲族茶歌具有即兴编唱、题材广泛、严格讲究押韵和对仗、朗朗上口等特点。其歌唱形式中多为对唱，能够将平调、阿鲁调、过海调演绎得淋漓尽致。这种少数民族的民歌古朴自然，清新活泼，歌声悠扬嘹亮，充满山林风味，即便没有器乐伴奏也能够唱出自己的独有味道。

还必须看到，畲族人民不仅善唱，也是能舞的。这首《茶歌》就与畲族人民的这种文化特性相适应，具备了鲜活的民间舞蹈性质，可以边唱边舞，在畲舞中融入采茶元素。在这种野外劳动场景中，既有翠绿追光的美景，水声叮咚的清音，也有一群身着"凤凰装"的畲族小姑娘结伴而行，蹚过流动的溪水，上到山上的茶园，带着竹篮去采茶的画面。从这种越水上山采茶的情景展示中，人们还可以去想象畲族姑娘们的筛茶、炒茶、闻茶等各种劳作姿态，体会她们身上的劳动之美、健康之美和青春之美。

（2）文化意蕴。

大众有言："世界白茶在中国，中国白茶在福鼎。"福建省福鼎县是畲族聚居地之一，也是白茶的发源地。畲族人家家种茶、制茶，也喜欢喝茶、品茗，尤其喜欢饮用白茶。可以说，在畲族人的日常生活中，处处都离不开茶。比如，在畲族人的劳作、会客、婚嫁、祭祀等活动场景中，都能看到一钵煮好的茶水或者一杯杯冒着蒸气的热茶。至于歌唱朗朗上口的《茶歌》，则是每个畲民都掌握的一项基本功。畲族姑娘们在茶山上采茶时，都会唱着婉转悦耳或高亢激扬的《摘茶歌》《采茶歌》之类的山歌。

这些生活要素的积累与集聚，为畲族舞蹈的创编提供了广阔的创作空间。而原生态的畲族茶歌，则起着记录畲族人民日常劳动与生活，传递畲民们的思想与感情，展现这个山地族群民族、乡土风情的重要作用。从《摘茶歌》《采茶歌》等这类音乐文本中，畲族人民可以知道、记住祖先的历史画面和自己的民族特性，而外人则能够走进畲族人民的日常生活，进而走进他们的精神世界。由此可以认为，畲族茶歌是畲族文化的一种载体，也是畲族文化展示的一个窗口。

3. 幼儿园里的运用分析

这首歌曲具有较为鲜明的地域特色，也很贴近幼儿的生活。假如运用得当，就能够让畲族民间音乐和舞蹈真正走进当地幼儿的日常生活，成为他们自娱自乐、展示舞蹈才华的一种活动形式。在这种艺术化的舞蹈游戏中，幼儿能够获得熏陶与滋养，感受到民族舞蹈的迷人魅力，从而培养、增强他们爱家乡、爱祖国的情感，进一步润泽他们的身心。

在具体实施过程中，教师可通过音乐欣赏活动，引导幼儿积极感受该歌曲中的语言、音乐、舞蹈等方面的风格，尝试用多种方式来表达自己对这首畲族民歌的理解和感受，并自己随乐创编类似的采茶舞蹈动作。

根据其中的内容和性质，这首茶歌可以进行群体性的歌唱、舞蹈活动，运用于幼儿园的集体教学。因为其具有欢快、喜庆等特点，也适合在幼儿园举办节庆活动时使用，以活跃现场气氛，营造喜庆氛围，激发、振奋在场人员的情绪。

（二）《山哈的歌谣》

1. 音乐作品及其改编

由陈江风创作的畲族山歌《山哈的歌谣》的原词曲有两段，第一段内容简单易懂，主要描述了唱山歌、跳舞、采茶、织彩带等生活与劳动的场景及其快乐的心情；第二段主要描述了畲族人搓黄粿、榨酒、赶山等生活与劳动内容，内容与当前幼儿的生活有一定的距离。因此，我们对歌曲进行了改编，改编后的词曲如下：

山哈的歌谣

陈江风 词曲
张婷婷 改编

1=A 2/4

欢乐地

(3̇ 1̇3 | 1̇6 6 | 1̇5 61 | 35 5 | 63 51 | 20 21 |

6̇ - | 6̇ 0) | 1̇6 6 | 56 3 | 1̇. 6 | 6 0 0 |
　　　　　　　　唱 起 　山 歌 　哩 啰 　哩，

5 1̇ 1̇ | 56 1 | 5. 3 | 3 0 0 | 56 61 | 35 5 |
跳 起 舞 　哩 啰 　哩，　　　　　　　 采 起 春 茶

56 1 | 20 0 | 23 55 | 2. 1 | 6 0 0 |
哩 啰 哩，　　　　织 起 彩 带 哩 啰 哩。

3 1̇. | 1̇ 6. | 3̇ 1̇ 3̇ 1̇ | 1̇ 6 6 0 | 3 6. |
哩 啰　 哩 啰　 哩 啰 哩 啰 哩， 　哩

5 3. | 1̇6 1̇6 | 51 3 0 | 3 1̇3 | 1̇ 6 6 |
啰 　 哩 啰 哩 啰 哩 啰 哩。　畲 家 的 泼 妮 崽

1̇5 61 | 3 5 5 | 1̇5 63 | 51 21 | 6̇ - | 0 0 ‖
爱 唱 歌，　　 生 活 越 唱 越 红 　火。　哈！

注：山哈——畲族人的自称；泼妮崽——小姑娘。

2. 作品的审美特点与文化意蕴

（1）审美特点。

这是一首在福鼎县流行的畲族山歌，音调比较高亢，句末有延长音，全曲为五声羽调式。改编后的歌曲保留了原歌曲的主旋律及其主要结构，删去了第二段中比较成人化的内容，使得歌曲更加简单易懂，从而易为幼儿所感受、理解与学习。

其歌词为典型的七字句，且在结构上特点突出。前面四句为一段，都是同样的句式，即上半句分别是"唱起山歌"、"跳起舞蹈"、"采起春茶"、"织起彩带"等四个字，下半句都是"哩啰哩"这种三个字的衬词。第五句重复"哩啰哩啰哩啰哩"七字衬词，最后两句歌词也基本是七个字。由于歌词简单，节奏明快，朗朗上口，有着很强的歌唱性。

（2）文化意蕴。

这首畲族山歌的歌词，其题材内容就是畲族女子现实生活的一种真实写照。前面四句描述畲族姑娘在快乐地唱山歌、跳舞、采春茶、织彩带，这些反映的都是畲族人民熟悉的生活劳动内容，并用极具民族语言特色的"哩啰哩"衬词作为下半句以及后面的歌词，从而生动、有趣地表现出畲族姑娘边劳动边快乐歌唱的生活场景与心情。最后两句歌词，表达了畲族小姑娘热爱唱歌、热爱生活的精神状态，以及她们希望生活越来越美好的愿望。

3. 幼儿园里的运用分析

这首畲族山歌歌曲特色鲜明，内容简单易懂，贴近现实生活，可通过欣赏、演唱等方式，让幼儿感受到畲族山歌中的种种优美，并且去体验畲族人民热爱歌唱、热爱生活的情怀。

教师可通过视频，让幼儿运用自己的视觉和听觉，通过这首山歌的词曲，去感受畲族姑娘快乐地唱歌、跳舞、采春茶、织彩带等生活场景，感受与理解畲族姑娘的生活内容与生活方式，进一步理解歌词的内容以及所表达的情感。此后，可以尝试通过图谱、游戏等多种方式来学习与记忆歌词，并且随乐歌唱。通过这种学歌练唱活动，引导幼儿去感受该歌曲中的畲族民歌风格。幼儿学会这首歌曲后，教师可引导他们对前四句歌词进行改编，并可组织韵律活动，引导幼儿用舞蹈动作来表现歌曲的思想情感。

这类畲族山歌的体验、学习、练习等活动方式，可根据实际需要，运用于幼儿园的集体教学、区域活动与节庆活动中。

第三节　幼儿园民间歌谣歌唱活动示例

《幼儿园教育指导纲要（试行）》规定，幼儿园要"充分利用社会资源，引导幼儿实际感受祖国文化的丰富与优秀，感受家乡的变化和发展，激发幼儿爱家乡、爱祖国的情感。适当向幼儿介绍我国各民族和世界其他国家、民族的文化，使其感知人类文化的多样性和差异性，培养理解、尊重、平等的态度"。并强调"幼儿艺术教育应在引导幼儿接触生活中的美好事物，丰富幼儿的感性经验和情感体验的基础上进行"。歌唱活动是幼儿抒发、交流思想情感的一种重要方式，也是他们最喜欢的一种音乐艺术活动形式。我们将福建民族民间歌谣资源有机地融入幼儿园课程资源中，通过幼儿喜闻乐见的方式，引导幼儿歌唱特色鲜明、乡土气息浓厚且适宜幼儿歌唱能力的本土歌谣，以丰富、生动幼儿园歌唱活动内容，帮助幼儿感受本土歌谣中蕴含的独特乡音、生活智慧与生活情趣，萌发感受美、表现美的情趣与能力，并潜移默化地受到乡土歌谣中蕴含的快乐自信、团结友爱、热爱劳动、不怕困难等真善美的思想陶冶。

一　福州语童谣歌唱活动《我唱艾沙吗》（中班）

（一）设计意图

在中班此前开展的"福州小吃"主题活动中，幼儿开始对福州方言产生浓厚的兴趣。基于幼儿的经验和需求，教师有意识地引导并鼓励他们从简单、常用的方言词句开始学起。这不仅能让他们感受并体验到福州方言的独特韵味和语言魅力，而且能够进一步拓展主题脉络，加深他们对家乡的认同感、亲近感和归属感，进而萌发对家乡的热爱和崇敬之情。

《我唱艾沙吗》这首福州童谣歌曲，是由福建资深的词曲作家、音乐人赖董芳创编的。其音乐旋律欢快，节奏鲜明，歌词通俗易懂。根据幼儿的生活需要和学习能力，此次童谣歌唱活动，从家庭成员的称谓发音入手，通过普通话与福州方言的有机结合，可以让幼儿在轻松愉快的歌曲氛围中，感受到浓浓的福州方言韵味，体验唱福州语歌曲的乐趣。

（二）活动目标

1. 学习并尝试使用家庭最基本成员的福州方言称谓，理解"艾沙吗"、"艾霸吗"的意思，并能随乐跟唱几句简单的福州方言歌曲。

2. 感受歌曲中浓浓的福州家乡韵味，体验演唱福州方言歌曲的乐趣。

（三）活动准备

1. 经验准备

在前期主题活动中，幼儿已经初步学会了使用福州方言来称呼自己的家人，并能说几句简单的福州话。

2. 材料准备

制作所需的课件PPT、音乐伴奏。

（四）活动过程

1. 谈话导入，引导幼儿与同伴分享自己会说的方言，并用福州方言来称呼自己的家庭成员，激发他们学习福州方言的兴趣

教师：小朋友们，还记得前几天我们和家人一起学说的方言吗？谁来试着和大家分享一下自己会说的方言词句呢？我们先从自己的家人称谓说起吧！

（说明：由于班级里有一部分幼儿不是福州本地人，因此在讲述时，就会出现来自不同地域的方言称谓。教师鼓励幼儿，先从最简单的家庭成员称谓开始说起，并大胆地在集体面前分享自己会说的家乡话。由于各地的方言都不同，别有一番韵味，容易诱发幼儿产生强烈的学习兴趣，为后续的方言歌曲学习奠定良好的基础。在分享的过程中，教师通过引导同伴互相学习，使幼儿体验其中的快乐。）

2. 结合图谱，教师清唱歌曲的第一部分，引导幼儿理解歌词并熟悉旋律

（1）教师清唱《我唱艾沙吗》这首歌曲的第一部分，引导幼儿熟悉该歌曲的旋律，理解该歌词中的内容。

教师：福州话作为福州人的方言，每个福州人都应该说好福州话。如果大家都不会说了，那么会变成怎样呢？现在，让我们一起到这首歌曲的情景中去看一看吧！

（2）结合图谱，引导幼儿猜测歌词的内容，帮助他们理解歌词的大意，并自然地跟随老师清唱。然后，提出系列小问题，让幼儿回答与思考，从中感受这首歌曲中一家人相亲相爱的满满爱意，以及长辈们的谆谆教导。

教师：这首歌里都提到了谁呀？

教师：你们能猜出"gouŋ di ua"是什么意思吗？

教师：长辈们平时都会对我们小朋友说些什么话呢？每当你们听到这些话的时候，心里会有什么样的感觉呢？

教师：爷爷奶奶、爸爸妈妈都是我们最亲、最爱的家人，从我们开始咿咿呀呀学习说话的时候，他们就在我们身边教我们说好自己的家乡话。如果我们没有好好地学说，慢慢地，这些好听的话就会消失不见了！

附曲：

《我唱艾沙吗》图谱

（注：在此环节中，教师通过清唱，引导幼儿仔细倾听歌曲的旋律及大意，然后结合图谱以及日常方言语感，猜测歌词中的大致内容。接着，在每一次的互动中，通过谈话交流的方式，激发幼儿感受家人对自己爱的教导，进一步体验家乡方言尤其是福州语的魅力与重要性。）

3. 教师通过声情并茂的演唱并配以简单的肢体动作，辅助幼儿理解"艾沙吗"、"艾霸吗"中所表达的意思，并在愉快的演唱情绪中感受福州方言歌曲的独特魅力

（1）教师声情并茂地演唱，然后鼓励幼儿大胆表达出自己对这首歌

曲的感受，特别是感受歌曲的欢乐旋律，体会福州方言歌曲的有趣与独特之美。

教师：这部分的歌曲听完了，给你的感觉如何？

（2）通过同伴间互相夸赞的方式，进一步理解"艾沙吗"、"艾霸吗"所表达的意思。

教师：歌曲中，哪一句让你们觉得很特别？"艾沙吗"和"艾霸吗"的意思你们能猜得出来吗？

教师：如果我唱完一首歌，我问大家"ŋuai cuoŋ e sa ma"或者"ŋuai cuoŋ e ba ma"，你们就可以夸我"呀霸"或者"呀吼"！现在，和身边的好朋友互相唱一唱这首好听的歌曲吧，然后再夸夸他们唱得很好。

（3）在理解的基础上，让幼儿再次倾听教师的演唱，引导他们在聆听的过程中自然地跟唱。

（说明：教师通过启发式提问，引导幼儿大胆表达自己对这首歌曲的感受和理解，并在与同伴进行自由哼唱时，通过同伴及教师的积极赞赏，进一步理解"艾沙吗"、"艾霸吗"所表达的意思。幼儿在自由宽松的氛围中，自然而然地掌握这首歌曲的唱法，激发出对福州方言的兴趣和喜爱。）

4. 教师引导幼儿完整演唱歌曲

（1）教师按照配乐完整地范唱整首歌曲，幼儿进行欣赏。

（2）引导幼儿分角色扮演一家人，有感情地合作演唱，并用简单的肢体动作辅助理解歌曲，提升乐曲的表现力。

（3）以小组为单位，幼儿结伴到其他班级进行演唱，让更多的同伴感受到福州语歌曲的独特魅力。

教师：福州方言歌曲好听吗？作为福州人，应当学好福州话，唱好福州语歌曲。如果每一位小朋友都积极行动起来了，我们的福州语歌曲就会让更多的人听到和喜欢哟！

（说明：在最后的教学活动环节中，以小组为单位，让幼儿在集体中分角色展示，这不仅可以缓解他们的审美疲劳，也便于老师更好地审视他们集体掌握歌曲的情况。并且，还能够较好地激发他们在同伴面前大胆表现的欲望，增强其自信心。

课后，通过串班表演的方式，引导幼儿积极对外展示福州语歌曲，不仅可以提升幼儿做出社会行为的自信心，也能够让福州语歌曲得到更好的传播。

在这些潜移默化的活动中，启发幼儿重视福州语文化，让他们在听听、学学、说说中感受福州语的魅力，他们对本土方言就会更有认同感，对本土文化就会更具归属感。)

5. 活动延伸

（1）鼓励幼儿用其他的方言称谓，对这首福州语歌曲进行替换演唱。

（2）鼓励幼儿回家后，将这首福州语歌曲唱给父母与祖辈听。

（本案例由福建幼儿师范高等专科学校附属第二幼儿园张丁玲、游万玲老师设计与执教，程英老师指导。）

二 闽南童谣歌唱活动《天乌乌》（中班）

（一）设计意图

《天乌乌》是一首经典的闽南语歌曲，在闽南地区久经传唱。歌曲旋律朗朗上口，歌词生动、有趣，通俗易懂，既贴近幼儿生活，又具有一定的情节性，非常适合中班幼儿学习。在活动中，教师打破歌曲教学的传统模式，让幼儿在有趣的排图游戏中反复倾听歌曲，寻找相应的图谱，根据歌曲情节的发展将图谱卡片排序、看图谱表演等，帮助幼儿在愉快的操作活动中轻松地理解歌词，熟悉歌曲节奏和旋律。基于此，进一步尝试让幼儿借助排好序的图谱卡片，自主尝试随伴奏填词歌唱，分析歌曲的不同情绪变化，大胆创编夸张、形象的表情和动作来进行表演，以有效促进幼儿自主学习音乐能力的发展，让他们体验到歌唱、表演与创作的快乐。

（二）活动目标

1. 在排图游戏中倾听歌曲，熟悉旋律，理解歌词，初步学唱歌曲。

2. 对闽南语歌曲及其音乐元素产生兴趣，尝试创编有趣、夸张的表情和动作，进行有创造性的表演。

（三）活动准备

1. 经验准备

熟悉几首闽南语歌曲，能看懂相应的图谱，有看图谱歌唱的经验。

2. 材料准备

歌曲图谱卡片、排图板人手一套。

（四）活动过程

1. 导入活动

以教师带领幼儿哼唱熟悉的闽南语歌曲导入，鼓励幼儿互相交流关于闽南语歌曲的经验。

2. 理解歌词，熟悉旋律

（1）出示歌曲《天乌乌》的图谱卡片，让幼儿观察图谱的内容，引出该歌曲的名称。

（2）教师用诙谐幽默的声音清唱这首歌曲，让幼儿边听音乐边找到相应内容的图谱卡片。

教师：听一听，找一找，歌曲中唱了哪张图片上发生的事？

（3）教师反复清唱歌曲，幼儿边听音乐边根据歌曲情节的发展，在排图板上给图谱卡片排序。

教师：这首歌曲唱的是一个完整的故事，你们能将这个故事情节发生的顺序排出来吗？

3. 学唱歌曲

（1）引导幼儿结合排好序的图谱卡片，按节奏学说歌词。

（2）组织幼儿在音乐的伴奏下，边诵读歌词边模仿图谱动作进行表演。

（3）让幼儿尝试结合图谱卡片，在音乐的伴奏下填词歌唱。重点指导幼儿把歌曲唱准。

（4）教师出示"咿呀嗨咚隆冬镲咚锵娃哈哈"图谱卡片，并提问：这张图谱在歌曲中出现了几次？每次都出现在歌曲的什么地方？（注：前半段和后半段的结尾处。）这句歌该怎样唱？（注：教师引导幼儿重点学唱该句数遍。）

4. 进行创造性表演

（1）引导幼儿根据对这首歌曲内容的理解，分析歌曲中阿公前后不同的情绪变化。(注：前面开心、惊喜，后面生气、恼火。)

教师：阿公在掘到一尾"田螺姑"时的心情是怎么样的？阿公与阿嬷在争吵时的心情有什么变化？

（2）鼓励幼儿创编形象的表情、动作，夸张地表演阿公前后不同的情绪变化，并互相交流。

教师：可以用什么样的表情和动作，来表现阿公掘到一尾"田螺姑"时惊喜的心情？阿公和阿嬷争吵时，会做出什么样的生气动作和表情？

（3）在幼儿完整地歌唱后，鼓励他们大胆地运用自己创编的表情、动作，夸张地进行角色表演。

5. 替换歌词演唱

（1）组织幼儿两两结伴，分别扮演阿公和阿嬷，进行歌唱表演。

（2）鼓励幼儿尝试将阿公和阿嬷替换成自己和同伴的名字进行演唱，在轻松愉快的气氛中结束活动。

附图谱：

《天乌乌》图谱

天乌乌，要下雨，阿公拿锄头要掘芋，掘啊掘，掘啊掘，掘到一尾田螺姑。

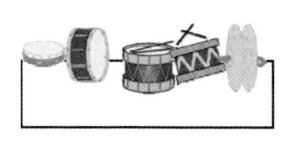

咿呀嗨咚隆冬镲咚锵，娃哈哈。阿公呀要煮咸，阿嬷呀要煮淡，两

人相打弄破鼎。

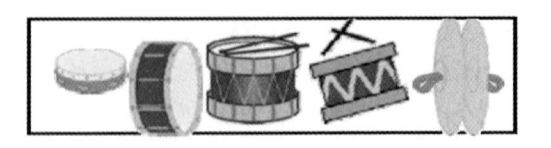

咿呀嗨咚隆冬镲咚锵，娃哈哈。

（本案例由福建省泉州市鲤城区第一幼儿园林晖燕老师设计与执教，程英老师指导。）

三 闽西山歌歌唱活动《动物猜谜歌》（大班）

（一）设计意图

龙岩素有"山歌之乡"的美誉。龙岩山歌是当地传统文化中的非物质文化遗产，拥有源远流长的历史，其歌词来源于生活，拥有不少俚俗土话、乡音村语，因而通俗生动，押韵顺口，诙谐活泼。老一辈的人们对这种山歌是信手拈来，能够把自己的所见所闻改编成歌词，并且出口成歌。因此，人们总能在当地各个公园里听到悠扬婉转的山歌歌声。这种山歌以代代口口相传的方式流传了下来，让当地幼儿在家庭氛围中耳濡目染。因此，许多当地的幼儿也就学会了演唱龙岩山歌。

有一天，两位小朋友在班级表演区用本地方言演唱龙岩山歌，其他幼儿表示虽然听不懂这首山歌的歌词，但觉得还是有点好听，希望也能学唱这么有趣的山歌。于是，通过与这两位小朋友的爷爷、奶奶沟通，教师选择了曲调优美、节奏鲜明、富有童趣，音域也适合大班幼儿演唱的《猜谜歌（曲五）》，作为首次山歌教学的内容。但是，里面的歌词都是幼儿不容易理解的内容，而且班级里的大部分幼儿还听不懂用本地方言唱出的歌词。

因此，为了真实地贴近幼儿的生活，解决他们学唱山歌的困难，增加活动的趣味性，班级组织了一次讨论活动，话题为"你们喜欢猜什么样的谜语"，以了解幼儿对猜谜游戏的兴趣点。因为这个班级在中班下学期时，开展过有关动物的主题活动，所以幼儿在发言中，提到最多的是关于动物的谜语。他们在协商后，还一致赞同改编山歌歌词，将猜谜歌里的原有内容换成猜动物身体特征的新内容，并且改用普通话演唱。于是，就生成了这项《动物猜谜歌》的歌唱活动。

《动物猜谜歌》这首山歌歌词的创作灵感来自幼儿喜欢小动物的天性，而其问答式的对唱则具有浓郁的山歌特色。活动中，通过猜谜、问答、欣赏、对唱、创编等教学环节，孩子们能够初步感受、熟悉龙岩山歌的曲调，并尝试用对唱的方法完整地演唱《动物猜谜歌》，从而激发他们对民间音乐的兴趣，并喜欢上龙岩山歌。

（二）活动目标

1. 初步感受龙岩山歌的旋律，激发他们对民间音乐（山歌）的兴趣。

2. 以问答游戏形式熟悉《动物猜谜歌》的歌词，用对唱的方法完整演唱这首山歌，体验唱山歌的乐趣。

3. 尝试创编猜谜歌词，体验山歌现编现唱的演唱特点。

（三）活动准备

1. 经验准备

（1）幼儿在中班下学期的班级动物主题活动中，了解了相关动物的身体特征。

（2）在幼儿自由活动时间段，教师播放《动物猜谜歌》的伴奏音乐，让幼儿欣赏并初步熟悉其旋律。

2. 材料准备

制作《动物猜谜歌》伴奏音乐、教学 PPT 课件，准备装有记号笔和一张邀请卡的篮子（幼儿人手一份）。

3. 环境创设

将幼儿的座椅摆成双弧形，材料篮置于幼儿座位的底下。

（四）活动过程

1. 教师创设情境，运用谈话的方式来引发幼儿猜谜兴趣

教师：小朋友们，森林里要开一场隆重的音乐会，被选上的小动物都能收到一张邀请卡。现在，我们一起来看看它们是谁。

2. 出示邀请卡，鼓励幼儿按句式结构来说出猜谜歌词

（1）教师依次出示蝌蚪脑袋、小猪耳朵、小猫尾巴的邀请卡，引导幼儿按教师的句式进行回答。

教师：邀请卡上是一种动物身体的某个部位，请小朋友认真听我问："什么哎脑袋啊圆又圆噢？"

教师：还有谁也收到邀请卡了？我们一起来猜猜："什么哎耳朵啊大又大噢？"

教师：这里还有一张邀请卡，仔细想想这是谁的："什么哎尾巴啊长又长噢？"

（2）出示被邀请动物的完整图片，验证幼儿的答案。

教师：我们一起看看，你们都猜对了吗？

（3）组织幼儿尝试集体朗诵最后一句歌词。

教师：我们一起猜谜，你们开心吗？让我们一起来说"大家哎猜谜啊就真开心噢，呦喂"。

（4）组织幼儿有节奏、完整地朗诵这首猜谜歌。

教师：现在，我们试着完整地说一说，我来问，你来答，看谁能按照我问的方式有节奏地回答哦！

（观察与分析：幼儿对"森林音乐会"的游戏情景很感兴趣，眼睛看着课件画面，并且认真倾听。随后，教师逐个出示动物的身体特征图片，用山歌句式来提出问题。大部分幼儿能结合自己的知识经验，猜出邀请卡上的小动物，并用教师问的句式，有节奏地回答问题。教师对幼儿积极参与猜谜歌词的表现给予肯定，幼儿受到表扬后都很开心。此后，教师顺势引出最后一句歌词"大家哎猜谜啊就真开心噢，呦喂"，幼儿能跟着一起朗诵。因第一次接触山歌的这种句式，部分幼儿会漏说"哎"、"啊"、"哦"等词语。在师幼完整朗诵前，教师进行了提示，幼儿能准确、完整地予以回答。）

3. 感受山歌对唱的旋律，激发对民间音乐（山歌）的兴趣

（1）欣赏山歌，感受歌曲。

教师：这次音乐会我们邀请来了山歌剧团的山歌传承人张兴艳姐姐，她把刚才的谜语编成了一首山歌，歌名叫作《动物猜谜歌》。现在，让

我们一起来欣赏这首山歌。

（2）幼儿练习喊"呦喂"，感受山歌的魅力。

教师：刚才这位姐姐在喊"呦喂"的时候，小朋友们听了都特别开心，是不是大家觉得这个声音特别有趣呢？现在，让我们也试着喊出"呦喂"。

教师：以前，人们上山对唱山歌，都是这座山上的人大声问，另外一座山上的人大声回答，才能让彼此都听清楚说了什么。现在，你们在唱的时候，声音能再大一些吗？

教师：我们嘴巴再张圆一些，就能够让声音传得更远一些哦！

（3）通过提问，感受山歌的演唱特点。

教师：你还记得刚才这位姐姐唱的这首歌叫什么吗？这首山歌里，什么地方特别有趣？你听完这首山歌后，有什么感受？

教师：这首山歌和我们平时唱的歌曲不大一样，曲子里有许多衬词，也就是"哎"、"啊"、"噢"、"阿就"、"呦喂"等。这些衬词没有表情达意的实际意义，但能够让《动物猜谜歌》唱出山歌的味道，变得非常好听、有趣。

（观察与分析：在教师提问时，很多小朋友都能积极举手回答，说出自己听完这首山歌后的感受或觉得山歌里面有哪些有趣的地方。而且，幼儿对声音较为响亮的衬词"呦喂"特别感兴趣。由此可知，这首山歌适合幼儿学习，而且他们的学习效果也是很好的。）

4. 幼儿看图谱，尝试用一问一答的方式完整地对唱山歌

（1）看图谱，师幼尝试用对唱的方式演唱山歌。

教师：让我们用好听的声音，完整地唱一唱这首《动物猜谜歌》吧！现在，我来问，你来答。

（2）教师与幼儿互换角色，再次对唱山歌。

教师：刚才一直都是我来问、你来答，现在我们交换一下角色，改为你们来问和我来答。请大家做好准备！

（3）幼儿分组，用对唱的方式完整演唱山歌。

教师：你们唱得越来越好听了，大家想不想和你的朋友一起来对唱这首山歌呢？现在，请小朋友们分成两组，用一问一答的方式来对唱山

歌。哪组先来问呢？好，这组小朋友很主动，踊跃举手了。请你们轻轻地起立，站着先来问，另外一组小朋友坐着回答，用一问一答的方式来对唱这首山歌。

教师：刚才哪一组把山歌唱得更整齐、响亮呢？

教师：这组小朋友真棒，大家把掌声送给你们。另外一组小朋友也不要灰心，现在轮到你们站着先来问，他们坐着回答，看看你们能不能用好听、整齐的歌声赶超他们哦！

教师：两组小朋友都唱得很整齐、响亮，把掌声送给你们。

（观察与分析：结合图谱，用简单的肢体动作引导幼儿。通过师幼对唱、幼幼对唱，来学习山歌和熟悉旋律；幼儿与教师对唱时，跟着伴奏，手上比画动作，用整齐、好听的声音快乐地对唱山歌。为了增加活动的难度，激发幼儿勇于挑战的信心，在幼儿之间对唱山歌的环节，把钢琴伴奏的节奏逐渐加快，幼儿与同伴对唱时，看得懂教师的指挥手势，有团队竞争意识，用整齐、好听的声音赶超对方。）

5. 师幼合作创编猜谜歌词，进行完整对唱

（1）出示新的动物邀请卡，教师猜谜出题，引导幼儿仔细观察思考。

教师：除了这一组小动物，森林里还有谁也收到了邀请卡呢？我们一起来看看吧！（注：出示邀请卡。）

教师：这是谁呢？请你们把答案记在自己心里，不要说出来，待会儿，我唱着来问，你们唱着来答，看看自己猜得对不对。

教师：现在，你们先看一看图片，再想一想待会儿要怎么回答。

（2）放慢伴奏音乐速度，采用对唱方式，引导幼儿用唱山歌的方式唱出谜底。

教师：准备好了吗？我唱着来问喽！

（3）出示完整的动物图片，验证幼儿的答案。

教师：你们真棒，我刚问完你们就答出来了。看一看，自己猜对了吗？

（4）结合图谱，完整地演唱山歌。

教师：小兔、小鸭和老鹰听到我们把它们唱进山歌里，可开心啦。

现在，让我们完整地再唱一遍给它们听吧！

（观察与分析：教师给幼儿时间，先观察图片和组织自己要回答的语句。接着，用山歌的方式慢节奏地唱着来提问，幼儿能跟着放慢的伴奏旋律，准确地用山歌的方式马上回答出来。随后，出示图片验证幼儿的答案，他们知道自己答对后非常开心。在伴奏音乐节奏加快后，再次愉快、完整地与教师演唱创编的山歌，感受演唱山歌的乐趣。）

6. 幼儿集体创编猜谜歌词，与同伴进行完整对唱

（1）教师出示邀请卡，示范、讲解制作邀请卡的方法。

教师：森林里还有许多小动物也想参加音乐会呢，我要帮助我最喜欢的动物制作邀请卡，把它的身体特征画在邀请卡上。

教师：画好邀请卡啦！我要用唱山歌的方式唱着出题喽，请你们来猜猜它是谁："什么哎鼻子啊长又长噢？"

教师：对了，我最想邀请的动物是大象，就把它的长鼻子画在邀请卡上。小朋友们都有自己喜欢的小动物，你最想邀请哪个小动物参加音乐会呢？

教师：待会儿，你们画好邀请卡后，可以离开座位，也用山歌的方式唱着问你的朋友，请他们也唱着来回答。大家边唱山歌边猜谜，看看谁能猜对！

教师：现在，请你们拿出自己的邀请卡，一起来画吧！

（2）幼儿制作邀请卡，请同伴猜谜。

教师巡回观察情况，指导幼儿画邀请卡，并且引导画好邀请卡的幼儿，用山歌的句式与同伴进行一问一答的猜谜游戏。此时播放动物猜谜歌伴奏音乐。

（观察与分析：幼儿都有自己的想法，并很快就制作好了邀请卡，和好朋友围在一起，用山歌的方式进行互动猜谜。在猜谜成功后，他们都很激动，笑得特别的开心。）

（3）请出三名幼儿猜谜出题，集体创编山歌。

教师：小朋友们唱起自己的猜谜歌，好开心呀，要是大家一起来猜谜，那就会更开心了。现在，邀请三位小朋友做代表，到前面来唱着出题，谁想上来呢？

教师：待会儿，这三个小朋友一个接一个唱着出题，看看谁能马上用山歌的方式来回答哦！

（4）猜谜结束，验证答案。

教师：请所有出题的小朋友公布自己的答案，猜对的小朋友要给自己鼓鼓掌哦！

（观察与分析：在幼儿自由创编的基础上，随机邀请三名幼儿到前面出题。被邀请的三名幼儿跟随歌曲伴奏，用山歌的方式大胆出题，其他幼儿用自然、好听的声音唱出自己的答案。在验证成功后，幼儿笑得特别的开心，进一步体验了集体创编山歌的乐趣。）

7. 活动延伸

（1）教育教学。

教师：今天，我们把许多的动物都编进猜谜歌里，而且还能够看到什么就唱什么，收获可大啦！小朋友们可以在区域时间、自由时间里或带回家后，用自己画好的邀请卡，和同伴、家人一起唱山歌，玩猜谜游戏。现在，请小朋友们再想想，除了这些动物，你们还想把什么也编进猜谜歌里呢？等你们想好之后，可以把它们画下来，再用山歌的方法来唱一唱。

（2）区域活动。

把幼儿设计的邀请卡投放到语言区、表演区，让幼儿玩问答猜谜的游戏，唱猜谜歌。

（3）家园共育。

教师与家长沟通，请幼儿回家后，用这首山歌的旋律继续创编新的猜谜歌，并用录制视频的方式保存下来，再带回班级，与其他幼儿分享、交流。

（本案例由龙岩市实验幼儿园林文珍老师设计与执教，程英、翁敏、郭玲玲等老师指导。）

四 闽西童谣说唱活动《月公公》（中班）

（一）设计意图

童谣，是人类对幼儿进行最初的文化启蒙的载体之一。龙岩地处闽西，当地的民间童谣言简意赅，节奏鲜明，押韵顺口，诙谐活泼，通俗生动。龙岩是客家人的聚居区之一，"洛阳读书音"是客家人千年传承不变的族群语言。客家先民从北方老家带到南方客居地的文化，即崇尚祖训、铭记历史、注重家教、爱惜名节，历经千百年之久，启蒙、教育了一代又一代的当地客家子弟。可以说，承载着这种客家语言特征、传统文化的龙岩山歌就是一种宝贵的幼儿音乐启蒙教育资源，应该加以重视、开发和利用，运用于当下的幼儿园音乐文化启蒙教育活动之中。

《幼儿园教育指导纲要》指出："引导幼儿接触优秀的儿童文学作品，使之感受语言的丰富和优美，并通过多种活动帮助幼儿加深对作品的体验和理解。"龙岩民间童谣《月公公》就是一个优秀的儿童文学作品。开展龙岩民间童谣《月公公》说唱活动，可以让幼儿体验说唱童谣的乐趣，感受到龙岩民间童谣特有的韵味和旋律，激发他们学习民间童谣的兴趣。而且，通过这项活动，还有助于让当地幼儿接触、了解家乡的语言文化，感受家乡语言的美，激发他们探究家乡民间文化、热爱家乡故土的情感。

（二）活动目的

1. 感受龙岩民间童谣特有的韵味和旋律，激发他们学习民间童谣的兴趣。

2. 学习跟着竹板的节奏说童谣，并初步学唱童谣，体验说唱童谣的乐趣。

（三）活动准备

1. 经验准备

幼儿学会念龙岩民间童谣《月公公》。

2. 材料准备

备好竹板一副和童谣伴奏带。

3. 环境创设

在幼儿园活动室中创设"田埂"的场景。

（四）活动过程

1. 播放背景音乐，师生"过田埂"

教师：月公公出来了，阿妹姑要过田埂啦！你们看，这里有一条田埂，让我们学着阿妹姑的样子过田埂吧！

（注：幼儿跟随教师，按创编的优美动作走"田埂"。）

2. 教师用龙岩方言向小朋友们问好，提出问题，引入活动

教师：小朋友们，大家好！老师对小朋友们说了什么呀？我讲这些用的是什么地方的话？

教师：龙岩是我们的家乡，龙岩话是我们的家乡话。你们能用龙岩话向老师问好吗？

（注：幼儿听到教师说龙岩话，感到非常新鲜，也有礼貌地用龙岩话向教师问好。）

3. 通过提问，进一步理解童谣内容及感受龙岩民间童谣的韵味

（1）教师请幼儿说一说《月公公》这首童谣的意思。

（2）教师分别用普通话和龙岩话念童谣《月公公》，引导幼儿感受民间童谣的韵味。

（注：大部分幼儿能立即说出"龙岩话念的童谣更有味"。）

4. 学习打拍子说童谣

（1）教师出示竹板，引导幼儿跟着竹板的节奏念童谣《月公公》。

教师：我们龙岩不仅有好听的童谣，还有龙岩民间特有的竹板。你们看，竹板有三块，两块是在一块儿打的，还有一块竹板有锯齿，可以发出好听的声音。竹板这种乐器，可以为唱山歌或者说快板打节奏，让我们唱起来更好听。现在，我们也试一试用这种竹板，为这首童谣打节奏。

（2）引导幼儿跟着竹板的节奏变化，念唱童谣《月公公》。

（注：第一遍慢速，第二遍中速，第三遍快速，第四遍更快。幼儿兴致很高，能根据竹板节奏的快慢变化念唱童谣。）

（3）引导幼儿创编身体动作，打拍子念唱童谣《月公公》。

教师：小朋友们念得太棒了！你们想想，我们念童谣的时候还可以用什么身体动作来打节奏呢？

附曲：

月 公 公

```
幼儿1:                   幼儿2:                   幼儿3:
X    X   | X    X   | X    X   | X    X   | X    X   |
拍   拍    拍   拍    拍   叉    拍   叉    拍   扭
手   肩    手   肩    手   腰    手   腰    手   腰
幼儿4:                   幼儿5:
X    X   | X    X   | X    X   | X    X   |
拍   跺    拍   跺    拍   转    拍   转
手   脚    手   脚    手   腕    手   腕
```

5. 学习曲调

教师：刚才，我们念的童谣非常好听。现在，老师还想用龙岩的民间小调，把这首童谣唱出来，你们来听一听。

（注：教师范唱童谣。）

教师：你们说一说，用龙岩小调唱出来的《月公公》好听吗？

（1）幼儿学唱童谣。

（2）教师播放童谣伴奏旋律，幼儿演唱。

6. 童谣说唱

（注：教师播放童谣伴奏带，引导幼儿将说童谣和唱童谣结合起来，进一步表演童谣。）

（1）教师示范表演说唱童谣。

（2）幼儿表演说唱童谣。

教师：小朋友们表演得真好，现在老师把小朋友们说的和唱的合在一块儿，表演一个说唱童谣节目给小朋友们看。

（3）幼儿结伴表演说唱童谣。

（注：这一环节中，幼儿由于有了合作者，所以表演得更好了。）

附曲：

月 公 公

1=D 2/4

曲调：龙岩民间小调《卖花线》

```
(6.  5  6.  5 | 3  3 5  3 2 | 1  1 2  5 3 | 2    - )

 X   X   X   | X   X   X    | X   X   X   | X    X
 月   公   公   月   娘   娘，阿   妹   姑    过  田  埂。

 X   X   | X   X   | X  X  X  X | X    0
 田   埂    一   窟   水，放  鱼  三  尺    长。

 3  2  3  5 | 6  6 5  5 | 3  2  3  6 5 | 3  3
 月  公  公   月  娘  娘，阿   妹   姑     过  田  埂。

 6.  5  6.  5 | 3  3 5  3 2 | 1  1 2  5 3 | 2    2
 田   埂    一   窟   水，放  鱼   三  尺   长  啰！
```

注："阿妹姑"即小姑娘。

（本案例由龙岩市第二幼儿园邱露老师设计与执教，程英老师指导。）

五　闽东畲族山歌歌唱活动《山哈的歌谣》（大班）

（一）设计意图

畲族山歌是畲族的民族民间音乐资源，流传在畲族聚居地的民间社会里，它们具有多种多样的风格。畲族山歌历史悠久，尤其在"三月三"等许多传统节日里，畲族民众唱山歌的风俗经久不衰。"山哈"为畲族人的自称，《山哈的歌谣》是一首在闽东畲族民众中流传较广的歌谣，歌曲里有很多的"哩啰"的衬词，表达畲族民众劳动的喜悦心情。为此，我们通过开发利用畲族山歌这种民族民间音乐资源，不仅可以有效地丰富畲族幼儿的乡土知识和民族情感，还可以很好地拓展幼儿园音乐教育的内容，帮助汉族儿童体验畲族民间文化艺术的迷人魅力，体验畲族人民勤劳有礼的生活方式和热爱生活的精神风貌，滋养当地各民族幼儿的文化心灵。

（二）活动目标

1. 感受畲族歌曲的风格特点，理解《山哈的歌谣》歌词的内容，初步学唱这首歌曲。

2. 认真观察相关图谱，掌握衬词的唱法，能随乐有节奏地演唱。

3. 尝试开展山歌对唱活动，体验畲族人民勤劳有礼的生活方式和热爱生活的精神风貌。

（三）活动准备

1. 经验准备

课前，通过系列主题活动，帮助幼儿了解畲族的主要民族风情。

2. 材料准备

制作多媒体希沃白板课件（注：含畲族背景图片、畲族风情视频、音乐、歌曲图谱等），准备伴奏钢琴，创设畲村情境。

（四）活动过程

1. 创设情境，以畲族特有的"以歌会友"的方式导入活动，激发幼儿的兴趣

教师：今天老师穿的衣服、佩戴的配饰漂亮吗？它们是哪个民族的啊？你是怎么看出来的啊？

教师：我是畲族的"山哈"，"山哈"又是什么意思呢？

（注："山哈"为畲族人的自称。）

教师：三月三到了，今天"山哈"要带小朋友们去畲村参加一个歌会。现在，我们出发吧！

2. 以山歌对唱的方式，对衬词进行节奏分解发声练习

教师：这里就是美丽的畲村，今天我们准备参加畲族"山哈"们的歌会。"山哈"们可有礼貌啦，现在我们学着用"哩啰"唱山歌的方式，和"山哈"们打招呼吧！注意，我怎么唱，你们就怎么对。

3. 欣赏歌曲《山哈的歌谣》，理解歌词内容，了解畲族风情

（1）观看相关视频，了解畲族风情。

教师：畲族是一个勤劳有礼、能歌善舞、心灵手巧的民族，今天我们就一起走进畲家山寨，看看"山哈"们平常都喜欢做些什么。

（注：根据孩子们的回答，教师相应出示唱歌、跳舞、采春茶、织彩带等图谱。）

教师：畲族的"山哈"们平常喜欢唱山歌、跳舞、采春茶、织彩带，又勤劳又快乐，生活过得红红火火。

（注：教师第一遍范唱——清唱《山哈的歌谣》，让幼儿感受畲族歌曲的风格特点。）

教师：我是畲族的"泼妮崽"，你们知道"泼妮崽"是什么意思吗？

教师：今天，我们在参加畲族歌会之前，要先学会《山哈的歌谣》这首畲族歌曲。小朋友们要认真听，想一想这首歌曲与我们平时唱的那些歌曲有什么不一样的地方？

教师：这首畲族歌曲里，有很多的"哩啰"。"哩啰"是畲族歌曲中常用的词语，用来表示"山哈"们很开心、很高兴的心情。

（2）教师第二遍范唱，帮助幼儿理解歌词的内容。

（注：教师清唱＋动作表现。）

教师：现在请大家再来听一遍，听听歌曲里除了有很多的"哩啰"以外，还唱了些什么？

（注：教师根据幼儿的回答，出示相应的图谱。）

4. 指导幼儿学唱歌曲《山哈的歌谣》

（1）教师大声演唱歌曲，幼儿看着图谱、跟着琴声轻声演唱。

（2）教师利用不同长短音符图谱，指导幼儿学唱歌曲衬词部分及其难句。

教师：刚才，老师发现有些人唱的"哩啰"不够准确，我们一起来试试怎么唱好这个词语吧。

教师：小朋友们，你们觉得哪句里的"哩啰"比较难唱？我们一起唱一唱吧。

教师：还有什么地方大家觉得不好唱，需要老师和小朋友们帮助？

5. 各种形式练习演唱

（1）师幼尝试对唱。

教师：现在老师唱这首歌曲的第一行和第三行，小朋友们来唱第二行里的"哩啰"，看看是不是唱得准确、好听。

（2）用藏图谱的游戏方式，引导幼儿随乐完整地演唱整首歌曲。

（注：第一次由教师藏图谱，第二次由幼儿藏图谱。）

（3）引导幼儿有表情地演唱歌曲。

教师：畲族人民爱唱歌，爱跳舞，生活越过越红火。对这样的景象，你们觉得应该用什么样的表情来演唱出来呢？

（4）利用男女生头饰，采用山歌对唱的形式来演唱歌曲。

教师：对山歌是"山哈"们特有的一种歌唱方式，很有意思。现在，我们也来对山歌吧。

教师：这些头饰，哪个是给男生戴的？哪个是给女生戴的？

教师：好了，歌会马上就要开始了，现在请大家到台上找到自己的位置，我们准备对山歌啦！

6. 活动结束

教师：今天，小朋友们表现得真棒！畲族歌会结束了，现在老师带你们到畲村走一走，逛一逛吧！

7. 活动延伸

（1）游戏活动。

把相关图谱放入音乐表演区，让幼儿用多种形式（合唱、轮唱等）演唱，或者用自编动作自由表现。

（2）领域渗透。

与畲族主题活动相结合，让幼儿在看看、玩玩、唱唱、跳跳等活动中真切感受传统节日的气氛。

（3）家园共育。

请家长在"三月三"、"四月四"等时节，带幼儿到畲族乡村，去体验畲族人民的生活，聆听畲歌演唱，观看畲舞表演，感受畲族传统节日的氛围。

附图谱：

《山哈的歌谣》图谱

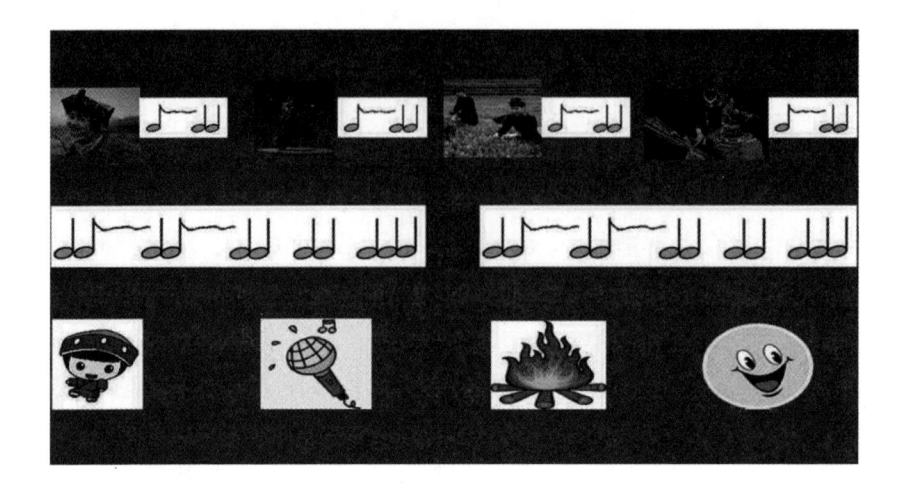

（本案例由福鼎市实验幼儿园张婷婷老师设计与执教，程英、朱子夜老师指导。）

第五章　童真表达：福建民间舞蹈与幼儿园音乐文化启蒙

舞蹈，是一种以有节奏的身体动作作为主要表现手段的艺术形式。福建民间舞蹈指的是形成并流行于福建民间各地的舞蹈艺术。在幼儿音乐活动中，音乐与身体动作常常是不可分离的。随着音乐进行身体动作是幼儿体验与表达情感最自然的方式之一。在幼儿教育里，不少民间舞蹈适合幼儿去感受、欣赏与表演。

幼儿园开展民间舞蹈活动，能有效地发展幼儿身体的运动能力，提高他们的动作协调性，还能够发展幼儿借助身体动作来感受和表现音乐的能力，发展他们的想象、联想与创造性表达的能力，满足他们活动与交往的需要。

第一节　福建民间舞蹈的审美意蕴与文化精神

福建民间舞蹈有着悠久的历史，承袭了闽越舞蹈文化和华夏中原舞蹈文化的优秀传统，历经沧海桑田之变后，逐步形成自己独有的地方特色。由于福建兼备沿海与山地的特殊地理环境，并作为海上"丝绸之路"的起点，吸收了西域异邦音乐、舞蹈的诸多文化元素。在漫长的历史之中，史前文化、中原文化、海洋文化、异邦外来文化在福建这片土地上交织融合，促成闽文化的形成。而在多元文化的影响下，福建民间舞蹈艺术兼容并蓄，积淀丰厚，特征鲜明，异彩纷呈。

福建简称"闽"。汉代学者许慎在《说文解字》中注曰："闽，蛇种。"古闽越人居住的八闽大地，亚热带气候使得蛇类大量繁殖，故而闽越人先祖"崇蛇"成习。闽越先民以"蛇"作为自己的信仰图腾，闽地土著居民奉蛇为神灵。在这种民间习俗的影响下，福建民间舞蹈很多内容与蛇的形象有关。至今，"崇蛇"的习俗在福建各地民俗以及民间舞蹈中随处可见。如闽北顺昌县元宵佳节要舞龙头蛇身的"竹蛇灯"、延平区樟湖坂镇正月期间举办"蛇王节"游蛇灯活动、闽南泉州地区"拍胸舞"舞者头上戴着似蛇之吐信的草箍等。

民间称蛇为小龙，俗称龙是由蛇孕育而出，或言蛇脱壳后会变成龙。加之沿海居民在生产生活中所形成的"海龙王"崇拜，因此又形成了福建境内相当丰富以"龙"的形象为特征的舞蹈形式。仅《中华舞蹈志：福建卷》中记载，就有"板凳龙"、"香线龙"、"柚香龙"、"木龙"等17种。流传于闽中沙县的"舞香龙"，以数百公斤稻草扎成龙身，并从头至尾插上三万四千余根点燃的香，就连领头的龙珠也是一个插满香火的芋头。这种每逢春节时期的舞龙表演，盛况就如同其开道的灯鼓对联所写的那样："头角峥嵘香作骨，云烟缭绕雾为鳞。"

不同地域的历史生态环境，孕育了不同特色的民间舞蹈艺术。福建地处东南一隅，兼备沿海及山地的地理特征，境内山峦叠嶂、江河湖泊众多，更是导致了民间文化形态的碎状割据状态。这种碎状割据状态，清晰地反映在方言、民俗、民间音乐、舞蹈等文化形态上，并且形成了多种多样的审美意蕴与文化精神。

下面，根据福建各地舞蹈文化的地域特色，基于学前儿童的审美能力、兴趣爱好与接受水平，结合一些具有代表性的节目，对福建民间舞蹈的审美意蕴与文化精神进行一些简要分析。

一 闽南民间舞蹈的审美意蕴与文化精神

闽南地处福建东南沿海，有着独特的自然与人文特征。这个地区属于亚热带气候，早期气候条件恶劣，所处的地理环境山海相连，劳动生活兼有海上劳作与陆地农耕劳动，人民生活十分艰苦。故而，闽南民间舞蹈也就集农耕稻作文化与海洋渔业文化于一体，孕育出了"敢拼会赢"、"人海和谐"的文化精神。同时，得益于"海上丝绸之路"带来域外异国文化的冲击、渗透和融合，异域文化在闽南民间音乐舞蹈发展中留下了显著的痕迹。闽南在继承传统文化和吸收外来文化的同时，经过不断积累、丰富、改造、提高，形成了斑斓多彩、特色鲜明的民间舞蹈种类与风格。

从整体上看，闽南民间舞蹈的艺术特色可以概括为如下四个方面：

（一）载歌载舞，踏谣戏弄

载歌载舞、踏谣戏弄，是闽南民间音乐舞蹈常用的艺术手法，在闽南舞蹈小戏中尤为突出，可以让观众通过听其声、观其容，领会音乐舞蹈的文化内涵。如厦门同安的"车鼓弄"，就是一种集说唱、表演于一体的民间舞蹈艺术，而这是古代弄戏的遗存形式。由于在闽南方言中，"车"为翻转之意，"弄"为舞弄之意，因此这种民间音乐舞蹈又有"弄车鼓"的俗称。

"车鼓弄"沿袭闽南早期踏谣式滑稽弄戏的表演形式，演员通常为一丑加一旦，以滑稽的动作和诙谐的对答连唱带舞。表演时，二人分别扮作男丑与彩旦，扛着竹篮搭扣的鼓轿，踏着四方交叉步，进三步退三步，并且一唱一答，妙语连珠。其内容多为孝道劝善、夫妻情趣、情人相思等。由于以左右大幅度横摆推胯为基本动律，具有朴实风趣、诙谐幽默的风格，因而受到了闽南民众的广泛喜爱。在闽南民间村落，对于"车鼓弄"的舞蹈动作特点，老人们都会形象又幽默地说："车鼓弄，三步进，三步退，弄过来又扭过去。"

（二）托物寄情，虚实结合

凭借某种物品，象征吉祥、幸福，寄寓对美好生活的向往，是闽南民间音乐舞蹈常用的艺术手段，也反映出了闽南民众传统的审美心理与审美趣味。如麟、凤、龟、龙是祥瑞的神兽，寄寓吉祥富贵、人丁兴旺的愿望。在舞蹈中，这种美好的寓意以道具舞的形式得以极好地诠释。其艺术手法，一方面表现为实表其物，如《跑旱船》中的船道具、《白菜担》中的竹挑箩筐与纸糊白菜、《骑驴探亲》中的腰间绑的竹编驴子、《海底反》中蚌姑娘的蚌壳等，都是根据实物做成的道具，在舞蹈中被用于抒发热爱生活的感情。另一方面，表现为虚实结合、虚拟写意，使得舞蹈虚实映衬、相得益彰。如漳州"大鼓凉伞"中的"鼓舞"与"伞舞"和谐对舞。舞蹈中，鼓与伞都是实物，但表演者更在意它们所带来的象征表意功能。闽南人民认为，鼓舞有"风调雨顺"之意，而凉伞舞则有"庇护"、"护佑"生活的美好寓意。在民俗祭祀活动中，鼓伞相配，就成为可触、可观、可感的"神具"，人支配"神具"舞出的动作便成为符号载体，用来传达人与神之间的信息。这种颇具地方、民俗特色的交流，创造了"以伞为天、以鼓敬神、消灾祈福"的舞蹈意象。

（三）争奇较技，即兴起舞

在迎神赛会、祈年祭祖等民俗事象阵头表演中，闽南民间舞蹈俗称"斗阵"，意为各方阵头之间相互较劲，体现出了闽南人"输人不输阵"的心理。在这种场合里，表演者追求"舞化"和高度技艺性，斗妙争能、各出新招，力求展现出自己最亮的一面。由此，表演者服具五彩缤纷、形式风格各异、技艺精湛绝伦，以博得观众们的称赞。艺人们在表演高超技艺时，往往是随性而发，即兴起舞的。在他们的情感处于最激动时，常常是出现闪光舞蹈动作的时候。如"高跷舞贡球"把彩婆舞与高跷形式相结合，一个彩婆拿着贡球在中间，其余十几个彩婆围着她接球、踢球、拍球、甩球，戏弄逗趣，她们超凡的技艺常常赢得满场喝彩。特别是"踢球舞"中的球手，其舞蹈出彩时，常会借鉴武术套路，能够即兴做出"倒地甩球"、"飞脚绕球"、"倒立颠球"等高难度动作，技艺之高，往往让人惊叹不已。

（四）舞以象和，寓意和谐

中国古代乐舞的传统审美理想，就是达到天地人合一的"和"之境界。"和"是最高的美，也是乐舞的最高境界。两千多年来，悠久的中国音乐舞蹈文化正是秉承"和"的阴阳生化之理，形成阴柔、阳刚、动静、开合等对立统一的审美品质和核心内容，是"舞以象和"的充分体现。闽南民间音乐舞蹈秉承这一美学观念，吸收了地域文化色彩，形成了独特的舞蹈审美风范。如"大鼓凉伞"里，鼓手和伞娘之间的双人对舞动作刚柔并济，就是一种阴阳互补；男子斗鼓舞段反映出友善、人与人之间和谐共处的一种状态，与凉伞舞段轻柔飘逸的女子表演，形成了和谐的舞风。

综上所述，闽南民间舞蹈以动态形象承载着闽南源头久远、内涵丰富的文化脉络，呈现出独具魅力的艺术特色。

二 闽西北民间舞蹈的审美意蕴与文化精神

不同地域的社会历史生态环境，必然会孕育出不同特色的民间音乐舞蹈艺术。闽西北地处福建西北部，主要包括南平、三明、龙岩等设区市，是上古时期闽越族人的主要聚居地之一。这个地区，西邻荆楚，北接吴越，四面崇山峻岭，山脉延绵不绝，生产方式以农耕与林业为主。在古代交通工具很不发达的情况下，闽西北各县甚至乡村多以大山为屏障，形成一个个自成体系的社会小区域。由于缺乏交流，闽西北文化形态呈现出严重的零碎化割据状态。民间音乐舞蹈亦是如此，许多舞种仅在某个小区域内分布和流传，一个节目常常即为一个舞种。

福建西北部地区地处亚热带，在海洋季风的影响下，旱涝灾害比较频繁，这对农业影响很大。在技术手段不发达的年代，这个以山地为主的地区是典型的严重依赖自然气候、幸遇风调雨顺才能有好收成的地区。在农业社会里，处于这样的"靠天吃饭"大环境中，故而闽西北山民们畏惧自然、崇敬自然，祈祷神灵能够给予护佑，期待人与自然和谐共处的文化意识也尤为突出。由此而来，闽西北的地方文化也就不可避免地带上了这类社会心理色彩，民间舞蹈也不例外。

（一）崇尚龙蛇，寓意幸福

龙是中华民族的图腾与象征，其最早形态为"板凳龙"。包括闽西北在内，福建的尊龙、舞龙等习俗都是由中原地区传入的。蛇是古闽越土著的图腾，当舞龙习俗随着南迁的中原移民传入闽地后，闽西北山区土著亦模仿板凳龙，塑造出了一种小龙形态。而后，舞蛇也随即问世了。至今仍家喻户晓的闽西客家"舞龙灯"，三明市大田、尤溪等地的"板凳龙"，平潭的"灯牌蛇"，南平的"游蛇灯"等民间习俗，就是这种龙蛇交融的典型实例。随着中原汉族与闽越土著的文化不断磨合，舞龙与舞蛇便逐渐舞到一起，出现了互相交合的民俗文化现象。

元宵节前后迎"板凳龙"，是三明市大田县、尤溪县城乡过年的传统民俗，其源头可追溯到唐代。迎龙灯开始时，村民们欢聚一堂，家家户户纷纷扛出一节"板凳龙"灯，走到村头接成一条长龙，舞动起来。然后，便围着村子巡游，穿梭于大街小巷，游走在田间地头。在茫茫夜色中，这条灯光明亮的"板凳龙"犹如一条巨龙四处游荡，上下翻腾，其造成的欢乐、热闹、喜庆气象，寄托着人们对美好生活的期望。

事实上，千百年来，闽西北人民一直在为美好的明天守护着龙蛇文化，通过舞龙这类民间舞蹈形式，期盼着自己及子孙后代能够过上如意吉祥、幸福安康的好日子。2008年，大田"板凳龙"被列入第一批国家级非物质文化遗产名录。

（二）扎根民俗，祈求平安

扎根于地理形势、社会环境、民间文化的风俗习惯，是民间舞蹈创作的重要源泉与丰富载体。闽西北的很多民间舞蹈，也都是源自上古时期流传至今的民间习俗。

由于旧时文明和科学的不发达，以及地理气候等原因，闽西北经常发生水涝与旱灾，尤其是旱灾频发，时常导致农民颗粒无收。同时，闽北还经常暴发瘟疫，危害人们生命健康。为此，闽北的民间祭祀活动极为频繁，闽北古代先人经常通过各种祭祀活动，祈求风调雨顺，庄稼丰收，或者以图驱邪避疫，人畜平安。

如南平市建阳区崇雒乡后畲村的《鸟步求雨舞》，就是随时代的变迁，从闽越文化中遗留下来的民间舞蹈。它是老百姓遭遇干旱灾害时，为了祈求老天爷普降甘霖，模仿鸟雀跳跃动作而创作出来的一种民间舞蹈。该舞蹈为男子群舞，参加活动的人是村里的所有男性，其中12个人必不可少，称为"十二营军"。其音乐是四二拍，求雨舞的动作既受"雀步"的影响，又有"禹步"的影子。"雀步"主要是模仿鸟雀跳跃的步子，"禹步"则是模仿大禹一高一低、跛足走路的步态。闽越族的祖先是夏禹，相传他多年治水，积劳成疾，腿脚走出了毛病，变成了跛足。因为他深受人民的敬重，于是当地人们认为，进行求雨仪式的巫师如果模仿跛足便可以与上天进行交流，用"禹步"求雨则会更加灵验。与此相仿，"板凳龙"等习俗也与求雨有关。

在闽西北地区，多地的傩舞保持着古越族先民傩文化的遗存，也是源自祭祀的民俗。如在《跳弥勒》《跳番僧》《跳八马》《跳大小幡僧》等傩舞中，一群表演者头戴面具（当地人称为"面壳"），或直接染面（画脸谱），边击鼓边行走于类似太极图的方位上，以驱邪避凶、祈求平安。

（三）粗犷豁达，气势雄浑

闽北多山，山区民众性格粗犷，经常上山打柴、伐木或耕地种田。早期山上常有虎豹猛兽出没，伤害人畜，所以他们还会时常集体上山打猎。并且，他们还会将这种劳作、狩猎活动艺术化为民间舞蹈。

如闽北邵武的《刀花舞》，就是山民们在打柴的过程中逐步创作出来的。其表演者左手执扁担，右手拿柴刀，用柴刀碰撞扁担，敲打形成音乐节奏。人们随着这种节奏起舞，还常常伴有对歌。这个舞蹈粗犷豁达，气势雄浑，充满男性的阳刚之气。闽北南平的《战胜鼓》也是气势恢宏的，在表演者敲击出来的震天鼓声中，体现出了闽北人粗犷豁达、刚强勇猛的性格。从传承上看，这个民间舞蹈也继承了中原舞蹈粗犷、强悍的文化气派。

三　闽东畲族舞蹈的审美意蕴与文化精神

闽东地区的畲族同胞喜爱唱歌，经常搭建歌台，召集歌手，举办歌会。歌会时，畲民舞者们常常舞动身姿，边唱边跳，尽显载歌载舞之美。

闽东畲族同胞的舞蹈，主要有节俗舞蹈、劳动舞蹈与体育舞蹈三类。畲族民众热情好客，每年的春节、"二月二"会亲节、"三月三"乌饭节、农历四月的分龙节等时节，都要聚集在一起过节。在欢度节日时，他们除了跳祭祀舞外，还会跳社交性习俗舞蹈，如《竹节舞》《迎客舞》等。

闽东地区多为丘陵地貌，畲族同胞长期居住在深山之中，生活的主要来源是狩猎、采茶与织布，而这种山居生活也被反映于当地的民间舞蹈之中。闽东畲族舞蹈动作中的"猎步"，就是模仿狩猎过程中猎人时快时慢的躲闪动作而形成的一种舞步，而基本舞步"悠荡步"和"坐蹲步"，则是分别模仿赶鸟兽和扛木挑担的动作姿态而形成的。

畲族人民能歌善舞，在生产劳作中创作了许多反映生产劳动类型的舞蹈，如反映畲族祖先狩猎情景的舞蹈《猎步舞》，反映畲族农事劳动的舞蹈《竹林刀花》，反映畲族种竹及用竹造纸过程的舞蹈《栽竹舞》等。畲民们长期居住在深山幽谷中，特别需要健壮的体格，常因地制宜运用劳动生活工具进行娱乐健身，创造出极具文化特色的《打枪担》《打尺寸》《赛海马》等体育舞蹈。

就整体而言，闽东畲族民间舞蹈具有以下三大特点：

第一，源于劳动，独具风格。畲族舞蹈基本舞步只有"坐蹲步"和"悠荡步"两种，其中"悠荡步"是根据赶走鸟兽的动作形成的，即一脚稍屈，一脚勾小腿至前，同时双手自然向前摆；而"坐蹲步"是根据"山哈"们居山生活中挑担登山或扛木头的姿态形成的，即用一脚着地，双膝向下微微颤动。闽东畲族舞蹈的主要表现动作，可以分为手、脚、身三个主要部分。其中，手是使用手腕和手指的动作，在舞蹈中配合身体来表达出富有鲜明地域特征的肢体语言，比如《手指舞》。脚主要是以蹬、进、退、蹲等方式，通过这些基本步伐来表现舞蹈的意蕴，比如《猎步舞》。

第二，由歌生舞，载歌载舞。畲族语言没有形成独立的文字记述体系，不能以民族文字来记录生活、传达思想和表达感情。由此而来，"以歌代言"成了畲民之间的一种主要交流形式，畲族的历史文化渊源传承也均由畲歌代代相传。许多畲歌都有舞蹈动作相伴，如《出嫁歌》的"抢亲"，《采茶歌》的"请茶"、"泡茶"、"端茶"等，都是由歌生舞，因歌而舞。可以认为，闽东畲族民间舞蹈很多是伴随着畲歌而生的，二者联系紧密，并且也由此而独具特色。

第三，自成一统，独具风情。畲族人民多居住于山区之中，又多是聚族而居的。这种山川阻隔和族群单一，使得畲族民间文化比较封闭，自成一统，独自传承。长期以来，这种山地民族文化较少受到外来的儒家文化以及现代科技的影响。因此，在畲族民间舞蹈中，情感表达上也表现出更加真挚、淳厚、质朴的倾向。如《迎客舞》，表现出了在社交活动中畲族人民的热情好客。

第二节　福建民间舞蹈名作改编运用选介

福建民间舞蹈是大众的舞蹈，是通俗的文艺品类，其作品往往出自里坊角落，或者来自乡村田野。它们不妖娆，不端庄，鲜少"阳春白雪"的品相，反而多是调皮、风趣的，显示出通俗化之美。因为更接近社会生活状况、普罗大众精神的"原汁原味"，进而拥有"接天莲叶无穷碧，映日荷花别样红"的风韵，能够让欣赏者们耳目一新，精神为之一振。

福建民间舞蹈形式丰富多样，大多是载歌载舞，能够充分地刺激欣赏者的视觉、听觉等感官，令人赏心悦目。优秀的民间舞蹈作品不可忽视与轻视，因为它们具有思想教化、艺术审美与文明和谐的社会价值，产生了不少名作，而将这类民间音乐舞蹈引入幼儿园音乐文化启蒙教育领域，不仅可以拓宽民间音乐非物质文化遗产的生存空间，对传承、弘扬民族传统文化具有重要的现实意义，而且还有利于促进、丰富幼儿园的文化建设，特别是能够拓展、增强、提升师幼双方对民间文艺的鉴赏和审美能力。

3—6岁的学前儿童具有自己独特的身心发展特点，启蒙教育工作者应该根据不同阶段幼儿的认知、动作与审美特点，为其选用适宜的民间舞蹈材料和学习方式，并对某些名作进行适宜化的改编，引导孩子们通过诗意化的直接体验和游戏化的体验形式进行学习，让那些富有童心、童真、童趣的民间舞蹈佳作不但带动幼儿园文化的发展与升级，而且扎扎实实地推动福建民间音乐及其文化在闽地儿童们的心中生根发芽，伸枝展叶，开花结果。

一 闽南民间舞蹈名作改编运用选介

（一）《拍胸舞》

《拍胸舞》是福建省最具代表性的民间音乐舞蹈之一，又称《打七响》《乞丐舞》。从其别具一格的草绳头箍、赤膊上身及击拍、夹跺为主的粗犷之舞步诸方面考察，专家认为该舞蹈极有可能是古闽越族舞蹈之遗存。[1]《拍胸舞》主要流传于闽南地区，盛行于泉州，流传于漳州、厦门、金门、台湾等地。

1. 作品的审美特点与文化意蕴

表演《拍胸舞》的舞者常为健壮的男子，其头上还盘着如蛇头突起

---

[1] 郭金锁、黄明珠：《闽南民间舞蹈教程》，上海音乐出版社2008年版，第81页。

的草绳圈，该草绳圈与舞蹈动作相配合，充分表现出人们对蛇神的崇敬之意。在表演中，舞者赤裸上身及双足，以拔腰挺胸之体态和重心较低的蹲裆步，双手做着单一节奏的拍胸、夹胁、拍腿、拍掌的"打七响"动作。他们时而跺脚，时而踢腿，舞步粗犷威武，且不舞则已，舞则淋漓尽致，直至拍得遍体通红，体现了原始、简单而古朴的舞蹈风格与兴奋激昂的精神风貌。

《拍胸舞》最初为祭祀之舞，后来逐步衍化为民间一种形式独特的舞蹈。此后，又被梨园戏吸收，演化为郑元和沦为乞丐后边唱边跳的场面，并获得广泛传播。随着时代的发展，20世纪50年代开始，以泉州人郭金锁等为代表的一批民间艺人在劳动、生活不同的情境中即兴表演，有机吸收了田间劳动、生活乞丐、民间踩街和戏曲等各种动作，使这种闽南民间舞蹈不断丰富发展。《拍胸舞》的动作从简单的"打七响"，发展到拍击胸、胁、肩、臂、肘、掌、足、腿等部位，脚步与头部动作也更加丰富、协调了，形成了身体的横晃动势和前后波动动势。

在《拍胸舞》中，无论是挺胸拔背的基本体态，还是向下用力跺踩的蹲裆步，以及随着胯的左右推动而牵动上肢腰胁的移动和头的"横摆"动律，充分体现了闽南人民渴望战胜自然的愿望，勇敢进取的海洋精神，以及豪迈豁达、聪明灵秀的性格特征。

2. 作品在幼儿园里的运用

生活在闽南的幼儿，对《拍胸舞》都有一定的现场体验，因为每逢传统节日，《拍胸舞》都会成为当地民俗踩街活动中的传统表演节目。《拍胸舞》动作粗犷豪放，动感极强，而且舞者佩戴别具一格的草绳头箍，赤膊上身，形象独特而奇异。对于这种民俗舞蹈，孩子们会非常好奇，觉得好玩。

在舞蹈活动中，可通过再现民俗踩街表演《拍胸舞》的图片与视频，引起幼儿的回忆；可通过家园合作，让幼儿事先了解《拍胸舞》的故事传说，初步感受其文化寓意；通过教师的示范，让幼儿感受《拍胸舞》中拍击胸、胁、肩、臂、肘、掌、足、腿等部位的舞蹈动作，体验其粗犷豪放的动作特点。

在幼儿园手工区，教师可引导幼儿尝试自制草绳头箍；通过游戏活动，让幼儿尝试斗舞，感受相互逗乐的游戏乐趣。幼儿园还可将本舞蹈设计为幼儿园大班的早操。对于拍胸舞中蕴含的勇敢拼搏、不怕困难等精神，教师要作为教育重点，进行适当、有效的引导，让幼儿明白这个舞蹈中所蕴含的生活哲理与拼搏精神，培育其积极向上的人生态度。

（二）《彩球舞》

《彩球舞》，又名《踢球》《碰球》《贡球》等，是闽南人民在逢年过节、迎神赛会、喜庆婚丧等场合表演的主要民间舞蹈之一，流行于闽南方言区的泉州、厦门、南安及台湾等地。

1. 作品的审美特点与文化意蕴

《彩球舞》源于中国古代的"蹴鞠"（即踢球），最初为一种军事体育运动，用以在娱乐活动中训练、增强士兵的身体机能。自汉代后，"蹴鞠"开始在娱乐游戏中，并且通过与音乐、舞蹈等艺术形式的结合，逐渐舞蹈化，最终演变为"蹴鞠舞"的形式，并且向民间社会普及开来。经过进一步的演化，"蹴鞠舞"又增子添孙，培育出《彩球舞》之类的民间舞蹈，结合着相关民俗习惯，出现在许多民俗活动的场景之中。因此，观看《彩球舞》也就具有了考察大众文艺、民情民风的意义了。

闽南的《彩球舞》，表现出来的是奔放、雄健的当地民风，呈现出来的是一个男舞球手、一位彩婆以及四位或六位"彩娴"（青年女子）群舞的形式。舞蹈开始时，男子手持一个彩球飞奔上场。在舞蹈中，这种彩球的作用类似于舞狮之球，但有柄，柄长四尺半。《彩球舞》的动作有"抖球"、"转球"、"抛球"、"绕身滚球"、"空中弹球"、"背转球"、"背滚球"、"滑棍踢球"等。彩婆动作有"前后荡身"、"行进荡身"、"勾脚踢球"、"击掌拍腿托球"、"盘腿跳"、"盘坐转圈"、"左右拉袖"、"头顶球"等。女孩们动作活泼灵巧，有"左右小摆"、"吸腿顶球"、"转身托球"、"耸肩托球"、"耸肩顶球"、"射雁踢球"等。

《彩球舞》的道具是一个由16个藤圈套在一起的空心球，而且还加上了铜铃，扎上了彩绸，以增加"球"的美观、美听和欣赏性。为了增加此球的可表演性、可控性（注：球飞行时，方向往往不稳定），这个舞蹈将球设计在一根长柄上，也因此在《彩球舞》中就多了举球者这一角色。经过这样处理，舞者才能结合可控性很强的"球"，以脚踢球、以手抛球、以身碰球，表演出一系列技艺高超的舞蹈动作。

2. 作品在幼儿园里的运用

玩球是幼儿十分喜欢的一种游戏活动，而《彩球舞》中的彩球颜色鲜艳，又有铜铃发出的悦耳音响，更是深受孩子们的喜爱。《彩球舞》在进入幼儿园时，应先提供彩球给孩子们玩，让他们在区域游戏以及户外自由活动时，大胆练习摇球、举球、用手抛球接球，用脚踢球，用膝盖顶球等动作。在幼儿对彩球很感兴趣的时候，再带入舞蹈元素较为适宜。

在这个舞蹈活动过程中，两位教师宜先扮演舞球手与彩婆的角色，通过示范玩球，让幼儿感受到这种舞蹈之美、之乐，并且了解舞球手与玩球者角色及其动作之间的配合。然后，再循序渐进地加入4—6位幼儿一起玩球，让幼儿体验相互之间的配合。幼儿会玩了以后，可以再分组玩耍，让幼儿自由组合，自愿报角色，进行玩球。最后，配合与《彩球舞》相适应、节奏感强的音乐，让幼儿随乐有节奏地舞蹈起来。

（三）《车鼓弄》

《车鼓弄》又称《弄车鼓》《车鼓阵》，是闽南特别是厦门同安地区的一种传统民俗娱乐形式，具有浓厚的地方色彩。它顺应了闽南民众传统的载歌载舞的审美习惯，以动作朴实简单、易学易演，诙谐幽默的风格受到了广大人民的喜爱。观众通过听其声、观其容来领会这个舞蹈的文化内涵，而这正是"歌以咏言，舞以尽意"观点的真实写照。闽南乡村里，在迎神赛会、农闲节日庆祝活动以及新婚闹洞房等喜庆时刻，都很盛行表演《车鼓弄》。

1. 作品的审美特点与文化意蕴

作为集说唱、身形表演于一体的民间舞蹈艺术，《车鼓弄》是古代弄戏（指一种游戏。古时，江南一带称演傀儡戏为弄戏）的遗存形式。在《车鼓弄》里，"车"就是"翻转"的意思，"弄"则为"舞弄"之意，指的都是舞蹈动作。闽南乡间里，当地老人们都会说："车鼓弄，三步进，三步退，弄过来又扭过去。"因此，这种民间舞蹈又有《弄车鼓》这个俗称。

《车鼓弄》沿袭闽南早期踏谣式滑稽弄戏的表演形式，演员通常为一丑加一旦，以滑稽的动作和诙谐的对答，形成连唱带舞的模式。表演时，二人扮作男丑与彩旦，扛着竹篮搭扣的鼓轿，踏着四方交叉步，进三步退三步，一唱一答，妙语连珠。舞蹈中的内容，多为孝道劝善、夫妻情趣、情人相思等，既有道德教化的因素，更有生活情趣的烟火气。其以左右大幅度横摆推胯为基本动律，舞蹈风格朴实风趣、诙谐幽默。由于十分通俗化，又极具趣味性，因而受到了闽南广大普通民众的喜爱。

2. 作品在幼儿园里的运用

舞蹈《车鼓弄》中，丑角与旦角的装扮与动作的滑稽有趣，载歌载舞的表演很受孩子们的喜爱。教师应鼓励家长带孩子，积极到各种节日民俗活动现场观看，感受该民间舞蹈表演所创造出来的欢乐气氛，积累初步的审美体验。

幼儿园可邀请民间艺人入园表演，或者由两位教师着装扮演角色。不过，表演的内容应是幼儿普遍都能够理解的，如合作表现劳动与丰收的喜悦，以滑稽的方式劝说团结友爱、节约粮食，或者相互间逗乐开心等。在观看表演时，教师可逐步提出"这个舞蹈是几个人表演？"、"他们穿的衣服有什么特别之处？"、"需要什么道具？"、"表演了哪些有趣的动作？"、"他们表演了什么内容？"、"他们的脚步是怎么走的？"等问题，引导幼儿带着问题认真欣赏、思考，然后再让他们选择自己喜爱的角色，跟随成人进行模仿学习。最后，还可让幼儿寻找同伴，两两合作，探讨他们想要表现的主题与内容，装扮成各自喜爱的角色，开展以创造性表现为主的娱乐游戏活动。

（四）《火鼎公婆》

在闽南泉州地区，《火鼎公婆》是深受广大群众喜爱的一种民间舞蹈，主要出现于节日踩街、迎神赛会等场合之中。该舞蹈传承了闽南地区独有的文化特点，表演风格诙谐幽默，喜剧色彩浓厚，气氛热烈欢乐，有利于雅俗共赏、老少同乐。

1. 作品的审美特点与文化意蕴

《火鼎公婆》由两人分别扮演老公公与老婆子，服饰与道具特色鲜明。扮演"火鼎公"者，上穿羊羔黑袭，下穿宽筒裤，裤脚束紧，脚下穿圆口软底布鞋，腰束长绸巾，一手拿着桔木长烟管，一手执着芭蕉扇。

扮演"火鼎婆"者，身穿镶边大襟红衫，下着镶边宽筒大红裤，头顶盘起高高的发髻，脚穿厚底绣花大红布鞋，一手拿红手帕，一手执大圆蒲扇。表演时，两人抬着一口架在木框上的大铁鼎，鼎中柴火烧得通红。

在表演方式上，该舞蹈也是非常独特的。二人或快步飞穿，或缓步踯躅，舞姿、神态随意变化，颠而不狂，醉而不痴，或运用手中的道具，表演各种技巧与身段。有时"火鼎婆"故意大煽其火，燎得前头的"火鼎公"火烧屁股，捶胸跳脚、骂骂咧咧；有时火焰将熄，二人反担火鼎，鼓足腮帮，拼命吹火，结果被烟灰迷眼，涕泪齐流，狼狈至极。看到这种滑稽相，观者无不笑弯了腰。一路上，"火鼎公婆"一边用幽默戏谑的话语，一边踏着滑稽好笑的舞步，做出种种逗人动作，同围观群众互相嬉戏，甚至打情骂俏。这种即兴表演，双边互动，风趣多乐，能够惹得观众捧腹大笑，增添了许多欢乐气氛。

《火鼎公婆》作为闽南群众极为喜爱的一种游艺活动，是闽南地区春节、元宵节等节日庆祝活动中主要的表演形式，寄托了当地人民对美好生活的向往。其服饰、动作都有很强的闽南味，"火鼎公婆"的服饰、"横摆"的动律风格与瞪大眼睛左右移动的眼神等，深受西域文化的影响，体现出中外文化交流、融合的一些特点。而"火鼎公"的"四方步"，更具有中国传统戏剧舞步的特点，经过夸张化处理后，体现出了闽南人热爱自由、不拘小节的性格特点。

2. 作品在幼儿园里的运用

《火鼎公婆》这个舞蹈通俗亲民、幽默风趣，孩子们十分喜欢观看。教师应鼓励家长带孩子去观看，特别是要积极到相关的节日民俗活动中去现场感受该民俗的欢乐气氛，初步积累起来闽南民间舞蹈的审美体验。

在幼儿园舞蹈教学活动中，教师可邀请民间艺人入园表演，或者由两位教师着装扮演。在表演时，教师可向在场的幼儿提出一系列相关问题，如"这个舞蹈是几个人表演？"、"他们穿的衣服有什么特别？"、"需要什么道具？"、"表演了哪些有趣的动作？"、"他们表演了什么内容？"、"他们脚步是怎么走的？"等，引导幼儿带着这些问题集中注意力，认真地去欣赏和思考。然后，再让幼儿在一定的音乐节奏中，模仿、学习这个舞蹈中各个角色的动作、表情等。最后，还可通过"有样学样"等游戏，让幼儿做出种种逗人动作，并且相互模仿学习，提升学习的兴趣。

此外，幼儿园还可在户外游戏活动、早操等环节，让幼儿以游戏的方式进行表演，增添园区、现场等场合里的欢乐气氛。

二 闽西北民间舞蹈名作改编运用选介

（一）《采茶扑蝶》

《采茶扑蝶》原名《采茶灯》，起源于福建省龙岩市新罗区苏坂乡美山村，流传至今已经二百多年历史了。2005年，《采茶灯》被列为福建省首批非物质文化遗产保护项目，而《扑蝶》这段音乐是《采茶灯》的高潮部分。1952年，福建省文化局在当地的一次慰问演出时，将这个民间舞蹈改名为《采茶扑蝶》，之后社会上便一直保留并使用这一名称了。1953年，《采茶扑蝶》代表中国，参加第四届世界青年联欢节，并获得银奖。

1. 作品的审美特点与文化意蕴

《采茶扑蝶》是一首五声F羽调式的曲子，以"do、mi、sol、la"为基础核腔，是典型的南方小声韵核腔结构。全曲围绕上述几个音进行发展，表现了福建地区民歌小调的形式规整匀称，旋律性强，表现手法多样，具有朴实、细致等特点。其音乐旋律上下行都很匀称流畅，可歌唱性较强，旋律发展的手法有重复、跺句、展衍等多种样式。

劳动创造了伟大的物质文明，也孕育出了灿烂的音乐文化。龙岩是福建省重要的茶叶种植地，当地人民也大量地参与到种茶、采茶、制茶等劳动之中。《采茶扑蝶》正是在采茶劳动中创造出来的一首民间舞蹈，以优美的舞姿和音乐，描绘出了闽西采茶姑娘欢快采茶以及追逐蝴蝶的愉快场景。

《采茶扑蝶》是体现闽西茶文化特点的优秀作品之一，同样也蕴含着深厚的民族文化精神。这个作品通过活泼欢快的音乐与舞蹈，展示了在生机勃勃、万物复苏的春天里，一群朝气蓬勃、勤劳勇敢的采茶女在山间欢快采茶，休息时快乐地扑蝶嬉戏的场景。它呈现了祖国的大好河山，表现了茶农的辛勤劳动，传递出闽西儿女勤劳勇敢、热爱生活的人文精神。

2. 作品在幼儿园里的运用

《采茶扑蝶》是一首优美动听的福建民歌，它主要表达了采茶姑娘一边劳动一边唱歌，以及快乐地扑捉蝴蝶的情景。其内容生活情趣浓厚，音乐旋律优美，节奏明快，适宜幼儿欣赏与游戏，因而很受孩子们的喜爱。

教师可通过引导家长带孩子春游看茶山，参加采茶活动，以及观看采茶视频等，丰富幼儿关于茶山与采茶的经验；通过讲故事、看图谱等方式，调动幼儿的多种感官去欣赏音乐，帮助他们更好地感受与理解音乐；教师借助肢体动作与语言，引导幼儿随乐有节奏地练习采茶动作，并鼓励他们创编不同方向、不同高度的采茶动作，增添他们创造性表现的快乐；教师还可通过引导幼儿随乐与"蝴蝶"追逐游戏，体验随乐游戏的快乐。

本项活动可运用于幼儿园的集体教学、区域活动、节庆活动以及户外游戏等场合。

（二）《板凳龙》

1. 作品的审美特点与文化意蕴

在大田县城乡，元宵节前后迎"板凳龙"，是过年时的传统民俗之一，其历史可追溯到唐代。迎龙灯开始时，村民们家家户户都扛出一节"板凳龙"灯，聚集在村头，连接成一条长龙。然后，举着这条自带灯光的长龙，村民们围着村子巡游，穿梭于大街小巷、田间地头。尤溪县梅仙镇的"板凳龙"，又称为"板龙"、"龙灯"，是当地人迎神、祈福的一项民俗活动。村民们一户出一节板凳，并把每条板凳的两端各钻上一个孔，然后一节节地连接起来，组成一条板凳长龙，每条可达两百多米长，非常壮观。尤溪的"板凳龙"从清嘉庆元年出现，一直延续下来，至今已200多年的历史了，而巡游"板凳龙"活动也在这种坚持之中，成为远近闻名的传统习俗之一。在乌黑的夜色中，这些"板凳龙"犹如一条条巨龙一般，上下翻腾，四处游走，观众甚多，场面热闹又喜庆，寄托着人们对美好生活的期望。

关于"板凳龙"习俗来源的传说很多，在大田县里流传较为广泛的版本有两个：第一个版本是说大田县城河里有一条龙，由于一直跨不过这条河，就年年兴风作浪，水灾不断，当地村民辛苦耕作却颗粒无收。后来，外地来了一位心灵手巧的年轻木匠，与本地的姑娘结婚后生下了一个女儿。这个女孩经常和那条龙一起玩耍，知道了龙想过河的愿望。于是，她请父亲做了一条长长的板凳，把龙放在上面，帮助它过了河。从此以后，大田县就风调雨顺，再也没有水灾了。此后，当地民众就用稻草编成龙，捆在板凳上，敲锣打鼓地舞起来，祈祷来年风调雨顺，五谷丰登。第二个版本则说某年大田县遭遇了史无前例的大旱，眼看着庄稼颗粒无收，饥荒很快就要降临，村民们便天天祈求天降甘霖。东海有一只神龙非常同情这些村民，就不顾天规，私自降雨，解除旱灾，解救生灵。但是，它因触犯了天规，被剁成数段，扔到了凡间。民众们感谢这条舍生取义、救苦救难的神龙，将龙段收集起来，一节一节地放在板凳上连接起来，并奔走相告，合力抬着这条神龙向上苍祈求，最后成功地帮助神龙复活了。

《板凳龙》融民间工艺、体育、杂技、舞蹈等于一体，舞动时一般用锣鼓、唢呐来伴奏。这种迎龙、舞龙的民俗活动，不仅彰显着传统性、民俗性，是富有地域特色的非遗文化，也体现了民众团结向上的精神，以及他们在新的一年里对添丁进财、平安吉祥等的企盼。当然，根据传说的内容来看，其中还有多行善事、舍生取义、知恩图报、好人好报等道德教化。其中，虽然有些迷信成分，但在总体上还是教人向善的。

2. 作品在幼儿园里的运用

作为一种童年的记忆和家乡的记忆，巡游"板凳龙"是福建大田、尤溪等地孩子在春节、元宵等节日前后经常可以看到的民俗活动。尤其在当地的农村，很多孩子在家里就能见到大人在制作"板凳龙"灯。夜晚来临后，孩子们会看到一两百米长的板凳长龙，在夜色中犹如巨龙一样上下翻腾，而男女老少都会走出家门，踊跃观看。孩子们非常喜欢这样新异、热闹、喜庆的场面，常常要大人带着自己，紧跟在队伍的后面，一路观赏游玩，直到尽兴而归。

基于这样的基础，幼儿园可以主题系列活动的方式，来开展与"板凳龙"相关的活动。教师可以通过视频，再现巡游、观看"板凳龙"的热闹情景，引导幼儿欣赏这种民俗活动场面的壮观，感受舞龙者的宏大气势与巨大热情，感受舞动板凳龙的艺术韵味以及锣鼓音乐的节奏美感，体验欢庆、团结、和谐、祥和等情感。教师也可通过讲故事、谈话等方式，帮助幼儿了解"板凳龙"的民间传说故事，感受其中蕴含的乐于助人、团结向上等文化精神。教师还可以在美术区，让幼儿自己动手，尝试制作、粘贴与装饰"板凳龙"，或在户外游戏时，指导幼儿随着鼓乐舞动"板凳龙"、开展"板凳龙"接龙游戏等。

（三）《战胜鼓》

"战胜鼓"，又称"战台鼓"、"战斗鼓"、"国姓鼓"，是在福建省南平市延平区王台、峡阳一带流传的一种民间传统民俗舞蹈，源于明末清初，至今已有300多年的历史。据史料记载：民族英雄郑成功在驱荷复台战役中，以擂响战鼓来操练队伍和指挥作战。将士中，有一个来自现今延平区峡阳镇的薛姓鼓手，年老解甲回乡后，便把一套击鼓技艺传授给乡里的少年，乡人称这种击鼓活动为"战胜鼓"。如今在峡阳镇一带，这种"战胜鼓"不仅老年人会敲，中年人会敲，就连少年儿童也加入到训练行列之中，掌握了击鼓技艺。2005年，"战胜鼓"入选福建省首届省级非物质文化遗产代表作名录。

1. 作品的审美特点与文化意蕴

自秦汉、唐宋以来，随着中原北方汉人多次的大规模入闽，中原文化在福建也得以传播与推广。于是，以中原文化为主流，与闽越文化相互融合，逐渐形成了福建独特的地域文化，闽北延平区峡阳镇的"战胜鼓"就是这种混血文化的一个代表。"战胜鼓"具有多源头历史文化积淀，含有深厚的历史文化内涵，从其舞容、舞风来看，男子战将的装束、粗犷豪爽的动作体态，似乎显示出一千多年前中原将士的骁勇好战、豪气干云的军人本色。剽悍、强劲的动律也仿佛再现，传衍着福建人民不畏强暴、敢于反抗外来侵略的秉性。

就表现形式而言，该舞蹈出色地将军事技艺、舞蹈动作与鼓乐击奏有机地结合起来，特别是将各种擂击战鼓、做徒手操、排列阵式等也都有机地结合起来了。借助着强劲的动作、如雷的鼓声和宏大的阵势，有动、有声、有色，可以强烈地刺激在场观众的视觉、听觉等感官，并且经由这些感官通道，震撼人们的心灵深处。可以认为，"战胜鼓"舞出的就是中国人的磅礴精神，鼓出的就是中国人的冲天豪气。

2. 作品在幼儿园里的运用

闽北的《战胜鼓》在表演时，鼓声震天，气势恢宏，体现了闽北人粗犷、豁达、勇猛的性格，也可以看出闽北民间舞蹈继承了中原舞蹈粗犷、强悍的文化气派。

"战胜鼓"是峡阳镇一带家喻户晓的民间音乐活动，由于占有地理优势，在南平市延平区，春节、元宵等节日前后，孩子们也经常可以看到声势浩大的"战胜鼓"游街表演队伍。表演者们穿着古时中原军士的服装，手持各种鼓，边走边有节奏地敲击出鼓点，还会在一些中心场所摆出鼓阵，舞动出剽悍有力的动作，摆出气势宏大的造型。这种震天的鼓声、有力的动作和彪悍的造型，很受孩子们喜欢，他们常常也会跟着舞动起来。可以说，在当地，那里的幼儿已经具有了对于"战胜鼓"的感性认识。

教学"战胜鼓"，幼儿园需要以主题系列活动的方式，来开展相关的活动。教师可以邀请民俗表演活动团体，进入幼儿园给小朋友们表演，也可以通过视频，来向幼儿再现"战胜鼓"的鼓声、动作和造型，引导他们欣赏游行队伍的壮观，感受鼓声的气势与节奏，感受舞者的豪放动作风格，体验雄壮、豪迈的战鼓演奏风格与军人勇猛无敌的气势。教师也可通过讲故事、谈话等讲述方式，帮助幼儿了解郑成功及其率军收复台湾的故事，感受勇敢豪迈、保家卫国的伟大精神。教师还可以在音乐区投放各种鼓，让幼儿尝试演奏，或在进行户外体育游戏时，带领幼儿边走动边演奏战胜鼓，并随着鼓乐的节奏开展造型游戏等。

（四）傩舞

傩舞，又称跳傩活动，是在福建省闽西北的邵武等地盛行的民间舞蹈。从源头上看，傩舞是中国古人驱疫逐鬼的一种仪式活动，大约形成于商周时期的中原地区，到秦汉时已非常盛行了。

邵武和平古镇前山坪村遗存的一方清道光十五年碑刻记载，"邵武傩舞始于宋代"。傩舞能在闽西北的这些地方长期盛行，其原因主要是这些地区都处于崇山峻岭之中，因为地理、气候、经济、交通、医疗等方面的原因，历史上天花、麻疹、疟疾等疾病交替发生，夺去了无数人的宝贵生命，有时还造成了"万户萧疏鬼唱歌"的悲惨局面。在科学不够昌明的古代，这种人力难以抗拒的灾祸迫使人们寄希望于鬼神，借助跳傩活动来驱疫，以免疾病缠身，断送性命。

正是如此，跳傩活动在传入邵武这个区域后，自然也就被当地吸收、发展，并且在日益重视非物质文化遗产的大环境中，被当作一种民俗传承到今天。在历史上，邵武府管辖邵武、泰宁、建宁、光泽四县以及和平分县，所以邵武也就成为傩舞在福建省的主要流行区。至今，在邵武的大埠岗、和平、肖家坊、桂林、金坑、沿山六个乡镇，仍十分流行跳傩活动。

1. 作品的审美特点与文化意蕴

邵武古属百越，又"与楚为近"，加之两千余年来中原文化的不断输入，古越文化、楚文化和中原文化交融汇合，这些因素在当地的傩舞中都得以体现。邵武傩舞保持的是原始的傩舞形态，主要有跳番僧、跳八蛮、跳弥勒和小番僧等几种形式。此地的傩舞，除了保留了中原原始傩舞的驱疫逐鬼内容之外，还增添了一些春祈秋报、祝愿家人平安、祈祷生子添丁等内容，因而舞蹈的文化内涵更为广泛丰富。

邵武傩舞古朴原始，余韵悠长，极具闽西北地方特色，具有很高的历史价值和文化价值。在面具、服饰和舞蹈动作方面，这种傩舞均有明显的古傩余韵，保留了祭仪乐舞中驱鬼的原生形象，是纯朴而不演变的傩戏，具有较强的原始性，可以认为它是名副其实的古傩活化石。以邵武傩舞为窗口，人们可以窥视、观察到古傩的基本面貌，也可以发现、探寻这一带民众的思想文化心理。

2. 作品在幼儿园里的运用

邵武傩舞不仅在闽北古代重镇邵武家喻户晓，近几年来也成为南平市多地文化活动中重要的内容。每逢中秋、端午、元宵等节日，在南平的邵武、延平、建阳、建瓯、武夷山等地，经常会举行这种民俗舞蹈表演活动，因而当地的孩子们对这种民间舞蹈并不陌生。在当地，孩子们对傩舞的奇怪面具会特别感兴趣，喜欢自己设计类似的面具，并戴上这些面具进行创意表演。

在幼儿园里，可以以主题系列活动的方式，来开展相关教学活动。

教师可以请家长们带上孩子，去观赏街头的傩舞表演，也可邀请民俗表演活动团体来幼儿园，为小朋友们现场表演，还可以通过视频，再现"傩舞"的动作造型。通过这些活动，引导幼儿欣赏傩舞艺术，感受傩舞的滑稽有趣，体验舞者原始、粗放的动作风格。教师也可通过讲故事、谈话等语言活动，帮助幼儿了解傩舞中祈福、祝愿的故事，感受期待家人平安、期待家乡丰收的文化精神。教师还可以在美术区里，引导幼儿设计、自制各种傩舞面具，或在音乐区里，投放各种傩舞面具、服饰道具，让幼儿进行尝试表演。此外，教师还可以在户外体育游戏时，带领幼儿边听音乐边表演，并随着鼓乐节奏，开展傩舞面具造型游戏等。

三 闽东畲族民间舞蹈名作改编运用选介

（一）《竹林刀花》

从古至今，闽东的畲族都是稻作民族，畲族人民的生活来源也主要是依靠农业生产。因此，农事活动在畲族人民的日常生活中地位十分突出，并且也进入了畲族民间传统舞蹈节目之中。《竹林刀花》就是这种民族民间舞蹈的一个典型作品，它根植于畲族文化土壤，是闽东畲族民众在农事活动过程中形成的一种舞蹈。该舞蹈再现了畲族人民群众的劳动场景，反映了这些民众的生活情趣，具有独有的艺术特色和传承价值。

1. 作品的审美特点与文化意蕴

《竹林刀花》这个舞蹈产生于畲族民众的农事活动，舞蹈的道具有柴刀与竹扁担，它们都是畲族农民开展农事活动的常用工具。在进行农事活动时，畲族农民往往都会携带柴刀和竹扁担。为了减轻高强度劳动所带来的疲劳和厌倦，他们开始时可能是毫无规律地用柴刀随意击打竹扁担，使其发出响声。有时，伴随着山歌，他们会变换敲击的节奏，一边唱歌一边跳舞。后来，经过不断的演化，就逐渐形成这种相对成熟的民间舞蹈，用以表现畲族人民群众的劳动情趣。

从《竹林刀花》的舞蹈肢体语言上，可以看到畲族人民在进行农事生产活动工作中的许多场景，体会到他们的心理情绪。其中，或表现生产劳动过程，或表达丰收喜悦。这些场景和心情，都是他们生活的真实写照。这个舞蹈动作语言质朴，表达形式简单明了，多是对当地生产劳动过程的生动再现，而通过这种动作节奏、幅度的变化来表达生产活动的强度，可以让观众身临其境般体会到畲族人民劳动时的场景。

《竹林刀花》是畲族人民在生产过程中为了自娱自乐而自创出来的舞蹈形式。该舞蹈可以让他们在繁重的体力劳动中减轻心理的压力，表达他们对劳动的热爱，以及对生活的满足。他们还可以通过这个舞蹈，加强与他人的交流。从这一点上看，这个舞蹈也成为畲族人民群众的一种特殊的交流和沟通方式。

必须提到的是，《竹林刀花》是畲族人民群众崇尚快乐、热爱自然的表现，没有世俗和功利的浸染，是畲族人民群众内心真情实感的表达。因而，人们观看、欣赏畲族民间舞蹈《竹林刀花》，会更像是体验一首纯粹而自然的田园牧歌。

2. 作品在幼儿园里的运用

《竹林刀花》贴近当地生活，表现的是畲族人民集体劳动的情趣与快乐，而且该舞蹈动作简单，歌曲节奏明快，易于感受，也易于表现。由于适宜幼儿体验和学习，《竹林刀花》可运用于幼儿园的集体教学、区域活动与节庆活动。

在幼儿园里，教师可通过舞蹈欣赏方式，引导幼儿了解畲族人民的生活内容与劳动方式，感受畲族山歌的优美与畲族舞蹈的欢快，体验畲族人民热爱劳动、热爱生活的情怀，感染畲族人民相互合作、密切配合的集体主义精神。教师也可投放畲族的服饰及相关的舞蹈音乐、道具，引导幼儿在音乐区里进行表演，或组织集体性的韵律活动，引导幼儿学习用舞蹈动作表现，并通过集体合作的方式，去感受集体舞蹈的乐趣。

此外，教师还可将此舞蹈编成早操游戏，让幼儿在户外随乐表现，感受舞蹈、歌唱与劳动的乐趣。

(二)《山哈的歌谣》

1. 作品的审美特点与文化意蕴

《山哈的歌谣》是一首在福鼎一带流行的畲族山歌，音调比较高亢，句末有延长音，全曲为五声羽调式。改编后，其歌曲保留了原歌曲的主旋律及其主要结构，删去了第二段比较成人化的内容，使得歌曲更加简单易懂，易为幼儿感受、理解与学习。

这首歌谣的语言很有特点。其歌词为典型的七字句，结构形式的状况为：前面四句为一段，都是用同样的句式，也就是上半句分别是"唱起山歌"、"跳起舞蹈"、"采起春茶"、"织起彩带"等四字组合，下半句都有"哩啰哩"这三个字的衬词，第五句重复"哩啰哩啰哩啰哩"七字衬词，最后两句歌词也基本是七个字。由于字少而重复多，语句形式比较整齐，使得这首歌谣歌词简单，节奏明快，朗朗上口，具有很强的可歌唱性。

从题材方面看，这首畲族山歌歌词的内容就是畲族女子现实生活、精神状态的写照。其前面四句描述畲族姑娘在快乐地唱山歌、跳舞、采春茶、织彩带，而这些都是在反映畲族人民熟悉的生活劳动内容。并且，这四句都用"哩啰哩"衬词作为下半句以及后面的歌词，表现出畲族姑娘边辛勤劳动边快乐歌唱的生活场景与心情。最后两句歌词，表达了畲族小姑娘热爱唱歌、热爱生活以及希望生活越来越美好的情感。

2. 作品在幼儿园里的运用

闽东畲族山歌《山哈的歌谣》特色鲜明，内容简单易懂，贴近现实生活，语言活泼有趣，对于今天城镇里生活的幼儿来说，是新鲜而有吸引力的。在幼儿园音乐启蒙教育中，可通过欣赏、演唱、动作模仿等方式，让幼儿从《山哈的歌谣》中，感受畲族山歌音韵上的优美动听，体验畲族人民生产劳动的生活状况，感知畲族人民热爱歌唱、热爱生活的情怀。

在教学活动中，教师可先通过播放相关视频，让幼儿感受畲族姑娘快乐地唱歌、跳舞、采春茶、织彩带等生活场景，感受与理解畲族姑娘的生活内容与生活方式，进一步理解歌词内容以及所表达的情感。接着，可以通过歌唱活动，引导幼儿感受该歌曲的艺术风格，尝试通过图谱、游戏等多种方式学习与记忆其歌词，并随乐学习歌唱。幼儿学会歌曲后，教师可引导幼儿对前四句歌词进行适当的改编，并可组织韵律活动，引导他们用舞蹈动作来表现歌曲中的生活场景和思想感情。

就适用的场景类型来看，《山哈的歌谣》可运用于幼儿园里的集体教学、区域活动与节庆活动。

第三节　幼儿园民间舞蹈活动示例

舞蹈是人类表达思想、抒发情感的重要方式，正如《乐记》中描述的，"言之不足，故长言之。长言之不足，故嗟叹之。嗟叹之不足，故不知手之舞之足之蹈之也"。包括福建在内，中国的不少民众旧时在连绵群山或茫茫大海之中，过着日出而作、日落而息的质朴生活。他们在长期的生产生活中，创造了异彩纷呈的舞蹈方式，呈现出异彩纷呈的舞蹈形态文化特质，如随和自由的交际文化、愉悦身心的劳动文化、朴实原始的生态文化等。欣赏这些民族民间舞蹈活动，可以让幼儿了解家乡原生态的民族民间文化形态，感受当地民众质朴无华的生活情趣，体验劳动人民在载歌载舞中生活劳动的乐趣。

为此，我们将福建民族民间舞蹈资源有机融入幼儿园课程之中，通过幼儿喜闻乐见的故事、音乐、游戏、动作等方式，引导幼儿感受、欣赏与表现家乡特色鲜明、乡土气息浓厚的民间舞蹈，帮助幼儿感受家乡舞蹈中蕴含的独特旋律、节奏与文化，了解家乡人民的社交方式、思维习惯、生活智慧与生活情趣，萌发感受美、表现美的情趣与能力，并潜移默化地接受民间舞蹈中蕴含的乐观向上、团结和谐、吃苦耐劳、顽强拼搏等社会主义核心价值观的思想陶冶。

一　闽南民间舞蹈活动《彩球舞》（大班）

（一）设计意图

闽南民间音乐舞蹈，是闽南地方文化的重要组成部分，也是闽南人民生活的一个部分。每逢重大节庆和传统佳节，闽南人民都会以民间音乐舞蹈的形式，来表现自己对美好生活的渴望和热爱之情。

基于传承发展闽南文化、促进幼儿身心健康成长的现实需要，根据《幼儿园教育指导纲要》的精神和课改需要，可以选择闽南幼儿最熟悉、最感兴趣的"拍胸舞"、"彩球舞"、"甩灯舞"、"车鼓舞"、"驴子探亲"、"火鼎公火鼎婆"等作品，作为当地幼儿园艺术教育活动的一部分内容。在设计、组织等方面进行了必要研究，在选择好实验班后，可以开展"拍胸舞"、"车鼓舞"、"驴子探亲"、"彩球舞"的教学实验活动。特别是在感受、赏析的基础上,尝试选择一些闽南民间音乐作品进行修改、创编,把节奏悠长的民间音乐变为符合幼儿动作节奏特点的乐曲,并引导幼儿对相关舞蹈的道具、服饰、动作等方面进行尝试式的创新,使欢乐喜庆的闽南民间舞蹈形式真正成为幼儿喜闻乐见、自娱自乐的活动形式。

《彩球舞》是这个实验系列活动所选用的作品之一。开展教学活动时,在引导幼儿直观感受《彩球舞》的基础上,诱发他们以往获得的生活和游戏经验,启发他们想象和表现多种玩球的方法。并且,把"车鼓舞"的节奏与"彩球舞"的动作结合起来,让他们按自己的意愿,选择舞蹈动作和伴奏音乐进行合作性的表演,使他们拥有自由表现审美感受的机会。通过这一系列的环节,激发他们对《彩球舞》的喜爱,体验到参与闽南民间舞蹈活动的乐趣。

(二)活动目标

1. 感受《彩球舞》活泼、欢快、自由的特点。

2. 大胆尝试用动作或节奏来表现对这个舞蹈的感受,体验参与闽南民间舞蹈活动的快乐。

(三)活动准备

1. 知识准备

让幼儿对闽南民间舞蹈有初步的经验。

2. 材料准备

备好彩球、《彩球舞》视频和音乐磁带。

(四)活动过程

1. 教师出示彩球,然后用提问谈话的方式引入课题。

教师:这是什么东西?该怎么玩呢?

2. 幼儿第一遍欣赏《彩球舞》,思考问题。

教师:你们在什么时候、什么地方见过这种舞蹈?这个舞蹈里有什么动作?

(注:通过这些问题,让幼儿认识到这个舞蹈是闽南民间舞蹈。)

3. 幼儿第二遍欣赏《彩球舞》，用问题进行引导。

教师：他们是在什么样的节奏下顶球的？

（注：使幼儿感知《彩球舞》的音乐节奏。）

教师：你们也用好看的动作来试试顶球。

（注：通过这个诱导，使幼儿尝试模仿和创编玩球的动作。）

4. 教师出示节奏符号，让幼儿练习敲节奏。

教师：现在，他们来为《彩球舞》伴奏。

5. 教师引导幼儿按自己的意愿，选择舞蹈或乐器，进行2—3遍的配乐表演。

（五）活动延伸

教师提供四个彩球，让幼儿自由表演。

（本案例由泉州市鲤城区传春幼儿园方妮娜老师设计与执教，程英老师指导。）

二 闽南民间集体舞《一只鸟仔》（大班）

（一）设计意图

《一只鸟仔》是一首传唱已久的闽南童谣，在福建、台湾等地广为流传。这首童谣音乐工整，曲风活泼，幼儿对它非常感兴趣，尤其是其旋律中的下滑音和歌词的衬词，幽默诙谐，幼儿十分喜爱。本项活动的意图是通过有组织、有创新的教学活动，在多种媒体的支持下，让大班幼儿运用视觉、听觉等感知器官，多维度地感受闽南童谣特有的魅力，体验沉浸于其中的乐趣，并且满足他们的表演愿望。

（二）活动目标

1. 尝试根据故事内容，创编小鸟嬉戏、找家等动作。

2. 感受闽南童谣的幽默风趣，并能与其合拍地进行舞蹈，体验与同伴交流的快乐。

（三）活动准备

1. 知识准备

让幼儿事先熟悉《一只鸟仔》歌曲的旋律。

2. 材料准备

闽南歌曲《一只鸟仔》的CD及播放器，红色、黄色腕花等。

（四）活动过程

1. 感受乐曲性质，进一步熟悉音乐的节奏特点

（1）幼儿听音乐，回忆歌曲名称，复习歌曲。

教师：这首歌曲的名称是什么？它和我们平时听过的歌曲一样吗？有什么不一样？听了这首曲子你们想做什么呢？

（注：幼儿在边聆听边演唱歌曲的过程中，情绪会十分高涨，感受到这首闽南童谣活泼欢快的情趣，表现出自己也想表演的愿望。）

（2）出示节奏谱××｜×××｜，引导幼儿边看节奏谱边听音乐拍手。

教师：你们能用这个节奏为《一只鸟仔》伴奏吗？请小朋友们边看老师的指挥手势，边听音乐，一起来为这首歌曲进行节奏伴奏。

（注：通过节奏练习，幼儿对整个音乐节奏的把握会更加准确，从而为下面的创编动作起到很好的铺垫作用。）

2. 结合故事讲述，引导幼儿根据歌词内容，来创编小鸟出壳、嬉戏、找家等动作

教师：早晨，一只小鸟从蛋壳里钻出来，很高兴，一扭一扭的，这个动作可以怎么做呢？你们能试着用"××｜×××｜"这个节奏来编上面这个动作吗？

（注：这是这首歌曲的第一句，因此教师应重点启发幼儿动作要按节奏××｜×××｜的规律来创编，减少动作的难度。）

教师：这只小鸟不知道自己是谁，到处喳喳叫，这种动作可以怎么编？想一想你们平时是怎么找朋友的，呼叫朋友时可以做什么动作？要怎么表现鸟仔期盼找到朋友的表情？

（注：教师启发幼儿联系平时的生活经验，他们会很快地找到表现小鸟找朋友的动作，以及期盼找到朋友的眼神、表情。）

教师：小鸟飞到高高的树上，又开心地扭一扭身子。这个动作怎么做呢？这个扭一扭的动作，和刚才小朋友编的哪一句的动作是一样的？小鸟是怎么飞的？

（注："迁移"是幼儿集体舞教学中常用的一种策略。这里教师采用的是启发幼儿"动作的迁移"，可以看出他们的迁移能力还是不错的。）

教师：小鸟很着急，最后还是找不到自己的家，这该怎么办呢？小鸟很着急，它的动作应该是快的，还是慢的？你们都试试看。

（注：教师应把重点放在启发幼儿用稍快的动作来表现出小鸟焦急的心情。）

3. 教师根据幼儿创编的动作进行提炼，组织全班练习

（1）结合语言节奏练习。

早晨起来｜扭一扭｜一只小鸟｜叫喳喳｜

站在树上｜扭一扭｜还是没有｜找到家｜

（2）口唱歌曲，练习动作。

（注：幼儿在语言节奏的帮助下，会饶有兴致地把整套动作完整地表现出来。）

4. 组织幼儿随乐完整表演

（1）配合音乐，组织幼儿练习舞蹈。

教师：小朋友们按音乐的节拍表演，注意动作的先后顺序。

（2）幼儿站成双圈，与自己的舞伴一起舞蹈。

教师：你们说，谁来当鸟弟弟？谁来当鸟妹妹？

（注：戴黄色腕花的小朋友扮鸟弟弟，站到里圈；戴红色腕花的小朋友当鸟妹妹，站在外圈。二人面对面地进行表演。）

（3）交换舞伴，进行表演。

教师：如果换一个朋友来表演，那么该怎么做呢？现在，我们来试试看，鸟弟弟不动，鸟妹妹向戴腕花的方向移动一个身位。

（4）幼儿听音乐，完整地表演集体舞。

教师：鸟弟弟和鸟妹妹用眼神交流，把鸟仔可爱、幽默的表情表现出来。

（注：幼儿通过扮演鸟弟弟、鸟妹妹这两个不同的角色，可以丰富游戏的情节，增强舞蹈的趣味性，把整个活动推向高潮。利用道具腕花来突破交换舞伴的难点，能够更好地发挥出道具的辅助教学作用。）

（本案例由福建省泉州市机关幼儿园傅晖文老师设计与执教，程英老师指导。）

三　闽南民间舞蹈活动《火鼎公婆》（大班）

（一）活动目标

1. 初步感受《火鼎公婆》诙谐、有趣的风格特点，乐意随乐有节奏地即兴模仿表演《火鼎公婆》的动作。

2. 萌发对家乡民间音乐舞蹈及民俗表演的兴趣，体验与同伴合作表演的乐趣。

（二）活动准备

1. 人力资源准备

邀请民间艺人入园，为幼儿表演《火鼎公婆》舞蹈。

2. 材料准备

备好《火鼎公婆》的视频、音乐、装扮品、表演道具以及多媒体课件等。

（三）活动过程

1. 激趣与导入

教师：小朋友们都看过哪些民间舞蹈表演？其中哪些节目最让你感兴趣呢？今天，老师邀请了我们闽南的民间艺人，她们带来了一段有趣的民俗表演，请小朋友们一起来欣赏。

2. 欣赏与感受

（1）小朋友们观看《火鼎公婆》现场表演，并谈谈自己的感受。

教师：你们觉得刚才的表演怎么样啊？有什么特别的地方让你印象深刻呢？

（2）结合多媒体课件，让幼儿初步了解《火鼎公婆》表演的起源。

教师：刚才你们看的这个舞蹈表演，它有一个有趣的名字，叫作《火鼎公婆》。而且，这个舞蹈的来历也是很有趣的。

很久以前，有一天，某个地方举行一场很隆重的游行表演活动，很多人都精心打扮，准备去参加这场盛会。可是，有一户很穷的农民，他们没钱买东西打扮自己，但又不想错过这个机会。于是，他们就用竹竿架起家里的一口大铁锅，放进几块木柴烧起来。然后，两个人抬着这口"火鼎"去参加游行表演。他们的表演形式独特，气氛热烈，风趣幽默，很受欢迎。此后，这个节目就广为流传，变成闽南地区人民群众喜闻乐见的一种民间舞蹈形式了。

现在，在我们闽南这一带，《火鼎公婆》非常流行，在很多庆典或民俗节日中都可以看到这个节目。

（3）幼儿再次欣赏这个舞蹈表演，了解《火鼎公婆》的基本特点。

教师：《火鼎公婆》是由几个人表演的？他们分别扮演了谁？表演这个舞蹈需要什么道具呢？他们表演了哪些有趣的动作？他们两个人是怎么合作的呢？

3. 动作表现与创作

教师：这么有趣的舞蹈，你们想学吗？刚才你看到了阿公、阿婆做的哪些有趣的动作？请小朋友们来学一学、做一做。

教师：阿公、阿婆做这些动作的时候，除了"十字步"，还有哪些舞步呢？

（注：三进三退步。）

教师：阿公、阿婆的动作一样吗？哪里不一样？他们是怎么合作表演的呢？

4. 游戏：看样学样

教师：接下来，我们来玩"看样学样"的游戏，请一个男孩和一个女孩来合作表演。前面的"阿公"要边走边做自己想做的动作，让后面的"阿婆"来模仿，"阿公"还要用刚才我们学习的舞步和动作，来考验"阿婆"。哪组的小朋友能够学得最像，他们就是最佳的搭档。

5. 幼儿随乐即兴表演

（1）幼儿随着民间艺人一起表演。

教师：你们喜欢这个民间舞蹈表演吗？让我们和民间艺人共同表演一下吧。

（2）幼儿进行简要的装扮，选择相应的道具，进行随乐表演。

（3）引导幼儿前后两人合作互动，一起享受有趣的舞蹈表演。

（本案例由厦门市集美区后溪中心幼儿园张璇老师设计与执教，程英老师指导。）

四　闽东畲族舞蹈活动《山哈的歌谣》（大班）

（一）活动目标

1. 了解畲族舞蹈大拇指基本手型及基本脚步"踹踏步"的文化寓意，初步随乐学习和表现。

2. 尝试用简单的畲族舞蹈动作来表现歌曲内容，能随乐边唱边表演。

3. 感受畲族人民载歌载舞的生活情趣，体验与教师、同伴共同表演的快乐。

（二）活动准备

1. 经验准备

幼儿已经学会演唱歌曲《山哈的歌谣》。

2. 材料准备

自制畲族服饰、银饰、装饰品；制作多媒体希沃白板课件（含畲族人民采茶的背景、歌曲及图谱等内容）。

（三）活动过程

1. 情境导入，激发兴趣

教师：小朋友们，看看这是哪里呀？畲族人在做什么呀？采了一天的茶，每个人都采了满满两大筐的茶叶，让我们用扁担帮忙把茶叶运回家吧！

2. 观看视频，了解并学习踹踏步

（1）通过图片展示与教师示范，帮助幼儿了解畲族民间舞蹈的基本手型——大拇指基本手型及其文化寓意。

教师：畲族人民采了这么多的好茶叶，要送到制茶场去。他们用扁担挑担子的手型真好看啊，你们知道这是什么意思吗？

（注：由用扁担挑担子的动作演变而来，再加上畲族人民要表现自己热爱劳动，进而就形成了"夸自己"的大拇指手型。）

（2）让幼儿观看视频，了解并初步学习"踹"步动作的文化寓意。

教师：今天，不只我们去采茶了，还有好多畲族的小伙伴也去了，我们一起来看看他们在采茶的路上发生了什么事情？

（注：所播放视频的内容为：采茶的山路中有很多杂草，畲族的小伙伴用踹的动作将杂草踢到两侧。）

教师：上下茶山时，很多小路上都长满了野草，我们一起来学一学畲族的小伙伴踹脚这个动作，把野草都踢到路边去吧！

（3）教师示范，幼儿观察。

教师：踹踏步是畲族民间舞蹈里常见的一种舞蹈动作。你们想想，踹这个动作应该怎么做出来？

（注：踹的时候，一定要脚尖朝上，脚跟点地。）

（4）播放《山哈的歌谣》音乐的第二部分，幼儿随乐学习踹踏步。

教师：现在，让我们跟着音乐，加上"夸自己"的手势，把踹踏步跳出来吧！

3. 结合《山哈的歌谣》的歌词，让幼儿尝试自主选择动作，按照自己的初步创意，表现歌曲的第一和第三部分内容

教师：刚才，我们给《山哈的歌谣》歌曲的第二部分编了动作，那你们能不能把其他部分也用动作表现出来呢？

（1）引导幼儿用动作表现唱山歌、跳舞、采茶、织彩带等情景。

教师：这首歌里，还唱出了畲族人民哪些劳动与生活的动作呢？你们能不能用自己喜欢的动作把它们表演出来呢？

（2）引导幼儿用动作来表现《山哈的歌谣》歌词中畲族小姑娘爱唱歌、生活越唱越红火等内容的句子。

教师：小朋友们真棒！大家都能自己选择动作，来表演《山哈的歌谣》了。

（3）结合歌曲的第二部分，组织幼儿表演《山哈的歌谣》。

4. 幼儿随乐合拍表演《山哈的歌谣》

（1）教师与幼儿一起，进行随乐合拍的表演。

教师：刚才，我们给这首歌编了自己喜欢的舞蹈动作。现在，请你们跟着音乐，一起跳起来吧！

（2）幼儿尝试边唱边表演。

教师：小朋友们的表演真是太精彩了！现在，"三月三"就要到了，畲族村的村长来看大家表演了。如果大家表演得好，他就会邀请我们一

起去畲寨,参加那里举行的盛大舞会。让我们穿戴好畲族的服饰,一起快乐地边唱边跳起来吧。

(3) 组织幼儿与舞伴合拍、协调地舞动起来,鼓励他们边唱边表演舞蹈动作。

教师:小朋友们的表演真是太精彩了!咦,畲族村的村长来邀请大家去参加"三月三"舞会啦!小朋友们,用最好听的声音来唱起来,用最美的舞姿跳起来吧!

(本案例由福鼎市实验幼儿园余静老师设计与执教,程英老师指导。)

五 闽东畲族舞蹈综合活动《畲乡乐》(大班)

(一) 设计意图

在金秋季节里,畲乡的人们在闽东畲族宫举行盛大的庆典活动,孩子们有幸目睹了这个庆典的盛况。畲族的风情、习俗以及穿盛装表演舞蹈等场景,会引起幼儿极大的关注,表现出对畲族的文化及风情的浓厚兴趣。关注幼儿的兴趣,就能够抓住教育的契机。由此,可以生成"畲乡乐"的主题民间音乐舞蹈活动,并能够在音乐、绘画、社会、科学等活动中完成这个主题计划中的各项任务。

在开展"畲乡乐"活动中,如何让幼儿了解畲族的音乐,并且对接触不多的畲族音乐舞蹈产生兴趣呢?经观察,发现孩子们对畲族同胞爱跳的竹竿舞和用竹子敲打伴奏等特别感兴趣。因此,可以选择竹子打击乐作为实施这项活动的切入点。在活动前期,让幼儿观察竹子和竹制乐器、在畲族宫区域玩竹制乐器、自己制作竹子打击乐器等,以激发他们对演奏竹制打击乐器的兴趣。

在准备工作阶段,应精心选择极富民族特色和喜庆色彩的畲族乐曲,运用多媒体技术,制作反映畲族风情的VCD。由此,通过视听的结合,可以更为有效地调动幼儿参与本项舞蹈活动的兴趣。而让幼儿配以自己亲自制作的竹制乐器,为畲族的童谣、乐曲、舞蹈伴奏,可以将语言、动作和音乐学习进行巧妙的整合。在为舞蹈乐曲进行伴奏的过程中,让孩子们自己设计节奏来为这些乐曲伴奏,这就为他们创设了一种自主表现的新平台，有助于提高他们的音乐艺术创造力和表现力。

（二）活动目标

1. 初步感受畲族的乐曲的特点，体验畲族音乐欢快、舒缓的音乐情绪。

2. 积极探索，尝试用多种方式来大胆地表现自己对畲族民间乐曲的感受。

3. 愿意主动地参与这类活动，激发起对畲族音乐舞蹈的好奇心与兴趣。

（三）活动准备

1. 知识准备

幼儿已初步了解畲族的风情和文化，并掌握二拍、四拍等常见的节奏类型，能用合适的节奏为快、慢不同的乐曲伴奏，初步学会畲族舞蹈的一些基本动作。

2. 材料准备

备好"畲乡乐"音乐、有关畲族风情的 VCD、竹子制作的各种乐器以及若干套畲族服饰。

（四）活动过程

1. 教师带着幼儿，随乐跳着畲族基本舞步进场

教师：小朋友们，今天我们穿的是哪个民族的服装啊？

教师：我们用畲族人问好的方式，一起向所有的老师问好。穿戴上畲族的服饰，你们开心吗？那我们就来跳畲族舞蹈，表示我们快乐的心情。

2. 让幼儿感受与欣赏，体验畲族舞蹈乐曲的节奏、风格以及畲族的风土人情

教师：今天，老师带来了一首优美动听的畲族乐曲，在听的时候，你们要想一想这首乐曲给你们带来什么样的感受，你们从中能够想象到畲族人在干什么。

（1）第一遍欣赏"畲乡乐"音乐，引导幼儿感受音乐的节奏。

教师：这首乐曲给你带来什么样的感受？乐曲的节奏是怎样的？

（注：让幼儿通过拍手、点头、跺脚等肢体动作，随乐打出节奏，表

达对畲族乐曲的感受。）

（2）幼儿第二遍欣赏"畲乡乐"音乐，感受音乐中的情绪变化，并据此想象畲族人民正在做什么。

教师：音乐节奏欢快的时候，畲族同胞们在做什么呢？节奏缓慢的时候，畲族同胞们又在做什么呢？

（3）观看VCD，幼儿通过视听结合，再次感受畲族乐曲的特点及变化，进一步感受畲族的风情。

（4）出示竹子乐器，激发幼儿用竹制乐器奏出畲族乐曲、为畲族舞蹈伴奏的欲望。

教师：畲族人民常常用一种天然材料制作乐器，并用这种乐器来为民族舞蹈伴奏。你们猜猜，它是什么？（注：竹子。）谁能从VCD画面里找到这个答案呢？

3. 引导幼儿进行表现与创造

（1）幼儿自由探索竹子乐器的打击方法，敲出合适的节奏为乐曲伴奏。

教师：今天，老师给小朋友们带来了畲族小朋友自己制作的竹制乐器。在上次活动中，老师发现小朋友们已能用不同的方法、不同的节奏进行敲打了，今天你们在玩竹制乐器的时候，想用什么方法来击打这种乐器，使它发出好听的声音？为畲族乐曲伴奏时，要让这种乐器发出的声音悦耳，用什么样的节奏才合适呢？

（2）引导幼儿互相讨论，交流探索的结果。

教师：你们认为这种竹制乐器应怎样敲击，发出的声音才好听？畲族乐曲在节奏欢快的时候，你认为用什么节奏敲击才合适？在缓慢的时候，你认为用什么节奏敲打才合适呢？

（3）幼儿集体为"畲乡乐"音乐伴奏数遍，鼓励、启发幼儿敲出好听的声音，创造性地表达出合适的节奏。

（五）活动延伸

将竹制打击乐器放在区角里，让幼儿继续进行探索，为不同风格的乐曲进行伴奏。

（本案例由福鼎市实验幼儿园老师设计与执教，程英老师指导。）

六　闽西民间舞蹈活动《采茶扑蝶》（大班）

（一）设计意图

《采茶扑蝶》是闽西人民在劳动中创造出来的一首优美动听的民歌，并且是可以用以配合舞蹈来表演的。这首乐曲主要表现了采茶姑娘一边劳动一边唱歌，以及她们欢乐地扑捉蝴蝶、与蝴蝶嬉戏的情景，让人们感受到采茶姑娘和采茶劳动的快乐。

在实施本次活动过程中，可以尝试用绘画、肢体动作、游戏等方式，让幼儿感受和表达《采茶扑蝶》这个闽西民间舞蹈音乐，在舞蹈活动中体验参与劳动、游戏的快乐。

（二）活动目标

1. 初步感受乐曲欢快的旋律与节奏，尝试运用肢体动作、情景表演等方式表达对畲族民间音乐的理解，提高他们对民间音乐的感受力和表现力。

2. 积极参与多样化的舞蹈音乐欣赏和表现活动，萌发对劳动、劳动人民的热爱。

（三）活动准备

1. 经验准备

幼儿参观过茶园，了解了采茶的基本动作。

2. 材料准备

乐曲《采茶扑蝶》、音乐 flash、茶山背景图、蝴蝶图片、扇子图片，以及可做道具的画笔、扇子等。

（四）活动过程

1. 播放背景音乐，情景讲述引入

教师：春天来了，茶园里的茶树长出了嫩绿的叶子。瞧，那边有一群可爱的姑娘，背着竹筐，正在采摘那嫩绿的茶叶呢。她们一边采茶，一边唱歌，采呀采，采了一筐又一筐，唱呀唱，唱了一首又一首，开心极了。一群美丽的花蝴蝶听见姑娘们欢乐的歌声，也飞到那边去了，并且在姑娘们的歌声中，跳起了欢快的舞蹈，逗得姑娘们更加开心了。姑娘们忘记了采茶的劳累，拿着扇子和蝴蝶们玩起了游戏。蝴蝶们飞呀飞，姑娘们追呀追,呀!她们玩得真开心。

2. 幼儿完整欣赏音乐《采茶扑蝶》

(1)引导幼儿完整倾听《采茶扑蝶》音乐。

教师:有一首很好听的音乐,叫作《采茶扑蝶》,说的就是采茶姑娘和蝴蝶游戏的故事。

(2)教师提问,引导幼儿思考。

教师:这首曲子好听吗?你们听了之后,心情是怎样的?

教师:这首曲子有两段,一段说的是姑娘们开心地采茶,另一段说的是蝴蝶飞来了,姑娘们拿着扇子扑蝴蝶,和蝴蝶玩起了游戏。现在,我们一起再来听一遍,看看哪段音乐适合表现采茶、哪段音乐适合表现扑蝴蝶?

(3)播放 flash,再次引导幼儿视听结合,完整欣赏音乐。

(注:教师在第一段音乐播出时做采茶的动作、第二段播出时做蝴蝶飞的动作。)

教师:第一段音乐适合表现姑娘采茶,第二段音乐适合表现扑蝴蝶。

(评析:这个环节中,孩子们在完整感受音乐的基础上,通过老师语言、动作的提示,感受到乐曲前后两段的明显变化,知道 A 段音乐表现的是姑娘们在开心地采摘茶叶,B 段音乐表现的是姑娘们和蝴蝶嬉戏的场景,这为后面的音乐欣赏做了很好的铺垫。)

3. 结合图谱,引导幼儿感受 AB 段音乐所表达的意境

(1)引导幼儿结合图谱感受 A 段音乐。

教师:这些姑娘们采了多少茶叶呢?我们一起来听听、看看吧。

教师:她们采了几筐茶叶?

(注:四筐。)

教师:你们觉得这段采茶的音乐有几句?

(注:请幼儿说一说。)

教师:我们一起再来听一遍,看看这段音乐有几句。

(2)结合图谱,让幼儿再次感受音乐。

(注:教师根据乐句指着图谱,帮助幼儿感受四个乐句。)

(3)引导幼儿跟着音乐做采茶的动作。

教师:这段音乐有四句,姑娘们跟着音乐一下一下有节奏地采茶。

她们会用怎样的动作采茶呢？

（注：请幼儿做一做采茶的动作。）

教师：茶树有的高，有的低，有的在左边，有的在右边，我们可以从哪些地方采到茶叶呢？

（注：教师引导说出可以上、下、旁、前四个不同的方向采茶，然后边哼唱边引导幼儿练习。）

教师：现在就让我们跟着音乐，朝不同的方向有节奏地采茶。

（注：幼儿采完后，教师对幼儿是否能变换方向采茶进行评价。）

（评析：图谱的出现，有效地帮助幼儿感受 A 段乐曲中的四个乐句，使他们能更好地用动作有节奏地表现乐曲。）

4. 引导幼儿欣赏 B 段音乐

(1) 引导幼儿进入扑蝴蝶情景。

（注：教师随音乐操作图谱，即蝴蝶和扇子的图片，让幼儿感受采茶姑娘与蝴蝶嬉戏的情景。）

教师：大家从高高低低的茶树上采了好多的茶叶，哇，好香呀！

（注：教师故作陶醉的闻状。）

教师：阵阵茶香吸引来了许多蝴蝶。瞧，蝴蝶飞来了。蝴蝶飞来了几次？第一次蝴蝶飞来时，姑娘们扑了几次扇子？

（注：四次。）

教师：第二次蝴蝶又飞来了，姑娘们又用扇子扑了几次？

（注：四次。）

教师：蝴蝶听着优美的音乐，跳起了动人的舞蹈，采茶女们开心地玩起了扑蝴蝶的游戏。

教师：姑娘们拿着扇子扑蝴蝶，她们是怎样用扇子扑蝴蝶的？

（注：教师出示扇子，用哼唱示范扑蝴蝶的动作，然后再让幼儿跟着练习。）

教师：姑娘是在音乐里什么声音响起时扑蝴蝶的？

（注：出示、击打乐器"钹"，让幼儿感受击打钹的声音。）

(2) 幼儿随着配乐"扑"蝴蝶。

教师：扑蝴蝶真有趣。瞧！蝴蝶飞来了，让我们拿着扇子、提着篮子,用小碎步跟着音乐节奏,一起来扑蝴蝶,记得是在钹声响起时才做"扑"的动作哦。

(注:授课教师表演采茶女扑蝴蝶,另请一教师敲钹扮演蝴蝶。幼儿在表演后稍作评价,必须强调采茶女是在钹声响起时才做"扑"的动作。)

(3)引导幼儿用动作展现蝴蝶飞来的情景。

教师:姑娘们扑蝴蝶的动作真优美,那蝴蝶要怎么飞才更好看呢?

(注:请一两个幼儿示范,要求其用小碎步。)

教师:采茶女要和蝴蝶玩游戏了。请小朋友们当蝴蝶,跟着音乐优美地飞舞,听到钹的声音响起时就做个优美的造型。哪只蝴蝶的动作最优美、最合拍,采茶姑娘的扇子就能扑到它。

(注:教师拿着扇子。评价幼儿的表现情况,强调蝴蝶要在钹声响起时做造型。)

教师:蝴蝶飞,茶女追,她们玩得真高兴。

(评析:在这个环节中,图谱中蝴蝶和扇子的交替出现,让幼儿能感受到B段乐曲的乐句变化及采茶姑娘与蝴蝶嬉戏的欢乐情景,从而能够更好地用自己的动作,表现出蝴蝶优美的舞姿和姑娘们扑蝴蝶的优美动作。)

5. 幼儿完善随乐游戏

(1)教师提出游戏要求。

教师:扑蝴蝶的游戏好玩吗?好,就让我们跟着音乐玩扑蝴蝶的游戏。怎么玩呢?仔细听要求。游戏要求是:第一段音乐响起时,采茶女跟着音乐有节奏地向四个不同的方向采茶。第二段音乐响起时,蝴蝶飞出来,在场地中间跟着音乐翩翩起舞,采茶女围在蝴蝶的外圈。钹声响起时,蝴蝶做优美的造型,姑娘做扑蝴蝶的动作。

(2)幼儿随音乐进行游戏。

(评析:在这个环节中,幼儿能在完整游戏的过程中,感受A、B两段音乐的不同,同时体验劳动的快乐。)

(五)活动反思

《采茶扑蝶》是一首优美动听的福建民歌,它主要展现了采茶姑娘一边劳动一边唱歌以及快乐地扑捉蝴蝶的情景,让人感受到了采茶姑娘和劳动的快乐。因而，在本次活动中，主要通过故事、图谱、肢体动作、游戏等方式，让幼儿感受和表达《采茶扑蝶》的音乐，体验参与劳动的快乐。

这首乐曲旋律优美、节奏明快，很受孩子们喜爱。在活动中，我请幼儿听一听教师的讲述，感受乐曲所表达的情景，看一看教师出示的图谱，并用肢体动作随乐曲表演。这种调动幼儿多种感官参与音乐欣赏的活动，收到了较好的效果。

因为是从幼儿的兴趣出发，这个活动选择的内容比较合适，所以孩子们的兴趣较高，在活动中能安静地欣赏乐曲，积极参与游戏与表演。而且，在活动过程中，老师和幼儿的关系是平等的，活动的氛围是轻松、快乐的。在良好的氛围中，幼儿能通过自己的欣赏，感受到这两段乐曲所表达的情境和情绪。

从整个活动去分析，总体效果是不错的，幼儿能愉快欣赏、自由地随乐表现与游戏，教师也能针对教学过程的实际情况，及时调整教学环节，基本上达到了预期的教学目的。

但是，反思整个活动过程，如果将道具蝴蝶换成人去扮演会更合适些。因为请一个人来扮演蝴蝶，能在钹的声音响起时做出形体动作，为儿童们做蝴蝶造型起一个示范的作用，这样会取得更好的效果。至于教学准备，我应该在与孩子们打招呼的时候，就出示蝴蝶，先让他们知道等会儿在活动中，会有这样的一只蝴蝶和我们一起游戏，那样他们就有心理准备，情绪也比较好控制一些了。

（本案例由龙岩市漳平实验幼儿园郑桂美老师设计与执教，程英老师指导。）

七　闽西民间舞蹈活动《采茶灯》（大班）

（一）设计意图

民间舞蹈《采茶灯》，起源于龙岩市新罗区苏坂乡美山村，是当地劳动人民在长期生产劳作中创作出来的，迄今已有280多年的历史。如今，《采茶灯》已经成为福建省非物质文化遗产保护项目。2009年9月10日，作为龙岩市第七届海峡客家旅游欢乐节开幕式主表演节目——民间舞蹈《采茶灯》万人表演，成功申报了"规模最大采茶灯舞"大世界基尼斯纪录。上海基尼斯总部派人到现场，见证了这一历史时刻。

在《采茶灯》中，采用了龙岩山歌及舞蹈的元素，充满了欢快、热烈的气氛，是福建民间舞蹈艺术中的奇葩之一。它不仅广受当地人民的喜爱，也可以作为本土民间音乐舞蹈教材，用于儿童音乐启蒙教育。

据此，根据大班幼儿的年龄特点以及知识经验，可以通过欣赏、体验、表演等方式，让幼儿充分感受《采茶灯》的艺术风格，体验闽西民间音乐舞蹈的艺术美。

（二）活动目标

1. 感受龙岩民间舞蹈《采茶灯》欢快的音乐风格，了解舞蹈所表现的内容，体验家乡民间舞蹈的艺术美。

2. 尝试学习舞蹈中茶婆、茶女、蝴蝶等角色的简单动作，体验参与民间舞蹈角色游戏的情趣。

（三）活动准备

1. 经验准备

事先观看《采茶灯》舞蹈视频，倾听该音乐。

2. 材料准备

《采茶灯》表演录像带、音乐，以及扇子、花灯、蝴蝶等道具。

（四）活动过程

1. 师幼随《采茶灯》音乐片段的节奏，以小碎步律动进入活动室

教师："小儿——"，"哎！"刚才，我是用什么话叫你们的？

（注：用龙岩话。）

教师：现在，就让我们一起去廖老师的家乡——龙岩做客吧！来，随着喜庆的龙岩锣鼓音乐声，踩着欢快的小碎步，我们出发吧！

2. 幼儿欣赏"万人采茶灯"民间舞蹈图片

教师：我们刚才听到这喜庆的锣鼓音乐，是龙岩民间舞蹈《采茶灯》中的一段。在前段时间，有一个万人表演《采茶灯》的活动，成功创造了"大世界基尼斯"纪录呢。这是龙岩前段时间举办的万人采茶灯活动场景，里面有一万零一百人参加了《采茶灯》舞蹈表演。《采茶灯》

是一个具有龙岩地方特色的民间舞蹈，到现在已经有 200 多年的历史了。小朋友们想不想看看这个热闹开心的舞蹈呢？

3. 幼儿完整欣赏民间舞蹈表演录像

教师：小朋友们，你们看了《采茶灯》的录像后，有什么感受呢？听了《采茶灯》的音乐后，你们的感觉是怎样的呢？

教师：从这个录像片中，你们看到了什么呢？

（注：根据幼儿回答，教师逐一出示茶婆、茶女、蝴蝶的图片，并出示角色道具，表演该角色动作。）

教师：在刚才看到的这段舞蹈中，你们最喜欢谁？为什么？

4. 幼儿分段欣赏《采茶灯》

（1）幼儿欣赏第一段录像。

教师：茶婆在干什么呢？这段山歌听过后，你们的感觉是怎样的呢？里面说了几句话，你们听得懂吗？

教师：现在，学习龙岩山歌里的应答声"咦——哟"。

教师：接下来，我们来看看采茶女们在干嘛呢？

（教师帮助幼儿了解音乐念白中"上起山来背驼驼，下起山来蹦蹦跳，跳呀跳呀蹦蹦跳"的意思，以及其中表达的快乐、风趣的特点。）

教师：茶婆是《采茶灯》这个舞蹈中最有趣的一个角色。她手里拿着一把大扇子，身上穿着富有地方特色的服装，表情和动作夸张、幽默。唱着山歌，带着茶女们，过了一山又一山，就看见了茶园好风光。来到茶园以后，她们会做什么呢？

（2）播放第二段录像。

教师：茶女采茶时的心情是怎样的呢？采茶的音乐听过后，你们的感觉是怎样的呢？

教师：采茶的季节到了，茶女们穿着漂亮的衣服，唱着欢快的歌儿，灵巧地采着茶叶，这场面呀真热闹。看，现在谁被她们引来了？

（3）播放第三段录像。

教师：谁来到这里了？蝴蝶和茶女在做什么？她们是怎么做游戏的？

教师：随着优美动听的音乐的响起，飞来了美丽的蝴蝶，茶女们拿起扇子，快乐地和蝴蝶们一起做起了游戏。

第五章　童真表达：福建民间舞蹈与幼儿园音乐文化启蒙

5. 幼儿自由选择角色，随乐尝试表演

幼儿自由选择，分别扮演茶婆、茶女等角色。然后，拿着简单的道具，跟着《采茶灯》的视频音乐，边看边表演，进一步体验《采茶灯》舞蹈中的乐趣，感受闽西民间音乐的艺术美。

最后，教师用龙岩山歌召唤幼儿"上山采茶"，走出活动室。

（本案例由龙岩市实验幼儿园刘伟丽、廖素清老师设计与执教，程英老师指导。）

第四节　幼儿园民间舞蹈活动诊断修改示例[①]

党的十九大报告明确提出，要深入挖掘中华优秀传统文化蕴含的思想观念、人文精神、道德规范，结合时代要求继承创新，让中华文化展现出永久魅力和时代风采。因此，教师在开展民间音乐文化启蒙教育活动时，除了注重民间音乐的审美要素之外，更要侧重思考如何挖掘优秀民间音乐资源中所蕴含的符合时代要求的思想观念、人文精神、道德规范等内容，以幼儿能够感受理解与喜闻乐见的方式，滋润他们的心田，让他们接受潜移默化的音乐审美与人文精神的双重滋养，实现春风化雨的审美育人与文化扎根。

但是，目前不少教师在开展民间音乐文化启蒙教育活动的实践过程中，缺乏文化育人的意识与能力，对民间音乐中蕴含的文化价值不甚了解，对幼儿学习表演民间音乐的特征认识不够到位，未能准确把握民间音乐文化启蒙教育活动设计组织的重点，过分注重其中音乐技能的教授与学习，忽视了儿童对民间音乐作品所蕴含的丰富情感与文化内涵的独特感受，导致幼儿园民间音乐文化启蒙教育活动无法收到应有的教育效果。

下面，以某个大班的闽南民间舞蹈《拍胸舞》教学活动为例，进行问题诊断和修改提高，探讨促进童心本位视域下民间舞蹈教育的有效策略。

[①] 程英：《大班民间舞蹈活动"拍胸舞"案例诊断》，《福建教育》2019 年第 50 期。

一　闽南民间舞蹈《拍胸舞》活动案例

（一）活动目标

1. 在熟悉《拍胸舞》乐曲的基础上，学习随乐合拍做《拍胸舞》的基本动作。

2. 尝试用自己喜欢的表演方式与同伴配合表演，体验相互交流的快乐。

（二）活动准备

1. 经验准备

幼儿已欣赏过闽南民间音乐《一只鸟仔》，会站双圈、圆圈，并已请家长带孩子看过社区组织的相关舞蹈表演。

2. 材料准备

备好《拍胸舞》录像带、音乐《一只鸟仔》CD、蛇形头饰、动作图谱等。

（三）活动过程

1. 播放录像导入，引发幼儿的经验

教师：今天，请小朋友们观看一群叔叔的表演，看看他们表演的是哪个舞蹈，你们最喜欢哪个动作。

2. 引导幼儿学习《拍胸舞》的基本动作

（1）诱发幼儿已有的生活经验，引导他们初步学习、记忆《拍胸舞》的基本动作。

教师：电视上播出的这些叔叔表演的《拍胸舞》，以前爸爸、妈妈已经带你们看过了。这些叔叔们是怎么表演的？谁来试着表演一下？

（注：幼儿纷纷踊跃举手，模仿表演，有的拍手，有的拍头，有的拍肩，有的拍肚子……）

（2）出示《拍胸舞》的动作图谱，帮助幼儿总结《拍胸舞》的动作顺序。

教师：表演《拍胸舞》时，要拍哪些部位呢？现在，我们一起来看看这个舞蹈的图谱。

教师：应该先拍哪里，再拍哪里，最后拍哪里呢？请大家试着拍一下。

（3）幼儿初步学习上肢动作。

（注：幼儿跟随教师的示范动作，结合教师的"拍手—拍胸—夹胁—拍腿"语言提示，放慢速度学习上肢动作，并根据这些动作的顺序规律，记住动作。）

3. 播放音乐，幼儿尝试随乐学跳《拍胸舞》

（1）结合图谱引导幼儿记忆动作顺序，学习拍胸舞的舞蹈动作。

教师：请小朋友们认真看录像，看看《拍胸舞》的动作是按什么顺序来拍的？请小朋友们按顺序，把图谱排出来。

教师：小朋友们一起看图谱，看看《拍胸舞》的动作顺序有什么规律？

（注：教师结合体态语，帮助幼儿理解《拍胸舞》的动作是按从上到下的顺序来表演的，帮助他们尽快地记住《拍胸舞》的"打七响"动作。）

教师：请小朋友们一起听着音乐，看着图谱，一起试着跳跳《拍胸舞》。

（2）指导幼儿脱离图谱，随乐进行表演。

教师：刚才，我们是看着图谱来表演的，现在不看图谱，小朋友们听着音乐，自己表演《拍胸舞》。

（3）帮助幼儿总结学习经验，然后再次表演。

教师：很多小朋友很棒，不看图谱也能表演得这么好。请问，你们是用什么方法来记忆这些舞蹈动作的呢？

（注：幼儿的回答有：我是用心来记动作的，心里面念"拍手、拍肩、夹胁、拍腿"；我是听音乐的节奏点来做动作的；多跳几遍我就记住了。）

4. 组织幼儿尝试用不同的表演方式，与同伴配合表演，体验相互交流的快乐

（1）师幼一起进行配乐表演，学习在间奏处转方向再表演。

（2）幼儿尝试用不同的表演方式进行表演。

（3）幼儿尝试玩踩街游戏。

教师：《拍胸舞》怎样表演会更有意思呢？小朋友们一起来尝试一下。

5. 组织区域活动

（注：投放蛇形头饰，幼儿自由分组成立小团体，并自己决定小团体的表演方式。）

二　案例呈现问题的诊断与分析

（一）注重舞蹈动作的学习与动作顺序的掌握，忽视对舞蹈动作意义的理解

舞蹈是人体动作的艺术，以舞蹈动作为主要的艺术表现手段，可以表现语言文字或其他艺术表现手段所难以表现的人们内在精神世界的细腻情感、深刻思想与鲜明性格。幼儿只有感受、理解了舞蹈动作的意义，其舞蹈动作才会具有审美与情感属性。在上述教学活动中，教师通过观看表演、观察、图谱、动作等多种方式，引导幼儿观察《拍胸舞》的基本动作，记忆拍击的身体部位及顺序，然后通过示范、语言提示、跟随教师练习、随乐练习、同伴合作表演等方式，实现了对该舞蹈动作感受、学习与掌握的目标。但是，幼儿并没有真正感受、理解为什么要拍击这些部位、拍击时的力度应多大、这么拍击有何意义等，大多是跟着录像画面、教师示范及动作提示等，进行简单的模仿学习与动作再现。必须记住，只有引导儿童感受、理解音乐及舞蹈动作的意义，他们的舞蹈动作表现才能做到神形合一，其所表演的舞蹈才能成为有灵魂的舞蹈。

（二）关注民间舞蹈教学的表演效果，忽视民间音乐蕴含文化精神的启蒙

《拍胸舞》是福建最具代表性的民间舞蹈之一，主要流行于闽南地区。该舞蹈以男子赤膊拍胸为主要特点，动作简单，节奏感强，表达了兴奋激昂的情绪。这个舞蹈以独特的表现形式，体现出男性的力量美和阳刚美，蕴含着闽南人不怕困难、敢拼会赢等文化精神。上述案例中，教师注重《拍胸舞》舞蹈基本动作的学习，以及幼儿完整的随乐表演，但是没有充分挖掘与把握该舞蹈中所蕴含的文化内涵，幼儿不理解《拍胸舞》的来历、蕴含的情绪与文化精神，因而未能从《拍胸舞》的舞蹈

动作学习及表现中获得应有的思想熏陶与文化启蒙。

（三）注重倾向表演结果的填鸭式学习，忽视儿童与民间音乐的对话与独特的心灵感受

关注儿童对民间音乐及其文化的独特认识与体验，尊重儿童的生命存在与整合性的学习特点，是幼儿园民间音乐文化启蒙的着眼点。民间音乐中蕴含着丰富的审美与文化因素，只有充分利用幼儿园整合课程的优势，设计系列幼儿喜欢参与、平等对话、乐于表达的民间音乐文化启蒙教育活动，通过开放式的问题引领幼儿与民间音乐进行对话，帮助幼儿逐步认识与探究民间音乐中蕴含的各种文化与审美的要素，感受民间音乐作品中所蕴含的丰富情感与思想内涵，支持幼儿形成独特的感触领悟及完整性的经验，民间优秀音乐文化的种子才能在其幼小的心灵中播种、生根、成长。上述案例中，教师在一次集体教学活动中，通过播放《拍胸舞》录像及自身示范表演，让幼儿多次感受该舞蹈，重点引导幼儿观察该舞蹈的基本动作及其顺序。接着，教师边示范讲解，边带领幼儿学习该舞蹈中的拍手、拍胸、夹胁、拍腿等动作。在图谱的支持与教师的示范带领下，幼儿最终掌握了该舞蹈的基本动作，达到了边听音乐边有节奏表演《拍胸舞》的结果。短短30分钟时间里，幼儿既要观看录像与教师表演、听教师的讲解，又要仔细观察教师的示范、学习基本动作、进行配乐表演，最后还要尝试听音乐完整地表演整个舞蹈、玩踩街游戏等。其中一环赶一环，每一环节都匆匆带过，儿童们最初的兴趣也在匆匆的学习中逐渐减弱、消逝。更多时候，他们只是机械地跟着教师与音乐，紧张地学习、看着图谱记忆舞蹈动作，对民间音乐没有形成自己的认识，对舞蹈学习也丧失了应有的学习欲望与热情。

三　诊断改进后《拍胸舞》主题系列活动

（一）活动一：舞蹈欣赏（集体教学）

1. 活动目标

（1）认真欣赏《拍胸舞》表演，了解这个舞蹈的服饰、动作等方面的特点，感受《拍胸舞》激昂有力的情绪。

（2）了解《拍胸舞》动作中所蕴含的意义，体会其中展现出来的不

怕困难、敢于拼搏的英雄气概。

（3）萌发对本土民间舞蹈及其文化的兴趣，激发他们小小男子汉那样的豪迈气概。

2. 活动准备

（1）经验准备。

请家长带幼儿观看社区组织的《拍胸舞》民俗表演。

（2）材料准备。

《拍胸舞》视频、大鼓等。

3. 活动过程

（1）组织幼儿观看《拍胸舞》视频，初步了解这个舞蹈的名称、服饰等的特点。

①第一遍观看，引导幼儿初步了解这个舞蹈的名称。

教师：这是一段春节时举行的踩街表演，我们一起来欣赏一下，看看他们在表演哪个舞蹈。小朋友们，你们之前看过这个舞蹈表演吗？

②第二遍观看，引导幼儿观察舞者的服饰打扮。

教师：这是谁在表演？他们的打扮有什么特别的地方？

幼儿：都是男的；叔叔们；没穿衣服；没穿鞋子，光脚丫；头上戴着头箍，一动一动的……

教师：在每年春节、元宵等重要传统节日里，我们经常可以看到叔叔们在跳《拍胸舞》。这个舞蹈大多是由男子汉们表演的，他们头上戴着草绳头箍，上半身没穿衣服，腰上绑着彩带，光着脚丫，边走边用力拍击身体上相关部位。

（2）组织幼儿认真欣赏《拍胸舞》视频，感受这个舞蹈的情绪与动作风格。

①第一遍欣赏，引导幼儿感受这个舞蹈的情绪风格。

教师：这些叔叔跳舞的动作有什么特点？

幼儿：很激动；很有力气；很有精神；很开心……

②第二遍欣赏，引导幼儿感受这个舞蹈的上肢动作。

教师：这些叔叔都做了哪些动作？拍了身体的哪些部位？

幼儿：拍手；拍肩；夹胁；拍腿……

③第三遍欣赏，引导幼儿感受舞蹈的脚步动作。

教师：这些叔叔走路的样子有什么特别的地方？

幼儿：半蹲着走；左右摇摆；像个不倒翁……

教师：叔叔们为什么要这么走呢？

幼儿：路太远了，叔叔走累了；路很滑，要蹲着走才不会摔倒；叔叔们很幽默，故意像个不倒翁一样走路，来逗着我们玩……

（3）幼儿随乐与教师一起玩拍击身体的游戏。

①跟着大鼓节奏，学习上半身的拍击动作。

教师：现在，我们跟叔叔们学一学《拍胸舞》的舞蹈动作。先跟着大鼓的节奏，我们来学拍手、拍肩、夹胁和拍腿。

（注：伴随着激昂有力的鼓点节奏，老师带领幼儿一起有节奏地拍手、拍肩、夹胁、拍腿，感受与表现这个舞蹈昂扬的精神风范。）

②让幼儿尝试配合音乐蹲裆步，进行上下肢合作随乐练习。

教师：我们也学叔叔们半蹲着走，边走边拍手、拍肩、夹胁、拍腿。

4. 延伸活动

亲子活动：让幼儿和自己的爸爸妈妈一起，收集有关《拍胸舞》的资料，了解与这个舞蹈有关的传说故事。并且，和自己的爸爸、妈妈一起玩《拍胸舞》游戏。

（二）活动二：谈话活动（晨间）

1. 活动目标

通过组织幼儿交流对《拍胸舞》的认识，让他们了解这个舞蹈中所蕴含的文化，进一步体会爱拼会赢的闽南人精神，激发对闽南家乡文化的热爱之情以及身为闽南人的自豪感。

2. 活动准备

（1）经验准备。

请家长收集有关资料，帮助幼儿初步了解《拍胸舞》的由来传说。

（2）材料准备。

备好《拍胸舞》故事 PPT、《爱拼才会赢》音乐等。

3. 活动过程

（1）幼儿交流各自了解到的《拍胸舞》故事，加深他们对这个舞蹈的认识。

教师：《拍胸舞》是怎么来的？其中有很多有趣的传说和故事，请小朋友们来说说看。

幼儿：是乞丐讨饭吃的故事；是有个人去考试的故事；是大人踩街玩游戏……

（2）教师边播放 PPT 边讲述故事，引导幼儿进一步感受不怕困难、敢于拼搏的闽南文化。

教师：小朋友们讲了很多关于《拍胸舞》的传说故事。老师也听说过这样一个版本的《拍胸舞》故事：

很早很早以前，有一个秀才要走很远很远的路，到京城去赶考。半路上，他的钱和衣服都丢了。天气很冷很冷，他没有衣服穿，也没有钱买食物。这种情况下，他怎么办呢？这位叔叔拍着胸脯说："没关系，我一定能克服困难，坚持走到京城去参加考试。"在后面的路途上，这个叔叔就一边走，一边用力地拍自己的身体，既给自己鼓劲，又提高了体温。很多人很钦佩、喜欢他，就给了他一些食物，让他能吃饱饭。这样，这个叔叔一直坚持走到京城，还考得非常好。后来，为了传扬、学习他这种不怕困难、坚持到底、敢于拼搏的精神，大家就把他拍身体的动作编成了《拍胸舞》这个舞蹈，并且每年春节、元宵节都上街去表演。

（3）幼儿自由对话，体悟"爱拼才会赢"的闽南精神。

教师：你喜欢这个秀才吗？你喜欢他什么？

幼儿：不怕困难；坚持到底；会吃苦；不怕被人笑……

教师：你也遇到过困难吗？今后，当你遇到困难时，你会怎么做？

幼儿：我也要坚持到底；我也要拍胸脯；别人笑我我也不害怕……

教师：这个秀才是我们闽南人，他身上有我们闽南人不怕困难、坚强勇敢、敢于拼搏、乐观开朗的精神。有一首所有闽南人都很熟悉的歌曲，让我们一起来听一听，看看歌里都唱了些什么。

（4）播放闽南歌曲《爱拼才会赢》，让幼儿欣赏。

教师：你听过这首歌吗？你最喜欢歌里的哪一句话？

教师：以后小朋友们遇到困难，可以想一想《拍胸舞》中不怕困难的秀才叔叔，想起刚才欣赏的这首歌里唱的"爱拼才会赢"的精神，我们就会变得更勇敢起来,因为我们也是敢拼会赢的闽南人。

(三)活动三:手工活动"草绳头箍"(区域)

1. 活动目标

(1)认真欣赏表演,感受《拍胸舞》的激昂有力,体会其中展现出来的不怕困难、敢于拼搏的气概。

(2)学习《拍胸舞》的基本动作,尝试随鼓点伴奏,有节奏地表演这个舞蹈。

(3)体验与同伴合作表演的乐趣,激发他们小小男子汉的豪迈气概。

2. 活动准备

(1)经验准备。

幼儿已掌握了搓、系等手工技能。

(2)材料准备。

备好草绳头箍 2—3 个,彩色皱纹纸若干,红色绸带扎成的红髻索若干。

3. 活动过程

(1)教师出示草绳头箍,引导幼儿观察其造型与色彩搭配特点。

教师:这是叔叔们跳《拍胸舞》时戴的草绳头箍。小朋友们认真看一看,它的形状像什么?尾巴上系着什么?这个头箍是怎么编成的?

教师:草绳头箍是用草绳搓成的,前端向上翘起一小段,末端扎上一段红髻索。跳舞的时候,那节扎有红髻索的草绳,会像蛇头一样抖来抖去。

(2)教师将草绳头箍贴在美工区的墙面上,供幼儿观察、学习。

(3)组织幼儿用搓、系等方法,自主编草绳头箍,教师进行巡回指导。

(4)引导幼儿将编好的草绳头箍戴在自己的头上,并根据头围的大小,调试长短。教师指导幼儿在草绳头箍的末端扎上一段红髻索。

(四)活动四:韵律活动《拍胸舞》(集体教学)

1. 活动目标

(1)认真欣赏《拍胸舞》表演,学习《拍胸舞》的基本动作,尝试随乐有节奏地表演这个舞蹈。

（2）尝试大胆运用不同的形式与动作，创编拍胸斗舞的动作。

（3）体验与同伴合作表演的乐趣，激发起他们小小男子汉的豪迈气概。

2. 活动准备

（1）经验准备。

请家长带幼儿观看社区组织的《拍胸舞》民俗表演；通过与家长共同合作，使幼儿初步了解《拍胸舞》的由来传说；初步学习蹲裆步。

（2）材料准备。

备好《拍胸舞》视频（完整版）、音乐CD、舞蹈头箍、红腰带人手一个等。

3. 活动过程

（1）幼儿戴着草绳头箍，绑着红腰带，随乐边拍手边做踏步、蹲裆步入场。

教师：我们是一群神气的男子汉，让我们随着音乐的节奏，有精神地走起来吧。

（2）引导幼儿掌握《拍胸舞》中拍击动作的部位与顺序，进行初步的随乐练习。

（注：教师进行示范表演，引导幼儿观察拍击的部位与动作的顺序。）

教师：请小朋友们认真观看，老师拍了身体的哪些部位？请小朋友们按顺序把图谱排出来。

（注：引导幼儿寻找舞蹈动作的规律，更快地记忆《拍胸舞》"打七响"的动作。）

教师：小朋友们一起观看图谱，找找看《拍胸舞》的动作有什么规律。

教师：《拍胸舞》的动作是按从上到下的顺序来表演的，请小朋友们一起看着图谱，一起来试着跳跳这个舞蹈。

（注：幼儿听音乐跟节奏，分别做拍手、拍胸、夹胁、拍腿练习。教师提醒幼儿倾听音乐前奏，准备气势做到位，动作要有力。）

（3）引导幼儿随乐表现。

（注：幼儿观看《拍胸舞》视频，进一步加深对这个舞蹈的印象。）

教师：小朋友们再认真看看叔叔们是怎么跳的，脚步要怎么做，怎样才能跳出不怕困难、乐观开朗的感觉。

（注：幼儿尝试手脚配合动作，教师随机指导。幼儿尝试随乐练习，逐步提高手脚动作的协调性。）

（4）引导幼儿创编拍胸斗舞动作。

（注：幼儿观看视频中斗舞的表情、动作。教师引导幼儿两两合作，创造性地运用不同的形式、不同的动作来斗舞。幼儿随乐玩拍胸斗舞的游戏。）

（5）幼儿完整随乐表演《拍胸舞》。

（注：播放《拍胸舞》的完整音乐，引导幼儿倾听并分辨乐曲的前奏、基本部分、斗舞部分。然后，组织幼儿随乐进行完整的表演。）

教师：我们的小男子汉做什么事情都要有拼搏的精神，舞蹈动作还可以更有力、更洒脱一些，把小小男子汉的精神气充分表现出来。

（注：教师鼓励幼儿在音乐结束时，摆出自己喜欢的动作造型。）

（本案例由厦门集美后溪幼儿园王素敏老师执教，程英老师设计指导。）

第六章　童趣游戏：福建民间戏曲与幼儿园音乐文化启蒙

民间戏曲诞生于民间社会，为大众所喜闻乐见。一方水土养育一方人，各地的民间戏曲有其不同的特色与文化品格，与当地百姓生活、民俗活动关系密切。民间戏曲是在民间自由生长和自然存在的多样化的艺术表达形态，其舞台表演大都是在音乐声腔的有机组合之下，由歌唱、舞蹈、科白等要素共同作用后而产生出来的大众化、通俗化的一种综合性的民间艺术形式。

人类社会的延续，是靠着一代代人的血脉相承，而文化艺术的传承，是依赖一辈辈人的代际相传。在开蒙启智的生命早期里，选择福建民间戏曲作品中适宜幼儿感受理解又颇有趣味的艺术资源，让学前儿童利用血缘、地缘、文缘等优势条件，及早亲近福建优秀的民间戏曲作品，接受福建优秀民间戏曲文化的浸润式教育，并在各种活动中进行创造性的游戏，可将幼儿园音乐文化启蒙教育做得更加鲜活生动、精彩纷呈，有效地发展幼儿的想象、联想与创造性表达能力，提升幼儿的审美素养，萌发其生活情趣与文化认同。

第一节　福建民间戏曲的审美意蕴与文化精神

作为一种文化现象与艺术形态，福建民间戏曲的形成与发展，同福建各地的方言和各种声腔有着密切的关系。福建是一个多方言的地区，其方言种类之复杂，堪称全国之最。各地繁杂的方言土语，迥异的生活习俗，独特的地方音乐与民间小调，是孕育与发展千姿百态的福建民间戏曲的基本条件。故而，福建各地的民间戏曲具有很强的语言习惯与地方色彩。

福建是个戏曲大省，戏曲品种繁多，繁花似锦，在历史上存在过和现在仍保留或流行的剧种达到三十多个，约占全国地方剧种总数的十分之一，为各省地方剧种之最。其中，有产生于宋元时期的莆仙戏、梨园戏、竹马戏等；有产生于明代或者在明代流传到福建的儒林戏、词明戏、四平戏、潮剧、大腔戏等；有产生于明清以后的闽剧、高甲戏、芗剧、闽西汉剧、梅林戏、北路戏、平讲戏、三角戏、小腔戏等；还有1949年新中国成立后形成的山歌戏等。被列入国家级非物质文化遗产代表性项目名录的多达22项。其中，福建本土的莆仙戏、梨园戏、闽剧、高甲戏和芗剧，由于戏剧的源远流长，班社组织健全，传统剧目丰富，行当分工严密，表演艺术独特，流传范围广泛，以及拥有众多的海内外观众等因素，被称为"福建五大剧种"[1]。

福建戏曲的舞台艺术，千姿百态，表演艺术精湛独特，音乐唱腔优美动听，服饰化妆特色鲜明，布景道具清新雅致。从"四功五法"的妙用，到"闽中三绝"的表演，还有奇妙的脸谱艺术，独特的乐器及锣鼓经的运用等，无不闪耀着福建地方文化的独特光彩。

下面，根据福建各地戏曲文化的地域特色，基于学前儿童的审美能力、兴趣爱好与接受水平，对其中一些民间戏曲的审美意蕴与文化精神进行简要的介绍和分析。

一　福建木偶戏的审美特征与文化意蕴

福建素有木偶故乡之美誉，是中国木偶戏的重要发祥地，主要有提线木偶、布袋木偶、铁枝木偶、杖头木偶、响铃傀儡、肉傀儡、纸影戏等，种类十分丰富。福建木偶戏以历史悠久、造型栩栩如生、制作工艺精湛、剧目丰富多彩、表演技艺高超、动作逼真动人而闻名中外，不仅在福建拥有众多爱好者，在海外尤其是东南亚各国，也受到广大侨胞、华裔和海外朋友的普遍赞赏。由于儿童接触较多的是布袋木偶与提线木

---

[1] 陈雷、刘湘如、林瑞武：《福建地方戏剧》，福建人民出版社1997年版，第16—17页。

偶，下面就以布袋木偶与提线木偶为例，分析福建木偶戏的审美特征与文化意蕴。

(一) 福建布袋木偶戏的审美特征

布袋木偶一般形体较小，头部连在布袋上，表演者将手伸进布袋里，操纵木偶表演，故而布袋木偶也称掌中木偶、手套木偶。福建的布袋木偶戏历史悠久，以造型栩栩如生、制作工艺精湛、剧目丰富多彩、表演技艺高超、动作逼真动人等美学特征驰名海内外，盛行于漳、泉、厦一带闽南语系地区，以及中国台湾、东南亚等地，具有民俗性、娱乐性等文化特征。

1. 布袋木偶的造型艺术特点

福建布袋木偶基本是由头、四肢、服装、冠盔四部分构成，其中，木偶头的雕刻是整个木偶的灵魂。

福建布袋木偶造型精美、栩栩如生，主要有人物类与动物类两种。人物类木偶造型注重人物的以"形"传"神"，通过木偶头的面部表情可看出每个人物的不同性格和精神面貌。人物类的木偶除了率真、精致、俊美、华丽之外，它们的头、身、足等相互间的比例也与真人相仿，上下匀称。动物类木偶大多是飞禽走兽或者妖怪精灵形象，木偶舞台上所出现的各种动物形象，既保留着各自的生理特征，又体现了其独特的生活习性，它们的头、身、足等相互间的比例也和现实生活中的动物形象相仿，而且造型非常逼真生动，比在生活中见到的动物更鲜明、更美观，故而深受孩子们的欢迎。因此，从造型上看，福建布袋木偶是在写实的基础上，运用大胆的夸张、巧妙的变形和浓郁的装饰风味进行设计与制作的。

2. 福建布袋木偶戏的艺术表演形式

福建布袋木偶戏具有很强的表演性，其活灵活现的表演全靠演员双手灵敏地操纵。表演者在表演布袋木偶戏时，通常以手掌自下而上伸入木偶服装里面作为木偶的躯干，用食指托着木偶的头部，依靠大拇指支撑木偶的左臂，用余下的三指支撑木偶的右臂，所以又称"手托傀儡"。表演者指掌灵巧一动，木偶立即动起来。同时，为了表现木偶两脚行走的动作，表演者还需要用另一只手来辅助操控。表演者可利用布质内套的拉扯，在其张弛之间使木偶做出各种动作、身段以及戏曲台步的程式表演。在表演者手指的灵活操纵下，看似呆板的木偶会被演得活灵活现，出场、亮相、迈步、转身、甩发、整冠、理髯、抖袖，无一不巧；骑马、打虎、锄地、浇水、抽烟、饮酒、开伞、合扇，无所不能，非常富有艺术表现力。福建木偶在操纵艺术上有不少绝技，能惟妙惟肖地实现人在戏中所无法表演的动作，如地下穿行、水中潜水、空中飞舞、隐身、变形等。

布袋木偶戏的原始形式是"有表情的说书"，很讲究语言艺术，强调道白的性格化，十分注重创造有声有色的舞台形象，很强调"八声七情"。由于戏偶的表情固定，故而隐藏在幕后的表演者便把自己融入木偶戏的情境中，以口白声音展现木偶的七情六欲。因此布袋木偶戏演出时，木偶有两种造型，一种是木偶的实体造型，另一种则是木偶的声腔造型，前者带给观众以美好的视觉享受，后者带给观众以美好的听觉享受。福建木偶也是如此，但在各地方言的加持下，更能够体现出地域民间艺术的特色和魅力。

（二）福建提线木偶戏的审美特征

提线木偶又称"悬丝木偶"，形体高度大多在60厘米左右。木偶各关节部位缀之以线，由表演者在木偶上空提线操纵进行各种表演，故而这种木偶也称"悬线傀儡"。福建提线木偶戏以泉州、龙岩等地的提线木偶戏较为著名，尤其是泉州提线木偶于2006年5月被列入中国第一批"国家级非物质文化遗产项目"，以汇集别具一格的制作工艺、音乐美术之华彩、独一无二的傀儡调而闻名遐迩。

1. 提线木偶的造型艺术特点

福建提线木偶是雕刻与绘画艺术的完美结合。木偶头是整尊木偶中最精华的部分，其制作工序主要包括雕刻与粉彩两部分，制作过程十分复杂。艺术家们虚实结合，通过精雕细刻表现出木偶富有个性特征的艺术形象和内在精神。"五形三骨"是木偶角色本质的凝聚点，艺术家们在偶头雕刻中，注重通过"五形三骨"来表现出木偶的美丑忠奸、喜怒哀乐等思想与情感。艺术家们常常夸张偶头的某些部位以塑造角色造型，如"丑角大头"的额头就比脸部大三倍左右，并故意缩短其鼻子的长度，拉近眉毛和嘴两部位的距离，使得整个面部五官呈放射性形状，从而将其丑恶的角色情感表现得淋漓尽致。提线木偶头雕刻在节奏和形式上，体现了写意的特征，并在艺术创作中，擅长"化实为虚"，将对社会人生的哲理性感悟等难以描绘的思想体现在可以描写的角色造型上。

福建提线木偶的偶头一般以金、银、锌粉、唇砂、银朱、藤黄、佛青、墨等颜色进行敷彩，运用的色彩与中国大多数戏曲一样具有象征功能，如红色象征忠厚刚毅、黄色象征凶烈等。木偶的服装也是整个木偶造型中美学价值的体现之一，提线木偶的服装以戏曲中的式样品种为基础，但又融入本土地方色彩，具有较大的辨识度。

2. 福建提线木偶戏的艺术表演形式

福建提线木偶戏的艺术表演，历经漫长岁月的传承与创新，形成了一整套独特的"基本线规"。操弄傀儡悬丝最基本的技术手段就是理线技巧。比如"捡线"就是演员在表演时，根据动作需要，从钩牌系线编列中，分别把所需悬丝，通过手指捡到手上集中起来。演出时，观众所看到的木偶动作各异，其实就是由于演员在不断"捡线"的过程中采用了各种不同的方法进行处理，才使木偶表现出变化多端的各种形态。除"捡线"外，传统理线技巧还有"梳线"、"勾线"、"夹线"、"松线"、"压线"、"挑线"、"提线"、"寄线"、"彙线"、"过线"、"婴线"、"绊线"等多种方式。在实际的表演当中，以上各种理线技巧都是彼此融汇、互相贯通的。每种单一的理线技巧，都只能解决提线木偶操弄的局部问题。只有根据剧情的需要，将以上所有的理线技巧综合运用起来，才能将提线木偶动作过程的每个细节细致、生动地表现出来，进而展现出一系列令人眼花缭乱的动作，使得表演效果更为神奇、生动。

（三）福建木偶戏的文化意蕴

1. 福建木偶戏具有很强的民俗文化特征

福建木偶戏主要是在闽地文化这片沃土上孕育而成的，承袭了八闽各地民俗文化的传统特质，汲取了福建民间传统戏剧的养分，戏剧题材很多是祈福纳祥、情感寄托和教化民风等，具有浓郁的八闽民俗文化特征。在福建各地尤其是闽南地区，在传统节日及民俗活动中，如请神、喜庆、节庆、祭祖、还愿等，都会搭台表演木偶戏，引来众多观众。

2. 福建木偶戏蕴含着深厚的福建文化内涵

福建独特的自然条件、社会环境以及历史文化，造就了八闽人民勤劳勇敢、自强不息、敢拼会赢的拼搏精神。因此，在木偶戏的剧情中，也常常会涉及抗争艰难生活、努力拼搏奋斗等情节，演绎并弘扬了福建人民的勤劳、向上、拼搏精神。

3. 福建木偶戏具有很强的娱乐性

福建木偶戏剧目吸取了民间历史故事和民间传说的精华，题材广泛，内容丰富，不拘一格。为了营造演出的气氛，表演时还会配以吹奏乐、打击乐和唱腔，使当地百姓享受到视听艺术的盛宴。那些轻盈优美的舞蹈，能够让观众会心一笑，以一种轻松愉快的方式来娱乐身心。精妙绝伦的武戏、精彩纷呈的杂技动作、紧密急促的音乐节奏，能够激起观众的亢奋情绪，符合八闽民众喜爱杂技奇巧、舞枪弄棒的欣赏习惯。

近年来，为了吸引幼小观众，福建木偶戏增加了《我要洗澡》《拔萝卜》《自作聪明的小猫》《孙悟空三打白骨精》等儿童喜闻乐见的剧目，让幼儿直观感受布袋木偶戏的艺术魅力，更加丰富了他们多彩的童年生活。这种现代化的努力，也可以有效地增强地方文化的传承力量，使福建木偶戏拥有更广泛、久远、光明的未来。

二　福建高甲戏的审美特征与文化意蕴

高甲戏，又称"戈甲戏"、"九角戏"，是福建省五大地方剧种之一。它发源于明末清初闽南农村的地方戏剧，具有较高的艺术价值，2006年获批列入第一批国家级非物质文化遗产名录。

（一）高甲戏行当的艺术特点

高甲戏主要有生、旦、北、丑、杂等行当，不同行当的角色性格差别极大，各行当角色的人物形象塑造十分丰满立体，令人赏心悦目。其中，丑行是高甲戏中十分重要的行当角色，其动作滑稽、风趣、幽默，在举手投足之间能够给人一种忍俊不禁之感，是高甲戏艺术形象塑造中十分重要且最受广大民众尤其是儿童欢迎的角色。

高甲戏丑角分工极为细致，主要有官袍丑、公子丑、破衫丑、媒婆丑、傀儡丑、木偶丑等，每个丑角人物形象都有其与众不同的表演形式和魅力。演员们通过对不同丑角造型、身段、语言及场上的不同表现，精彩地呈现出高甲戏独有的艺术趣味性和审美性。高甲丑有男丑与女丑之分，一般情况下，男丑在表演动作上更多体现的是滑稽和风趣，而女丑则经常展现出插科打诨的艺术效果，还有一些女性化的刁钻表演，也会令人忍俊不禁。

高甲戏的各丑行以对不同人物典型行为的拟示或以对木偶戏和动物动作的模仿作为表现人物性格的手段，轻松幽默，妙趣横生，夸张而不失实，带有浓浓的生活气息，以极强的可看性和可感性体现着以丑见美的美学价值。

（二）高甲戏行当的舞蹈形态

高甲戏注重以舞蹈来诠释舞台行动和戏剧逻辑，将"做"和"打"贯穿在戏剧的表演体系中，融合在动作以及音乐的节奏、旋律之中，非常具有舞蹈性。

高甲丑的程式化表演是其丑角舞蹈形态本质的重要表现，更是其传承的根本保证。在众丑行表演中，柯贤溪创立的"柯派女丑"、陈宗熟创立的"提线木偶丑"和林赐福创立的"掌中木偶丑"最具特色，影响广泛。

"柯派女丑"是高甲戏主要流派中最具代表性的行当之一，其独特的表演形态在中国戏曲丑行中也是独树一帜的。其基本舞蹈形态是"女丑十八法"：一、亮相，二、整发髻，三、理胸襟，四、拨两袖，五、拉双裾，六、紧裤腰，七、扭弓鞋，八、踩棚角，九、踏双门，十、义跟趾，十一、抽腕臂，十二、大落科，十三、紧碎步，十四、缓叠步，十五、慢跨步，十六、三进退，十七、两顾盼，十八、慎落座。这是女丑从出场到坐场一连串的十八套程式动作，每一套程式动作的表演都灵活、细腻且规范，具有很强的舞蹈表演性。

"提线木偶丑"又称"傀儡丑"，其举手投足间皆是模仿提线木偶，以机械而富有节奏感的夸张动作来展现人物形态。其典型舞蹈形态是：双臂关节屈曲成"巾"字形，肩如悬挂，头摆左右，掌出两指，提足僵直，行踏节奏，落脚有声。

"掌中木偶丑"又称"布袋丑"，表演幅度比提线木偶小，但更加细腻灵活，其基本舞蹈形态是：肩紧缩，臂僵直，腰微弯，掌张开，步如点鼓，头若摆钟。

（三）高甲戏的文化意蕴

一出戏能不能称其为戏，一个角色能否生存与发展，是与当地观众的欣赏心理与接受水平息息相关的。高甲戏能够成为闽南地区家喻户晓、喜闻乐见的民间戏曲，有其深层的文化因素。

首先，高甲戏非常契合闽南人的性格特质。闽南人大方率真，喜欢热闹场面，讲究喜庆浓烈氛围，待人处事讲究排场。尤其在闽南乡村，每逢生育、做周、嫁娶、寿诞、乔迁、店面开张、庙宇落成等喜事，都要请戏班来搭台演出。其中，最应景的就是高甲戏班表演。

其次，高甲戏具有很强的民俗文化特征。闽南特有的风俗习惯和闽南农村肥沃的民间文化土壤，有力地推动了高甲戏的产生和发展。闽南人受佛教文化影响最为广泛，认为"三分靠打拼，七分天注定"，打拼赢了就要"谢神"、"还愿"。故而，每逢祭祀、迎神、祭天、佛诞、普渡、七月半等民俗节日，就要请来演出戏班，传达乡民的心理寄托和意愿，渲染喜庆气氛。

再次，高甲戏具有很强的社会意义。高甲戏擅长用"丑"来反衬出"美"的人物形象、"美"的社会风尚、"美"的社会道德、"美"的社会正气和核心价值；用"丑"来歌颂忧国忧民、朴实纯真、风趣幽默、心地善良的下层官吏与平民百姓，以及粗犷豪放、为民除害、可赞可叹的英雄豪侠；用"丑"来嘲笑、鞭挞、讽刺那些祸国殃民、欺压百姓、阴险毒辣的奸臣小人，以及无恶不作、奸诈狡猾的坏人。这种地方戏剧以"丑中见美"、"美中见怪"、"怪中见俏"等独特艺术表现特点，很好地诠释了"人间自有真情在，人间确有真善美"的社会价值观。

最后，高甲戏还具有极强的娱乐性。闽南人崇尚"爱拼才会赢"，但平时的拼搏积累了很多的辛劳与疲累，需要合适的方式予以解除。高甲戏特定的表演方式、表演技巧和艺术风格，尤其是高甲戏的丑角表演，能让观众捧腹大笑，放松心情，可以有效地消解他们在现实生活中累积起来的疲惫和重负，因而也就成为了广大民众喜闻乐见的艺术形式。由于形象性、生动性、趣味性极强，儿童在模仿上述这些高甲丑时，往往乐不可支，乐此不疲。显而易见，他们将这种模仿表演当成了一种十分有趣好玩的游戏。

三　闽剧的审美意蕴与文化精神

闽剧又称"福州戏"，距今已有400多年的历史。这种福建地方戏剧是用福州方言进行"唱、念、做、打"的，流行于福州十邑（即福清、长乐、闽侯、古田、连江、永泰、屏南、平潭、罗源、闽清等地）的福州方言地区，以及建阳、三明等部分地区，还流传于中国台湾、东南亚等地。

（一）闽剧唱腔的表演特点

唱腔是闽剧中最主要的表演艺术手段。闽剧唱腔有逗腔、江湖、洋歌、小调、啰啰和板歌六个部分。和中国大多数戏曲表演一样，闽剧唱腔道白是以"圆"为审美特征的。唱念讲究珠圆玉润，这是音色上的"圆"；咬字运腔讲究字正音圆，这是技巧上的"圆"；唱词念白讲究平仄押韵，周而复始，这是音韵上的"圆"；唱念节奏讲究有张有弛，这是音节上的"圆"。"行腔圆熟、字正音圆"的闽剧韵味悠久，余音缭绕，给听者以和谐悦耳、美不胜收的美感。

作为福建地方戏曲，闽剧在唱腔上还有其独到特色，具体表现在以下三个方面：

第一，闽剧唱腔具有浓郁的地方色彩，最大的特点是有"虾油味"。闽剧是在长期的露天舞台演出中锻炼出来的，其唱腔首先要求"打远"，即让露天舞台场所的所有观众都能听得见。

第二，闽剧唱腔要求生动表现人物性格，生、旦、净、丑等不同行当的发声与曲调色彩有明显的不同，不仅音律不同，还要将唱腔与角色有机地联系、结合起来。表演者需在行当的基础上，朝着生动乃至深刻地表现人物性格的方向来设计唱腔。其中，老旦的唱腔更是与众不同，必须音域宽广，音色洪亮厚实，因此须得用真嗓子演唱，不适宜采用真、假嗓子结合的唱法。

第三，闽剧的唱腔特别讲求"素、净、休、快、紧、收"。"素"指朴素自然，切忌矫揉造作；"净"指干净利落，不乱耍腔；"休"指巧妙停顿，以显抑扬顿挫；"快"指掌握速度，以扣人心弦；"紧"指发音颤动，使余音萦回；"收"指适可而止，从不拖沓，表演者需要恰当运用喉腔、鼻腔、腹腔、胸腔共鸣交替的变化，收吐自如。

（二）闽剧的舞蹈表演艺术

舞蹈是闽剧中的一个重要组成部分。闽剧中的舞蹈兼容并蓄地吸收和继承了中国古代民间舞蹈、宫廷舞蹈的传统，通过长期的舞台演出实践，积累了丰富的说唱与舞蹈紧密结合的经验。

载歌载舞是闽剧重要的表演特色。闽剧具有较强的故事性。在闽剧中，歌唱与舞蹈身段、动作的结合十分巧妙而和谐，共同演绎戏剧中的故事情节，表现人物的外表形象和内心世界，进而显现剧中隐藏的思想主题。

闽剧在表演时，主要用肢体语言来表现虚有的景物，通过以舞代景的表演形式，增添了舞台的真实感，使观众感到如同身临其境。演员在动作表演时，遵循着韵律感、内在感及曲与圆、动与静、刚与柔、对比、匀称、随合、连贯、虚拟、写意性等美学原则，形成了独特的韵律和审美表现规律。

此外，闽剧还要求借助形象生动的面部表情来作为辅助表演手段，特别是运用眼神及身形动作来反映出剧中人物的心理特征，结合身体姿态与手势等，共同体现剧中各个角色的外表特征与精神状态。

（三）闽剧打击乐器的音乐特征

闽剧的打击乐器与其他剧种相似，分为板、鼓、锣、钹等几类。闽剧板类乐器主要有梆板、替板、靠板等；鼓类乐器有战鼓、大鼓、小鼓等；锣类乐器有大锣、小锣、钟锣等；钹类乐器有大钹、八斤大钹、小钹、中钹、吊钹等。

闽剧打击乐器中，最有特色的是八斤钹。这是闽剧独有的打击乐器，约八斤重。八斤钹的音色响亮，演奏技巧独特，余音悠长，具有很强的穿透力与丰富的表现力。当舞台上需要表现激昂、悲壮等场面时，八斤钹便会配合鼓板、大锣，打出铿锵的锣鼓点，具有很强的节奏感与震撼力。这种乐器的使用方法，既体现了闽剧的艺术特色，又有着浓郁的闽都色彩，极具艺术魅力。

闽剧在表演过程中，打击乐大都使用特定的锣鼓点，表演中的每个动作、每个环节、每个拍子都对应固定的锣鼓点伴奏。因而，闽剧打击乐的音韵比较和谐、有序。在闽剧中，打击乐锣鼓点的作用主要在于表现和烘托表演时的舞台气氛。在表演舒缓情绪的时候，音韵一般比较清新利落，而在情绪高潮热烈时，则显得激昂振奋。

（四）闽剧的文化意蕴

首先，闽剧是对当地文化历史变迁的记载和传承。在福州语方言地区许多民众的心中，闽剧是一种能够与神灵的心灵相通的东西，即人们可以通过闽剧表演，为家庭向神灵祈福，以佑护家人平安、逢凶化吉等。因为这些民间社会信仰的存在，当地的人们还兴建了不少的庙宇，其中有些较大的庙宇中还设有舞台，可供闽剧演出之用。由此可知，它们对于当地的民间文化建设都具有重要的意义。

其次，闽剧是对福州民俗文化的再现。比如，福州人供奉的地方女神为陈靖姑，而大型神话闽剧《陈靖姑》就是根据有关陈靖姑的史料和传说改编而成的。该剧以这位地方女神降妖除魔、救助妇孺的感人事迹为主线，通过戏剧化的演绎，再加上地方化的表演，营造出了富有浓厚的福州地方文化的艺术情调。

最后，闽剧体现了福州人的价值观与文化性格。闽剧剧目很多为地道的伦理剧、劝善剧，许多剧目中的人物善恶分明，情节转折清晰，人物关系紧密。比如，闽剧《别妻书》，塑造了具有广博爱心与侠骨柔肠的革命志士林觉民；闽剧《王莲莲拜香》，则通过"为富不仁"的王莲莲"为恶—挫折—忏悔"的过程，既讽刺了为富不仁的行为，又表现了福州民众的宽容。在闽剧中，道白很多是描写下层草根阶层生活的，包含了不少地方性知识，因而观剧也是当地底层人物接受社会教育的一种渠道。闽剧讲究押韵，俚腔俗字，句读分明，句式齐整，能有效吸附观众、引起共鸣，体现了闽剧的民间艺术性质和质朴的乡土韵味，并且能够在剧场里，让观众时时感受到剧作表演的趣味性与消闲性。

四　莆仙戏的审美意蕴与文化精神

莆仙戏流行于福建莆田、仙游以及闽中、闽南等莆仙方言地区，是中国戏曲演出史上最久远的一支，素有宋元南戏"活化石"之称。作为宋元南戏的古老剧种之一，莆仙戏经过长期的发展，积累了大量的剧目，据统计有五千多个、八千多本，数量之多，冠于全国。[①]

（一）莆仙戏编剧的审美艺术性

莆仙戏的审美艺术性，在其剧目改编中可见一斑。这种改编擅长运用批评现实主义的创作方法、传统与现代相结合的编剧技巧，重新构建剧情、刻画人物，对传统剧目进行脱胎换骨的改编，从而凸显这种地方戏剧的艺术性。如陈仁鉴改编的莆仙戏《团圆之后》，就在其构筑的尖锐、复杂而深刻的戏剧矛盾冲突中，成功塑造了一批既有鲜明个性，又有深刻社会性、认识价值与艺术审美价值的人物形象，编排出波澜起伏、紧张激烈、扣人心弦而又新奇独特、不落俗套的戏剧情节，突破了中国传统戏剧在审美艺术性方面的局限性。

（二）莆仙戏的表演特色

莆仙戏的表演千姿百态，古韵淳朴，丰富多彩。它是用莆仙方言演唱的，其唱腔细腻圆润多样，色彩缤纷，注重内容与情感的变化要求，擅长表达生活琐事。演员们擅长通过演唱技巧和润腔方法，唱出剧中人物的真情实感。

（三）莆仙戏服饰的艺术特色

早期莆仙戏的服饰，具有类型化、夸张性丑化、简单化和生活化等特征。这个福建地方戏剧根据角色的行当分类相应地类型化，夸张性地丑化靓妆（净）、末、丑等滑稽角色的服饰。同时，为在短时间内实现演员角色的频繁改扮和便于携带，采取了服饰简单化的策略，并较多地模仿当时的生活服饰，呈现出了戏剧服饰生活化、时代化的特征。

（四）莆仙戏的文化意蕴

首先，莆仙戏具有很强的历史价值。莆仙戏有大量富有特色的历史剧，如《越王勾践》《秦始皇》《霸王别姬》《诸葛亮》《隋文帝》《武则天》《崇祯君》《洪秀全》《康熙》《光绪帝》等一大批剧目，表现了自商周、春秋到秦、汉、三国、隋、唐、宋、元、明、清等朝代的历史人

[①] 陈雷、刘湘如、林瑞武：《福建地方戏剧》，福建人民出版社1997年版，第23页。

物与事件。这好比是一幅幅波澜壮阔的历史画卷，让观众通过戏剧舞台，就能够认识中国五千年漫长曲折的历史，理解各个朝代的兴衰更替情况。

其次，莆仙戏有很强的教化性。莆仙戏的剧情中，体现了莆仙地区人民的价值观与道德观，不仅历史剧中各个人物的刻画善恶、忠奸分明，其他的很多经典剧目也是大量地表现惩恶扬善、立德树人之类的内容。如《春草闯堂》，说的是相国之女李半月的丫环春草，为伸张正义通过闯公堂、涂改书信等方式巧妙斡旋，终于促成小姐半月跟义士薛玫庭的一桩美满姻缘，表现了当地民众不畏权势、勇于伸张正义的价值观与斗争智慧。莆仙戏《状元与乞丐》里，则严肃地提出了应如何教育子女成才的问题，对溺爱子女的家教方式提出批评，为父母教子成人、成才提供了有益的借鉴。

最后，莆仙戏具有很强的民俗影响力。从古到今，一般情况下，每逢春节等重大民俗节日，莆仙地区的民间人士就会会聚起来，合力在城镇广场上搭起高台，请来莆仙戏戏班，演出三天三夜的大棚戏。演出时，台上风旗招展，台下人山人海，远近各处的乡民们自带干粮入城观看，走亲访友，这成为了当地一大民俗文化现象。值得一提的是，莆仙戏《海神妈祖》等剧目对海内外广大信众具有很强的民俗影响力，在民间的妈祖信仰传播方面具有很大的作用。

五 闽西汉剧的审美意蕴与文化精神

闽西汉剧原名"外江戏"，又称"乱弹"，是由外来的西皮、二黄声腔在福建闽西地区扎根、衍化、发展而来的。历经300多年的发展传承，经过几代前辈艺人的努力，这种戏剧的角色行当不断丰富创新，逐渐形成了独特的风格特色。从地域上看，闽西汉剧流行于闽西的龙岩、长汀、连城、上杭、永定、武平、漳平等县，以及龙溪、三明一带，也深受台湾同胞和海外华侨的欢迎。可以认为，闽西汉剧体现了闽西地区的传统文化，也承载着闽西游子的文化乡愁。

（一）闽西汉剧的行当角色

闽西汉剧强调角色行当，分为"四门"、"六行"、"九当"。"四门"即生、旦、丑、净；"六行"即生、旦、丑、公、婆、净；"九当"即小生、老生（公）、青衣、乌衣、花旦、丑、老旦（婆）、红净、黑净（乌净，黑头花脸）。其中，用"红净"来扮演的角色，都是百姓们爱戴的忠诚勇敢、刚正不阿、重情重义的男性角色，是忠臣与清官的符号象征。该行当以其独特的唱腔、舞台表演、脸谱妆容而独树一帜，令人赞叹。多年来，在闽西大地上一直流传着"千生万旦，难求一净"的谚语。

（二）闽西汉剧的唱腔艺术

闽西汉剧的唱腔以"二黄"、"西皮"为主，并包含了高、昆、弋、梆等多种声腔乃至南词、北调及民间小调，将多种声腔兼收并蓄，熔炼一体，发展成独具一格的唱腔艺术。

闽西汉剧的唱腔和音乐非常有特色，其旋律与调式丰富，节奏旋法各有特色，演唱演奏技法纯熟，有慢、中、紧、拖、迭、正、反等唱奏方法，具有独特的艺术魅力。生、旦、丑、净等各行当唱腔齐全、完整，各具特色。其中"红净"强调头腔、后脑与鼻腔的共鸣，强调真、假嗓结合，行腔舒展，嗓音洪亮，雄浑柔和，悦耳动听。"黑净"则用粗喉嗓，以"炸音"的行腔方式演唱，达到豪放、粗犷的效果，给人如雷贯耳的感觉。

（三）闽西汉剧的脸谱妆容与程式表演

闽西汉剧擅长用象征性的图案与色彩来描绘角色人物的面貌，揭示人物的性格。例如：赵匡胤，红脸，白卧蚕眉，右眼梢画有一条红色蟠龙，用以表示他有皇帝的命运；包公：额上中庭画上太极图，表示他能判阴断阳。这些人物的脸谱，色彩以黑、红、白三色为主，辅以绿、金二色，但不用黄色、蓝色。其中，各种色彩有其独特的象征意义，如红色象征忠义、黑色象征勇敢刚强、白色象征阴险奸诈等。

在程式表演上，闽西汉剧也有着严格且个性化的规范要求，各角色行当在舞台上的"一坐一观、一走一看、一动一转、一扭一转、一指一闪"，都各有其独特的规范与要求。其中，"红净"亮相，其台步多用八字步、搓步与丁字步，步履稳健；指法与手势方面，多用"开掌式"，使得角色的举手投足颇显英雄气概。"黑净"更为豪放开朗，其言行举止也有自己的程式规范。

（四）闽西汉剧的文化意蕴

首先，闽西汉剧能凝聚闽西民众的归属感及文化认同。闽西文化的种种表现形态，如客家语言、汉字、风俗礼俗、服饰饮食习惯、宗教、性格气质、客家建筑、装饰品等，都能在闽西汉剧里找到它们广泛而深刻的艺术表现。同时，闽西汉剧表演程式和表演关系的谱系化，也体现出了闽西社会里的宗族结构和伦理精神。

其次，闽西汉剧是闽西民间宗教信仰的重要推动力。闽西地区民间祭祀活动频繁，民间信仰发达，因而民间戏曲既是乡土社会祭祀仪式的一部分，又是民间宗教信仰的重要推动力。在闽西汉剧的仪式中，充满了象征符号，而这体现在象征性的图案形式，以及通过人物的彩绘面貌来揭示人物性格。另外，闽西汉剧的音声也是构成闽西民间信仰及其意义系统的象征符号。在闽西乡民娱乐的过程中，独特的民间信仰力量维护着当地社会的道德秩序。

最后，闽西汉剧具有政治教化和道德宣扬的作用。闽西汉剧的角色和行当设置，很多是围绕同一主题而创造的相互对应的符号。这些符号都有着自己特定的文化内涵，为主题内容的表达发挥着自己的作用。这些符号的象征意义深入人心，在不断的演化和强化过程中，达到了政治教化和道德宣扬的目的。

第二节　幼儿园民间戏曲创意游戏示例

作为一种表演艺术样式，民间戏曲从属于戏剧大类，也是一种综合的舞台艺术，需要借助文学、音乐、舞蹈、美术等艺术手段，来塑造舞台形象，揭示社会矛盾，反映现实生活。从剧本方面看，民间戏曲大致可分为小戏与本戏两种形式。其中，小戏大都带有口头文学的色彩，本来并没有固定的剧本，更能反映出民间戏曲的风格特色。本戏则是经过文人加工的作品，有的甚至完全是由文人独立创作而成。虽然如此，但是由于作者多是长期在下层社会里生活的，其作品中不可能不带有这种底层生活的印记。因此，民间戏曲即使是本戏，也依然与主要活跃在城市舞台与上流社会的京剧、昆剧等剧种，从表现内容到艺术风格，各方

第六章 童趣游戏：福建民间戏曲与幼儿园音乐文化启蒙

面都迥然有别。比如，民间小戏的主要特点是：篇幅短，角色少，结构简单，情节集中，语言通俗活泼，生活气息浓郁。据此似乎可以说，这类民间戏曲更接近人类的童年生活，因而也更适合进行适当的改编，运用于幼儿园的创意游戏活动之中。

游戏基本上存在于民间社会，不登大雅之堂，甚至还可以说是属于"小儿科"的娱乐性活动。而所谓的民间游戏，是指流传于广大民众日常生活中的嬉戏性娱乐活动，趣味性、动作性都很强，社会上俗称其为"玩耍"，主要流行于追求新奇、活泼好动的少年儿童群体之中。在中国，民间游戏是少年儿童传统的娱乐活动之一，有着悠久的历史，能够为他们带来轻松、愉快，曾伴随过一代代少年儿童度过他们的未成年人时期，并且给他们的童年生活带来了许多欢乐。

由于这些民间游戏项目大多生成于底层社会，主要活跃于普通人家子弟的活动之中，因而也就非常朴素、简单、易行了。它们不需要大量、复杂、昂贵的道具，不需要广大、宽敞、豪华的场地，不需要复杂难懂的规则，很容易为少年儿童们学会和运用，也很容易开展和从中取乐。由此，它们也就能轻易地成为了趣味性极强、普及性极大、受欢迎度极高的一种幼儿嬉戏活动方式。

在素质教育的大环境下，幼儿教育要求以培养幼儿的兴趣为主，即要尊重幼儿的主体地位，让他们在轻松、快乐的氛围中学习、成长。那么，怎样激发幼儿的学习兴趣，让他们能够在快乐中成长呢？显然，开展趣味横生的游戏活动就是一种行之有效的方法。另外，《3—6岁儿童学习与发展指南》也指出，幼儿园要珍视游戏的价值，"利用民间游戏，适当地向幼儿介绍我国主要民族和民族的文化，帮助幼儿感知文化的多样性和差异性"[1]。由此可知，游戏是开展幼儿教育的基础与中心，对推动幼儿的身心健康发展能起到很重要的作用。因此，探讨在幼儿园音乐文化启蒙教育中开展幼儿游戏活动，特别是民间游戏活动的应用策略，创造若干具有典型性、可复制、可推广的游戏教学模式，以期提升幼儿

---

[1] 中华人民共和国教育部：教育部关于印发《3—6岁儿童学习与发展指南》的通知，http://www.moe.gov.cn/srcsite/A06/s3327/201210/t20121009_143254.html，2012年10月9日。

音乐启蒙教育水平，就是一件极具现实意义和长远价值的重要工作了。

在信息社会里，网络环境下，民间戏曲创意游戏应立足于幼儿的主体地位，而且还要在传统内容、形式、做法中，嫁接新事物、新技术、新方法，以对幼儿进行科学、有效的引导，使他们积极参与到游戏学习和创意表演之中，从而促进幼儿园音乐教育教学效果的提升。为此，以传统民间戏曲为素材，将其应用于幼儿创意游戏中去，不仅需要理论的指引，也寄望于实例的示范。在福建各地的幼儿园里，已经进行了不少运用本土传统民间戏曲内容来创新幼儿音乐文化启蒙教育实践，并且在开展创意表演游戏方面取得了一些成功的经验。为了全面提升幼儿音乐文化启蒙教育的效益，现将一些具有典型性的民间戏曲创意游戏范例进行分享，以飨有志于民间戏曲创意游戏的同道者们。

一　木偶戏创意游戏示例

（一）木偶戏创意游戏《快乐的小木偶》（大班）

1. 设计意图

木偶戏是最具闽南特色的地方戏之一，而木偶戏的内容又贴近孩子们的生活，木偶戏的人物是他们最喜欢的一种舞台艺术形象。因此在大班木偶戏游戏《快乐的小木偶》活动中，我选择让孩子们在看木偶戏表演、玩木偶的过程中激发起学习兴趣的基础上，去了解木偶戏的音乐及其特殊的演奏乐器。

2. 活动目标

（1）在运用自己的身体感官，在倾听、辨析、感受、探索的基础上，初步了解闽南木偶戏剧音乐的特殊性及其所使用的乐器。

（2）初步学习用小木偶来表现木偶戏中的音乐形象，提高音乐感受与辨析能力。

3. 活动准备

相关的课件、录音带，以及木偶戏剧表演所需的小木偶和打击乐器。

4. 活动过程

（1）播放课件，教师以"导游小姐"的身份，带领幼儿自愿组成四列"火车"，随着音乐节拍发出的"咔嚓、咔嚓"声音入场。

教师：我是泉州的导游小姐，欢迎你们到我们泉州来旅游。我们泉州有哪些好玩的地方呢？有风景迷人的清源山，有泉州这个历史文化名城标志的东西塔，还有美丽的崇武古城。除了这些以外，还有一个很特别的地方，我一定要带你们去看看。

（2）播放《快乐的小木偶》音乐，引导幼儿感受这种音乐的性质。

（注：此时大屏幕上出现"木偶剧团"的大门。）

教师：你们知道这是哪里吗？我先不告诉你。我们先来听一段音乐，也就是从这大扇门里传出来的好听的音乐。

教师：这里面是我们泉州很有名的一个剧团，这里的叔叔、阿姨会演奏这种很好听的音乐。你们能听出这首乐曲是用哪种乐器演奏的吗？听了这段音乐后，你的感觉是怎样的呢？

教师：请你们到旁边找一找，看谁的小耳朵最灵，能分辨出哪种乐器来。

（3）引导幼儿仔细倾听音乐，在老师所提供的乐器中探索、尝试，找出与音乐相适应的小乐器。

（注：教师引导幼儿说出自己选择的乐器的理由，并利用录音的方式，让他们验证自己所选择的乐器是否与音乐所运用的乐器相吻合。）

（4）向幼儿介绍这些乐器在音乐中所起的特殊作用，让他们了解木偶剧的音乐性质。

教师：刚才，小朋友们用乐器为这首乐曲配乐了，你们到底是不是选对了呢？我把你们刚才的演奏都录了下来，现在你们听一听，觉得好听吗？

（注：出示大屏幕，教师介绍选择正确的乐器及其演奏方法。）

教师：泉州木偶剧团的叔叔、阿姨们就是用这些特殊的乐器为木偶剧配乐的。看这个鼓，它的演奏方法很特别，是把脚放在鼓面上，通过移动脚来发出不同的声音。现在，请一个小朋友来试试看……

（5）出示多种木偶，引导幼儿自由选择木偶，根据音乐学习表演，并大胆探索木偶的表现方式。

教师：听了这个音乐，很多小木偶都忍不住了，它们好想出来表演。现在，我们让它们出来表演吧。

（注：欣赏木偶表演，并让幼儿戴上道具，模仿木偶的行为，用肢体动作来表现音乐形象。）

（6）结束活动。

教师以"导游小姐"的身份，带小朋友们外出到其他地方表演。

5. 活动延伸

（1）在活动区域中，幼儿可在"音乐吧"里，继续探索闽南打击乐器的演奏方法。

（2）在活动区域中，幼儿可继续探索提线木偶表演的特殊性，并进行模仿表演。

（本案例由福建省泉州市机关幼儿园柳约新老师设计与执教，程英、陈梅蓉老师指导。）

（二）提线木偶创意游戏《偶趣》（大班）

1. 设计意图

泉州是个历史悠久的文化古城，有着丰富的艺术积淀，如南音、木偶戏、高甲戏等，在海内外享有盛誉，其中提线木偶戏更是家喻户晓。孩子们天生好动、好奇，这种会动、会跳的小木偶深得他们的喜爱。把提线木偶作为教育内容，从孩子心理发展的角度来看，符合其审美需求及心理发展特点，还可使幼儿受到本土文化艺术的熏陶，身心愉悦，因此我设计了音乐游戏《偶趣》，旨在通过游戏让幼儿了解提线木偶的基本动作，并初步尝试创编人偶自娱的动作，体验游戏的快乐。

2. 活动目标

（1）初步学习随音乐表现人偶的简单动作，能借助指挥者的动作、语言提示参与游戏。

（2）尝试在游戏中创编人偶自娱的动作，体验人偶游戏的快乐。

3. 活动准备

（1）经验准备。

丰富有关提线木偶的知识，事先让幼儿熟悉有关音乐；事先排练好人偶示范表演。

（2）材料准备。

磁带、提线木偶、课件。

4. 活动过程

（1）活动引入。

（注：教师操作提线木偶，激发幼儿的兴趣。幼儿了解提线木偶的动作特点，并进行动作模仿。）

（2）幼儿欣赏《偶趣》，了解人偶动作的表现特点及游戏规则，并学习基本动作两遍。

教师：人偶的动作和我们平时的舞蹈动作有什么区别？你们喜欢小人偶的哪些动作？当指挥不在的时候，小人偶在做什么呢？

（3）师生共同游戏。

（注：提醒幼儿注意按指挥的动作进行游戏。）

（4）欣赏第二段音乐，鼓励幼儿创编人偶自娱的动作。

教师：听了这段音乐，你们想为小人偶创编哪些有趣的动作呢？

（5）完整游戏三遍。

教师：小朋友们要注意看指挥的动作，边听音乐边做游戏。

（注：鼓励幼儿大胆创编小人偶动作。）

教师：下面，小朋友们进行人偶共同游戏。

（6）结束活动。

（本案例由泉州市机关幼儿园刘小梅老师设计与执教，程英、陈梅蓉老师指导。）

二　高甲戏创意游戏《群丑献艺》（大班）

（一）活动设想

泉州市安溪县的高甲戏不仅在当地具有较深厚的群众基础，而且在全国富有影响力，尤其是其丑角的表演更是久负盛名，曾十多次上中央电视台展演，参加过春节联欢晚会等大型文艺晚会。由于作品的内容适应时代要求，艺术形式较为精彩，这种地方戏剧的多个节目荣获过文化部授予的"文华奖"等奖项。

在与幼儿的交谈中，我们发现小朋友们对高甲戏很好奇，也很感兴趣，而且还都有一定的了解。基于此，我们觉得在大班开展此项主题活动是很有意义的，也是很有实施基础的。主题确定后，我们带着幼儿走进社区，观看获奖节目《玉珠串》《老鼠嫁女》等。幼儿完全被高甲戏中的男、女丑角艺术表演吸引住了，产生了浓厚的兴趣。特别是看到那些十分滑稽、有趣、逗乐的形似卡通木偶的丑角后，就兴奋不已，表现出很想模仿表演这类角色的愿望。由此，这个高甲戏曲舞蹈《群丑献艺》的艺术活动便应运而生了。

本活动旨在充分利用本土优秀民间戏曲资源，发挥现代教育手段在幼儿艺术教育中的作用，改进、提高幼儿园的民间音乐文化启蒙教育。在高甲戏丑角表演教学活动中，对"语言"、"社区"等进行合理的整合，侧重采用审美体验的教育方式，以幼儿的审美欣赏为切入口，通过看看、说说、唱唱、跳跳等形式，让幼儿感受体验丑角独特的表演美给人们带来的欢乐。进而，鼓励幼儿积极、主动地参与活动，大胆地表现自己对角色的理解，提升自己的艺术审美能力和艺术表现能力。

同时，这类活动为音乐课程改革注入挖掘本土文化资源的活力，能够增强幼儿对家乡优秀传统文化的了解，进一步激发他们热爱家乡的情感。从现实生活中获取教育的资源，让音乐教育回归儿童所根植的文化生活土壤，使幼儿可以获得更多的体验审美愉悦的机会。特别是通过利用社区资源，引入丑角演员与幼儿共同舞蹈，更能增加活动的趣味性、真实性，把活动推向高潮。幼儿在这种情境中，能够获得愉快的情绪体验，即便是活动结束了，他们也会意犹未尽，产生对此类音乐活动较为持久的兴趣和向往，期盼下一个同类活动早日到来。

(二) 活动目标

1. 初步了解高甲戏中丑角表演的一般技巧（如动作、神情等），能感受和体验到其表演的美，喜欢欣赏高甲戏。

2. 知道家乡的高甲戏久负盛名，愿意参与表演，体验高甲戏创意表演活动的乐趣。

(三) 活动准备

1. 经验准备

参观高甲剧团的成果展览，观看演员们的练功、道具、服装、排戏、VCD等；师生共同收集高甲戏资料。

2. 材料准备

备好多媒体电脑、课件、《群丑献艺》VCD、录音机、话筒，高甲戏艺术照、服装若干，磁性板一块，女丑的自贴黑痣、红花发夹、丝绸手帕，男丑备用的白豆腐片等。

3. 环境创设

在教学场地周围，布置有关高甲戏的艺术剧照，男、女丑角服装展览等。

4. 其他准备

邀请高甲剧团男、女丑角演员各1人，着装并化妆参加本项活动。

（四）活动过程

1. 自由欣赏高甲戏艺术品，幼儿谈自己对高甲戏的经验感受

教师：请小朋友看看，这上面有些什么？

（注：教师出示高甲戏的剧照、服装等。此环节重点引导幼儿从化妆脸谱、头饰、服装等方面进行欣赏，并互相交流，说说自己对高甲戏的经验感受。）

教师：请小朋友们把有关丑角表演的剧照找出来，放在投影仪上，进行展示欣赏。

（注：投放课件，幼儿边看边讨论。）

教师：这是什么丑角？你是从什么地方看出来的？男、女丑角最特别的化妆是什么？

（注：鼻梁上的白豆腐块、黑痣等。）

2. 组织欣赏高甲戏曲舞蹈《群丑献艺》，让幼儿获得表演美的不同感受

（注：让幼儿完整地欣赏《群丑献艺》VCD片。）

教师：请小朋友们带着问题，分段来欣赏《群丑献艺》。

（注：多媒体定格男、女丑角的有趣、滑稽等神态和动作，让幼儿欣赏。）

3. 组织幼儿展开讨论

教师：你们喜欢什么丑角的哪个动作，哪个面部表情？

教师：你们能模仿一下吗？

（注：让幼儿自由模仿自己喜欢的丑角的表情、动作。）

4. 组织幼儿进行角色模仿练习

（注：让幼儿边歌边舞，模仿男、女丑角的面部表情、动作，并大胆、活泼地将它们表演出来。教师进行录像。）

5. 请高甲剧团男、女丑角与幼儿一同表演。

教师：现在，我们请出着装的剧团叔叔、阿姨，并请他们现场表演男、女丑角几个具有代表性的动作、表情。

（注：利用社区资源，请演员进行示范表演，让幼儿体验表演美的乐趣。）

教师：这些叔叔、阿姨表演得怎么样啊？请小朋友们各自去找自己喜欢的角色，并进行表演。

（注：幼儿进行模仿表演。教师进行录像。）

教师：请小朋友们在剧团演员叔叔、阿姨的指导下，丰富面部表情、基本动作，如木偶傀儡步等。

（注：幼儿接受演员们的指导。）

教师：现在，请小朋友们在演员叔叔、阿姨的帮助下，进行特色化妆。

（注：男丑自贴白豆腐块在鼻梁上，女丑别红花发夹，自贴黑痣在嘴角，持手帕等。）

（说明：让幼儿进行丑角特色化妆，进一步从《群丑献艺》的化妆舞美中获得表演美的体验。）

教师：请小朋友们上场，尽情尽兴地与演员叔叔和阿姨、老师共同献艺表演。

（注：应提醒幼儿注意表现面部表情。教师进行录像。）

教师：请小朋友们仿编《群丑献艺》中角色的造型动作，再次表演《群丑献艺》舞蹈。

（注：剧团演员退出。教师进行录像。）

（五）活动延伸

在幼儿园里，设置高甲戏表演区，并加以合理使用，具体要求包括：观看在本次活动中录下的视频；观看社区演员表演的相关录像；幼儿自选材料，用自己喜欢的方式，创造性地表现丑角的表演美。

（本案例由泉州市安溪县实验幼儿园吴小娥老师设计，王素敏老师执教，程英老师指导。）

三 闽西汉剧创意游戏《小放牛》（大班）

（一）设计意图

《小放牛》这首歌曲是龙岩闽西汉剧里的一首小调，讲述的是正月里迎春花开的美丽景色，曲调优美，歌词内容生活化，但其唱腔、歌词内容和表现等形式都异于幼儿日常所接触的儿童歌曲。为了便于幼儿直观地理解这首小调，教师事先做好各项准备，如丰富幼儿的中国民族乐器经验，布置优美的春天场景，结合口述创设春天生机勃勃的意境，制作《小放牛》的故事情景视频，带领着幼儿外出感受春天的美好等。

在教学活动中，教师可以首先通过制作《小放牛》的故事情景视频，带领幼儿去感受春天的美好，并通过多次示范清唱的形式，让幼儿初步感受、理解歌词内容。然后，通过提问和完整朗诵，增加乐器伴奏、游戏等形式，让幼儿理解、记忆歌词的内容，增进他们对家乡戏曲的兴趣。最后，通过完整欣赏和体态表演来表现这首小调，并让幼儿在游戏中边唱边表演，进一步感受闽西汉剧的艺术形式美与意境美。

（二）活动目标

1. 感受汉剧小调独特的韵味美，体验汉剧小调短句中所表达的情绪。

2. 理解歌词内容，以游戏的形式初步演唱汉剧小调的部分词句，体会音乐所表现的愉悦情绪。

3. 了解并初步激起对家乡汉剧的喜爱之情。

（三）活动准备

备好《小放牛》的视频和乐曲、歌词图谱。

（四）活动过程

1. 播放古典优美的汉剧小调引子，情景引入

（1）带领孩子们一起想象美景，引入赏花、创编花的动作。

教师：小朋友们，春天来了，我们家乡到处都很美丽，让我们一起

出去赏花吧！哇，这里有好多黄色的花，是什么花呀？

（注：引导幼儿赏花。）

教师：正月的时候迎春花就开了。这些花有的高，有的低，有的随风摇摆，有一些还是花苞，还没开出花，现在我们来扮演小花，看看谁扮演的花最好看。

（注：引导幼儿创编花姿动作。）

教师：小朋友们扮演的花开得真美呀！我们一起往前看看。

（2）呼叫"牧童"，开嗓练习，引出活动内容。

（注：播放岔路图片，教师用小嗓带领幼儿呼叫"牧童"。）

教师：咦，前面有两条路，我们该往哪儿走呢？"哎，有人吗？"咦！没人？小朋友和我一起用高的声音问问远方有没有人！"哎，有人吗？"怎么还没人听到，那我们深吸一口气，用好听、高的声音试一试。"哎，有人吗？"

（注：播放"牧童"图片。）

牧童："哎，来了来了，在这儿呢！"

教师：牧童，我们想去看风景，但是前面有两条路，我们不知道怎么走，想请问你，我们该往哪儿走呢？

牧童：想知道前面的路怎么走，那么你们就需要回答我一个问题，只要你们答对了，我就告诉你们。你们仔细听。正月里来什么花儿开？

教师引导孩子一起回答：正月也是新年，新年的时候春天就来了，迎春花就开了。来，我们一起用整句话来回答牧童："正月里来迎春花儿开。"

牧童：你们回答对了，前面直走再拐个弯，就能看到美丽的风景了。

教师：谢谢牧童，现在我们"走嘞"！

（注：该环节中，教师假装问路："哎，有人吗？"孩子们则顺势往远处看，寻找路人。没有人回答后，教师引导幼儿一起用"练声"的方法引出"牧童"。孩子们非常积极地响应，每个人都问起了路来。接着，"牧童"引导幼儿说出"正月里来迎春花儿开"等歌词。）

（3）播放视频，感受汉剧小调《小放牛》优美的意境。

教师：瞧，牧童继续放牛去了，沿途中，他一边欣赏美丽的风景，一边唱起歌来了，我们一起来听一听，这首曲子和我们平时听到的有什么不一样？听完后，你们的感觉怎么样？

（注：感觉这首歌听起来很优美、很舒服。）

教师：这首歌就是我们闽西汉剧的小调《小放牛》，曲子很优美，听起来让人很舒服，心情很愉悦。

2. 结合图谱，感受并初步学习小调《小放牛》第一部分歌词

（1）教师清唱，帮助幼儿理解歌词内容。

教师：现在老师唱一遍，请小朋友认真听，歌词里讲了什么？

（2）幼儿自由回答，教师根据他们的回答出示相应的图谱。

教师：小朋友们，"牧童"在歌曲里问了一个什么问题？

（注："正月里来什么花儿开？"）

教师：那到底是什么花儿开了呢？

（注："正月里来迎春花儿开。"）

教师：牧童是怎么数迎春花的？我们一起来有节奏地数一数。

教师：最后一句好像有点不一样哦！——"正月里来迎春花儿开么一呀嘿！"

（注：该环节中，孩子们基本能理解歌词，而在跟着图谱一起学念时，也基本都能念下来。最后一句比较复杂，教师应进行重点强调与带读，并让孩子们了解到这是"牧童"表达自己愉快的心情的一种语气。）

（3）出示各板，引导幼儿跟着节奏念歌词。

教师：我们跟着音乐的节奏，念一念这首小调的歌词。

（注：第一遍朗诵。）

（4）介绍各板，带领幼儿跟着各板节奏朗诵第二遍。

教师：今天，老师带来了一个闽西汉剧里特有的打击乐器——各板。请大家完整地跟着各板的节奏，读一读歌词。

（观察分析：出示各板后，孩子们跟着各板的节奏一起念歌词，可以更好地与节奏相吻合，似乎更能够增加孩子们的兴趣。）

（5）学习演唱小调前半部分。

教师：现在小朋友们用好听、柔美的声音，跟着老师一起来唱一唱吧！

3. 感受并学唱第二部分，理解汉剧小调中表达情绪的短句

（1）欣赏短句。

教师："牧童"在途中放着牛，唱着歌，可高兴了。他唱了一段小调，把自己愉快的心情唱出来，我们来听一听吧！

（注：小调为"嗳~嗳~此咕隆咚 一呀一呀嘿，八咕隆咚 一呀嘿 一对一对 莲花落么 一呀嘿"。）

教师：刚刚"牧童"唱了什么？

（注：根据幼儿的回答出示图谱。鼓声、莲花。）

教师：我们学着"牧童"念一念歌词吧。

（注：幼儿根据图谱，完整地念出第二部分歌词。）

教师：太棒了！现在我们用各板伴奏，一起来有节奏地念一念歌词。

（注：本段的小调是难点。教师引导幼儿欣赏三遍后，让他们猜想歌词里唱了什么。然后，根据幼儿的回答，用图片展示出来。）

（2）根据图谱，演唱小调第二部分。

教师：小朋友们真棒，让我们一起学着小"牧童"，高兴地唱起来吧！

（注：演唱第一遍。）

教师："牧童"唱到"一呀嘿"的时候，声音就慢慢地小下来，这是为什么呢？

（注：因为他越走越远了。）

教师：现在，我们一起试一试这样的唱法。

（注：演唱第二遍。）

4. 完整演唱整首小调

（1）教师带领幼儿完整演唱第一遍。

教师：现在我们完整地唱一唱这首小调吧！

教师：小朋友们最后一句唱得长长的，还越来越小声，但声音飘得很远，好像"牧童"越走越远了。

（2）教师带领幼儿边演唱边表演。

教师：看来你们都迫不及待地想表演了，现在我们一边唱，一边配上好看的动作。

（3）幼儿在游戏中进一步感受与表现歌曲。

教师：路边的迎春花开得也很美，你们能不能也变成一朵迎春花呢？现在，我说完"1、2、3，变"，你们就站起身来变成迎春花，然后再看看你自己扮演的花朵是不是和别的小朋友不一样。

（注：引导幼儿创编迎春花开放的动作。）

教师：这个小朋友的花还是花苞，这个小朋友的花长在枝头的左边，都很好看。

5. 创意游戏：牧童找花

（1）第一次游戏。

教师：小朋友们变成了各种好看的迎春花，"牧童"要去花园里找"迎春花"了。下面，老师扮演牧童，当我唱到"一朵咧……"，被我摸到头的小朋友，就要站起来变成一朵"迎春花"。现在我们就来试一试吧。

（2）第二次游戏。

教师："牧童"又要继续找花了。这一次，我要请一个小朋友和我一起当"牧童"。被我们这些"牧童"找到的"迎春花"要站起来，然后一边做开花的动作，一边和"牧童"一起演唱。

（3）第三次游戏。

教师：现在，我要请两个小朋友来当"牧童"来找花。这两个"牧童"要一边唱一边看，唱到"一朵咧……"时，就要跟着节奏来找花了。

（观察说明：孩子们在学会了这首小调后，已经很想要展示自己优美的动作了，教师就引导他们，通过游戏方式进行动作表演。在玩第一遍游戏的时候，发现班里总有几个孩子没有被找到，于是在进行下一遍游戏时，就由两个小"牧童"上来一起找"花"，并且告诉幼儿被摸头的小朋友要马上站起来变成一朵"迎春花"。最后，教师退位，由幼儿自己当"牧童"和"迎春花"，自主进行随乐游戏。）

6. 播放视频，配上各板伴奏，完整表演

教师："牧童"要请一位小朋友用各板帮大家配上节奏，请客人老师也跟我们小朋友一起唱。来，小朋友们都站起来，找个舒服的地方，用自己喜欢的动作把愉快的心情表现出来！

7. 活动结束

教师：小朋友们，我们现在跟着"牧童"，一起去欣赏家乡美丽的风景咯，走嘞！

（本案例由龙岩市实验幼儿园翁敏老师设计，何钰杰老师执教，程英老师指导。）

四　莆仙戏创意游戏《春草坐轿》（大班）

（一）设计思路

莆仙戏是中国最古老的戏曲之一，拥有比较广大的观众群体，也被收录到国家第一批非物质文化遗产名录之中。根据幼儿的认知和审美能力，把莆仙戏引入到当地幼儿园的音乐课程实施当中，是一项可以企及预期目标的幼儿音乐教学改革举措。

结合幼儿由年龄所决定的身心特点，本次活动将莆仙戏名作《春草闯堂》中的抬轿、坐轿表演部分进行再创作，改编为节奏工整、旋律优美、表演极具风趣的抬轿表演，定名为《春草坐轿》。幼儿运用欣赏、观察、迁移、模仿等方法，通过这个节目去多方面地接触莆仙戏，由表及里、由浅入深地感受莆仙戏鲜明的地方色彩。如此处理，对幼儿了解莆仙本土文化艺术具有一定的积极意义，应当也容易实现幼儿民间音乐文化启蒙教育的目标。

（二）活动目标

1. 欣赏戏剧中抬轿、坐轿的片段表演，初步感受春草勇敢的人物形象以及莆仙戏细腻的表演方式。

2. 尝试分角色自我装扮与表演，能大胆表现抬轿走路、上坡、下坡的动作。

3. 乐意与同伴合作表演，体验创意表演的乐趣。

（三）活动准备

1. 经验准备

让幼儿了解莆仙戏《春草闯堂》的剧情梗概。

2. 材料准备

莆仙戏《抬轿》音乐，以及各种颜色的马甲、手帕、红花、白色贴纸若干。

3. 其他准备

邀请入园表演的莆仙戏演员3名。

（四）活动过程

1. 导入活动

教师：在我们莆田，有一种爷爷、奶奶、爸爸、妈妈都很喜欢看的戏剧，大家知道是什么吗？

教师：今天，在我们的活动现场就有精彩的莆仙戏表演，大家想不想去看看呀？现在，我们一起跟着音乐，踩着节奏进去看看吧。

（注：幼儿跟随音乐进场。）

教师：莆仙戏里最出名的是哪出戏呀？《春草闯堂》这出戏里发生了哪些有趣的故事啊？这个故事中，有个非常勇敢的人，她叫什么名字？

教师：我听说春草已经打赢了官司，现在正在高高兴兴地回家呢，我们去看看吧。

（注：师幼一起回顾《春草闯堂》剧情，引导幼儿根据已了解的剧情积极回答。）

2. 幼儿欣赏抬轿、坐轿表演片段

（1）组织幼儿欣赏莆仙戏演员表演的抬轿、坐轿片段。

（2）让幼儿认识轿子，并且知道莆仙戏在没有道具的情况下，也能表演得细腻逼真。

教师：春草是怎么回家的呢？这原来是谁的轿子？

（注：胡知县的轿子。春草打赢官司后，把胡知县给踢出轿子，自己坐了上去。）

教师：轿子是什么样子的？

（注：等幼儿形容完后，教师出示轿子的图片。）

（3）引导幼儿认真观察春草的动作、表情，尝试表现春草打赢官司、高高兴兴回家的神情与动作。

教师：春草坐在轿子里，她的感觉怎么样呢？你是怎么看出来的？

（4）引导幼儿认真观察轿夫抬轿动作。

教师：那么，是谁抬着轿子送春草回家的呢？下面，我们一起来看看轿夫是怎么抬着轿子送春草回家的。

（观察说明：在完整欣赏专业演员表演后，通过问题，巧妙地将幼儿的关注力引到春草坐轿的动态上，为春草的表演做好铺垫。同时，幼儿能在没有轿子作为道具的情况下看出抬轿表演，这说明幼儿感受到了莆仙戏虚拟、细腻、逼真的表演艺术。）

3. 幼儿欣赏第一段，学习抬轿走路的动作

（1）请演员们表演抬轿走路的片段，让幼儿欣赏。并且，引导幼儿认真观察、学习轿夫的抬轿动作。

教师：你们看到轿夫是怎么抬轿子的了吗？有几个人在抬轿子？这两位轿夫的动作一样吗？

（教学策略：通过谈话、观察、经验迁移等方法，幼儿发现轿夫们把手放在肩膀上是因为轿子太重，肩膀一直被压着会很痛；他们手心朝上是因为要握住轿杆；一直耸肩是因为肩膀需要放松；弯着腰、曲着腿是因为轿子太重，如果直着抬，很容易伤到腰和腿。从这些现象的感知中，幼儿感受到莆仙戏的虚拟、细腻、逼真等表演特点。通过这些细腻的观察，幼儿模仿学习轿夫抬轿子走路的动作，并解决模仿轿夫抬轿走路动作的难点，是本环节的重点。）

（2）幼儿初步学习抬轿走路的动作。

教师：轿夫抬着轿子是怎么走路的？两位轿夫是怎么合作的？

（注：幼儿可模仿抬轿走路动作。）

（3）给幼儿分配角色，让他们尝试学习轿夫合作抬轿走路的动作。

（注：教师请男幼儿扮演轿夫，自己寻找合作伙伴，两两合作，商量、分配抬轿角色。请女幼儿扮演春草，根据男幼儿"轿夫"们的合作表演情况，各自选择一顶最舒服、最安全的轿子坐上去。幼儿按春草、轿夫的角色，表演合作抬轿走路。）

4. 引导幼儿欣赏第二段，学习抬轿上台阶走路动作

（1）教师用情景引入的方法，引导幼儿有目的地欣赏《抬轿》第二段。

教师："春草"们，你们坐着轿子舒服吗？不过，接下来可就没那么舒服了，因为春草家住在很远的地方，需要爬上一座很高很陡的大山，

得走上许多台阶才能到达。现在，我们来看看轿夫们是怎么抬着轿子上台阶的，又在台阶上发生了什么好玩的事情。

（2）幼儿感受学习轿夫抬轿上台阶的动作。

教师：轿夫们是怎么抬轿上台阶的呢？

（注：高抬膝盖，由此感受莆仙戏虚拟、细腻、逼真的表演特点。）

（3）幼儿观看轿夫晃轿子，故意惹春草生气的情景表演。

教师：他们在山顶上发生了什么事情？轿子是怎么晃的啊？

（注：幼儿模仿轿子晃动的动作。）

（4）引导幼儿创编春草生气以及轿夫哄春草的动作。

教师：晃动时，春草在轿子里的感觉会是怎样的呢？那些轿夫们要怎么做才能让春草不生气呢？

（答案：轿夫哄春草，继续抬轿回家。）

（教学策略说明：这种情景表演，不但可以加强学习活动的愉悦性，更能使幼儿的表演兴趣不断提高，学习更显主动性，因而能够更好地解决幼儿学习抬轿上坡动作这个难点。）

（5）三人合作表演第二段。

5. 幼儿完整创意表演

（1）教师提供道具等材料，引导幼儿进行角色自主化妆。

（注："春草"戴红花，"轿夫"用白色圆圈纸粘鼻子。）

（教学策略说明：因为幼儿年龄的关系，三人的合作必须通过道具来明确表演角色及组别。莆仙戏最大的特色，就在于没有用任何道具的情况下都能表现细腻逼真，所以遵照莆仙戏的特色，巧为幼儿提供颜色不一的服饰和手帕，帮助他们分清组别，初步解决他们乐意与同伴合作表演的活动重点。同时，用红花把"春草"打扮得更加漂亮，"轿夫"用白色圆圈纸粘鼻子来增添表演的趣味性。）

（2）幼儿自选角色装扮，随乐创意游戏。

教师：现在，我们有请莆仙戏演员和我们一起来表演吧。

（本案例由仙游市实验幼儿园王莉容老师设计与执教，程英老师指导。）

五 闽剧主题创意游戏《多彩闽剧》（大班）

（一）活动目标

1. 知道闽剧是福州的传统戏剧，感知闽剧中常见的行当及其角色脸谱特点，激发起对家乡戏剧的喜爱之情。

2. 欣赏闽剧节目的表演片段，体验并初步学习闽剧角色的经典动作和台词。

3. 初步认识和欣赏闽剧的伴奏乐队、伴奏乐器及音乐，尝试用简单的打击乐进行伴奏。

（二）活动准备

1. 经验准备

事先请家长带领幼儿观看闽剧表演，让幼儿感知闽剧表演的场地、场合，观察闽剧的服装、妆扮、乐器和道具，并完成相应的调查表。

2. 材料准备

备好若干涂色脸谱、闽剧服饰，以及闽剧伴奏音乐视频、音频等。

3. 环境创设

将闽剧脸谱生、旦、净、末、丑各若干张装饰在美工区里，布置好闽剧图片展。

（三）活动过程

1. 了解福州闽剧

（1）欣赏闽剧图片展。

（注：幼儿自由观看、欣赏闽剧的相关图片。教师引导幼儿从闽剧的表演场地、服装、道具、演出场所、演出场合、使用语言等方面，进行交流。）

（2）请部分幼儿在集体中讲述自己的发现。

教师：你们是在哪儿观看到闽剧剧目的？还有什么地方可以看到闽剧表演呢？你们通常什么时候可以看到闽剧表演呢？闽剧好听吗？它是用什么语言来表演的？闽剧演员们身上穿的衣服、脸上画的妆，和我们平时在街上看到的一样吗？哪些地方不一样呢？

（3）播放闽剧《甘国宝》等剧目片段，引导幼儿观看、欣赏。

（注：教师事先简单地介绍剧情，并在幼儿欣赏过程中，适当地用旁

白方式，帮助他们理解剧情和台词。）

（4）引导幼儿细化对闽剧《甘国宝》的认知。

教师：刚才的闽剧表演好看吗？你们喜欢里面的什么人？为什么呢？你喜欢谁的什么动作？

2. 认识闽剧的角色行当

（1）通过欣赏闽剧剧目视频片段和图片，让幼儿认识戏曲中的角色行当，从脸谱中认识闽剧的"生、旦、净、末、丑"。

（2）通过视频，让幼儿学习各角色行当的经典动作，以及一两句经典台词。

（3）通过视频与讲解，帮助幼儿感知、理解闽剧剧本中所蕴含的各角色行当真善美故事。

（4）在美工区里，通过涂色、粘贴、拓印画等方式，让幼儿进一步熟悉闽剧的不同角色脸谱，激发幼儿辨认它们的兴趣。

（5）在表演区，组织幼儿进行自由表演活动。幼儿自由选择脸谱、服饰和想扮演的角色，在表演区进行闽剧角色扮演。

3. 感知闽剧的伴奏乐队

（1）幼儿自由欣赏闽剧伴奏乐队及乐器的图片展，并自由地说说自己对它们的认识。

（2）欣赏闽剧乐队的伴奏片段视频后，用谈话交流的方式，帮助幼儿了解闽剧乐队的基本组成及乐器名称。

（3）引导幼儿分组使用简单的敲击乐器，为闽剧伴奏音乐打节奏，进而初步熟悉闽剧音乐的节奏特点。

4. 举办亲子自制闽剧服装秀

（1）欣赏、挖掘闽剧中服饰美的元素，收集、利用身边的相关废旧物品，组织亲子设计、自制闽剧服装活动。

（2）举办亲子自制闽剧服装秀。经过独具匠心的改造后，相关的废旧物品可能转眼间就会变成一套套精美的环保型闽剧时装。孩子们身着这样的"盛装"，踏着动感十足的闽剧音乐节奏，和家长们一起来展示他们创造美、表现美的一面，会对闽剧更感兴趣，也更乐于向大众展现自我。

5. 成立闽剧兴趣小组

（1）发现、挑选一些对闽剧有特殊爱好和天分的幼儿，以自愿报名的方式，组织起闽剧兴趣小组。

（2）选取朗朗上口、曲词生动易懂的闽剧作品，如《卖杨桃》《盘关》等，邀请闽剧老师对兴趣小组中的幼儿进行指导。

（3）开展"七彩童心"闽剧娃系列闽剧展演活动。

积极为小小闽剧娃搭建闽剧展演的机会与平台，让闽剧文化的星星之火得以燎原。比如，利用在福州地区广受重视的拗九节、重阳节等传统节日，开展闽剧进社区活动；组织幼儿园文化节闽剧展演活动，把孩子们自编自演的《福州方言童谣串烧》《亲子闽剧服装秀》《一文钱》《双娇公主》《盘光》等闽剧节目展示给家长、社区居民以及更多的人群。

（本案例由福州市直机关幼儿园林枚老师设计执教，程英老师指导。）

第七章　童心陶冶：福建文化精神与幼儿园音乐文化启蒙

福建地处中国东南沿海，历史悠久，文化璀璨，早在5000多年前，先民们就创造了可与仰韶文化、河姆渡文化相媲美的昙石山文化。原始社会时期，福建就有人类活动，居民属于古越族的一支，被称为"东越"。战国时期，越国为楚兵所败，越国一些王族南逃至福建和浙江南部，其后裔与福建的闽族人融合，成为"闽越人"。公元前221年，秦始皇统一中国后，福建设闽中郡，第一次作为一个行政区划单位出现在中国版图上。唐朝中期，设福、建、泉、漳、汀五州。唐开元二十一年（公元733年），为加强边防，从福州、建州各取一字为名，设"福建经略使"，由此出现了"福建"一词。五代时期，闽王王审知在闽地成立闽国，基本上奠定了后来的福建省界。明朝设置福建省，为福建设省之始，后改为福建布政使司，清代又改为福建省，省名沿用至今。

福建俗称"八闽"，《辞源》对此的说法是："福建省在元代分福州、兴化、建宁、延平、汀州、邵武、泉州、漳州八路，明改为八府，所以有八闽之称。"① 目前，福建按行政区域，划为福州市、厦门市、莆田市、泉州市、漳州市、三明市、龙岩市、宁德市、南平市9个设区市和平潭综合实验区；按地理区域，一般分为闽中、闽南、闽西、闽北、闽东等区域。每个区域都在其独特的地理环境与长期历史演变过程中，形成了其各具特色的文化精神，比如，敢拼会赢的闽南"拼"文化、知礼崇理的朱子"礼"文化、感恩孝顺的福州"孝"文化、勤劳勇敢的闽北

---

① 《辞源》第一册，商务印书馆1984年版，第300页。

"勇"文化、爱党爱国的闽西"红"文化等。

《幼儿园教育指导纲要（试行）》指出："要充分利用社会资源，引导幼儿实际感受祖国文化的丰富与优秀，感受家乡的变化和发展，激发幼儿爱家乡、爱祖国的情感。"① 为此，基于各地独具特色的文化精神与音乐资源，根据幼儿的兴趣、经验与身心发展特点，将"礼"文化、"孝"文化、"拼"文化、"勇"文化、"红"文化等有机融入幼儿园课程，开展"礼乐合一、以美润心"的音乐文化启蒙活动，可让幼儿在喜闻乐见的活动中萌发对家乡文化精神的亲切感、认同感与喜爱感，获得潜移默化的情感熏陶与精神陶冶，促进他们全面健康和谐成长，培养具有良好品德习惯与家乡情怀的新时代福建儿童。

第一节　以"礼"文化为主线的闽中音乐文化启蒙活动

宋朝著名理学家朱熹，是中国历史上著名的思想家、教育家，也是儒学的集大成者，其功绩为后世所称道，其思想曾被尊奉为官学，其著作《四书集注》曾被定为科举考试的教科书。由于其理学思想、教育思想对中国乃至世界都产生了重要而深远的影响，因而被世人尊称为朱子，在儒家中的地位比肩圣人孔子。在《婺源茶院朱氏世谱序》中，朱熹自称"居闽五世，遂为建人"。他诞生于福建省尤溪县，一生中绝大部分时间都在福建生活，先后在尤溪、武夷山、仙游等地的书院讲学，并著书立说，是闽学派的代表人物。宋绍熙四年（公元1193年），他在福建建阳考亭筑室课徒，四方慕名而来者甚多，由此创立了在理学历史上影响深远的考亭学派。他的思想对福建各地尤其是闽中、闽北等地具有很大的影响，至今依然强盛。如在闽中腹地尤溪，具有浓郁朱子文化氛围的朱子文化园，已经成为了人们了解朱熹、研究朱熹的必到之处。

朱熹的著作很多，影响较大的有《四书章句集注》《太极图说解》

---

① 中华人民共和国教育部：教育部关于印发《幼儿园教育指导纲要（试行）》的通知，http://www.moe.gov.cn/srcsite/A06/s3327/200107/t20010702_81984.html，2001年7月2日。

《通书解说》《周易读本》《楚辞集注》等。南宋末期，理学成为官方哲学，此后长期占据着封建思想的统治地位，而《四书章句集注》作为朱熹最有代表性的著作之一和理学的重要著作，也曾被封建王朝统治者捧到了字字句句皆为真理的高度，对中国封建社会后期思想产生了深远而巨大的影响。宋代以后，元、明、清三朝都以《四书章句集注》为学官教科书和科举考试的标准答案。

作为著名的中国古代教育家，对于儿童启蒙教育，朱熹也多有研究，留下了不少经典论述，其中社会和历史影响力较大的有《朱子家训》《童蒙须知》等著述。特别是他所著的启蒙读物《童蒙须知》，分为衣服冠履、语言步趋、洒扫涓洁、读书写字及杂细事宜五大部分，对幼儿的日常生活、待人接物、劳动习惯、学习品质等均有详细、明确的要求与指导，这一注重从身边小事做起以培养儿童良好习惯与礼仪的"礼"文化的教育思想，至今还有较强的生命力，经过与时俱进的改造后，对当代儿童的启蒙教育仍有积极而重要的价值。

一 以"礼"文化为主线的启蒙活动设计思路

在这方面，谨以福建省三明市尤溪县为例来陈述。该县地处闽中，在戴云山脉以北，有着丰富的本土童谣、山歌、小调、小腔戏（系省级非遗）、红歌，以及本土舞蹈（如龙、狮、蚌、高跷、钱棍、车鼓公婆、板凳龙舞蹈）等民间音乐素材。千百年来，这些民间音乐和舞蹈不仅娱乐了一代代的当地人民，而且也润物无声地滋养着当地一代代儿童的心灵。

根据朱熹"礼"文化的教育思想，充分利用尤溪本土音乐资源和《3—6岁儿童学习与发展指南》对艺术领域的要求，结合幼儿素质的发展，创新性地进行详细的相关内容整合，采用适当的教育教学方式方法，能够让幼儿了解尤溪的民间传统音乐艺术，感受到丰富、精彩的尤溪本土文化，愿意传承尤溪的本土音乐文化。假如实现了上述的目标，那么就为实施朱熹"礼"文化音乐主题活动打下了必要的知识与技能、文化与艺术等方面基础。通过这些生动有趣的音乐美育，可以架起"尤溪文化"与"幼儿生活"之间的桥梁，让蕴含着富有生命活力的传统文化甘泉真正滋养当地的幼儿，实现以美育人、以情动人、以文化人的和谐统一。在这种感染熏陶、潜移默化的过程中，可以萌发幼儿对尤溪本土文化的认同感，把中华优秀传统文化的基因有机融入当地儿童的血脉之中，培养懂礼、尊礼、有礼、护礼的新时代接班人。

因此，幼儿园应当根据当地的资源条件，结合幼儿接受启蒙教育的特点，将学习朱熹的知礼崇理文化作为对孩童们进行闽中文化精神启蒙的重要入口和通道，以《童蒙须知》中的教育观念作为思想道德启蒙教育主线，开展以"礼"文化为主线的音乐文化启蒙教育活动，对幼儿进行"礼乐合一"、"知行合一"的童心陶冶。具体操作上，可以通过组织幼儿参观朱子文化园、传唱改编后的《童蒙须知》等方式，让孩子们了解朱子"礼"文化的内容与精神。并且，还可以利用儿歌、故事、集体教学、角色游戏、创意戏剧等活动，将《朱子家训》和《童蒙须知》中体现的"礼"文化渗透到幼儿的一日生活中，让他们在潜移默化之中，接受、传承、弘扬朱子的"礼"文化，学习日常生活、做人做事、待人接物、学习劳动的基本规则和技能，养成着装整洁、爱惜衣物、热爱劳动、待人有礼、勤勉学习、尊敬长辈等良好的行为习惯与自律精神，进而在成人后为社会的文明进步做出应有的贡献。

二　与时俱进改编的《童蒙须知》

《童蒙须知》是朱熹著作的儿童启蒙读物，为孩童们制定了学习"眼前事"的具体标准和要求。一千多年来，此书的内容教育、影响了中国无数家庭的教育观念和行为。该书从儿童日常的生活礼仪、学习礼仪、劳动礼仪等各个细微之处着手，将个人习惯的培养与未来人生走向提升到同等重要的程度。该读物的内容与孩童们的日常生活息息相关，是为孩子们的生活、学习等制定的具体行为规范，其中蕴含着历史悠久、博大精深的"礼"学教育课程资源。

由于该读物产生于宋代，是用文言文著作的，对于今人而言，其语言晦涩难懂，而且书中的很多思想与做法与当代社会的教育理念有所偏离、冲突。故而，将其运用于当今的学前教育时，必须根据社会主义核心价值观的需要，同时依据学前教育阶段师幼的实际，对其进行与时俱进的改编。为此，依据《童蒙须知》原文的五个部分内容，基于《3—6岁儿童学习与发展》中对于幼儿年龄特点与习惯养成的要求，并按照幼儿的兴趣、学习等特点，将改编后的内容分成吟诵与歌唱两个部分。

（一）第一部分的原文及改文

1. 原文的标题与内文

标题为《衣服冠履第一》，原文如下：

大抵为人，先要身体端整。自冠巾、衣服、鞋袜，皆须收拾爱护，常令洁净整齐。我先人常训子弟云："男子有三紧，谓头紧、腰紧、脚紧。头谓头巾，未冠者总髻。腰谓以绦或带束腰。脚谓鞋袜。此三者要紧束，不可宽慢，宽慢则身体放肆不端严，为人所轻贱矣。

凡著衣服，必先提整衿领，结两衽纽带，不可令有阙落。饮食照管，勿令污坏。行路看顾，勿令泥渍。

凡脱衣服，必齐整折叠箱箧中，勿散乱顿放，则不为尘埃杂秽所污。仍易于寻取，不致散失。着衣既久，则不免垢腻。须要勤勤洗浣。破绽则补缀之。尽补缀无害，只要完洁。

凡盥面，必以巾帨遮护衣领，卷束两袖，勿令有所湿。凡就劳役，必去上笼衣服，只著短便，爱护勿使损污。凡日中所着衣服，夜卧必更则不藏蚤虱，不即敝坏。苟能如此，则不但威仪可法，又可不费衣服。晏子一狐裘三十年，虽意在以俭化俗，亦其爱惜有道也。此最饬身之要。毋忽。

2. 改文的标题与内文

本部分内容的核心在于日常的着装礼仪，文中倡导的着装端正、干净整洁、爱惜衣物、勤俭节约等内容对于当前的儿童有着积极的教育价值。根据本部分内容的主题，我们将标题改为《衣服鞋帽歌》，并基于当前儿童着装的特点以及培养幼儿自我服务能力的要求，将内文改编如下：

（1）吟诵部分：

正身心，着装始；衣帽齐，鞋袜净。
穿衣服，系好扣；脱衣服，叠整齐。
洗漱时，不沾湿；脏衣服，常洗晒。
旧衣服，不丢弃，爱衣物，尚节俭。

（2）歌唱部分：

早上起床自己穿衣，扣子对齐领子拉平；
戴好帽子穿鞋袜，系牢鞋带再出发。
上床睡觉自己脱衣，叠放整齐放在床头；
洗手洗脸卷衣袖，衣服小心别弄湿。
衣服脏了常洗常晒，旧衣旧裤送去回收；
爱护衣物尚节俭，干净整洁才健康。

（二）第二部分的原文及改文

1. 原文的标题与内文

标题为《语言步趋第二》，原文如下：

凡为人子弟，须是常低声下气，语言详缓，不可高言喧哄、浮言戏笑。父兄长上有所教督，但当低首听受，不可妄自议论。长上检责，或有过误，不可便自分解，姑且隐默。久却徐徐细意条陈，云此事恐是如此，向者当是偶尔遗忘。或曰：当是偶尔思省未至。若尔，则无伤怍，事理自明。至于朋友分上，亦当如此。

凡闻人所为不善，下至婢仆违过，宜且包藏，不应便尔声言。当相告语，使其知改。

凡行步趋跄，须是端正，不可疾走跳踯。若父母长上有所唤召，却当疾走而前，不可舒缓。

2. 改文的标题与内文

本部分内容的核心在于日常说话和走路的文明礼仪，文中倡导的说话不喧哗吵闹、耐心认真听长辈说话、不挑刺责怪、走姿端正稳健等内容对于当前的儿童有着积极的教育价值。根据本部分内容的主题，我们将标题改为《说话走路歌》，并基于当代儿童社会性发展的特点与文明行为习惯要求，将内文改编如下：

（1）吟诵部分：

自己玩，不吵闹；大人话，认真听。

他人问，耐心答；有礼貌，多微笑。
同伴错，悄声说；师长错，多包容。
稳步走，不跌撞；长辈叫，快步前。

（2）歌唱部分：

自己玩耍不吵不闹，公共场所不喊不叫；
别人说话听认真，耐心回答不着急。

遇见客人礼貌问好，眼睛对视满脸微笑；
同伴有错悄悄说，长辈有错不计较。

走路稳当不跌不撞，抬头挺胸精神愉快；
长辈叫我快向前，尊敬长辈人人夸。

（三）第三部分的原文及改文

1. 原文的标题与内文

标题为《洒扫涓洁第三》，原文如下：

凡为人子弟，当洒扫居处之地，拂拭几案，当令洁净。文字笔砚，凡百器用，皆当严肃整齐，顿放有常处。取用既毕，复置元所。

父兄长上坐起处，文字纸札之属，或有散乱，当加意整齐，不可辄自取用。凡借人文字，皆置簿抄录主名，及时取还。

窗壁、几案、文字间，不可书字。前辈云："坏笔污墨，瘝子弟职。书几书砚，自黥其面。"此为最不雅洁，切宜深戒。

2. 改文的标题与内文

本部分内容的核心在于日常劳动清洁的礼仪习惯，文中倡导的讲究卫生勤扫地、文具物品归类摆放、注重环境不乱涂抹桌面墙壁等内容对于当前的儿童有着积极的教育价值。根据本部分内容的主题，我们将标题改为《劳动清洁歌》，并基于当代儿童社会性发展的特点与劳动习惯要求，将内文改编如下：

(1) 吟诵部分：

> 讲卫生，勤打扫，地面净，桌面洁。
> 玩具多，要归类，哪里取，放哪里。
> 他人物，不擅用，借东西，及时还。
> 要写字，用纸笔，不乱涂，不乱画。

(2) 歌唱部分：

> 房间地面清扫干净，桌子椅子擦洗整洁；
> 玩具归类摆整齐，物品用完就归位。
> 别人东西不要乱拿，征求同意才能借用；
> 小心爱护不损坏，按时归还守信用。
> 写字画画要用笔纸，爱惜文具不要损坏；
> 桌面墙壁不涂抹，处处整洁讲卫生。

（四）第四部分的原文及改文

1. 原文的标题与内文

标题为《读书写文字第四》，原文如下：

凡读书，须整顿几案，令洁净端正。将书册整齐顿放，正身体对书册，详缓看字，仔细分明。

读之，须要读得字字响亮，不可误一字，不可少一字，不可多一字，不可倒一字，不可牵强暗记。只是要多诵遍数，自然上口，久远不忘。古人云："读书千遍，其义自见。"谓熟读则不待解说，自晓其义也。

余尝谓读书有"三到"，谓心到、眼到、口到。心不在此，则眼不看仔细。心眼既不专一，却只漫浪诵读，决不能记。记亦不能久也。三到之法，心到最急。心既到矣，眼口岂不到乎。

凡书册，须要爱护，不可损污皱折。济阳江禄，书读未完，虽有急速，必待掩束整齐，然后起。此最为可法。

凡写文字，须高执墨锭，端正研磨，勿使墨汁污手。高执笔，双钩端楷书字，不得令手揩著豪。凡写字，未问写得工拙如何，且要一笔一画，严正分明，不可潦草。凡写文字，须要仔细看本，不可差讹。

2. 改文的标题与内文

本部分内容的核心在于读书写字的学习习惯，文中倡导的专心学习、读书"心到、眼到、口到"、爱护书籍、注重写字姿势等内容对于当前的儿童有着积极的教育价值。根据本部分内容的主题，我们将标题改为《热爱学习歌》，并基于当代幼儿学习的特点与行为习惯要求，将内文改编如下：

（1）吟诵部分：

桌面净，书本齐，坐端正，保视力。
专心读，声音响，反复念，意思明。
爱护书，不损坏，不读时，收整齐。
写字时，握好笔，爱学习，好习惯。

（2）歌唱部分：

桌面整洁书本放齐，坐姿端正开始学习；
一张一张慢慢翻看，一页一页细细阅读。
读书响亮发音清晰，反复吟诵明白意思；
爱护图书不损坏，阅读完毕放原处。
写字握笔姿势正确，眼睛书本保持距离；
一笔一画写端正，热爱学习好习惯。

（五）第五部分的原文及改文

1. 原文的标题与内文

标题为《杂细事宜第五》，原文如下：

凡子弟，须要早起晏眠。凡喧哄争斗之处不可近，无益之事不可为。谓如赌博、笼养、打球、踢球、放风禽等事。

凡饮食，有则食之，无则不可思索，但粥饭充饥不可缺。凡向火，勿迫近火旁。不惟举止不佳，且防焚爇衣服。

凡相揖，必折腰。凡对父母长上朋友，必称名。凡称呼长上，不可以字，必云某丈。如弟行者，则云某姓某丈。按《释名》弟训第，谓相次第也。某丈者，如云张丈、李丈。某姓某丈者，如云张三丈李四丈。

凡出外及归，必于长上前作揖。虽暂出亦然。凡饮食于长上之前，必轻嚼缓咽，不可闻饮食之声。凡饮食之物，勿争较多少美恶。凡侍长者之侧，必正立拱手。有所问，则必诚实对，言不可妄。

凡开门揭帘，须徐徐轻手，不可令震惊声响。凡众坐，必敛身，勿广占坐席。凡侍长上出行，必居路之右，住必居左。

2. 改文的标题与内文

本部分内容的核心在于日常生活、社会交往等各方面的礼仪习惯，文中倡导的早睡早起、不做无益之事、吃饭细嚼慢咽、不挑食争食、尊敬长辈、有问必答等内容对于当前的儿童有着积极的教育价值。根据本部分内容的主题，我们将标题改为《文明习惯歌》，并基于当代幼儿社会性的特点与行为习惯要求，将内文改编如下：

（1）吟诵部分：

> 早睡觉，早起床；讲卫生，勤洗手。
> 吃饭时，慢咀嚼；不挑食，不偏食。
> 对长辈，须恭敬；要诚实，不争斗。
> 轻开门，坐端正；文明人，我做起。

（2）歌唱部分：

> 晚上早睡清晨早起，早晚刷牙便后洗手；
> 勤剪指甲换衣裤，讲究卫生好习惯。
> 米饭青菜样样爱吃，牛奶鸡蛋营养全面；
> 自己吃饭细嚼慢咽，身体健康好味道。
> 尊敬长辈恭敬有礼，友爱同伴诚实有信；
> 开门关门轻手轻脚，举止文明从我做起。

三 以"礼"文化为主线的幼儿园系列启蒙活动

在这个部分里,以尤溪县实验幼儿园为例,介绍该园以文明礼仪行为习惯养成为切入点,开展以"礼"文化为主线的幼儿园系列启蒙活动的具体过程和方法。

为了传承与弘扬朱子文化,该园曾组织开展以"礼"文化为主线的系列启蒙活动,其活动的主要程序与项目为:组织幼儿参观朱子文化园,了解"礼"文化要义→感受《朱子家训》;领会"礼"家教文化→讲述朱熹小故事,品尝"礼"文化人情味→吟唱新《童蒙须知》;感受"礼"行为规范文化→开展观览美食一条街和创意戏剧活动;认知、表现"礼"文化生活→在传统节日和一日生活中,感受和体验"礼"文化的实用性,渗透中华文明古国传统文明礼仪习惯的养成教育。

(一) 参观朱子文化园,了解"礼"文化要义

尤溪是有着千年历史的一个古县,也是理学大师朱熹的诞生地。这里经过精心建设,许多地方彰显着丰富的朱子文化。朱子文化园建在尤溪县城城关,是当地孩子们路过时经常能够看到的文化场所。该园专门组织幼儿走进朱熹的故居,参观朱子文化园。在讲解员的介绍下,幼儿了解到朱熹的一些有趣故事,初步感受到《朱子家训》《童蒙须知》等朱子著作中所蕴含的生活意义。在讲解员的带领和示范下,这些幼儿也体验了一回朱熹课堂的礼仪。

(二) 了解《朱子家训》,领会"礼"文化家教意义

为了帮助幼儿领会朱子的"礼"文化,教师组织开展了以《朱子家训:见老者,敬之》为主题的大班语言活动,引导幼儿初步了解《朱子家训》,理解"见老者,敬之"的含义,知道在社会生活中要尊敬、孝敬老人,并为他们做一些力所能及的事情。

1. 播放 PPT,介绍《朱子家训》。

教师:你们认识他吗?他是谁?

教师:我们的朱熹爷爷,生活在很早很早以前。那个时候,我们的国家经常打仗,百姓生活特别困难,包括家庭成员之间,人们时常因为一些小事发生纠纷、争吵。为了让家人能够相亲相爱,家庭和睦温馨,

我们的朱熹爷爷写下了《朱子家训》，教大家许许多多为人处世的道理。千百年来，《朱子家训》在中国的家庭教育、幼儿养成等方面发挥了很好的作用，还被翻译成很多国家的文字，影响到许多外国小朋友及其家庭。到了今天，《朱子家训》的思想观念和行为规范还是具有积极作用的，我们也还要继续学习书中所说的道理。

（注：接下来，引导幼儿观看图片，帮助他们理解其中"见老者，敬之"的含义。）

教师：图上画的是谁呀？他们在干什么？

（注：一群孩子见到老人，有礼貌地为老人让路，向老人行礼问好，扶老人过马路。）

教师：这幅图里，有《朱子家训》中的一句话："见老者，敬之。"小朋友们，你们知道这句话是什么意思吗？

（注：看见老爷爷、老奶奶，要尊敬、帮助他们。）

2. 联系生活实际，让幼儿明白要尊敬自己身边的老人，并为他们做一些力所能及的好事。

教师：我们身边有很多老人，你们最熟悉的有谁啊？你们平时怎样表达对他们的尊敬呢？

教师：老师最近收集了一些小朋友尊敬、帮助老人的照片，我们来看看他们是怎么做的吧。

教师：其实，尊敬、帮助老人是一件很有必要也很简单的事情，我们可以为他们做许多力所能及的事情。比如：礼貌问好，为老人捶背、扫地、洗碗、洗脚，把好吃的先给爷爷、奶奶吃等。

3. 观看故事视频"让座"，引导幼儿明白不仅要尊敬自己身边亲近的老人，也要尊敬其他的老人。

教师播放视频"让座"。

教师：小朋友们对自己的爷爷奶奶、外公外婆要尊敬，要帮助，那对生活中遇到的其他老人，我们还可以怎么做呢？下面，我们一起来看一个小视频。

教师：视频里的故事发生在哪里？这个老奶奶为什么站着？你听到了什么？如果一直没人让座，你觉得会发生什么？最后有人给老奶奶让座吗？当终于有人给老奶奶让座时，你的感觉是怎样的？

教师：视频中的老奶奶年纪大了，在运行中的公交车上根本站不稳，幸好最后有人给老奶奶让座，使她没有跌倒受伤。这个让座的人是好样的，我们都应该向他学习。以后，如果我们在公交车上遇见年纪大的爷爷、奶奶，我们要给他们让出自己的座位。当然，我们也要在公交车上保护好自己，比如抓紧爸爸妈妈的手，不让自己摔倒受伤。

4. 播放 PPT，让幼儿了解老人们曾经为社会与家庭做出过许多贡献，应该得到尊敬与孝敬。

教师：其实，很多老人也曾经和我们的爸爸妈妈一样，在年轻的时候为我们的国家和社会做出了很多贡献。其中，有些人可能是为祖国流过血、拼过命的战斗英雄，而正是因为他们的浴血奋战，才换来我们今天的和平、安宁、幸福生活；有些可能是一生都奋斗在航天事业中的工作者，为了我们人类的未来，舍命去探索宇宙的奥秘；有些人可能是建筑师，建楼房、铺道路、修电站，让我们的家园更加温馨、美丽，让我们大家拥有了更高的生活质量；也有些人可能是平凡而伟大的农民伯伯，栽种庄稼、蔬菜和水果，向我们源源不断地提供丰富多样的食物。也就是说，正是有了他们的辛勤劳动，我们小朋友才能健康成长，我们的生活水平才会"芝麻开花节节高"。

教师：现在，这些为大家的幸福生活贡献了心血和力量的他们，年纪已经大了，腿脚可能变得不利索了，需要别人来帮助和照顾了。我们小朋友当然要感恩、报恩他们，但是应该怎么去帮助他们，做到"见老者，敬之"呢？

（三）听讲朱熹小故事，品尝"礼"文化人情味

礼仪教育的过程不仅是一个认识的过程，也是一个实践的过程。根据幼儿园的教育目标，以集体活动的形式，每周有计划地组织一节以"礼"文化为主题的文明礼仪活动，使幼儿在丰富多彩的情景表演活动中，全身心地投入。并且，在比一比、看一看、议一议、想一想、做一做的实践中，真正地理解礼仪的必要性，使得幼儿的礼仪行为在不知不觉中趋于文明化、规范化。

为了帮助幼儿进一步了解朱熹的"礼"故事，组织开展大班《朱子

面》韵律活动，引导幼儿在随音乐大胆创编《朱子面》表演等游戏的过程中，感受朱熹"礼"文化中所蕴含的好客之道，以及认真做事、精益求精等品质。

1. 通过PPT，介绍"朱子面"典故，进行激趣引题。

教师：这是谁啊？朱熹爷爷刚出生的时候，他的爸爸非常高兴，就很用心地做了很多的切面，用来招待前来庆贺的客人，并且希望自己的儿子未来能成为一个热情好客、做事认真的人。后来，朱熹不负他父亲的期望，经过长期的学习、修炼后，最终成为一位很有本领、很受尊重的社会名人。于是，尤溪县用精制切面来招待客人的民间风俗就形成了，也流传了下来。为了显示其中的来历和意义，尤溪人把切面也叫作"朱子面"。

2. 幼儿观看"朱子面"的制作视频，丰富生活经验。

教师：最初时，"朱子面"是怎么做出来的？"朱子面"煮熟了会怎么样？

教师：对了，把和好的面团用力地揉一揉，切成一条条整整齐齐的面块，再将它们搓成一个个长条，最后拉成长长的"朱子面"。"朱子面"煮熟后，会自动浮起来，还会纠缠在一起，在锅里的开水中有节奏地跳舞。

3. 完整欣赏音乐，尝试随乐创编动作。

教师：做"朱子面"和煮"朱子面"的过程是不是很有趣呀？老师把它编成了一首好听的音乐，现在我们一起来听一听。

教师：这首音乐你听过了，有怎么样的感觉呢？

（注：轻松、欢快。）

（注：分段欣赏音乐，然后根据做"朱子面"和煮"朱子面"的过程，自己创编舞蹈动作，并进行相应的表演。）

4. 欣赏第一段音乐，引导幼儿创编做"朱子面"的动作并表演。

教师：你认为第一段音乐说的是什么事情？这可以用什么动作来表现？

教师：对，"朱子面"就是这样做成的，要先用力地揉面团，接着切成一条条整整齐齐的面块，再有节奏地将面块搓成长条，最后经过反复多次地拉拽，拉成"朱子面"。第一段音乐说的是在认真做"朱子面"的情景。这告诉我们，要像朱熹爷爷一样，认真做事，严谨为人，在坚持不懈的学习中成长起来。

5. 欣赏第二段音乐，引导幼儿创编煮"朱子面"的动作，并进行表演。

教师："嘀嗒嘀嗒"是什么意思？"卟噜卟噜"又是什么声音呢？"朱子面"煮熟浮起来时，谁在干什么？最后"当"的一声，这表示什么？

教师："嘀嗒嘀嗒"是"朱子面"下锅时发出的声音，"卟噜卟噜"是"朱子面"煮熟浮起来的声音。在开水中，"朱子面"还会纠缠在一起，有节奏地跳舞。最后"当"的一声，是告诉我们锅下面关火了，此时"朱子面"也不动了。

教师：朱熹爷爷曾说过，"读书有三到，谓心到、眼到、口到"。我们无论煮面、做事还是读书求学，不仅要专心听，认真看，还要多问多求教，才能把事情做得更好。

6. 幼儿随乐进行完整的表演，体验做"朱子面"、煮"朱子面"的乐趣。

教师：小朋友们真聪明，现在我们一起来做"朱子面"、煮"朱子面"吧！

（注：引导幼儿两人或几人合作，一起动手，表现做"朱子面"、煮"朱子面"的过程，体验与教师、同伴共同游戏的快乐。）

教师：哇，大家做出了这么多的"朱子面"，你们太棒了！

教师：朱熹爷爷还说过，"见老者，敬之；见幼者，爱之……"我们要像朱熹爷爷那样，做个尊老爱幼、以礼待人的好孩子。

7. 活动延伸。

（1）游戏活动。

师生在本地的美食街、生活区、表演区，开展做"朱子面"的游戏活动。

（2）家园共育。

请家长配合，引导幼儿进一步了解朱子"礼"文化中的好客之道，及学说尤溪方言，做尤溪小吃，将尤溪本土民间文化更好地传承下去，从而培养他们热爱家乡的情怀。

（四）吟唱新《童蒙须知》（套曲），感受"礼"文化行为规范

为了实施"礼乐合一"的音乐文化启蒙教育活动，帮助幼儿更加生动地感知《童蒙须知》的内涵，我们将改编后的新内容进行谱曲，创作了新《童蒙须知》套曲。同时，在幼儿园开展以"传承朱子文化，童谣滋养童心"为主题的新《童蒙须知》童谣传唱活动，让幼儿在生活中倾听，在活动中传唱，在创意戏剧中表演与游戏，进而感受与理解朱子"礼"文化的主要内容，并在一日生活中努力践行。

附曲：

衣服鞋帽歌

Voice

1=D 2/4

程 英 作词
杨 滨 作曲

【吟诵部分】

正身心，着装始；衣帽齐，鞋袜净。穿衣服，系好扣；脱衣服，叠整齐。

洗漱时，不沾湿；脏衣服，常洗晒。旧衣服，不丢弃，爱衣物，尚节俭。

【歌唱部分】

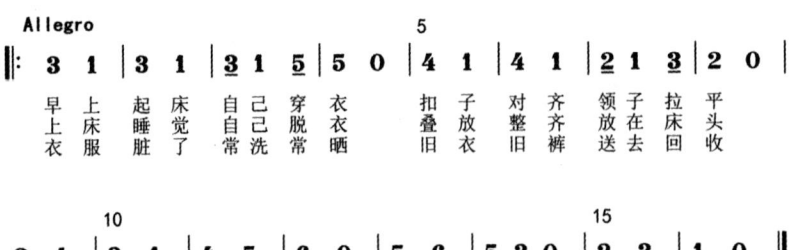

Allegro

| 3 1 | 3 1 | 3 5 | 5 0 | 4 1 | 4 1 | 2 1 | 3 2 0 |

早 上 起 床 自 己 穿 衣   扣 子 对 齐 领 子 拉 平 头
上 床 睡 觉 自 自 脱 衣 衣   叠 放 整 放 在 床 回
洗 衣 服 脏 了 常 常 洗 晒   旧 衣 旧 裤 送 去 收

| 3 1 | 3 1 | 4 5 | 6 0 | 5 6 | 5 3 0 | 2 3 | 1 0 ‖

戴 好 帽 子 穿 鞋 袜   系 牢 鞋 带 再 出 发
洗 手 洗 脸 卷 衣 袖   衣 服 小 心 别 弄 湿
爱 护 衣 物 尚 节 俭   干 净 整 洁 才 健 康

第七章 童心陶冶：福建文化精神与幼儿园音乐文化启蒙

说话走路歌

Voice

1=F 3/4

程 英 作词
杨 滨 作曲

【吟诵部分】

　　　自己玩，不吵闹；大人话，认真听。他人问，耐心答；有礼貌，多微笑。

　　　同伴错，悄声说；师长错，多包容。稳步走，不跌撞；长辈叫，快步前。

【歌唱部分】

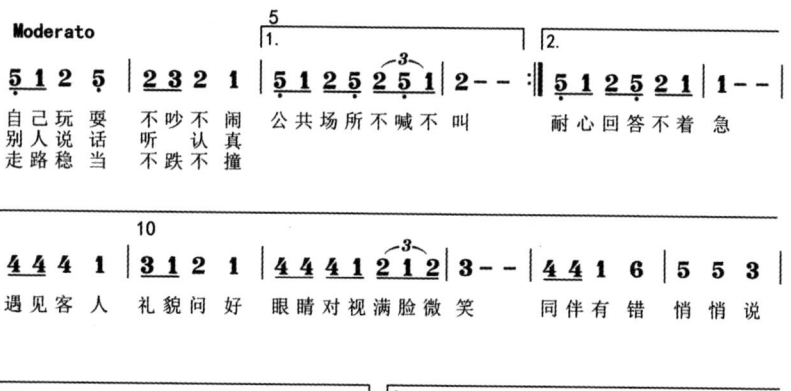

Moderato

5̣ 1 2 5̣ | 2 3 2 1 | 5̣ 1 2 5̣ 2 5̣ 1 | 2 - - ‖ 5̣ 1 2 5̣ 2 1 | 1 - - |
自己玩耍　不吵不闹　公共场所不喊不叫　　耐心回答不着急
别人说话　听认真
走路稳当　不跌不撞

4 4 4 1 | 3 1 2 1 | 4 4 4 1 2 1 2 | 3 - - | 4 4 1 6 | 5 5 3 |
遇见客人　礼貌问好　眼睛对视满脸微笑　同伴有错　悄悄说

2 4 2 4 2 6 | 5 - - ‖ 5̣ 1 2 5̣ 2 5̣ 1 | 2 - - |
长辈有错不计较　　　抬头挺胸精神愉快

5̣ 1 2 5̣ | 2 3 2 1 | 2/4 1 5̣ 5̣ 3 | 2 1 | 3/4 1 - - ‖
长辈叫我快　向前　尊敬长辈人人　夸

251

劳动清洁歌

Voice

1=F 2/4

程 英 作词
杨 滨 作曲

【吟诵部分】

讲卫生，勤打扫，地面净，桌面洁。玩具多，要归类，哪里取，放哪里。

他人物，不擅用，借东西，及时还。要写字，用纸笔，不乱涂，不乱画。

【歌唱部分】

Allegro

3 6 | 1 3 | 2 2 5 | 3 0 | 3 6 6 1 | 7 5 5 | 3 - | 0 0 |
房 间 地 面 清扫干 净 桌子椅子 擦洗 整 洁
写 字 画 画 要用纸 笔 爱惜文具 不要 损 坏

3 6 | 1 3 | 2 1 | 2 0 | 7 7 7 6 | 5 7 | 6 - | 6 6 7 ‖
玩 具 归 类 摆整 齐 物品用完 就归 位 别 人
桌 面 墙 壁 不涂 抹 处处整洁 讲卫 生

转 1=D（前 6 = 后 1）

4/4 3 - 2 1 2 | 3 - 2 1 2 | 3 5 6 5 3 | 2 - 0 1 2 |
东 西 不要 乱 拿 征求 同 意 才 能 借 用 小 心

3 - 2 1 2 | 3 - 2 1 2 | 3 5 6 2 6 | 5 - - 0 ‖
爱 护 不 损 坏 按时 归 还 守 信 用

此处的 5 等于F调的 3

1=F

2/4 6 - | 6 0 | 2 2 2 3 | 5 6 | 6 0 ‖
生 处处整洁 讲卫 生

第七章 童心陶冶：福建文化精神与幼儿园音乐文化启蒙

热爱学习歌

Voice

1=C 2/4

程 英 作词
杨 滨 作曲

【吟诵部分】

桌面净，书本齐，坐端正，保视力。专心读，声音响，反复念，意思明。

爱护书，不损坏，不读时，收整齐。写字时，握好笔，爱学习，好习惯。

【歌唱部分】

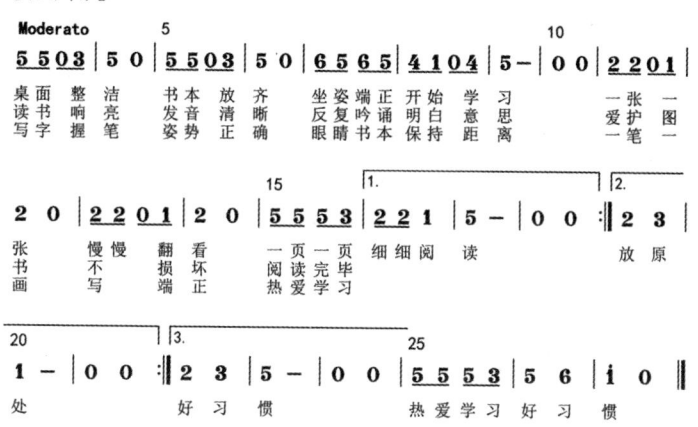

Moderato

5 5 0 3 | 5 0 | 5 5 0 3 | 5 0 | 6 5 6 5 | 4 1 0 4 | 5 - | 0 0 | 2 2 0 1 |
桌面整洁　书本放齐　坐姿端正　开始学习　　　　　一张一
读书响亮　发音清晰　反复吟诵　明白意思　　　　　爱护图
写字握笔　姿势正确　眼睛书本　保持距离　　　　　一笔一

2 0 | 2 2 0 1 | 2 0 | 5 5 5 3 | 2 2 1 | 5 - | 0 0 :‖ 2 3 |
张　慢慢翻看　一页一页　细细阅读　　　　　　放原
书　不　损坏　阅读完毕
画　写　端正　热爱学习

1 - | 0 0 :‖ 2 3 | 5 - | 0 0 | 5 5 5 3 | 5 6 | i 0 ‖
处　　　　好习惯　　　　　热爱学习　好习惯

253

文明习惯歌

程英 作词
杨滨 作曲

1=G 2/4

【吟诵部分】

早睡觉，早起床；讲卫生，勤洗手。吃饭时，慢咀嚼；不挑食，不偏食。

对长辈，须恭敬；要诚实，不争斗。轻开门，坐端正；文明人，我做起。

【歌唱部分】

（乐谱）

晚上　　早睡　　清晨早　起　　早晚刷牙　便后　洗　手
尊敬　　长辈　　恭敬有　礼　　友爱同伴　诚实　有　信

勤剪　指甲　换衣裤　讲究卫生好习惯　　呀
开门　关门　轻手轻脚　举止文明从我做　起　呀

转1=♭B（前1＝后6）

米饭青　菜　样样爱　吃　　牛奶鸡蛋营养　全　面

自己吃　饭　细嚼慢　咽　　身体健康好味　道　呀

此处的3等于G调的5

（五）通过一日活动，践行"礼"文化的行为规范

1. 在"朱子小吃一条街"中践行"礼"文化

幼儿园里仿拟的"朱子小吃一条街"，是幼儿感知朱子礼学并学以致用的教育实践基地。在朱子美食街游戏中，幼儿"有样看样"、"有样学样"，将朱子礼学中的热情待客之道、《童蒙须知》中的礼貌和清洁等行为规范，都展现得生动活泼、淋漓尽致。孩子们热情大方地招待"客人"，言行举止文明有礼，勤劳并有序地进行劳动、进食、购买等活动。

他们的一举一动、一言一行，无不符合文明礼仪的行为规范，无不体现出朱子礼学的文化精神。

2. 在一日生活中渗透"礼"文化

在幼儿园一日生活中，每个环节都可以渗透礼仪教育。设立晨间"文明小天使"，每天早上由大班几位小朋友"站岗"，向来园的小朋友、老师和家长问好。同时，也教育孩子们要与其他人互相问好。入班后，向老师和小朋友们问好。通过这种互致早安问候的礼敬方法，可以让幼儿感受到幼儿园里的集体温暖。还可以通过饭前如厕、饭后散步等活动，让孩子们学会等待、轮流等文明行为规则。在这样的礼仪教育过程中，使孩子们懂得问安、致敬、自律、守纪律等美德，也让他们真切地体验到良好的利他行为也能够给自己带来快乐。

3. 在家庭中拓展"礼"文化

首先，让孩子带着好奇、兴奋的心情，与爸爸妈妈共同制作朱子小故事绘本，让孩子们在没有压力的心境中，融入绘本的故事情境之中，与家长共同创意表演。

其次，引导孩子们在家里的穿衣吃饭、说话走路、收拾玩具、与长辈交往等各种活动中，自觉践行朱子的"礼"文化，家长进行记录与指导，让幼儿感受到自己良好的礼貌行为给家人带来的乐趣，也让家人感受到孩子在学习与践行优秀传统文化后的成长与进步。

（本节系列案例由福建省三明市尤溪县实验幼儿园李春珠、邱雪莲、胡丽萍、张晓岚等老师设计实施，程英老师指导。）

第二节 以"孝"文化为主线的闽都音乐文化启蒙活动

在中国传统儒学思想中，"孝"具有极其重要的地位，孔子在《论语·学而》中，明确提出"孝为仁之本"的观点。在儒家通俗读物《围炉夜话》里，晚清近代著名文学品评家王永彬提出"百善孝为先"的观点。中国最早的一部解释词义的著作《尔雅》，对孝下的定义是"善事父母为孝"。孝，是子女对父母慈爱的一种善行和回报，是家庭中晚辈对长辈应该具有的感恩、尊敬、赡养与帮助的良好德行,而唐代诗人孟郊在《游子吟》中所说的"谁言寸草心,报得三春晖",则是"孝亲"道德文化的表现。作为中国传统文化美德的重要内容,孝在中国传统伦理中居于首德和始德地位,并且还衍生出更广泛的社会意义。《孟子·梁惠王》中记载,中国古代著名思想家、教育家孟子提出:"老吾老,以及人之老;幼吾幼,以及人之幼。"告诫人们,在赡养、孝敬自己的长辈时,不应忘记与自己没有血缘关系的其他老人;在抚养、教育自己的孩子时,不应忘记与自己没有血缘关系的其他孩子。这是说,应当在全社会形成尊老爱幼的风尚,弘扬尊老爱幼的传统。事实上,数千年来,尊老行孝成为了儒家大同世界理想的一个组成部分,而孝道文化已被中国人接受和弘扬。

福州作为福建省的省会,被誉为"有福之州"、"幸福之城",也是一个十分重视"孝"文化以及家人团结和睦的"家"文化的都市。在福州十邑地区,有一个全国独有的传统民俗节日——"拗九节",日期为农历正月廿九。每年这天清早,福州十邑地区家家户户都用糯米、红糖,再加上花生、红枣、荸荠、芝麻、桂圆、白果等食材,煮成甜粥,称为"拗九粥",用来祭祖或馈赠亲友。已出嫁的女儿,也要将"拗九粥",有的还要加上太平面、蛋、猪蹄等,送回娘家,孝敬父母。故而在福州,"拗九节"也被称为"孝顺节"。福州有许多朗朗上口、传唱很广的福州语童谣,说的就是行孝的内容。如《砻砻粟》中就写道:"砻砻粟,粟砻砻。糠养猪,米养侬。有粟养鸭母,鸭母生卵还主侬。"这些歌词的意思是:大米拿来养人,米糠拿来养猪,谷糠拿来养鸭子,而鸭子就生蛋报答主人。这是很有教育意义的一首歌谣,既教给孩子们生活常识,又教育孩子们要有感恩、报恩之心。国风之本在家风,家风之本在孝道。因此,福州部分幼儿园充分利用本土民间文化资源,培养孩子们从小懂得感恩父母、亲近家人,学习礼貌对待和孝敬长辈,以形成良好的美德与家风,进而改善整个社会的风气。

一 以"孝"文化为主线的启蒙活动设计思路

教师通过组织幼儿了解"拗九节"的由来,欣赏福州语歌曲《掼粥掼到厝门口》，组织"关于拗九节，我知道、我喜欢……"活动，逐渐形成剧目的整体框架。然后，鼓励幼儿在戏剧游戏中以多元方式来表征故事情节、人物性格、剧目主题等。在语言方面，力图巧妙地融入福州语和具有方言特色的音乐，如选用福州方言民间歌曲、与情境匹配的其他福州地方乐曲等。在舞蹈方面，动作的创编尽量符合角色的特点和情节发展的需要，既运用合适的闽剧传统表演动作，又力求在改造、创新中表现出艺术创造力。并且，通过系列化的亲子活动，弘扬福州人尊老爱幼的良好传统。

据此设想，将以"孝"文化为主线的幼儿教育活动的基本框架确定为：

1. "拗九节"主题系列活动：品尝福州小吃"拗九粥"→了解"拗九粥"历史典故→学说福州话→学唱福州语歌曲《相亲相爱一厝人》→创编拗九节剧本→组织创意戏剧表演。

2. 重阳节"敬老爱老孝老"系列活动：认识重阳节→给爷爷、奶奶等祖辈老人过节→为爷爷、奶奶等老人喝彩→学唱福州童谣《砻砻栗》→开展《我为爷爷奶奶捶捶背敲敲腿》韵律活动。

二 以"孝"文化为主线的幼儿园系列启蒙活动

（一）"拗九节"主题系列活动

1. 幼儿品尝福州小吃"拗九粥"

农历正月二十九早上，幼儿园为孩子们提供了"拗九粥"。教师引导孩子们边吃边观察，想一想以下的问题："我们今天吃的这种粥叫什么粥？它和我们平时吃的稀饭有什么不一样？粥里面都有哪些食物原料呢？"

（注：教师通过引导，帮助幼儿发现"拗九粥"里有花生、红枣、荸荠、芝麻、桂圆、糯米、白果等原料，这种红红、甜甜的粥是加入了红糖煮成的，进而知道"拗九粥"的基本情况。）

2. 收集与讲述"拗九节"的故事

（1）通过提出下面的一些问题，引导幼儿收集"拗九节"的故事："小朋友们知道今天是什么节日吗？福州人为什么今天要吃'拗九粥'

呢？请小朋友们回家和爸爸妈妈、爷爷奶奶一起找答案。"

（2）幼儿如果跟祖辈学讲过福州话，那么师幼可以一起这样"攀讲"："'拗九节'在福州本地话里怎么说？'拗九粥'在福州本地话里怎么说？"

（3）组织幼儿讲述"拗九节"的故事。如在晨区讲述活动中，幼儿自由讲述与爸爸妈妈、爷爷奶奶一起收集到的关于"拗九节"与"拗九粥"的故事，并用方言表演，即用福州本地话说"拗九节"与"拗九粥"。

3. 幼儿学唱福州语歌曲《相亲相爱一厝人》

（注：本环节活动旨在通过说唱的方式，帮助幼儿初步了解其学习生活所在地——福州最常用的关于家人的福州方言称谓，让他们在轻松有趣的氛围中，感受到浓浓的乡音，感受到福州语称谓独特的韵味，并通过福州语歌唱的方式，表达对家人满满的爱及对长辈的孝敬之情。）

（1）通过谈话的形式，鼓励幼儿大胆地用自己家乡的方言，来说说今天送自己来幼儿园的是谁，激发起幼儿说方言的兴趣。

教师：小朋友们，每天都是谁送你们来幼儿园上学啊？你们能用自己的家乡话，向其他小朋友介绍一下他们是你的什么人吗？

（2）教师出示全家福，启发幼儿学说福州语的称谓。

（注：引导家乡不是福州的幼儿认识到：自己身在福州，福州就是自己的第二故乡。并且，鼓励幼儿一起来学说福州话。）

（3）教师结合挂图，引导幼儿用福州语来说说爸爸、妈妈、爷爷、奶奶、外公、外婆等家人的称谓，然后引导他们听着音乐中的鼓点，有节奏地说出以上的福州语称谓。

（4）教师通过玩"变脸"游戏，帮助幼儿熟悉并熟练掌握常用的福州语称谓。

教师：猜猜我是谁呀？

幼儿：是"伊妈"。

……

（5）教师与幼儿一同玩问答游戏，引导他们跟随音乐鼓点的节奏，尝试用福州话来回答。

教师：福州话里，"爸爸"怎么说？

幼儿：伊爸、伊爸、伊爸。

教师：福州话里，"妈妈"怎么说？

幼儿：伊妈、伊妈、伊妈。

教师：福州话里，爸爸的爸爸叫什么？

幼儿：依公、依公、依公。

教师：福州话中，爸爸的妈妈叫什么？

幼儿：依玛、依玛、依玛。

教师：福州话中，妈妈的爸爸叫什么？

幼儿：外公（聂 ong）、外公（聂 ong）、外公（聂 ong）。

教师：福州话中，妈妈的妈妈叫什么？

幼儿：外婆（聂玛）、外婆（聂玛）、外婆（聂玛）。

（6）教师结合图谱演唱，引导幼儿欣赏并引导幼儿学唱，指导他们跟唱或跟读教师说唱的称谓。

（注：教师边唱边出示图谱演唱，引导幼儿理解歌曲的内容，感受歌曲的旋律。）

（7）教师出示"小爱心"，引导幼儿在贴"小爱心"的地方，用福州语来说一说。

（注：其余的都用普通话来说唱。）

（8）教师与幼儿一起，共同完整地演唱福州语歌曲《相亲相爱一厝人》。

（注：第一段有表情地演唱，第二段有节奏地说唱。最后，老师在歌曲结尾加上福州语的"丫霸"来称赞幼儿。）

4. 创编"拗九节"剧本，并进行创意表演

（注：教师组织幼儿参与讨论，进行创意表演。）

（说明：从"关于拗九节，我知道、我喜欢……"的话题交谈中，形成剧目的基本框架。鼓励幼儿在戏剧游戏中，采用富有福州地方特色的多元方式来表征剧本。如巧妙融入福州特色的方言音乐，选用福州方言歌曲、与情境匹配的其他福州乐曲等。）

主持人：在福州，有一个特别的传统节日"拗九节"，也叫"孝顺节"、"后九节"。这个特别的节日是怎么来的呢？请看——

第一幕：目连探望妈妈

古时候，有一个孩子叫目连，他非常孝顺。可是，他的妈妈因为犯了严重的错误被抓起来了。目连很难过，提着点心去看望妈妈。

目连：妈妈平时教我做好吃的食物，现在轮到我来照顾妈妈。妈妈一定受了很多苦，我要做点好吃的食物给妈妈吃。

（注：做揉面、搓面、做点心、蒸面等动作。）

目连：点心做好了，我给妈妈送去吧。

（注：做手提蒸笼的走路动作。）

侍卫：你是谁？你来干什么？

目连：我叫目连，我来看妈妈。请你把这个蒸笼里的点心送给我妈妈吧。

侍卫：好，你把点心放在这里吧。

侍卫：快看看这里有什么好吃的？有光饼、还有虾酥，都是我爱吃的！我们一起分了吃吧！

第二幕：煮"拗九粥"

目连（躲在旁边，一边偷看一边自语）：送去的食物都被侍卫们偷偷吃了，妈妈一口也没吃到！我该怎么办呢？我得想办法，不能再让妈妈受苦了！

各种食品：我是糯米，我是荸荠，我是莲子，我是花生，我是桂圆，我是红枣，我们都是很有营养的食品，煮成粥一定很好吃又有营养。

（注：随乐，各种食品搅在一起，煮成一锅"拗九粥"。）

目连：真香啊，这么多食材煮出来的粥妈妈一定爱吃。可是，侍卫们看到这个粥这么好看，会不会又被他们偷吃光了呢？

红糖：我是黑黑、甜甜的红糖，把我放在粥里一起煮，煮成的粥颜色就会是黑乎乎的，侍卫们可能会以为是脏东西就不偷吃了呢？

目连：对，这个办法好。我加上红糖，再洒上一些黑芝麻，看起来就更黑了。

主持人：一锅好吃又有营养，但看起来黑乎乎的"拗九粥"煮好了！

第三幕：妈妈吃"拗九粥"

侍卫：你是谁？你来干什么？

目连：我叫目连，我来看妈妈。请你把这碗东西送给我妈妈吧。

侍卫：咦！这是什么呀，黑乎乎的，肯定不好吃，快点儿拿进去！

目连：妈妈，我来看您了！还给您带来了"拗九粥"！

妈妈：好孩子，"拗九粥"真好吃。这里面有什么东西呀？

目连：这里面的东西可多啦，有糯米、花生、红枣、荸荠、芝麻、桂圆、白果等，还有红糖合在一起煮。好吃吗？

妈妈：真好吃，孩子你长大了，真能干啊。你会自己照顾自己吗？

目连：妈妈，别担心我。我长大了，可以自己照顾自己，还会照顾您！我每天都会给您送"拗九粥"来！

妈妈：谢谢孩子。我会争取尽快出去和你团圆的。

第四幕：相亲相爱一厝人

妈妈：孩子，我回来啦。

目连：太好了，妈妈。

爷爷奶奶：今天是"拗九节"，大家一起吃"拗九粥"吧。

目连：我还要做太平面给爷爷奶奶、爸爸妈妈吃。

全体：吃太平面。

主持人：我们是相亲相爱的一家人，我们一起跳个舞吧。

全体：表演集体舞蹈《相亲相爱一厝人》。

附曲：

相亲相爱一厝人

1=C 4/4

游万玲 词曲

(3 5 5 1 5 5 - | 5 1 1 2 - | 3 5 5 1 5 5 - | 3 2 1 2 1 -) |

5. 3 5 - | 5 5 5 5 6 5 - | 3. 1 2 - | 2 2 2 2 2 3 2 - |
我 厝 啊， 温暖 幸福 的 家， 我 厝 啊， 相亲相爱 我 爱 它，

5. 3 5 - | 5 5 5 5 6 5 - | 3. 1 2 - | 2 2 2 2 2 3 1 - |
我 厝 啊， 温暖 幸福 的 家， 我 厝 啊， 相亲相爱 我 爱 它，

```
0  0  0  0 | 0  0  0  0 | X X  X X  X X  X X. |
                          亲 亲  地 叫  声 爸  爸,

X X  X X  X  0 | X X  X X  X X  X X. | X X  X X  X  0 |
依 巴  依 巴,    亲 亲  地 叫  声 妈  妈,    依 妈  依 妈,

X  X.     X  X.   | X  X.     X  X.   | X X  X X  X  - |
爷 爷,    依 公      奶 奶    依 妈      外 公  外 婆,

X  X  X  X  - | X  X.   0  0 | 3 3  2 2  1  - ‖
外 公 外 妈,     哈 哈             还 有 一 个 我。
```

注：
1、我厝：我家的意思。"我"念(ŋuāi)，"厝"年(cuò)；
2、奶奶：念作依(yī)妈(mā)；
3、外公：念作外(ŋie)公(ong)；
4、外婆：念作外(ŋie)妈(mā)；

(二) 重阳节"敬老爱老孝老"主题系列活动

1. 给老人们过节

教师：今天是重阳节，也叫"老人节"，是所有老人的节日。今天我们请爷爷奶奶们到我们班级做客，一起过集体生日。小朋友们要怎样祝贺他们呢？

幼儿：请爷爷奶奶、外公外婆到幼儿园过集体生日，吃太平面。

（注：孩子们为老人们点上生日蜡烛，齐唱《生日快乐歌》。每位孩子为老人送上一句祝福语，祝福老人们身体健康，平安幸福。）

2. 为老人们喝彩

教师：我们的爷爷奶奶、外公外婆可厉害了，他们有哪些好听的故事呢？他们会哪些本领呢？现在，我们请他们说给我们听听，表演给我们看看，好吗？

（注：请爷爷、奶奶们为小朋友们讲述自己的故事，并为幼儿展示唱歌、武术、演奏乐器、书法等专长。孩子们欣赏，并为老人们鼓掌、喝彩。）

教师：你喜欢爷爷奶奶、外公外婆吗？你说说他们什么本领最棒？

第七章 童心陶冶：福建文化精神与幼儿园音乐文化启蒙

3. 歌唱福州语童谣《砻砻粟》

附曲：

砻砻粟

1=D 4/4

温馨 有趣地 ♩=72

福州童谣
张含弓曲

（乐谱）

砻砻粟，粟砻砻。糠养猪，米养侬。冇粟养鸭母，鸭母生卵还主侬。Fine

砻砻粟，粟砻砻。糠养猪，米养侬。冇粟养鸭母，

鸭母　　　　　生卵还主侬。

教师：有一首福州童谣《砻砻粟》，它表达的是什么意思呢？请小朋友们看一下视频，想一想。

（注：幼儿观看视频，感受这首童谣的内容。教师引导幼儿理解这首童谣的意思。）

教师：福州话里的"粟"是什么意思呀？我们每天吃什么食物才会长大？"糠"是怎么做出来的，平时是给哪些动物吃的？这些动物是怎么表达它们的感恩之情的？

（注：教师讲解歌词——"粟"就是大米。大米拿来养人，米糠拿来养猪，谷糠拿来养鸭子，而鸭子就会生蛋报答主人。然后，教师用福州话，歌唱《砻砻粟》，幼儿欣赏。）

教师：《砻砻粟》这首歌曲好听吗？你觉得哪里特别有趣呢？

（注：幼儿用福州话，随乐歌唱《砻砻粟》。）

4. 启发幼儿感恩爷爷奶奶、爸爸妈妈

教师：人们用谷糠喂养鸭子，鸭子就生蛋报答人们。那么，爷爷奶奶、爸爸妈妈是怎么养育你们和照顾你们的？你们要怎样感谢他们

呢？

5. 韵律活动：我给爷爷奶奶捶捶背

教师：我们的爷爷奶奶每天在家又忙又累，累得背也弯了，腰也直不起来了，走路都快走不动了。我们该怎么帮助他们呢？

（注：伴随着《我给爷爷奶奶捶捶背》的音乐，教师引导幼儿为老人们捶捶背、敲敲腿，表示对老人的孝敬之情。然后，再跟老人们说悄悄话，表示对老人们的感恩之情。）

（本节系列案例由福建幼儿师范高等专科学校附属第二幼儿园游万玲、肖小芳、吴梅芳等老师设计实施，程英老师指导。）

第三节　以"拼"文化为主线的闽南音乐文化启蒙活动

闽南即指福建的南部，主要包括泉州、漳州、厦门等地区，当地人民以闽南语作为通行方言。闽南地方文化是在晋唐以来传播入闽的中原汉民族文化的基础上，融合了闽越本土文化，并吸纳部分海外文化，在闽南特殊的地理环境和长期的历史演变过程中，逐步孕育、形成、发展，并具有很强地域特色的中华亚文化形态。

与中原地区的主流文化以及福建其他区域文化比较而言，闽南文化个性比较突出，具有重商崇儒的文化传统、敢拼会赢的进取精神、兼收并蓄的开放意识、重乡崇祖的乡族情怀等特点[1]。这是因为，早期的闽南地区是一个未开发的蛮夷之地，在恶劣的环境中垦殖谋生的中原移民们，为了能够生存下来，就必须具有坚韧、勇敢的拼搏意识，否则就不能立足。闽南沿海一带，居民世世代代依海居住，靠海为生，在环境恶劣而充满生命危险的海洋里求生计，就必须敢于铤而走险，在波峰浪谷中求得一线生机。

久而久之，这就成就了闽南人"敢为人先"、"输人不输阵"的拼搏、冒险、进取精神。众所周知，早已唱响海内外的闽南歌曲《爱拼才

---

[1] 吴松青：《闽南地方文化概览》，厦门大学出版社2016年版，第2—3页。

会赢》正是这种精神的生动写照。"敢拼会赢"是闽南人情志的直抒，彰显了闽南人乐观进取、不愿服输、勇于探索、坚韧不拔、自强求新的个性。在历史进程中，敢拼会赢的进取精神成为了闽南人宝贵的精神财富与文化精神，也影响、培育着一代又一代的闽南儿童。因此，可以将感知敢拼会赢的进取精神作为进行闽南文化精神启蒙的抓手，开展以"拼"文化为主线的闽南音乐文化启蒙活动，对幼儿进行"礼乐合一"的童心陶冶。

一 以"拼"文化为主线的启蒙活动设计思路

闽南的泉州、厦门等地不仅经济发达，而且还有着丰富多彩的文化艺术瑰宝。为此，幼儿园应注重挖掘有教育价值的闽南文化教育资源，选择贴近幼儿生活实际的素材，在教育活动中激起幼儿强烈的共鸣，从而营造出良好的学习氛围，让幼儿在系列活动中感受、理解、学习敢拼会赢、敢为人先的"拼"文化精神。

在整体构思中，主要把握富有特色的闽南习俗文化、闽南海洋文化、闽南惠女文化三条主线来开展系列活动，并通过《爱拼才会赢》的早操等活动，渗透到幼儿的一日生活当中，培养这些未来的"闽南人"对家乡文化的认同、接纳和归属感。而幼儿在游戏中潜移默化地感受到家乡优秀地方文化精神的熏陶和激励，就会更多地关注、热爱乡土生活及其文化，养成热爱劳动、不怕困难、勇于挑战的精神，让闽南人敢拼会赢的精神在他们的身上得以浸润、传承和体现。

为此，构建以下三个系列活动：

1. "敢拼会赢"的闽南习俗文化系列活动，其程序与项目为：《中秋博饼》→《团仔拼输赢》→《过新年跳火群》→《端午龙舟乐》。

2. "敢拼会赢"的闽南海洋文化系列活动，其程序与项目为：《大海的声音》→《忙碌的渔家生活》→《大家来捕鱼》→《赶海小渔民》。

3. "敢拼会赢"的闽南惠女文化系列活动，其程序与项目为：《勤劳的惠安女》→《美味鱼市场》→《快乐的惠安女》→《惠安女》。

二 以"拼"文化为主线的幼儿园系列启蒙活动

（一）"敢拼会赢"的闽南习俗文化系列活动

"咱厝的节日真热闹……"这是闽南孩子们在民间节日常常会说的一句话。开展艺术形色多种多样的传统民俗节日庆祝活动，其独特、鲜明、有趣的艺术魅力会深深地吸引孩子们。特别是独具闽南特色的一些民俗和人文活动，它们所特有的思想性、艺术性具有一定的教育价值，有利于激发幼儿的学习兴趣，培养幼儿感受家乡美、热爱家乡的情感。比如，人们熟悉的"中秋博饼"、"过新年跳火群"、"端午赛龙舟"、"春节踩街"等民间习俗活动，就具有这样的教育功能，因而可以引入到幼儿园闽南音乐文化启蒙活动之中。

譬如，在开展《咱厝真热闹》主题活动时，结合主题活动创设相应的博物区，通过图文并茂的展示和民俗活动的开展，引导孩子们认识了解传统节日、喜欢传统节日，从而培养他们爱国爱乡的情感。具体实施中，可通过观看视频《闽南过年年味》，了解闽南人过节的习俗和人文活动；通过开展有关节日的系列活动，如中秋博饼、中秋亲子诗会、立冬搓丸、过新年、端午划龙舟等活动，引导幼儿积极参与闽南传统节日，进一步感受闽南节日的浓浓氛围；通过欣赏和学习闽南童谣、童谣新唱和闽南合唱歌曲，感受闽南民间音乐的独特韵味；通过分享交流，创编游戏，传承闽南"拼"文化。为增强教育实效，特别要重视通过猜想、调查收集、游戏体验等多种形式，引导幼儿感受"咱厝"节日的热闹场景，进而领会闽南人独有的敢闯敢当的"拼"劲。

下面，介绍以"拼"文化为主线的音乐文化启蒙系列活动中的一些项目。

1. 中班音乐游戏：《中秋博饼》

（说明：《中秋博饼》这首童谣含有唱童谣和念童谣两部分内容，该谐风趣，富有节奏感，朗朗上口。特别是由于歌曲的旋律富有闽南音乐的特征，所以孩子们如果掌握得不够好，老师可以借助手势，帮助孩子们感受音乐旋律的起伏。这样的方法好用而有效，孩子们在充分感受音乐旋律后，很快就学会了演唱这首童谣。孩子们也喜欢童谣中的念唱部分，老师可以借助敲打博饼的瓷碗，帮助他们掌握童谣的节奏。由于孩子们对摇骰子、比输赢的民俗游戏很感兴趣，他们会想出不同的游戏方法，通过掷骰子、猜拳等来比输赢，真切地体验到"阿公"中"状元饼"时的神气与乐趣。）

进行《中秋博饼》音乐游戏，实施项目、程序如下：

（1）出示中秋博饼道具引入，激发幼儿的兴趣。

教师：今天，我给大家带来一样好玩的东西，这就是骰子。中秋节时，这种骰子可以用来玩什么游戏呢？你们听，骰子在碗里发出了什么声音呢？

（2）结合提问，让幼儿回忆以前学过的闽南童谣内容，学习演唱新童谣《中秋博饼》。

教师：上次我们学过一首有关中秋博饼的童谣，那首童谣是用什么话唱的？中秋节时，月亮又圆又大，童谣里有一个词形容月亮照得到处亮堂堂的，谁听出来了？为什么"厝内喊甲大细声"？谁博得了状元呢？

（注：教师借助敲击瓷碗，帮助幼儿掌握说唱节奏，学唱童谣《中秋博饼》。）

（3）教师与幼儿讨论博饼游戏玩法。

教师：现在，我们也来博饼。你们觉得应该怎么玩会更有趣呢？等会儿，你们听听我是在童谣里的哪句掷骰子的？

（注：幼儿围成圆圈，教师与幼儿一起念童谣，在句末时掷骰子，引导幼儿根据两个方向的点数，选出两名幼儿来尝试"博饼"游戏，进一步了解游戏规则。幼儿根据掷骰子的点数，自己去"找朋友"。）

（4）幼儿结伴游戏，学习演唱童谣《中秋博饼》。

附曲：

中秋博饼

1=F 4/4

| 3 3 1 3 2 1 | 6̣ - - - | 6̇5̇ 6̇3 2 3̇6̇ | 5̇ - - - |
|中 秋 月 饼 一 面 镜，| | 照 甲 大 厅 光 映 映， | |

| 3 5 1 3 5̣ 6̣1 | 232 2 - - | 6̇5̇ 6̇1 2 3̇2̇ | 1 - - - |
| 街 头 巷 尾 博 月 饼， | | 厝 内 喊 甲 大 细 声， | |

| X X X X X X | X X X X X X | X X X X X X | X X X - |
| 孙 仔 细 汉 中 一 秀，| 阿 姐 博 无 让 大 兄，| 博 得 对 堂 安 奶 赢，| |

| X X X X X X | X - - - | 5 6 5̇3̇ 2 5̇0 | 5̣ 5̣ 1 - |
| 安 公 博 得 状 元 饼， | | 安 公 博 得 | 状 元 饼， |

| 5 6 5̇3̇ 2 5̇0 | 5̣ - 5̣ - | 1 - - - ‖
| 安 公 博 得 状 元 | | 饼。 |

2. 中班音乐游戏：《拼输赢》

（1）以手指游戏引入，激发幼儿的兴趣。

教师：孩子们，我们一起用小手变变变，变出数字1到10。但是，能不能用闽南话，把这些数字也变出来呢？

（2）播放图片，帮助幼儿回忆童谣《放鸡鸭》的内容。

教师：上次我们学过一首有关数字的童谣，也就是闽南童谣新唱版的《放鸡鸭》。大家还记得这首童谣是用什么话唱的吗？现在，我们一起来把这首童谣唱出来吧。

（3）借助敲击压脚鼓，帮助幼儿掌握童谣节奏，演唱童谣。

（4）幼儿两两合作，边唱边表演。

（5）教师与幼儿共同讨论《拼输赢》玩法。

教师：你们玩过的哪个游戏是在拼输赢的？可以用什么动作来比输赢？"来啊来啊拼输赢，最后再看谁会赢！"你们觉得在念到哪一个字时出拳最合适？

（注：教师重点引导幼儿在童谣中找到适合"奖励"和"惩罚"的词句，并与他们讨论、制定游戏规则。）

（6）幼儿游戏，教师提醒他们仔细听音乐，互相配合变换动作，并遵守游戏规则。

（注：玩法一：幼儿围成圆圈，听音乐前奏找朋友。找到朋友后，两边的幼儿边唱童谣边表演。在句末出现后，用"石头剪刀布"猜拳，赢者"坐金交椅"，输者被"摸鼻子"。玩法二：根据用"石头剪刀布"比出的输赢，优胜者先掷骰子，然后根据点数大小定输赢，进行"坐金交椅"和"摸鼻子"的奖励和惩罚。）

（7）游戏讲评，并鼓励幼儿迁移经验，找出更多的可以"拼输赢"的游戏。

教师：你们觉得在这种游戏中，最大的收获是什么？你们发现了什么有趣的事情？我们还可以玩哪些游戏来"拼输赢"？

附曲：

放鸡鸭

1=C 2/4

闽南童谣新唱

一放鸡，二放鸭，三分开，四相叠，
五搭胸，六拍手，七纺纱，八摸鼻，
九揪耳，十拾起，十一坐金交椅。
来啊来啊，拼输赢，最后再看谁会赢，
来啊来啊，拼输赢，最后再看谁会赢。

3. 中班音乐游戏：《过新年跳火群》

（说明："跳火群"是孩子们印象最深刻、最感兴趣，且念念不忘的一种闽南习俗。他们为能跳过"火群"的人们的勇气所折服，也想象着自己也能勇敢地从火群中跳过去。音乐游戏《过新年跳火群》，把闽南的习俗、打击乐器和音乐游戏很好地融合起来，不仅能让孩子们感受到闽南特有的民间习俗，受到闽南器乐之美的熏陶，又能让他们在游戏中体验"跳火群"的乐趣，增强他们迎战危险和困难的胆量。具体而言，闽南独有的乐器演奏中，不仅以强大的声势渲染了"跳火群"前"围火"的热闹气氛，凸显了加油鼓劲的壮胆准备，也为接下来"跳火群"做好了铺垫。游戏中两首乐曲不同风格的造势，可以增加孩子们的勇气和信心。孩子们在游戏中，根据自己的能力，不断地尝试跳过"火群"的各种方法，挑战"跳火群"的困难，更可以促进他们开启智慧想办法，增强克服困难的意志力。）

进行《过新年跳火群》音乐游戏，实施项目、程序如下：

（1）谈话引入，帮助幼儿回忆上次观看"跳火群"视频的感受与发现。

教师：孩子们，上次我们看过了闽南"跳火群"的热闹场面，还听了一首由"跳火群"改编的闽南歌曲。你们觉得印象最深刻的是哪个画面，或者哪个声音？

（2）帮助幼儿认识两种闽南打击乐器：压脚鼓、小叫。

（注：教师介绍这两种闽南打击乐器。幼儿学习分辨这两种打击乐器不同的声音。教师用这两种乐器分别敲出四分、八分、十六分节奏，让幼儿感知其声响。）

教师：印象最深刻的应该是有个叔叔配上了一些打击乐器，给准备"跳火群"的人鼓劲加油，那种声音是"咚咚恰恰"。为了让大家更同步感知，请你们仔细听听老师敲的乐器，并用"咚"、"恰"来把这些器乐声的声势模拟出来。

（3）玩《过新年跳火群》游戏，让幼儿感知乐曲中热闹、震撼的旋律，并熟悉游戏玩法及规则。

第七章 童心陶冶：福建文化精神与幼儿园音乐文化启蒙

（注：幼儿按个人意愿，分组搭火堆，围火助兴。幼儿与教师一起唱歌鼓劲。）

教师：如何让我们的火堆能够烧得更旺一些呢？能不能用刚才你们自己的伴奏声，来表现出"跳火群"那种热闹场面的声势呢？

教师：你们有什么好办法跳过"火群"呢？

（注：幼儿分享交流。教师帮助幼儿梳理游戏规则要点。要事先商量好角色，轮流跳火群；跳之前，小组成员要围火唱歌，给自己加油鼓劲，并提醒同伴注意安全；仔细听音乐的变化，可以用不同的动作跳过"火群"。如果能按照音乐节奏跳过"火群"，那就更完美了。）

（4）幼儿分组游戏。

（注：幼儿按照自己的能力选择火堆，听音乐游戏。教师重点观察幼儿是否能分配好角色，轮流"跳火群"。幼儿协商"添柴火"，加大游戏的难度，尝试"跳火群"的不同方法。）

教师：刚才，你们在热闹的闽南乐曲中跳过了"火群"。现在，我们想要"火群"更旺，需要添加柴火了。你们可以把柴火叠高，再去试一试不同的游戏方法。

（注：幼儿结伴游戏。教师提醒幼儿仔细听音乐，根据自己的能力选择跳不同的火堆，鼓励其变换动作，并遵守游戏规则。）

（5）游戏讲评，迁移游戏经验。

教师：你们觉得在游戏中得到的最大收获是什么？你们是怎样战胜困难和恐惧的？我们还可以用什么方法来战胜这些困难和恐惧呢？

附曲：

过新年跳火群

$1=C \ \frac{2}{4}$

| 6 | 6 | 3 | 6 | $\dot{1}$ | $\dot{1}$ | 5 | $\dot{1}$ |
| 跳 | 火 | 群 | 喽， | 跳 | 火 | 群 | 喽， |

| 3 | 6 | $\dot{6}$ | 3 | 6 | $\dot{6}$ | 6 | 5 | 6 | 6 | 3 | 2 |
| 跳 | 火 | 群 | 过 | 新 | 年， | 过 | 新 | 年 | 跳 | 火 | 群。 |

| X | X | X | X | 0 | X | X | X | X | X | X | X |
| 噜 | 噜 | 噜 | 噜 | 噜， | 嘿 | 嘿！ | 噜 | 噜 | 噜 | 噜 | 噜， |

【配器演奏建议】

1.（压脚鼓）　X　　　X　｜X　　　X　｜X　　X　X　｜X　　　X　‖
　　　　　　（鼓面）（鼓边）（鼓面）（鼓边）（鼓面）（鼓边）（鼓面）（鼓边）

　　声势：　咚　　　恰　｜咚　　　恰　｜咚　　恰　恰　｜咚　　　恰　‖

2.（小叫）　X　X　X　X　｜X　　　X　｜0　　　X　｜　　　X　‖

　　声势：　噜　噜　噜　噜　｜噜　　　噜　｜0　　　嘿　｜　　　嘿　‖

4. 中班音乐游戏：《端午龙舟乐》

（说明："端午赛龙舟"是闽南人过端午节时开展的一项水上竞技活动，而"赛龙舟"游戏则能锻炼幼儿手脚动作的协调能力，感受赛龙舟的团结一心、步调一致的精神，增强合作拼搏的意识。本活动中，教师借助图片、图谱、道具等，让幼儿通过感受不同乐曲的变化、分辨乐曲强弱及运用肢体语言来表现赛龙舟的激烈场面。这项活动从幼儿的兴趣出发，注重综合性、趣味性，寓教育于生活和游戏中，充分调动了幼儿的积极性。因而，进行"端午龙舟乐"音乐游戏，不仅能让幼儿学习听从指挥，体验团结协作的乐趣，培养团队精神，还能使他们产生竞争的意识，懂得要不怕困难、坚持不懈、勇往直前，增强了拼搏精神。）

进行《端午龙舟乐》音乐游戏，实施程序和项目如下：

（1）谈论龙舟竞赛活动，引导幼儿分享交流自己的发现。

教师：明天就是端午节了，端午节都有哪些有趣的水上运动呢？你们觉得最有趣的是什么？龙舟上的人员是怎么分配的？由谁来指挥划船的速度？为什么？

（2）出示挂图，幼儿辨认，并按顺序摆放。

教师：这里有三张赛龙舟的照片，请你们来看一看，哪一张是反映比赛前准备工作的照片，哪一张是反映比赛过程场面的照片，哪一张是反映比赛后情况的照片。

（3）幼儿分段欣赏音乐《端午龙舟乐》，感受各段乐曲的不同特征。

（注：逐段播放音乐，引导幼儿感受音乐旋律，并大胆想象出动作进

行表现。)

教师：听了第一段乐曲，你们发现了什么？队长带领队员，会做哪些准备活动？

教师：第二段音乐体验了比赛时的激烈，你们感觉到起鼓、启船、比赛和赛后兴奋等阶段各有什么样的音乐表现？

教师：听了第三段音乐，你们发现了什么变化？为什么龙舟上的选手们要和着整齐的节奏划桨？为什么后面的音乐会越来越快了？

（4）出示图谱，引导幼儿根据图谱进行节奏练习。

（注：教师先带幼儿看图谱，徒手合拍练习。然后配上歌词，分组轮奏。接着加快速度练习。幼儿按老师的指挥，随音乐有节奏地模仿划桨的姿势。在衬词演唱时，教师做一些鼓舞士气的动作。）

（5）做"赛龙舟"游戏。

（注：幼儿分配角色，进行装扮，手持船桨，听音乐完整表现，尽量营造出逼真的赛龙舟气氛。幼儿游戏时，教师及时捕捉录制画面。让幼儿猜想，哪一队才是冠军。然后，教师再出示录像，引导幼儿发现动作不合拍问题，明白听指挥的那只船获胜的原因。）

（6）庆祝胜利。

教师：让我们冠军队的队员和好朋友紧紧地拥抱在一起，庆祝自己取得胜利。请其余龙舟队也为胜利者鼓掌庆祝。

附曲：

端午龙舟乐

曲一：《做好准备》（节选自《嗦啰嗹》）

$1=C\ \frac{2}{4}$

| 3 2 5 3. 5 | 2 3 2 1 6 | 3 2 5 3. 5 | 2 3 2 1 6 |

| 6 6 1 2. 3 | 2 1 2 6 | 6 6 1 2. 3 | 2 1 2 6 ||

曲二：《赛龙舟》（改编）

1=C 4/4

鼓声由慢到快启

6. $\underline{1}$ 3 2 3 5 | 6 $\underline{1\,2\,3}$ $\underline{2\,3}$ 7 | 6 - - - |

　　　　　　　　　　　　　　　　　启船喽……嘿！

‖: 5555 255　5555 255 | 5555 255　5555 255 |
　　火龙火龙 划得快, 火龙火龙 划得快, 水龙水龙 划得快, 水龙水龙 划得快,

嘿嘿嘿 嘿嘿嘿 | 嘿嘿嘿 嘿嘿嘿 | 嘿嘿嘿 嘿嘿嘿 | 嘿嘿嘿 嘿嘿嘿 :‖

（二）"敢拼会赢"的闽南海洋文化系列活动

蓝蓝的泉州湾，是海上丝绸之路的起点，而赶海的泉州人，则用自己"敢拼会赢"的吃苦耐劳精神换来了幸福、美好的生活。在"敢拼会赢"的闽南海洋文化系列活动中，教师从幼儿的生活经验出发，引导他们探寻大海的秘密，了解赶海人劳动的艰辛与不易，并有机结合本土音乐、民俗习惯等来还原"咱厝的赶海人"的日常生活。这样，可以让儿童们发现赶海所需的各种人力、物力条件，了解赶海的不同方式和方法，并且感受家乡的劳动习俗与风土人情，体验家乡父老们在海上不畏艰辛、奋勇拼搏的精神品格。

下面就以音乐活动《大海的声音》为例，展示开展"敢拼会赢"的闽南海洋文化系列活动的一些做法。

1. 音乐活动：《大海的声音》

（1）教师引导幼儿倾听海浪的声音，感受大海的变化。

（注：教师播放大海在不同情况下海浪的各种声音，鼓励幼儿用身体动作来表现海浪的不同状况，提出问题。）

教师：这些海浪的声音一样吗？听到大海的这些声音，你的心里有什么感觉？你能用身体动作来表现不同的海浪吗？

（2）引导幼儿想象在大海的不同状况下，生活在海边的人们可能出现的情绪。

（注：教师播放大海在不同情况下波浪状况的录像，引导幼儿从海浪

形状与声音之中,感受大海的不同情绪,了解到原来大海也和人一样拥有不同的情绪——可以是开心、快乐的,也可以是愤怒、生气的……启发幼儿想象在大海的不同情绪中,生活在海边的人们会有什么体验、反应和感受。)

教师:我们每个人都有自己的家。家在海边的人们,在大海快乐时心里会怎么想,会干些什么事呢?当大海生气愤怒时,他们的心里又会怎么想,会干些什么事呢?

(3)幼儿自由组合,初步表现海边人家的生活。

(注:每6个幼儿分为一组,合作表演在大海快乐和生气时海边人们的举动。教师观察,安排小组表演展示,并让幼儿讲述自己的创意。)

(4)活动延伸。

教师:大海的声音是多种多样的,人们与大海的故事也还有很多很多。请大家回到家里后,和爸爸妈妈一起找找大海还有什么其他的秘密,了解一下赶海人的生活故事。

2. 社会调查:《忙碌的渔家生活》

(1)教师出示调查表,提出讨论要求。

教师:周末的时候,有的人会和爸爸妈妈到海边的渔民家里去探访,有的会陪着爷爷奶奶去买菜并采访卖鱼的商贩。你们从不同人的口中了解到渔家生活是什么样的呢?今天,请你们自由分组,和伙伴们说说自己看到的、听到的都是些什么。

(2)组织家长带领孩子们实地探访渔村,和渔民们交谈,让孩子们亲身去发现、了解渔民的日常工作和生活状况。

(3)幼儿分组自由交流调查表,讲述自己的发现。

(4)幼儿集中交流分享,教师总结。

(注:经过调查与分享,孩子们懂得了渔民们要用繁忙的生活和艰辛的工作,才能换来满载鱼虾的收获;了解到渔民们做好很多准备工作,需要付出诸多的努力,甚至是要解决很多突发性困难,才能避开危险,收获成功。由此,他们感知到了赶海人的拼搏奋进精神。)

3. 体育游戏:《大家来捕鱼》

(1)幼儿欣赏渔民捕鱼的照片和短视频,交流自己知道的捕鱼方法。

教师：你知道渔民们是怎么捕鱼的吗？捕鱼的工具都有什么呢？

（2）教师出示各种捕鱼工具，幼儿探索不同捕鱼工具的使用方法。

（注：教师在出示各种捕鱼工具，介绍了这些工具的名称后，鼓励幼儿认真观察，猜测这些工具的实用功能，并自主尝试使用这些工具的方法。）

（3）进行《大家来捕鱼》游戏，幼儿体验个人和合作捞鱼。

（注：教师介绍捕鱼游戏规则。幼儿自由分组，体验不同工具的用法，并开展捕鱼竞赛，探索使用这些工具最便捷的捕鱼方法。）

（4）幼儿交流分享游戏体验，体验渔民们劳作的艰辛和不易。

（注：通过这个简单的捕鱼游戏，孩子们对捕鱼工具、方法、劳动的体验更加深刻了。虽然孩子们只是体验了用渔网捞瓶子，但是在模拟弯腰捞鱼、合作捞鱼、撒网捕鱼的过程中，他们满头大汗，腰酸背痛，体会到渔民出海捕鱼的劳动状态、疲惫艰辛等。当然，在这样的捕鱼模拟游戏中，他们也会因为在海浪的歌唱声中，由许多亲身体验，增长了知识，学会了技能，懂得了劳动的辛苦，由此而收获满满的游戏与学习喜悦。）

4. 韵律活动：《赶海小渔民》

（注：本活动旨在帮助幼儿感受闽南民间音乐的旋律，尝试根据这种音乐大胆创编动作表现乐曲，并且了解赶海人勇敢无畏的拼搏精神，体验与同伴合作表演的快乐。活动前，可要求家长带幼儿去观看渔民赶海的情景，让幼儿对渔民的赶海情况有一定的了解。）

（1）情境导入，幼儿回顾"赶海"经验。

（注：教师播放反映赶海场景的影像，创设小渔民赶海情境，引导幼儿结合自己的生活经验，回顾曾经经历的赶海过程。）

教师：你们知道渔民乘船去赶海捕鱼是怎样的情景吗？

（2）感知《赶海小渔民》不同选段中的音乐情绪。

（注：教师播放《赶海小渔民》音乐，幼儿初步感知其中的旋律，了解不同音乐选段的含义。引导幼儿根据相关生活经验，讲述自己的感受。之后，幼儿再次倾听音乐，结合观看PPT，初步了解渔民们的赶海

过程。)

(3) 幼儿分组合作,大胆想象并创编赶海动作。

(注:教师启发幼儿去当小渔民,分组合作,自主选择船桨、渔捞等道具,大胆创编赶海动作。)

(4) 完整表现《赶海小渔民》中的音乐故事,体验合作乐趣。

(注:教师鼓励幼儿大胆想象,合作用椅子拼搭渔船,自主分工,表现渔民开船、撒网、捞鱼、分类、返航等赶海捕鱼的系列动作。)

(三) "敢拼会赢"的惠女精神文化系列活动

惠安女是闽南独特亮丽的一道风景线,她们不仅服饰特色鲜明,而且勤劳贤惠,勇挑重担。惠女精神实质上是闽南人"敢拼会赢"文化精神的一个生动写照,是闽南人民宝贵的精神财富,具有重大的历史意义和时代价值,值得一代代闽南人去传承和弘扬。

惠女文化多彩多姿,是一本形象、生动的人文书册。在闽南地区,许多幼儿参观过幼儿园里的宝宝博物馆——闽南说唱馆,其中富有特色的惠女服饰深深吸引着他们的眼球,常常使得他们驻足欣赏,不想离去。因此,以幼儿对惠女服饰产生的兴趣为支点,以地方特色活动为契机,引导幼儿走进家乡泉州的特色族群——惠安女。并且,通过在韵律活动、角色游戏等活动中模仿与体验惠女们挑担、捕鱼、挑海货、卖鱼等劳动景象和情节,进一步感受体验惠安女的勤劳勇敢、吃苦耐劳等精神,进而在耳濡目染的潜移默化中,感受、品鉴、学习与传承惠女精神和闽南拼搏文化。

下面,介绍"敢拼会赢"的惠女精神文化系列活动中的一些项目。

1. 韵律活动:《我学惠女来挑担》

(说明:通过游戏化的韵律活动,幼儿体验惠女"挑担"劳作,尝试单人挑担和双人抬担的动作,体验与同伴合作游戏带来的快乐,发展身体平衡性和动作的协调性。)

(1) 教师带幼儿们入场,做热身活动。

教师:今天,我们都是小小惠安女。现在,我们要去劳动了。劳动之前,我们先活动活动身体吧。

(2) 引入情境,介绍游戏玩法。

教师:今天,我们惠安女要去挑砖头来盖房子。去挑砖头的路上,我们要经过一处"坑洼地",走过"小路"、"小桥"。去的时候,挑的空箩筐比较轻,但回来时,装满砖头的箩筐就很重了哦。

(3) 幼儿分组练习。

教师:小惠安女们,动起来吧。挑担子时,扁担怎么用更好呢?对于这些担子,单人该怎么挑,双人又怎么抬呢?下面,你们都去试试吧。

(4) 幼儿分成两组,进行竞赛。

教师:我刚才看到小惠安女们干得都很起劲,场面热火朝天。有人提议,咱们分成两队,来比赛一下。

(5) 幼儿做放松活动,游戏结束。

教师:劳动很辛苦,但能够得到劳动成果,真是一件快乐的事情。下面,让我们随着音乐节奏,翩翩起舞吧。

(点评:孩子们从探索扁担的用法开始,到挑战单人挑担、双人抬担,在这个过程中培养了不怕困难、敢于尝试、专注认真的学习品质,也训练并增长了自己的情况观察、原因分析、配重平衡、物品装载、挑担行走等能力。当观察到同伴挑担出现一头轻一头重、砖块掉落等问题时,他们马上意识到这是由重量不均衡而产生的。在多次的实践过程中,他们还总结出要两边装一样多的砖头,或者要分清楚哪边重哪边轻,再把肩膀往重的地方挪动到平衡为止。并且,他们想到了怎么摆放才会使砖头不在路上掉落的方法。在合作抬担的过程中,他们有的砖头装得太多,走路时摇摇晃晃,砖头掉个不停;有的箩筐碰到腿脚,影响了前进的脚步。但是,他们依然没有放弃,而是捡起掉下的砖头,调整好走路姿势,继续向前。由此可以看出,他们在成长的征途上,向着成为不怕困难、勇往直前的好孩子的目标,又迈出了一大步。)

2. 角色游戏:《美味鱼市场》

(1) 第一次游戏。

(说明:本次活动为幼儿提供渔捞、多种矿泉水瓶、箩筐、扁担、角色标志牌、店牌以及碳化积木等建构材料,主要目的在于引导幼儿初步学习扮演角色,在游戏中模仿捕鱼、挑海货、卖鱼等惠女劳动情景。)

(点评:这是幼儿在《美味鱼市场》角色游戏中的第一次游戏。从人员的协商分配到场地的规划、布置，以及游戏情节的设置，一切都是那么的信手拈来，自然顺畅，幼儿之间的合作也是那么的默契。从游戏中，可以看到幼儿具有丰富的生活经验，比如称鱼、杀鱼台的设置，又如新鲜鱼、冻鱼的分开摆放，都符合生活实际。当然，这也能看出孩子们真的非常喜欢这个游戏，并且非常投入。在游戏中，孩子们的角色意识强，每个人都知道自己的角色职责，并能始终坚守岗位，这说明他们有专注、坚持的学习品质。他们每个人也都有自己的想法，并能大胆表达出来，这能看出他们有着独立思考的习惯。这些都是良好的学习品质。

游戏结束后，教师组织孩子们针对"游戏中遇到的问题"进行谈话时，孩子们有人提出：送货员送货时和买鱼的客人挤在一起，很乱；客人买鱼时，卖鱼的工作人员没有帮客人把鱼打包起来，客人不好携带；鱼池里的鱼很快就捞完了，捞鱼的工作人员没事可做了……在下次游戏中，可以先就这次游戏中出现的问题进行讨论，孩子们一定可以想出更好的游戏方法，解决这些问题。)

（2）第二次游戏。

（注：本次游戏旨在帮助幼儿进一步学习扮演角色，在游戏中模仿捕鱼、挑海货、卖鱼等惠女劳动情景，尝试用更合理的办法来解决第一次游戏中遇到的问题。)

（点评：在这次游戏中，幼儿真正成为了游戏的主人。他们虽然在第一次游戏中遇到了一些问题，但现在能自己发现问题，并能围绕这些问题展开讨论，寻找解决的办法。在讨论的过程中，他们能充分联系生活经验，甚至是自己看过的动画片，想出了很多解决问题的好办法。比如，"打包"海货时，他们一开始是用绳子来绑瓶身的，但瓶身太粗，总是绑不紧。后来，他们不断尝试，总结出绑在瓶口更容易成功的方法。同时，他们在设置"送货通道"、回收"鱼池"等方面，也表现出很强的创造性。)

3. 音乐律动：《快乐的惠安女》

（说明：本次活动重在引导幼儿感受泉州民乐《桃花搭渡》的旋律，尝试用动作有节奏地表现惠安女的打扮、劳作、获得丰收喜悦等情节，体验惠女们的劳动与快乐。)

（1）出示惠安女梳妆打扮、劳作、庆祝丰收等图片，并引导幼儿用动作来表现这些情景。

教师：老师带来了几张惠安女的图片，我们一起来看看她们在干什么。你们能用动作来表现这些吗？

（2）幼儿欣赏《快乐的惠安女》乐曲，感受三段音乐所体现的惠女生活、劳动情境。

教师：这首音乐有三段，小朋友们认真听一听，想一想哪段音乐是表现惠安女在梳妆打扮的，哪段音乐是表现惠安女在劳动的，哪段音乐是表现惠安女们在庆祝丰收的。

（3）幼儿尝试随乐表现惠女的生活与劳动情景。

（点评：这首音乐的剪辑、制作比较巧妙，能让幼儿比较清晰地表现惠安女打扮、劳作、庆祝丰收的情境。活动中，幼儿的投入比较专注，并且表现出浓厚的学习兴趣。得益于前期劳作体验游戏，幼儿在游戏中能够惟妙惟肖地模仿惠女们的劳动动作，体验惠安女勤劳勇敢、不怕苦、不怕累的精神，以及通过劳动而获得的快乐体验。）

4. 歌唱活动：《惠安女》

（1）幼儿复习童谣《惠安女》。

教师：惠安女们打扮得真好看，我们用闽南语歌曲《惠安女》来夸夸惠安女吧。

（2）出示惠安女劳作的图片，组织幼儿学习创编歌词。

教师：惠安女除了很爱打扮、很漂亮外，她们还很爱劳动。你们看看，惠安女会做些什么事情呢？"扛石头"用闽南语怎么说？

（3）教师为每组幼儿提供惠安女劳动的图片，幼儿分组尝试创编童谣。

教师：惠安女非常热爱劳动，我们要向惠安女学习。我们今天学习创编惠安女劳动的歌谣，第一句话老师已经贴好了，其他几句请你们来编。

（4）幼儿集中分享创编童谣成果。

教师：现在将小朋友们分组创编出来的歌词图谱拍照上传，大家跟着老师来念一念、唱一唱。

(5) 幼儿进行小组歌唱展示。

教师：下面，分发惠女的服饰、腰带、斗笠等物品，请小朋友们在装扮时使用。

（注：幼儿分小组装扮、排练后，进行全班展示表演。）

附歌词：

原版童谣《惠安女》歌词

惠安女，真正水。包头巾，插花蕊。拍胭脂，补金齿。金齿金当当。

惠安女，真正水。戴斗笠，插花蕊。穿短衫，裤也水。腰带垂大腿。

幼儿创编版童谣《惠安女》歌词

惠安女，真正水。扛石头，建水库。拣小鱼，做衫裤。衫裤水当当。

惠安女，真正水。扛石头，拉板车。刻石雕，做美食。美食真好吃。

（本节系列案例由福建省泉州市温陵实验幼儿园陈梅蓉、柳约新、刘小梅、傅晖文等老师设计实施，程英老师指导。）

第四节　以"红"文化为主线的闽西音乐文化启蒙活动

红色文化是中国共产党领导中国人民，将马克思主义与中国具体实践相结合，为实现国家统一、民族独立、人民解放与富强浴血奋战过程中形成的革命精神和优良传统。这种革命文化主要包括苏区精神、井冈山精神、长征精神、延安精神等，是激励中国人民克服一切艰难险阻、为实现中华民族伟大复兴而奋斗的强大精神动力。

福建作为著名的革命老区和原中央苏区的重要组成部分，拥有光荣的革命历史传统和丰富的红色文化资源，红色文化硕果累累，文化遗产极为丰厚。目前，全省有2500多处革命遗址，3600多个革命基点村，它们在中国革命史上有着特殊意义和极其重要的地位和作用。无论是在土地革命战争、抗日战争、解放战争期间，还是社会主义现代化建设期间，福建红色文化都为中国革命的胜利和建设提供了强大的精神动力和宝贵的精神财富。

闽西位于福建的西北部，有"中国工农红军的摇篮"之美誉，是毛泽东思想的初步形成地，是古田会议的召开地，是红军长征最远的出发地。在这片热土上，孕育和形成了古田会议精神、闽西苏区精神等具有福建地方特色的丰富多样的红色文化资源。2014年10月，习近平总书记在全军政治工作会议即"新古田会议"上强调："闽西和江西赣州的一部分是中央苏区，对党和革命的贡献是最大的。""闽西对全国的解放、新中国的建立、党的建设、军队的建设作出了重要的不可替代的贡献。"[①] 他的重要讲话，凸显了闽西中央苏区在中国革命和中共党史上的贡献和地位。

进入新时代之后，如何贯彻落实习近平总书记关于红色文化的重要论述，把红色资源利用好、把红色传统发扬好、把红色基因传承好，是福建人民义不容辞的政治责任。为此，开展以闽西红色文化为主线的民间音乐文化启蒙系列活动，让幼儿在幼儿园里接受全面素质教育的同时，接受闽西"红"文化音乐文化的启蒙，让闽西革命精神在他们幼小的心灵中生根发芽，并且伴随他们人生成长的整个过程，使他们成为合格的社会主义事业接班人，这是学前教育工作者们义不容辞的责任，也是一件具有非常重要意义的以德育人工作。

一 以"红"文化为主线的启蒙活动设计思路

通过讲述红色故事、参观博物馆等方式，充分运用家长和社会资源，

[①] 倪光辉、魏贺、李翔：《习近平带领人民军队从古田再出发》，《人民日报》2018年9月26日第1版。

让孩子们了解闽西红色文化；利用山歌、戏剧、区域游戏等活动，结合课题研究，将龙岩山歌、闽西汉剧等独具特色的闽西民间音乐融入幼儿园课程中，重点让孩子们在潜移默化中感受、学习红色文化，进而传承闽西人爱党爱国、不怕困难的革命文化精神。

活动的基本框架为：远足"长征"参观革命文化馆→体验"红军饭"→欣赏闽西红色山歌→举办"童心向党"红歌会→进行革命故事创意表演。

二 以"红"文化为主线的幼儿园系列启蒙活动

在此，以龙岩市实验幼儿园为例，介绍如何开展以闽西红色文化为主线的幼儿园音乐文化启蒙系列活动。

（一）远足"长征"：缅怀革命先烈的远足扫墓活动

长征，是中国革命历史上的伟大奇迹，是红色文化精神的重要组成部分，对幼儿开展长征精神的教育，主要是引导幼儿了解红军长征的故事，感受革命先烈的丰功伟绩，体验不怕苦、不怕累的精神意志。为此，幼儿园组织大班孩子们开展清明节的长征远足扫墓活动。清明节，是中国人民缅怀先人、祭奠先烈的传统节日。每年清明时节，为弘扬爱国主义精神，加强闽西红色文化教育，我们都会组织大班年段全体师生，来到幼儿园附近闽西革命烈士纪念碑前，举行"缅怀革命先烈、弘扬红色文化"的远足长征与祭扫烈士纪念碑活动。

1. 远足"长征"

《3—6岁幼儿发展指南》中明确指出，幼儿每天的户外活动时间一般不少于2小时，其中体育活动时间不少于1小时。幼儿园经常开展各种有利于发展幼儿身体力量和耐力的体育活动，以增强幼儿体质，为远足"长征"奠定基础。为了让幼儿感受体验红军长征的辛苦，我们组织幼儿到附近的革命烈士纪念碑开展扫墓活动。大班年段的小朋友们背上小书包，在老师与家长志愿者们的带领下，边走边唱，带着轻松愉悦的心情，一路克服困难，"长征"近1.5千米（途中适当歇停），终于到达纪念碑前。

2. 庄严扫墓

教师带领孩子们，怀着崇敬的心情站在革命烈士纪念碑前，举行简短而又隆重的扫墓仪式。首先，集体默哀三分钟，寄托对烈士们的哀思与崇敬。其次，园长生动讲述幼儿能听懂的闽西红军长征以及革命先烈们的英勇事迹，幼儿代表讲述闽西抗日小英雄的故事。再次，教师代表向烈士敬献花圈，集体朗诵爱国诗歌。最后，小朋友们在老师的带领下，向青松翠柏下的烈士纪念碑献上自己亲手制作的小白花，表达自己对革命烈士们深深的缅怀之情。

3. 参观革命历史展馆

在老师的带领下，孩子们参观闽西革命历史博物馆。通过老师生动形象的讲解，孩子们了解了当时闽西红军克服困难、不畏艰辛的革命故事，初步懂得了今天的幸福生活是革命先烈们用鲜血和生命换来的。

（点评：此次活动是一次非常有意义的活动，加深了孩子们对长征的感性认识，体验到不畏艰苦、不怕困难的长征精神，深化了对清明节这个传统节日和闽西革命的理解，使他们更清楚地意识到今天的幸福生活来之不易，更加理解要珍惜今天的美好生活，要学会感恩，要不怕困难。）

（二）红色教育：体验"红军饭"

闽西地区的革命历史悠久，老一辈无产阶级革命家毛泽东、周恩来等在这片红色土地上战斗、生活过，进行了伟大、艰苦的革命实践活动。第一次国内革命战争时期，中国工农红军因受到国民党军队的封锁，生活物资匮乏，饮食条件艰苦，部队以红米、南瓜、野菜为主要食物。如今，这些食物被称为"红军饭"。现在，"红军饭"已成为中国共产党人乐观主义精神和艰苦奋斗传统的象征之一。幼儿园以"红军饭"为教育素材，引导幼儿在全面接受红色教育的同时，学习和继承闽西革命红色精神，让闽西红色文化在幼儿幼小的心灵中生根发芽，为促进他们成长为合格的社会主义接班人培根铸魂。在开展《我和蔬菜做朋友》主题活动的背景下，开展探索"红军饭"活动，动手尝试制作"素拌地瓜叶"、"南瓜汤"、"蒸地瓜"等"红军菜"，进行"忆苦思甜"的体验，可以让幼儿了解"红军饭"的由来和内容，知道红军战士的生活艰辛及军民鱼水情的宝贵，受到革命战士和革命老区人民不怕艰难困苦精神的教育。

1. 聆听"红军饭"的故事

教师讲述"红军饭"的故事：在很早以前，就是在你们的爷爷奶奶小时候，有很多坏人欺负他们，大家生活很苦很苦。红军战士们为了让大家过上幸福的生活，就和坏人们做斗争。当时，生活条件非常艰苦，大家没有米饭吃，也没有衣服穿，肚子很饿很饿，身上很冷很冷。可是战士们不怕苦、不怕累，挖了很多野菜、草根来当饭吃。我们龙岩的人民也没有食物吃，但他们宁愿自己少吃些，也要将仅有的一点点红米、南瓜、地瓜等食物留给红军战士们吃。红军战士们一直坚持在这么艰苦的条件下战斗，最后终于把坏人赶走了。如今，人们把红米、南瓜、野菜等食物做成的饭称为"红军饭"。

教师提问："红军饭"的故事中都有谁？红军战士们在战斗中遇到了哪些困难？贫苦人民是怎么帮助红军战士的？红军战士都吃了些什么？贫苦人民自己都没有吃的了，为什么还要把仅有的一点点食物送给红军战士吃呢？

2. 认识"红军饭"

教师出示"素拌地瓜叶"、"南瓜汤"、"蒸地瓜"等红军饭的图片，以及地瓜叶、南瓜、地瓜等实物，引导幼儿观察、认知。

教师：你们认识这些东西吗？喜欢吃吗？如果当时红军战士不喜欢吃这些饭菜，那会怎么样呢？

3. 分组制作"红军饭"

第一组：素拌地瓜叶。指导幼儿动手学习摘地瓜叶、洗地瓜叶，并在老师的协助下，学习素拌地瓜叶。

第二组：南瓜汤。指导幼儿动手用耙子给南瓜去皮，学习切南瓜，并在家长义工的帮助下，学习煮南瓜汤。

第三组：蒸地瓜。重点指导幼儿学习清洗地瓜。

第四组：学习洗米。重点指导幼儿学习舀米、洗米，并在家长义工的指导下，学习蒸红米饭。

4. 欣赏歌曲《"红军饭"之歌》

通过教师范唱、听录音等方式，了解歌曲《"红军饭"之歌》的内容，感受歌曲激昂向上的音乐风格，体验红军不怕困难、乐观向上的革命精神。

附《"红军饭"》歌词

红米饭，南瓜汤，秋茄子，味好香，餐餐吃得精打光。

盖稻草，软又黄，金丝被儿盖身上，不怕北风和大雪，暖暖和和入梦乡。

5. 品尝"红军饭"

以幼儿参与制作的"红军饭"为午餐，帮助幼儿感受红军战士艰苦的生活，懂得不能浪费食物，要珍惜现在的美好生活。

（三）闽西山歌欣赏：《剪掉髻子当红军》

闽西曾是一个著名的革命根据地，红色艺术资源非常丰富，传唱出了许多用山歌形式谱写的保卫祖国、与敌人战斗到底的革命歌曲。其中，《剪掉髻子当红军》就是一首反映在第一次国内革命战争时期，闽西妇女热爱红军、向往革命而愿意剪掉髻子当红军，誓死保卫家乡守护幸福的红色歌曲。该歌曲艺术形象鲜明，情感真实，语言凝练，歌声悠扬，其中富有闽西山歌特色的衬字"噢、啊、呀咧、哎、呦"等的运用，使得这首歌曲更加口语化，朗朗上口，易于传唱。幼儿通过欣赏这首歌曲以及教师精心制作的情景剧视频，可以了解这首歌曲的时代背景和闽西妇女剪掉髻子当红军的故事，丰富对闽西红歌的认知及情感体验，激起爱党爱国的情感，更珍惜现在的幸福生活。

1. 幼儿分享闽西红军战士的革命故事

教师：小朋友们，谁知道我们闽西有哪些红军英雄？在他们身上发生了怎样的感人故事？请小朋友来讲红军英雄的小故事。

教师：谢谢小朋友们的故事分享，没有红军战士们的流血牺牲和保卫祖国的决心，就没有我们今天的幸福生活。

2. 初步感受歌曲，了解歌曲的时代背景以及其中的革命事迹

教师：除了小朋友们知道的一些著名革命战斗英雄外，我们闽西当时还有一群普通但勇敢的阿姨。她们为了支持革命、参加革命，把自己漂亮的头发剪掉，省下了许多梳妆的时间，来为红军做更多有意义的事

情,如缝补衣服、运送物质、照顾受伤军人等。有些人还勇敢地冲上了战场,冒着枪林弹雨,为战斗的胜利浴血奋战。

教师通过播放歌曲视频,引导幼儿倾听、感受歌曲。

教师:从歌曲活泼欢快的旋律中可以感受到闽西劳动妇女在剪掉髻子的时候,心情是很开心、高兴的,支持革命、参加革命的想法很坚定,为保卫祖国做出了自己的贡献。

3. 教师范唱,引导幼儿感受歌曲节奏的变化与歌词内容

教师:这首歌曲的节奏有变化吗?哪一段的节奏慢了下来?让我们再来听一听。

(小结:这首歌曲的节奏呈快—慢—快的变化,歌曲中间的节奏变慢,旋律悠扬婉转,让人听了很舒服。)

教师:那歌里都唱了些什么?你们听得懂里面的意思吗?

4. 结合微电影,再次感受理解歌曲的内容与情绪

教师:"韭菜开花一管子心",韭菜,是劳动妇女自家菜园里必不可少的蔬菜,韭菜开花后,花与茎是一根直直的形状。用韭菜花的一心,表示妇女们参加革命、支持革命的一心一意;"剪掉髻子当红军"表示农村妇女剪掉长头发,来支持红军、参加红军;"打碎了千年铁锁链,妇女解放真欢喜"表示闽西妇女与盘髻裹脚的千年旧观念、相夫教子的旧生活方式决裂,生活、思想得到了解放,紧跟红军闹革命,做出自己的奉献,很开心、很欢喜。人民拥护、支持红军的同时,红军也在热爱人民、保护人民。正因为大家都有这样的爱国表现,才使得新中国成立和繁荣发展。

(四)闽西山歌欣赏:《妹在泉边洗衣裳》

闽西素有"山歌之乡"的美誉,在不同时期都会有不同曲调和唱法,而且种类也越来越多,但大多以四字句为主,兴即起兴,反映了闽西人民的性格、风俗习惯、生活情景,包括人们的开心、热情、难过、释放、歌颂……幼儿在欣赏山歌、感受其优美旋律的同时,也能潜移默化地接受蕴含其中的情感、价值观的熏陶。

1. 谈话引入,介绍闽西山歌。

教师:你们听过闽西山歌吗?在哪儿听过?好听吗?

2. 教师范唱歌曲，引导幼儿完整感知山歌的内容与情绪。

教师：山歌里唱了些什么？听完山歌感觉怎么样？唱山歌的人心情是怎样的？

教师：山歌讲了一个故事：妹妹在泉边洗衣服，红军扔了一颗石子，水花溅到了妹妹的脸上。

3. 教师再次范唱歌曲，引导幼儿感受闽西山歌的装饰音。

教师：这首歌里，有"阿勒～那勒～哦～诶哟～"等歌词。这些衬词好听吗？演唱的人可以根据自己的习惯以及喜好来添加，让山歌更加好听，显出独特的韵味。

4. 播放歌曲视频，引导幼儿发现唱山歌人的状态与特点。

教师：人们唱山歌的时候都是特别开心的，唱山歌的人都是朝很远的方向唱，歌声响亮，可以传得很远，让远处的人、山对面的人都能听得见。

5. 幼儿边听山歌，边用动作表现。

教师引导幼儿学习用探头、点头、抬手等肢体动作，来表现唱山歌的感觉。

6. 幼儿倾听音乐，分角色进行创造性游戏。

教师根据幼儿意愿，分角色扮演红军男战士与洗衣服的妹妹，随着歌声做动作。同时，教师引导其他幼儿跟随音乐节拍做相应的动作。

（五）举办"童心向党"红歌会

在"七一"、"国庆"等重大节日前夕，幼儿园组织开展全园性的"童心向党"红歌会。此项活动可由幼儿自愿报名，以班级、小组或者个人的方式参加。

本项活动中，可选择的歌曲和形式如：歌曲独唱《祖国祖国我们爱你》、联唱《童心向党》、小组唱《国旗国旗多美丽》、小组唱《我爱北京天安门》、歌表演《闪闪的红星》《萌娃爱党》，以及创意戏剧游戏《红米饭 南瓜汤》《小红军长征》等。

为体现师幼同心同乐，引导儿童，活跃气氛，幼儿园在这个红歌会上加入教师的部分节目，如教师合唱《没有共产党就没有新中国》《剪掉髻子当红军》等。

（六）开展亲子革命故事创意表演

在幼儿园晨区活动与离园活动等时间，邀请家长入园，给孩子们讲闽西红色小故事。请家长与幼儿根据最喜欢的革命小故事，进行剧情编创、服装道具设计与创意表演，并邀请他们在幼儿园区域活动进行表演。其余幼儿观看，为表演的幼儿和家长鼓掌、献花。

（本节系列案例由福建省龙岩市实验幼儿园翁敏、廖昱琴、江来娣、林勇丽、曾菊兰等老师设计实施，程英老师指导。）

第五节 以"勇"文化为主线的闽北音乐文化启蒙活动

闽北地处福建北部，是以丘陵为主的内陆山区，为闽江源头之地，华东地区海拔最高的武夷山脉横亘西北，绵延500多千米。闽北四处崇山峻岭，旧时常有虎、豹等猛兽出没。长期以来，闽北各地的山民多以农耕、林业为主，还时常集体上山打猎。在这种自然和社会环境中，闽北人形成了粗犷豁达、勇敢勤劳的族群品格。

闽北开发历史悠久，文化积淀深厚，是上古时期闽越族人主要聚居地之一，也是中原汉文化入闽的第一驻足地；是闽越文化的摇篮，也是福建文化沟通中原文化的文化走廊，孕育了灿烂的文化与艺术。在闽北地区，艺术形式异彩纷呈，其中有延平的"南词"，邵武的"傩舞"、"刀花舞"，建瓯的"挑幡"、"游春戏"，政和的"四平戏"等。其中最具有影响力的应数"鼓舞"，其中含有峡阳的"战胜鼓"、王台的"太平鼓"、夏道的"三圣鼓"、西芹的"丰收鼓"、城区的"琅仗鼓"，以及茂地、大洋的"丹子鼓"等。每到年节、庆丰等日子，当地村民们气势恢宏地擂鼓奏乐，现场鼓声震天。这体现了闽北人粗犷、豁达、勇猛的性格，也表明继承了中原锣鼓舞蹈粗犷、强悍的文化气派。

闽北"鼓舞"中，最具特色的当数峡阳的"战胜鼓"与王台的"太平鼓"。"战胜鼓"的前身为明末清初的"鼓会"，至今已有300多年的历史。这是一种战鼓队列操练，旨在表现民族英雄郑成功收复台湾的行军气势。表演时，在节奏明快的大鼓、扁鼓、手钹鼓声中，表演者箭步向前，边击鼓表演边行进，富有紧迫、威严、激进之感。"太平鼓"以三面大鼓为主乐器，配以盘鼓、金鼓数十面，在旌旗的指挥下按节奏击打。这种"鼓舞"节奏强烈，声音宏大，舞姿豪放、粗犷、豁达，充分体现了闽北劳动人民耿直、勇敢、豪迈的精神风貌。

经过南平市文化馆1957年和1983年两度整理改编后，"战胜鼓"成为一个完整、定型的闽北民间舞蹈，定名为《国姓鼓》。这个舞蹈展现了郑成功复台时，催动大军进击之势，体现了将士出征时粗犷、英勇、大气磅礴的精神面貌，表现了爱国主义的民族英雄气概。"咚咚咚，啪啪啪，咚，啪，咚，啪……"，当整齐、威武的"战胜鼓"声响起时，人们都会精神焕发，"战胜鼓"板式简单易学，老少男女皆宜。因此，表演"战胜鼓"在峡阳一带广为普及，已经成为当地人文化生活的一个重要部分。"战胜鼓"使用打击乐器，节奏感强，非常符合幼儿喜欢敲敲打打、热热闹闹的特性，因而将这种动静大、节奏强的舞蹈引为幼儿园民间音乐文化启蒙资源，加以妥善运用，就能满足幼儿在舞蹈艺术方面的探索、表现的需求，还能锻炼他们的动作，强健他们的体魄，铸造他们勇猛豪迈的性格。

一 以"勇"文化为主线的启蒙活动设计思路

"战胜鼓"中所传达的精神是值得传承与发扬的，但是必须弄清楚其中的内涵和技艺。为了更好地向幼儿诠释其中的内涵，可以通过采风、学艺等一系列活动，先丰富教师的自身经验，为活动的开展奠定师资条件的基础。同时，要注重寻找幼儿接触、感受、体验"战胜鼓"的契合点，可把当地的战胜鼓队请进幼儿园里，通过他们的表演，给幼儿一次视觉和心灵的震撼。在此基础上，找到幼儿感兴趣的内容，然后追随他们的兴趣点开展系列活动，带领他们走进"战胜鼓"的艺术世界。

这种"战胜鼓"系列活动由《寻访战胜鼓》和《走近战胜鼓》两部分组成，它们的程序和项目分别为：

第一部分《寻访战胜鼓》：到"非遗保护你我同行"表演现场采风→与"战胜鼓传习基地"负责人交流→研究成员领会战胜鼓内涵→向艺人学习战胜鼓的技艺。

第二部分《走近战胜鼓》：战胜鼓进校园→了解战胜鼓历史典故→学敲战胜鼓→学习战胜鼓鼓点→学习表演队形→表演战胜鼓。

二 以"勇"文化为主线的幼儿园系列启蒙活动

（一）音乐区域游戏：《走近战胜鼓》

（说明：本活动旨在帮助幼儿了解"战胜鼓"的来历，即源自郑成功部队收复台湾时队列操练时的击打战鼓。在音乐欣赏中，让幼儿感受家乡"战胜鼓"的勇猛威风和磅礴气势。同时，让幼儿在敲敲打打战胜鼓的游戏中，了解"战胜鼓"的基本结构特征，体验进行"战胜鼓"游戏的乐趣，培养出初步的韵律感及勇敢的个性。）

1. 观看视频，了解激趣

（注：在播放表演区中，播放幼儿的敲鼓视频和"战胜鼓"表演视频《凯旋归来》，让孩子们在观看后进行对比，激发幼儿了解其中的异同点的兴趣。）

【观察记录】

区域游戏中，瑞蕙、沫沫、润哲、仟硕四个孩子陆陆续续来到鼓区游戏，大家先后坐下，然后便开始按照自己的想法，自由敲着鼓。这时候，馒头走过来，站在边上观望了一下，捂着耳朵说："你们太吵了！"因为鼓声太大，并没有人回应馒头的感受。过了几秒后，馒头又说："你们先停一下，听我说一下，你们这样敲太吵了！"

馒头说完后，其他人并没有搭话，而是按原来的方式继续敲鼓奏乐。馒头急了，背过身子说："你们都不听我说，我要生气啦！"这时，仟硕停了下来，对馒头说："我听你的。"沫沫也跟着说："我也听你的。"得到小伙伴的回应，馒头就走到桌角边，一手叉腰，一手指着桌面的鼓说道："从张瑞蕙这里开始敲，然后，张瑞蕙敲一下，谢以沫敲一下，陈仟硕敲一下，徐润哲敲一下……"馒头尽力清晰地表达出希望"轮流敲，才能敲得更整齐"的想法。

分享环节中，教师把这段视频分段播放给孩子们看。在第一段听到嘈杂的鼓声时，孩子们纷纷表示"太吵了"、"太难听了"。于是，教师请孩子们讨论"那么多的人一起游戏，怎么敲才能又整齐又好听"这个问题。幼儿的回答是"听音乐敲"、"敲一样的节奏"、"小声一点"……在第二段视频播出后，教师请馒头介绍今天想到的好主意。大家都为馒头的想法而鼓掌，然而瑞蕙却说："太慢了，我都等好久了。"

按照馒头说的轮流敲的方法，必定会造成等待的过程。那如何才能满足"敲得整齐好听"又"不需要等待"两个要求呢？教师请孩子们欣赏"战胜鼓"表演视频《凯旋归来》。带着之前的困惑来欣赏视频，孩子们更加深刻地感受到了整齐的鼓声所带来的气势感和震撼感，纷纷说道"哇，好帅啊"、"鼓手打那么整齐，士兵都打胜仗了"……

在教师有意识的引导下，孩子们发现了战胜鼓表演中钹和大鼓的存在意义——发挥指挥作用。有了钹和大鼓的指挥，鼓队的节奏统一，声势浩大了。

2. 布置"战胜鼓"之问答小百科专栏

（注：多途径收集幼儿在和"战胜鼓"互动过程中产生的疑惑，据此布置互动墙"战胜鼓"之问答小百科专栏，用以解决孩子们提出的相关问题，例如："为什么'战胜鼓'要抱在手上打？"、"为什么'战胜鼓'要一边击打一边跑动？"、"打鼓的时候，为什么阿姨们穿的衣服都不一样？"、"'战胜鼓'为什么要这么多人来打？"）

3. 自由探索，观察发现

（注：教师在班级门口或合适的角落，投放若干个大、小扁鼓及鼓槌等"战胜鼓"乐器，引导幼儿去自主探索，然后观察他们击鼓敲钹的行为，了解他们的兴趣点。）

【观察记录】

淳元和亮亮俩人在一边，使出浑身力气敲着鼓。对面，成成等三个孩子正各自探索着鼓的打法。

这时，淳元一边敲一边尖叫："啊，怪兽来啦，怪兽来啦！"亮亮立即快速击鼓，跟着大喊："怪兽来啦，怪兽来啦，快点儿敲锣打鼓吓跑它啊！"话音刚落，对面的三个孩子也加入了"敲响战胜鼓吓跑怪兽"的游戏。成成说："那你们把鼓抱起来，这样敲得更大声。"淳元和亮亮尝试了几次，想把大鼓环抱在手臂上，可是对他们来说这似乎太难了。于是，他俩把大鼓竖起来，立在桌面上，五个孩子一起敲着响亮急促的鼓声。

敲了一会儿，悠悠说："怪兽没了。"淳元在一边附和道"怪兽没了，怪兽没了"，一边挥手示意大家停止击鼓。接着，他又马上快速敲鼓，继续喊道："怪兽来啦，怪兽来啦！"就这样，"怪兽"一会儿来了，一会儿又走了，而鼓声一会儿敲得紧张急促，一会儿减缓节奏慢慢停止。

幼儿喜欢敲鼓，也知道敲击鼓面能发出响亮、急促的声音，而这种声音能起到吓唬和壮胆的作用；鼓可以变换位置来敲；鼓声可以赋予情景想象，表达更丰富、更复杂的内容。

4. 引入资源，游戏体验

【观察记录】

六一儿童节到了。为了让孩子们真实体验、近距离接触闽北的民间文化，幼儿园邀请延平战胜鼓队的阿姨们来园陪伴孩子们庆祝节日。入园时，这些阿姨们敲响"迎宾鼓"。在这一阵令人震撼的鼓声中，孩子们第一次近距离感受了"战胜鼓"表演带来的磅礴气势，引发了"我好想去打一下那个鼓"的感叹。

为了让孩子们对"战胜鼓"有更加深刻的认识，鼓队的阿姨们继续敲响战鼓，表演了各种进、退、穿插的队形变化。她们配上"战胜鼓"的特有鼓点，令人震撼地表演了战胜鼓雄浑宏大的战斗气势。

表演结束后，孩子们大胆地向阿姨们提出了关于"战胜鼓"的一些问题。比如，"战胜鼓"为什么要这么多人打？打鼓的时候，为什么阿姨们穿的衣服都不一样？为什么"战胜鼓"要抱在手上打？为什么"战胜鼓"表演时，演员要一边击打一边跑动？……

在和鼓队阿姨们的互动中，孩子们对"战胜鼓"文化背景有了更深刻的认识。孩子们还邀请阿姨们一起玩"战胜鼓"互动游戏，即"击战鼓传战旗"、"蒙眼击战鼓"、"抢占阵地"等。另外，孩子们还向阿姨们学习了简单的"战胜鼓"节奏。

(二) 系列音乐游戏：《我和战胜鼓一起玩》

1. 音乐游戏之一：《抢占阵地》

【游戏准备】

备好"战胜鼓"旗帜10面，教师椅子10把，大鼓1个，以及游戏印章、候场提示牌各 1 个。

【游戏规则】

（1）每场游戏最多 10 人参与。

（2）由"战胜鼓"队员敲响战鼓，鼓声响起时，其他幼儿围着椅子快速走动；鼓声停止时，幼儿迅速找到并抢占"阵地"。

（注：即找一把椅子坐好。）

（3）抢到"阵地"的幼儿进入下一轮游戏。

（4）每场游戏共进行 3 轮，能够坚持到最后的幼儿获胜，赢得印章，没有抢到"阵地"的幼儿则被淘汰出局。

2. 音乐游戏之二：《蒙眼击战鼓》

【游戏准备】备好眼罩两副，战胜鼓 2 个，椅子 4 把，手摇铃 2 个，轮胎 6 个，单杠 1 个，印章 1 个，海报 1 幅，口哨 1 个，小礼品若干。

【游戏规则】两个家庭（幼儿和一个家长）分立两队。哨声响起时，幼儿牵着蒙眼的家长穿越沼泽地（3 个轮胎）。取到鼓槌后，换幼儿蒙眼。蒙眼的幼儿绕椅子转 3 圈后，家长手持铃鼓，引导幼儿循声寻找、击响 4 米外的战胜鼓。先击鼓者为胜，赢得印章。

3. 音乐游戏之三：《击鼓传旗》

【游戏准备】设鼓手 1 名，备好战胜鼓、鼓槌 1 套，迷你战旗 1 把，神秘箱 1 个，印章 1 个，游戏卡片若干。

【游戏规则】

（1）10 个幼儿（或家长）围坐成一个圆圈，其中一人手持战旗，鼓手击战鼓。

（2）鼓响时传战旗，鼓停时旗停止。此时，战旗在谁手中，谁就上台抽取一张任务卡，将任务卡上的内容展示出来后，即可获得一枚印章，可继续参加游戏，或前往下一个场地参加游戏。

（3）战旗按照顺时针方向传递，中途不可折返。如果战旗正好落在两人手中，则两人可通过猜拳或其他方式决定胜负。

4. 音乐游戏之四：《我和鼓儿做游戏》

通过集中活动与区域活动互补模式，鼓励幼儿积极参与"战胜鼓"

互动游戏，促使他们进一步感受"战胜鼓"的文化底蕴。

游戏一：《战旗飘飘》

在欣赏"战胜鼓"战旗的基础上，教师提供三角战旗、颜料、拓印材料（如石榴花托、鸡蛋托、蔬果、海绵拓印模型），引导和指导幼儿通过小组合作的方式，为"战胜鼓"队制作战旗。

游戏二：《打战略》

在幼儿已知经验——"连续、急促的鼓点代表跑"的基础上，师幼一起商定代表躲避、进攻、休息、撤退的鼓点。然后，幼儿自主分成两队，穿上红、蓝两色子母贴马甲，在两队鼓手的鼓点提示下，玩打战的游戏。

游戏三：打击乐活动

在视频、音频、图卡多途径的帮助下，小小的"战胜鼓"队员们按照教师的要求和指导，学习"战胜鼓"的常见鼓点，并进行击鼓练习。

5. 音乐游戏之五：多功能游戏《战胜鼓体验馆》

【游戏目标】能自主选择喜欢的游戏内容，并在自主装扮后，进行各类表征游戏。

【活动准备】

（1）准备好主帅战旗、三角战旗、战胜鼓、鼓手服饰、表演图片、鼓点、图谱等材料；

（2）营造战胜鼓体验馆氛围；

（3）投放多媒体材料（手机、iPad），播放"战胜鼓"表演视频，供幼儿观看、模仿、学习、创造。

【活动玩法】

（1）引导幼儿自主分配角色（如将军、副将、鼓手、士兵），选择相应服饰、道具来装扮自己。

（2）百变鼓王：根据图片中的动作提示，幼儿摆出相应的"战胜鼓王"表演姿势。

（3）学习鼓点：幼儿自主选择图谱或音频提示，学习击打出"战胜鼓"的鼓点。

（4）打击乐表演：根据播放器中传出的音乐节奏，幼儿进行"战胜鼓"打击乐表演。

（5）凯旋合奏：幼儿分角色进行小组合作表演，进一步感受"战胜鼓"的独特魅力。

【活动延伸】

创编郑成功收复台湾的图文故事，制作成剧本，在表演区中，由幼儿自主表演。

（本节系列案例由福建省南平市实验幼儿园范铭芝、郑云兰、饶红、何清清、蔡恩慧、李志蓉、林妙芳等老师设计实施，程英老师指导。）

第八章 研究综述：福建民间音乐文化启蒙的成效与启示

万物有所生，独知守其根。习近平总书记强调："中华优秀传统文化是中华民族的精神命脉是涵养社会主义核心价值观的重要源泉，也是我们在世界文化激荡中站稳脚跟的坚实根基。要结合新的时代条件传承和弘扬中华优秀传统文化，传承和弘扬中华美学精神"[1]，而"弘扬中华文化优秀传统要从小做起，要在教育中增加中华文化的元素，特别是让当地教育能够传承本民族、本地区的文化传统、乡土知识"[2]。的确，伴随幼儿生活与成长的乡土文化是他们健康成长不可或缺的心灵家园，而"感受民族、民间、现实生活中的艺术也是中国教育政策的一个基本指向。中国幼儿园教育的实践表明，对幼儿进行民间艺术的熏陶是可能的和必要的"[3]。

在整个社会对中华优秀文化及乡土文化保护思潮的背景下，福建学前儿童音乐教育研究中心始终遵循党和国家的文化与教育方针政策，从2001年开始，整合高校学前教育、音乐教育专家携手民间艺术家和幼儿园教师资源，构建了多方合作的民间音乐文化建设的生态链，努力形成推动学前音乐文化启蒙教育的合力。我们先后在福建省9个设区市31所课题基地园里，开展了"幼儿园民间音乐文化启蒙教育"的研究与实践。整个研究始终坚持以萌发"文化认同"为价值导向，以坚守"童心

---

[1] 习近平：《中华优秀传统文化是中华民族的精神命脉》，http://cpc.people.com.cn/n/2014/1016/c164113-25845591.html，2019年12月6日。
[2] 顾明远：《弘扬传统文化需要走出一些误区》，《中国教育学刊》2010年第1期。
[3] 虞永平：《文化、民间艺术与幼儿园课程》，《学前教育研究》2004年第1期。

本位"为基本原则,以践行"礼乐合一、以美润心"为核心理念,形成从民间音乐与民间音乐文化启蒙教育理论研究到实践探索双向互动机制,多角度、多层面研究幼儿园民间音乐文化启蒙教育,在"计划—行动—诊断—改进"的循环中保障研究的科学性与可行性,不断提升民间音乐文化启蒙教育的质量。整个研究实践注重文化熏陶和实践养成,使真、善、美的理念逐步转化为广大教师、家长与儿童的精神追求和行为习惯,激扬文化自信,不断增强教师、家长与儿童的文化参与感,获得感和认同感,着力用沉淀于福建民间音乐文化中的美育精髓与文化精神去陶冶幼儿的情操,滋养幼儿的心灵。

第一节 家长与幼儿的态度及文化认同度的调查[①]

文化认同,是指人类对于文化倾向性的共识与认可。文化认同是指对人们之间或个人同群体之间共同文化的确认,拥有共同的文化,往往是民族认同、社会认同的基础[②]。民族认同,是个体参加该民族的文化实践和活动,对该民族的积极态度及归属感,并为自己的民族而自豪[③]。文化认同需要以民族为载体,以民族认同为基础;而民族又以文化为聚合,文化成为民族认同的灵魂,是民族认同的基本依据[④]。在民族认同、社会认同和文化认同中,文化认同是核心,因为各种认同中都包含文化认同的内容,而且认同所蕴含的身份合法性也离不开文化,只有在一定的文化中才具有价值和意义。

作为幼儿园最重要的教育伙伴,家长的态度对孩子们的学习有着较大的影响。本课题研究之初,家长们对于幼儿园民间音乐文化启蒙教育

---

① 程英:《家长对幼儿园民间音乐文化启蒙教育的态度认识及教育建议》,《江苏第二师范学院学报》2021年第37期。
② 崔新建:《文化认同及其根源》,《北京师范大学学报》(社会科学版)2004年第4期。
③ Phinney, J. S., "Ethnic identity in adolescents and adults: Re-view of research", *Psychological Bulletin*, Vol. 108, 1990, pp. 499–514.
④ 张艳红、佐斌:《民族认同的概念、测量及研究述评》,《心理科学》2012年第35期。

的意义与价值存在诸多疑虑，担心孩子缺乏方言环境、民间音乐文化的题材比较过时等会导致儿童缺乏兴趣，对于民间音乐文化启蒙教育的认同度比较低。经过多年的教育实践，家长与幼儿对当地方言及民间音乐文化是否兴趣？他们对幼儿园开展民间音乐文化启蒙教育活动认同度怎样？家长们认为民间音乐文化启蒙教育能够给孩子带来什么？还有哪些意见与建议？由于幼儿年龄小，本次调查拟通过对开展民间音乐文化启蒙教育实践的幼儿家长进行调查，了解家长与幼儿的真实想法与文化认同度，透析幼儿园民间音乐文化启蒙教育的实施成效，同时也为幼儿园民间音乐文化启蒙教育的进一步开展提供有益的思路。

一 调查对象与方法

本次调查采取问卷调查与个别访问相结合的方式，于2020年3月至7月期间，分两个阶段展开调研。第一阶段为问卷调查阶段，采取自制的问卷，通过整群抽样的方法，以问卷星的方式，面向福州、泉州、龙岩、三明、南平、宁德等地12所课题基地幼儿园中开展民间音乐文化启蒙教育活动的32个班级的家长发放问卷，共收到有效问卷1529份，区域涉及福建省的闽西、闽南、闽东、闽北、闽中、客家等几大方言地区，具有较强的代表性。

第一阶段调查回收的1529份有效问卷中，问卷回答者的职业类型比较多样，有自由职业者（30.61%）、企事业员工（23.15%）、机关干部（12.04%）、教育工作者（10.40%）、文艺工作者（0.39%）等，其他职业占23.41%。

本次调查内容，主要包括家庭中使用方言的情况及幼儿对于方言的兴趣，家长对于本土民间音乐的接触情况、情感及接触途径，家长对于幼儿园开展民间音乐文化启蒙教育活动的价值、必要性及幼儿的兴趣的认识，家长对于幼儿园开展民间音乐文化启蒙教育活动的内容以及教育方式的意见与建议等。为进一步了解家庭方言使用情况与孩子对方言的兴趣情况、孩子对方言的兴趣与对民间音乐的兴趣、家长对民间音乐的态度与孩子对民间音乐的态度等选项之间的相关性，我们还运用SPSS17.0软件，对部分调查数据进行统计处理。

第二阶段的研究主要针对第一阶段调查统计中发现的一些典型问题，采取面谈、电话采访、微信视频等方式，对其中53位家长进行了深入访谈，请他们谈谈孩子们最喜欢的或者自己参与过的印象最深刻的一次民间音乐文化启蒙教育活动，以及民间音乐文化启蒙教育活动对孩子的影响等，以进一步了解家长们的具体想法及家庭与民间音乐文化启蒙教育相关的具体细节，丰富研究信息。

二　调查结果与分析

（一）家庭中方言使用情况

方言是民间音乐的重要载体，民间音乐与方言水乳交融，民间歌谣及其他形式的民间音乐大多是用本土方言演唱与表达的。福建是个多方言地区，各地民间童谣及其他民间音乐大多都是用方言演唱与表达的，家长及幼儿对方言的兴趣与听说能力直接影响着他们对民间音乐的态度与感受。为此，我们对当前家庭的方言使用情况进行了调查。在调查中，家长们对于"您或您的家人是否会讲当地语言"这个问题的回答情况如表8-1所示。

表8-1　　　　　家长方言使用水平一览表（单选）　　N=1529

项目	非常会讲	比较会讲	一般	比较不会讲	完全不会讲
人数（人）	422	524	419	102	62
百分比（%）	27.60	34.27	27.41	6.67	4.05

从表8-1可以看出，本次参与调查的家庭中，会讲方言的家长占了较大的比例。其中，比较会讲与非常会讲方言的家长占了61.87%，比较不会讲和完全不会讲的家长占比为10.72%。这些数据远远高出我们的预想。本次调查的样本，主要采集自福州地区的连江县和闽侯县、宁德地区的福鼎市、三明地区的尤溪县、南平地区的延平区与武夷山市、龙岩地区的龙岩市以及闽南地区的泉州市，因此可以说明福建方言地区的家长使用方言的频度还是比较高的。

为了验证上一结果，我们设计的另一问题是"您本人是否听得懂方言"，调查结果如表 8-2 所示。

表 8-2　　　　家长方言听话水平一览表（单选）　　　N=1529

项目	非常能听懂	比较能听懂	一般	比较听不懂	完全听不懂
人数（人）	680	506	211	73	59
百分比（%）	44.47	33.09	13.80	4.78	3.86

表 8-2 结果表明，参与者的回答完全印证了上述结果。非常能听懂与比较能听懂的家长占到了 77.56%，比较听不懂与完全听不懂的家长仅占 8.64%。

那么，当前家庭中除了老人外，年轻的父母们是否也会用方言交流呢？调查结果如表 8-3 所示。

表 8-3　　幼儿家庭中使用方言的主要人群一览表（多选）　　　N=1529

选项	爸爸	妈妈	爷爷	奶奶	外公	外婆	亲戚
人数（人）	706	620	1039	1191	763	830	646
百分比（%）	46.17	40.55	67.95	77.89	49.90	54.28	42.25

从表 8-3 可以看出，在所调查的家庭中，使用方言的人群比较多元，大多数的祖辈在家庭中使用方言交流，超过 40% 的父母与亲戚在家庭中也使用方言进行日常交流。

在家庭中，父母会用方言和孩子们沟通吗？调查结果表明，有时和经常使用方言和孩子们沟通的家庭与很少或基本不讲方言的家庭各占一半左右。

综上所述，当前福建的家庭中，绝大多数祖辈会讲本地语言，并习惯于在家庭中使用方言进行交流；父母辈的成员绝大多数能听、说方言，并较常在家庭中使用方言交流；不会听、说方言的家长仅占 10% 左右。上述数据表明，大多数幼儿具备听、说方言的家庭环境。

统计结果表明，家庭方言使用情况与孩子对方言的兴趣显著相关。情况如表 8-4 所示。

表 8 – 4　　家庭方言使用情况与孩子对方言兴趣的相关分析一览表

	家长用方言和孩子沟通	孩子对听、说方言的兴趣
家长用方言和孩子沟通	1.00	
孩子对听、说方言的兴趣	0.369***	1.00

注：*** $p < 0.001$。

（二）幼儿对方言的兴趣情况

由图 8 – 1 可见，58.20% 的家长认为孩子对听、说方言的兴趣一般，28.39% 的家长认为孩子对听、说方言比较甚至非常感兴趣，13.41% 的家长认为孩子比较甚至非常不感兴趣。整个情况呈明显的正态分布趋势，而感兴趣的孩子明显高于不感兴趣的孩子。

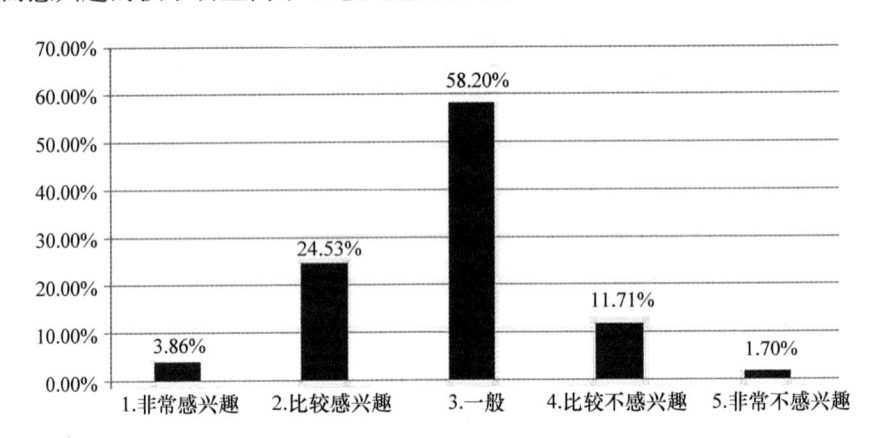

图 8 – 1　幼儿对方言的兴趣情况（单选）

1.非常感兴趣 3.86%
2.比较感兴趣 24.53%
3.一般 58.20%
4.比较不感兴趣 11.71%
5.非常不感兴趣 1.70%

统计结果表明，孩子对听、说方言的兴趣与对民间音乐的兴趣之间存在显著相关，具体情况如表 8 – 5 所示。

表 8 – 5　　孩子对方言与民间音乐兴趣的相关分析一览表

	孩子对听、说方言的兴趣	孩子对民间音乐的兴趣
孩子对听、说方言的兴趣	1.00	
孩子对民间音乐的兴趣	0.289***	1.00

注：*** $p < 0.001$。

(三) 家长对民间音乐的接触与喜好状况

如图 8-2 所示，有时接触过民间音乐的家长仅占四分之一左右，经常接触民间音乐的家长仅为 1.50%。60.69% 的家长极少接触民间音乐，12.43% 的家长甚至从未接触过民间音乐。

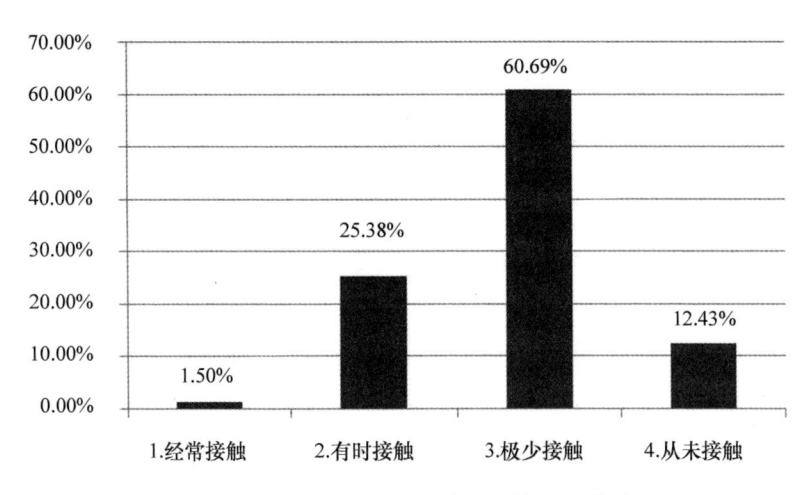

图 8-2　家长对民间音乐的接触情况（单选）

家长接触民间音乐的主要途径为网络媒体（58.47%）与社区活动（43.17%）。此外，除了家人、各类剧院以及书籍外，还有民俗博物馆、主题公园等其他途径，具体如图 8-3 所示。

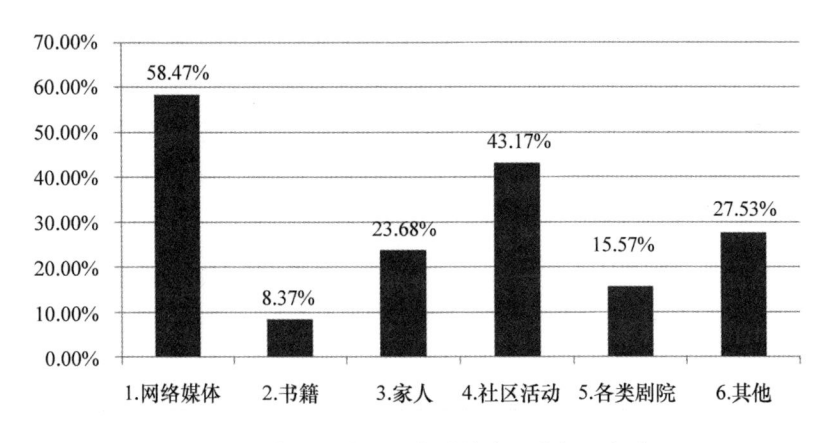

图 8-3　家长接触民间音乐的主要途径（多选）

那么，家长对民间音乐文化有着怎样的情感呢？如图 8-4 所示，32.37%的家长比较或非常喜欢民间音乐文化，63.51%的家长对于民间音乐文化的喜爱程度一般，比较不喜欢或非常不喜欢民间音乐文化的家长仅占 4.12%。

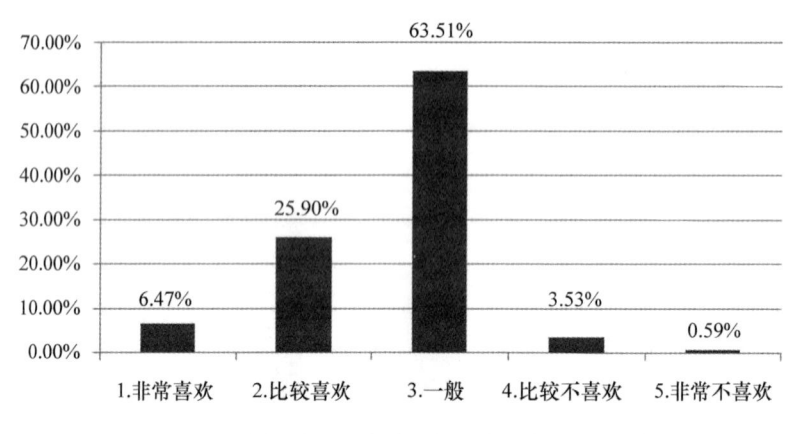

图 8-4　家长对民间音乐文化的喜爱情况（单选）

统计结果表明，家长对民间音乐文化的喜好态度与孩子对民间音乐文化的态度之间存在显著相关，具体情况如表 8-6 所示。

表 8-6　　　　家长与孩子对民间音乐态度的相关分析一览表

	家长对民间音乐文化的态度	孩子对民间音乐文化的态度
家长对民间音乐的态度	1.00	
孩子对民间音乐的态度	0.425 ***	1.00

注：*** $p < 0.001$。

（四）家长对孩子参与民间音乐文化启蒙教育活动兴趣的认识

本土民间音乐中，许多题材反映的都是较为古老的民间故事或者早期的生活内容，如山野放牛、郑成功收复台湾、田地挖泥鳅、用谷糠养鸭等，与当代生活及孩子们的经验、兴趣之间存在一定距离。作为孩子最熟悉、最亲近的人，家长经常询问孩子在幼儿园的生活学习内容以及具体的感受，孩子也常常与家长们分享交流自己在幼儿园的见闻与喜好。应该说，家长会比较了解孩子对幼儿园教育教学的所见所闻、所思所想以及情感态度。在开展民间音乐文化启蒙教育实践前的调查中，不少受访家长对幼儿园开展民间音乐文化启蒙教育活动心存疑虑，担心孩子对这些内容会不感兴趣。那么，在幼儿园开展民间音乐文化启蒙教育活动之后，家长们对孩子参与民间音乐活动的兴趣又有着怎样的认识呢？调查结果如图8-5所示。

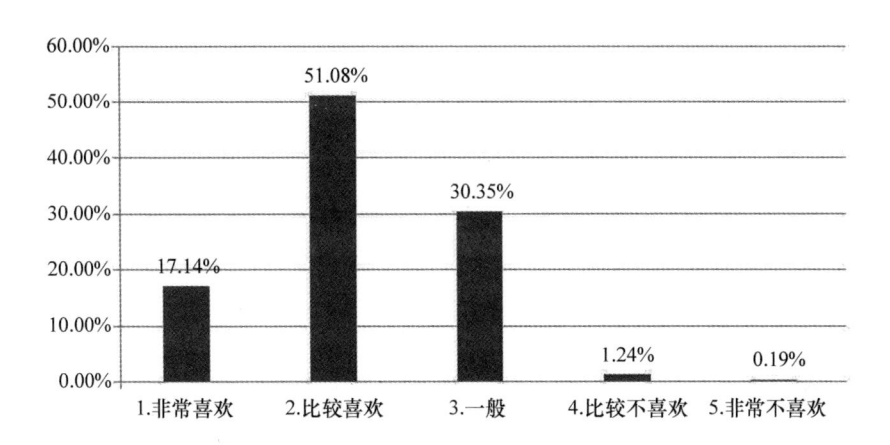

图8-5 家长对幼儿参与民间音乐文化启蒙教育活动的兴趣认识（单选）

从图8-5可以看出，一半以上的家长认为孩子比较喜欢幼儿园将民间音乐文化应用到教育活动之中，17.14%的家长认为孩子非常喜欢民间音乐文化启蒙教育活动，而认为孩子比较与非常不喜欢的家长仅占1.43%。上述数据表明，家长普遍认为孩子比较喜欢民间音乐文化启蒙教育活动。

（五）家长对幼儿园民间音乐文化启蒙教育价值及必要性的认识

从表8-7可以看出，绝大多数的家长认为，幼儿园民间音乐文化启蒙教育能够培养孩子的家乡情怀（87.97%），有助于孩子养成良好的德行（83.91%），增长孩子们的见识（74.23%），陶冶幼儿的个性情操（69.78%），发展孩子的语言能力（69.20%），增进与祖辈的情感（64.22%），增加生活的情趣（59.39%）。

表 8 - 7　　　　家长对幼儿园民间音乐文化启蒙教育价值的
认识一览表（多选）　　N = 1529

选项	培养家乡情怀	增长孩子见识	增进祖辈情感	增加生活情趣	养成良好德行	发展语言能力	陶冶个性情操	其他
人数（人）	1345	1135	982	908	1283	1058	1067	151
百分比（%）	87.97	74.23	64.22	59.39	83.91	69.20	69.78	9.88

需要指出的是，64.22% 的家长认为民间音乐文化启蒙教育具有增进与祖辈情感的独特价值。在访谈中，很多家长都谈到，原来祖辈在家里更多的都是做些家务，料理孙辈们的生活琐事。现在，由于知道他们会说好听的方言，会朗诵韵味十足的方言童谣，会唱好听的闽剧、芗剧，会讲与民间音乐文化相关的生活故事……孩子们也就经常向祖辈们学习方言童谣，了解民间习俗。当爷爷奶奶不再只是孩子生活的照护者时，父母会开始带着孩子"听爷爷奶奶讲过去的事情"，家庭氛围也因此变得更加融洽和谐了。

孩子们对民间音乐的喜欢，打消了家长们早期的疑虑。从图 8 - 6 可以看出，近 78.00% 的家长认为幼儿园有必要开展民间音乐文化启蒙教育活动，认为没什么必要开展民间音乐文化启蒙教育活动的家长仅占 1.64%。由此可知，幼儿园民间音乐文化启蒙教育获得了家长们的广泛认可。

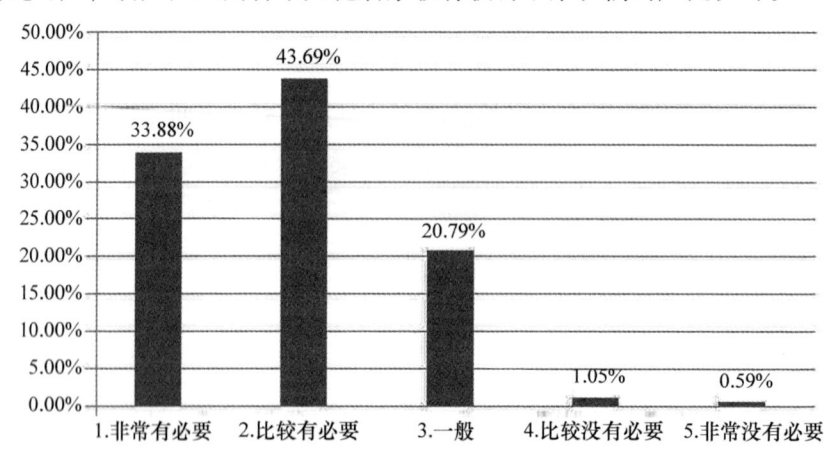

图 8 - 6　家长对幼儿园民间音乐文化启蒙教育必要性的认识（单选）

三 研究成效

通过对福建省民间音乐文化启蒙教育实践基地园 1529 位家长的调查，发现家长们普遍认为孩子比较喜欢民间音乐，民间音乐文化启蒙教育具有培养幼儿家乡情怀、养成良好品行、陶冶情操、增长见识、发展语言、增进与祖辈的情感、增加生活情趣等多元的教育价值。研究结果表明，幼儿园民间音乐文化启蒙教育具有良好的家庭教育生态环境，也能够改善家庭教育生态环境，特别是在增强祖辈的教育自信、促进三代人良性互动、"家教共同体"的构建方面，幼儿园民间音乐文化启蒙教育具有独到的作用。因此，幼儿园民间音乐文化启蒙教育实施成效显著，得到家长与孩子们的高度认同与喜爱，并对孩子们的全面、健康、和谐成长发挥着积极的促进作用，"礼乐合一、以美润心"的民间音乐文化启蒙教育实现了以美育人、以美化人、以美培元的育人目标。

（一）幼儿园民间音乐文化启蒙教育得到了家长与幼儿的高度认同

首先，家长普遍认为孩子们比较喜欢民间音乐文化。本次调查中，认为幼儿园将民间音乐文化应用到教育活动时孩子会比较喜欢甚至非常喜欢的家长占 68% 以上，认为孩子比较不喜欢民间音乐文化的家长仅占 1.43%。不少家长在访谈中，介绍孩子回家后会常和爸爸妈妈、爷爷奶奶讲述在幼儿园听过的民间童谣故事，还会说起看到的高甲戏中男、女丑奇怪的装束打扮，演唱畲族歌谣给大人听，教爸爸妈妈一起跳竹竿舞等。

其次，家长认为幼儿园很有必要开展民间音乐文化启蒙教育活动。也正是基于孩子们的喜欢，家长们改变了早期的疑虑态度。近 78% 的家长认为幼儿园有必要开展民间音乐文化启蒙教育活动，认为没什么必要开展民间音乐文化启蒙教育活动的家长仅占 1.64%。很明显，幼儿园民间音乐文化启蒙教育活动获得了家长们的广泛认可。

（二）民间音乐文化启蒙有效促进了幼儿全面健康和谐成长

调查结果表明，家长们非常认同民间音乐文化启蒙对幼儿成长具有多元的教育价值。家长们普遍认为，幼儿园民间音乐文化启蒙教育具有培养家乡情怀、养成良好品行习惯、增长见识、陶冶个性情操、发展语言能力、增进与祖辈的情感、增加生活情趣等多元的教育价值。孩子们多方面的成长进步与幼儿园民间音乐文化启蒙教育息息相关。

在访谈中，许多家长谈到与邻居、同事的孩子相比，自己的孩子更加关注乡土文化，常常会为自己的家乡感到自豪，经常会在家里演唱民间童谣让家人猜童谣的意思；社区举办"战胜鼓"、"拍胸舞"、"板凳龙"、木偶、评话等表演活动时，会主动要求家长带他们去观看；遇见父母与其他长辈，会很有礼貌地打招呼，能认真听大人说话，会为老人捶背；遇到困难时，有的孩子会说"我是闽南人，爱拼才会赢"。家长们讲到这些事情时，都十分感慨和激动，认为孩子的这些成长进步与幼儿园民间音乐文化启蒙教育息息相关。民间音乐文化启蒙对孩子们的全面健康和谐成长发挥着积极的促进作用，真正实现了以美育人、以美化人、以美培元的育人目标。

（三）幼儿园民间音乐文化启蒙已建设良好的家庭教育生态环境

首先，民间音乐文化启蒙具有良好的家庭方言环境。调查结果显示，福建各地大多数家长听得懂也比较会说家乡方言，在家庭中经常用方言进行交流。统计数据表明，家庭方言使用情况与孩子对方言的兴趣显著相关，而孩子对方言的兴趣也与对民间音乐的兴趣显著相关，这为幼儿园民间音乐文化启蒙提供了良好的方言生态环境。

其次，年轻的家长们已经逐步接受与认同了民间音乐文化。他们中，近三分之一的人比较或非常喜欢民间音乐，比较不喜欢或非常不喜欢的比例极小，这说明年轻的家长们已经逐步接受与认同了民间音乐文化，原来对民间音乐的排斥感基本消除。统计数据表明，家长对民间音乐的态度显著影响着孩子，这就为幼儿接受民间音乐文化启蒙提供了良好的家庭情感生态。

最后，占比四分之一左右的家长对民间音乐已有所接触。他们接触民间音乐的主要途径为网络媒体与社区活动，可见网络媒体与社区活动对于年轻父母的影响极大。近年来，网络媒体与社区的民间音乐、民俗文化活动方兴未艾，父母与孩子们都在耳濡目染中得到了民间音乐文化的熏陶。

（四）民间音乐文化启蒙助推三代人良性互动"家教共同体"的构建

由于生活年代与知识经验的差异，祖辈们常处于与时代脱节的角色

第八章　研究综述：福建民间音乐文化启蒙的成效与启示

之中，基本上在负责家庭中孙辈的保育工作，但难以真正参与对孙辈们的教育过程。本次调查中，家长普遍反映幼儿园民间音乐文化启蒙有效增进了孩子与祖辈的情感，很多父母与孩子逐步了解了祖辈的生活阅历。对于民间流传的方言童谣、音乐背后的文化习俗等，祖辈们比起年轻的父母有着更多的积淀和理解，幼儿园也经常邀请有相关经验的祖辈到幼儿园当助教。祖辈们通过与幼儿园孩子的交流互动，展现了他们独有的教育魅力，孩子们不再认为年老的祖辈们无知与过时了。祖辈们原来的知识系统开始派上用场，教育自信显著增强，开始积极参与孙辈孩子们的教育成长与经验共享。祖辈们的亲职教育效能得到了有效发挥，他们在儿孙们心目中的地位显著提高，家庭成员的情感交流明显增多，祖孙之间的心理距离不断拉近。三代人的互动才是完整的家庭教育，有了共同话题的三代人让家庭关系更加融洽和睦，家庭生活也变得更加其乐融融。显然，民间音乐文化启蒙对增强祖辈的教育自信、促进三代人良性互动"家教共同体"的构建具有独到的积极作用。

第二节　幼儿教师的认识与教学效能感的调查

效能感是指个人对自己在特定情景中是否有能力去完成某个行为的期望，包括结果预期与效能预期，而效能感的高低会影响一个人的认知与行为[1]。教师教学效能的概念是以班杜拉的自我效能理论为基础发展起来的，是指教师对自己影响学生的学习行为与学习成绩能力的主观判断，该判断会影响教师对学生的期待，影响教师对学生的教育与指导，进而影响工作效率与教育质量[2]。针对幼儿教师的工作特点，本书将幼儿教师教学效能感定义为幼儿教师对自身能够有效进行教学活动的设计组织和实施、能够提高幼儿的学习积极性、促进幼儿的学习与发展的主

---

[1] 余国良、辛涛、申继亮：《教师教学效能感：结构与影响因素的研究》，《心理学报》1995年第2期。
[2] Ashton. P. T., "Motivation and the Teacher's Sense of Efficacy" In C. Ames, R. Ames (Eds.), *Research on Motivation in Education*: Vol. 2. *The Classroom Milieu Orlando*, FL: Academic Press, 1985, pp. 141–174.

观判断。

作为幼儿园民间音乐文化启蒙教育的直接实施者，幼儿教师对民间音乐文化启蒙教育的认识与教学效能感直接影响着幼儿园民间音乐文化启蒙教育的质量与效率。经过多年的民间音乐文化启蒙教育研究与实践，广大教师对开展民间音乐文化启蒙教育活动有着怎样的态度与认识？他们组织开展民间音乐文化启蒙教育活动的教学效能感怎样？他们认为民间音乐文化启蒙教育主要受哪些因素的影响？而这些影响因素、教学效能感对实施成效又起着怎样的影响？本次调查拟通过对开展民间音乐文化启蒙教育实践的幼儿教师进行调查，了解教师们的所思所想与真实感受，透析幼儿园民间音乐文化启蒙教育活动的实施成效，同时也为幼儿园民间音乐文化启蒙教育活动的进一步开展提供有益的思路。

一 调查对象与方法

（一）调查对象

本次调查采取问卷调查与个别访问相结合的方式，于2021年6月至7月期间，分两个阶段展开调研。第一阶段为问卷调查阶段，采取自制的问卷，通过整群抽样的方法，以问卷星的方式，面向福州、厦门、泉州、龙岩、三明、南平、宁德、漳州、莆田等地31所课题基地幼儿园中有实施过民间音乐文化启蒙教育活动的教师发放问卷，共收到有效问卷292份，区域涉及福建省9个设区市与平潭综合实验区，具有较强的代表性，参与调查的教师的具体情况如表8-8所示。

表8-8　　　　　参与教师基本情况一览表　　N=292

变量	分类	人数	百分比（%）
教龄	0—5年	110	37.7
	6—10年	71	24.3
	11—20年	55	18.8
	20年以上	56	19.2

续表

变量	分类	人数	百分比（%）
职称	高级教师	24	8.2
	一级教师	82	28.1
	二级教师	84	28.8
	三级教师及以下	102	34.9
最高学历	研究生	3	1.0
	本科	206	70.5
	专科	79	27.1
	中专（或高中）及以下	4	1.4
所在幼儿园属性	省级示范园	176	60.3
	市级示范园	49	16.8
	区县示范园	55	18.8
	其他	12	4.1
所在幼儿园位置	城市	268	91.8
	农村	24	8.2
总计		292	

（二）调查内容

本次问卷的调查内容分为四个部分。第一部分是对幼儿园教师开展民间音乐文化启蒙教育活动的基本情况调查，主要包括教师在幼儿园开展民间音乐文化启蒙教育活动的频率、动机、主要考虑因素、作用及效果的认识等；第二部分是对教师实施民间音乐文化启蒙教育活动的教学效能感进行调查，主要包括活动设计效能感、教学管理效能感、调动参与效能感与促进发展效能感四个方面；第三部分是对幼儿园教师开展民间音乐文化启蒙教育活动的影响因素进行调查，主要包括园内支持、园外支持与个人因素三个维度；第四部分调查了教师对实施民间音乐文化启蒙教育活动成效的认识，主要从教师专业成长、教师文化认同以及幼儿发展三方面进行调查。

第二阶段的研究主要针对第一阶段调查统计中发现的一些典型问题，

采取面谈、电话采访、微信视频等方式，对其中 31 位教师进行了深入访谈，请她们交流自己最满意的一次民间音乐文化启蒙教育活动，以及孩子们在民间音乐文化启蒙教育活动中的表现等，以进一步了解教师们的具体想法及幼儿园民间音乐文化启蒙教育的具体细节，丰富研究信息。

（三）研究工具

1. 幼儿教师教学效能感问卷

在教师教学效能感的测量方面，吉布森（Gibson）和登博（Dembo）基于班杜拉理论将教师教学效能感分为个人教学效能（PTE）和一般教学效能（GTE），以此制定出教师效能感量表（Teacher Efficacy Scale，TES)[1]，国内的关于中小学教师教学效能感的研究多以此作为测量工具。本书关注的重点在于幼儿教师在设计、组织和实施民间音乐文化启蒙教育活动中的教学效能感及其对实施效果的影响。有研究表明，在不同领域中一个人的效能感往往是不一样的。因此，仅以测量幼儿教师的个人教学效能感或一般教学效能感不够细化和贴切。同时，后续研究也对 TES 的信效度提出了质疑和挑战。

在后续的众多研究中，以苏克安能莫兰（Tschannen-Moran）和伍尔福克（Woolfolk）开发的研究工具最为突出，被视为教学效能感领域的新成就。他们通过文献分析后提出了一个整合模型，即俄亥俄州教师效能感量表（Ohio State Teacher Efficacy Scale，OSTES），其中包含教学策略、课堂管理、学生参与三个维度[2]。该量表的设计体现了具体情境中的教学任务和教师的能力表现，关注到教师教学效能感的情境性、认知性和具体性，与我们的关注点和考察点相吻合。因此，我们以 OSTES 量表为基础，并结合金莹霞（2018）编制的幼儿教师教学效能感量表以及幼儿教师在民间音乐文化启蒙教育活动中的实际特点进行改编与设计。

本次教学效能感问卷共分为活动设计效能感、课堂管理效能感、调

---

[1] Gibson, S., and Dembo, M. H., "Teacher Efficacy: A Construct Validation" *Journal of Educational Psychology*, Vol. 76, 1984, pp. 569–582.

[2] Megan Tschannen-Moran, and Anita Woolfolk Hoy, "Teacher Efficacy: Capturing Anelusive Construct", *Teaching and Teacher Education*, Vol. 17, 2001, pp. 783–805.

动参与效能感和促进发展效能感四个维度,每个维度 5 个题项,总共 20 个题项。问卷计分采用的是 Likert 5 点计分方式,1 为"完全不符合"到 5 为"完全符合",得分越高表示幼儿教师的教学效能感越高。

2. 影响因素问卷

已有研究表明,教学效能感受到学校因素、教师个人特征、社会支持等方面的影响,同时对开展过民间音乐文化启蒙教育活动的幼儿园教师进行前期访谈后,本研究设定园内支持、园外支持和教师个人因素作为影响幼儿教师开展中华优秀传统文化活动的三个维度。该部分问卷共有 13 个题项,采用的是 Likert 5 点计分方式,1 为"完全不符合"到 5 为"完全符合",得分越高表示幼儿教师认为该因素的影响越重要。

3. 实施成效问卷

已有文献验证了教师教学效能感对于教师自身以及学生发展具有促进作用,同时经过对开展民间音乐文化启蒙教育活动的幼儿园进行调研,本研究设定专业发展、文化认同和幼儿发展作为实施成效的三个维度。该部分问卷采用的是 Likert 5 点计分方式,1 为"完全不符合"到 5 为"完全符合",得分越高表示幼儿教师认为实施的成效越好。

(四)信效度分析

为保证问卷的信效度,我们对问卷的克隆巴赫 α 系数进行分析。由表 8-9 可知,幼儿教师教学效能感、影响因素、实施成效问卷各维度的内部一致性系数在 0.92 以上,总问卷的克隆巴赫 α 系数为 0.99,说明问卷总体上具有较好的信效度。

表 8-9　　　　　　　　　　变量及各维度信度系数表

变量	维度	克隆巴赫 α 系数
教师教学效能感		0.98
	活动设计效能感	0.96
	课堂管理效能感	0.95
	调动参与效能感	0.96
	促进发展效能感	0.98

续表

变量	维度	克隆巴赫 α 系数
影响因素		0.97
	园内支持	0.95
	园外支持	0.93
	个人因素	0.92
实施成效		0.98
	教师专业成长	0.99
	教师文化认同	0.97
	幼儿发展	0.97
总问卷		0.99

根据心理检测理论，Kaiser-Meyer-Olkin 检验统计量可以作为检验量表效度的指标。一个良好量表的效度应该在 0.6 以上。由表 8-10 可知，幼儿教师教学效能感、影响因素、实施成效问卷各因素的 KMO 值在 0.81 以上，总问卷的 KMO 值为 0.97，说明问卷具有较好的效度，符合心理测量学的要求。

表 8-10　　　　　　　　**变量及各维度 KMO 值表**

变量	维度	KMO 值
教师教学效能感		0.97
	活动设计效能感	0.91
	课堂管理效能感	0.84
	调动参与效能感	0.90
	促进发展效能感	0.90
影响因素		0.93
	园内支持	0.87
	园外支持	0.81
	个人因素	0.83

续表

变量	维度	KMO 值
实施成效		0.95
	教师专业成长	0.89
	教师文化认同	0.87
	幼儿发展	0.87
总问卷		0.97

二 调查结果与分析

（一）教师的态度与认识调查结果与分析

1. 教师开展活动的主要动机

调查结果表明，当前幼儿教师开展民间音乐文化启蒙教育活动的主要动机排名前三位的依次为：弘扬中华文化（95.6%）、儿童健康成长（84.3%）、儿童兴趣（76.4%），而教师个人兴趣、园部要求、专家倡导等动机也分别占58.2%、54.1%、45.2%。具体如表8-11所示。

表8-11 教师开展民间音乐文化启蒙教育活动的主要动机一览表（多选） N=292

项目	人数	百分比（%）
个人兴趣	170	58.2
儿童兴趣	223	76.4
园部要求	158	54.1
弘扬中华文化	279	95.6
专家倡导	132	45.2
儿童健康成长	246	84.3
其他	11	3.8

2. 教师设计活动的考虑因素

调查结果表明，教师在设计、组织民间音乐文化启蒙教育活动过程中，主要考虑的因素依次为：幼儿兴趣（95.6%）、幼儿经验（84.6%）、活动特色（83.2%）、幼儿发展（82.9%）、幼儿主体（77.4%）、文化价值（76.7%）、幼儿学习难度（64.7%）等，对于国家需要、教师兴趣等其他外在因素相对考虑较少，具体如表8-12所示。

表8-12　教师设计组织活动时主要考虑因素一览表（多选）　N=292

项目	人数	百分比（%）
教师兴趣	91	31.2
幼儿兴趣	279	95.6
学习难度	189	64.7
活动特色	243	83.2
幼儿经验	247	84.6
幼儿发展	242	82.9
幼儿主体	226	77.4
表现效果	151	51.7
文化价值	224	76.7
国家需要	80	27.4
其他	7	2.4

3. 教师对活动价值的认识

调查结果显示，幼儿教师认为，实施民间音乐文化启蒙教育活动具有萌发幼儿爱国爱家（93.8%），萌发幼儿文化认同（93.2%），陶冶幼儿良好个性（82.9%），促进幼儿主动创造（76.0%），增加生活情趣（75.7%），促进良好习惯养成（75.7%），帮助幼儿乐于表现（74.7%），促进师幼、幼幼以及亲子交流（74.0%），扩大幼儿视野（73.3%）等多元的价值。具体如表8-13所示。

表8-13　民间音乐文化启蒙教育价值一览表（多选）　N=292

项目	人数	百分比（%）
文化认同	272	93.2
爱国爱家	274	93.8
增加情趣	221	75.7
陶冶个性	242	82.9

续表

项目	人数	百分比（%）
习惯养成	221	75.7
促进交流	216	74.0
主动创造	222	76.0
乐于表现	218	74.7
扩大视野	214	73.3
增加祖孙交流	115	39.4
其他	5	1.7

4. 教师对于"礼乐合一"的效果与必要性认识

由图8-7可知，在实施民间音乐文化启蒙教育活动过程中，教师们对于通过民间音乐方式进行民间文化精神的"礼"的启蒙的"礼乐合一"的效果的认识情况，95.20%的教师感到效果特别好与比较好，感到效果一般或者不明显的教师不足5%。

而对于通过音乐方式实施民间音乐文化启蒙教育活动的必要性，97.6%的教师认为很有必要与较有必要，认为毫无必要的教师仅占0.30%。具体情况如图8-8所示。

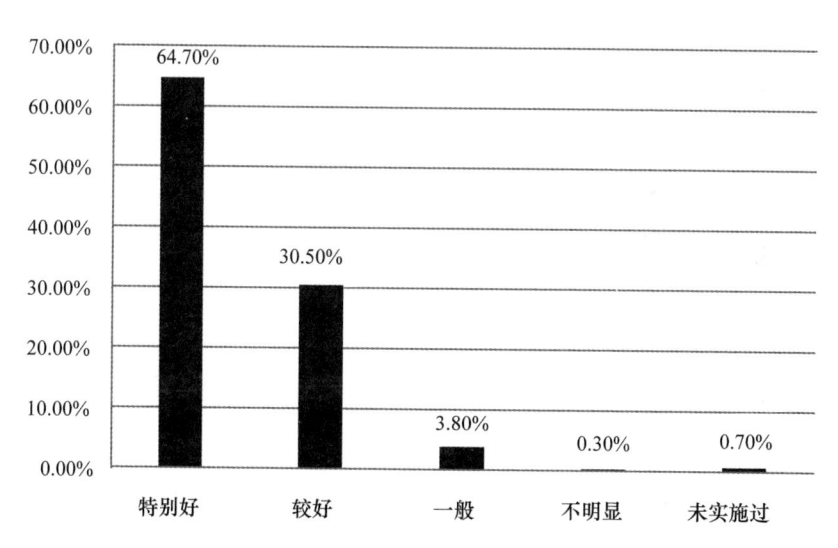

图8-7 通过音乐方式实施民间音乐文化启蒙教育活动的效果统计图（单选）

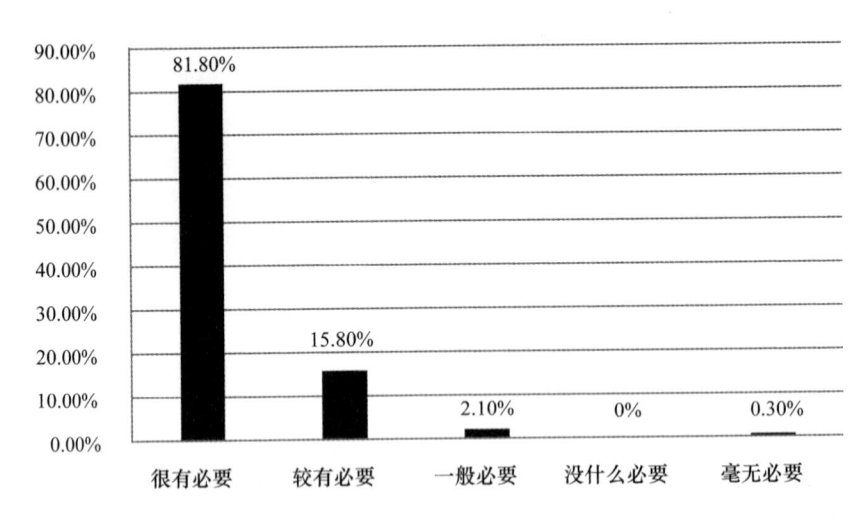

图 8-8 通过音乐方式实施民间音乐文化启蒙教育活动的必要性统计图（单选）

（二）教师教学效能感、影响因素、实施成效的调查分析

1. 教师对教学效能感的认识分析

由表 8-14 可知，幼儿教师教学效能感各维度平均值在 4.24—4.37 之间，其中以调动参与效能感的平均值最高，总体教师教学效能感的平均值为 4.31。上述数据表明，幼儿教师对开展民间音乐文化启蒙教育活动的教学效能感处于较高水平。

表 8-14　教师教学效能感描述统计分析结果

变量	平均值	标准差
教师教学效能感（总）	4.31	0.57
活动设计效能感	4.24	0.61
课堂管理效能感	4.28	0.57
调动参与效能感	4.37	0.55
促进发展效能感	4.36	0.55

2. 教师对影响因素的认识分析

由表 8-15 可知，影响因素总体均值为 4.46，园内支持、园外支持和个人因素的均值分别为 4.49、4.48、4.38，说明对幼儿教师而言，她们认为这三类因素对实施民间音乐文化启蒙教育都处于较高水平。

表 8-15　　　　　　　　影响因素描述统计分析结果

变量	平均值	标准差
影响因素（总）	4.46	0.58
园内支持	4.49	0.57
园外支持	4.48	0.56
个人因素	4.38	0.62

3. 教师对实施成效的认识分析

由表 8-16 可知，幼儿教师们对于民间音乐文化启蒙教育的实施成效总体均值为 4.51，其中教师文化认同的均值最高（为 4.55），其次是幼儿发展（为 4.52），最后是教师专业成长（为 4.47），说明幼儿教师认为幼儿园民间音乐文化启蒙的实施成效较好，对教师专业成长、教师文化认同以及幼儿发展都有较大的促进作用。

表 8-16　　　　　　　　实施成效描述统计分析结果

变量	平均值	标准差
实施成效	4.51	0.52
教师专业成长	4.47	0.56
教师文化认同	4.55	0.49
幼儿发展	4.52	0.50

4. 各变量之间的相关性分析

由表 8-17 与表 8-18 可知，幼儿教师实施民间音乐文化启蒙教育的教学效能感、影响因素和实施成效两两之间存在显著的正相关，相关系数

表 8-17　各变量之间相关系数的矩阵分析

变量	1	2	3	4	5	6	7	8	9	10	11	12	13
1 活动设计效能感	1												
2 课堂管理效能感	0.907**	1											
3 调动参与效能感	0.861**	0.923**	1										
4 促进发展效能感	0.863**	0.907**	0.931**	1									
5 教师教学效能感	0.946**	0.972**	0.965**	0.962**	1								
6 园内支持	0.720**	0.748**	0.766**	0.752**	0.777**	1							
7 园外支持	0.713**	0.739**	0.760**	0.765**	0.774**	0.912**	1						
8 个人因素	0.676**	0.703**	0.716**	0.721**	0.732**	0.773**	0.822**	1					
9 影响因素	0.746**	0.775**	0.793**	0.791**	0.807**	0.956**	0.964**	0.910**	1				
10 教师专业成长	0.741**	0.745**	0.769**	0.773**	0.787**	0.829**	0.831**	0.750**	0.853**	1			
11 教师文化认同	0.647**	0.693**	0.718**	0.734**	0.726**	0.750**	0.792**	0.801**	0.825**	0.868**	1		
12 幼儿发展	0.681**	0.709**	0.722**	0.745**	0.743**	0.755**	0.799**	0.817**	0.834**	0.846**	0.940**	1	
13 实施成效	0.720**	0.746**	0.767**	0.782**	0.784**	0.812**	0.841**	0.821**	0.872**	0.945**	0.972**	0.965**	1

注：** $p<0.01$。

均大于0.7。其中影响因素与实施成效间的相关性最强（$\gamma = 0.872$，$p < 0.001$），其次是影响因素与教学效能感之间的相关性（$\gamma = 0.807$，$p < 0.001$），最后是实施成效与教学效能感之间的相关性（$\gamma = 0.784$，$p < 0.001$）。

表8-18　　　　　　　　各变量之间的相关系数（简化版）

变量	1	2	3
1 教师教学效能感	1		
2 影响因素	0.807***	1	
3 实施成效	0.784***	0.872***	1

注：*** $p < 0.001$。

5. 各变量间的回归分析

借鉴温忠麟等提出的中介效应检验原理，本研究首先分析自变量"影响因素"对因变量"实施成效"的影响，如果回归系数显著就继续下面步骤；其次分析自变量"影响因素"对中介变量"教学效能感"的影响，如果显著则进行下一步检验；最后根据自变量"影响因素"和中介变量"教学效能感"同时作用于因变量"实施成效"的回归系数判断是否具备完全或部分中介作用。本研究采用SPSS进行层次回归，分析结果如表8-19所示。

表8-19　　影响因素、教学效能感对实施成效的层次回归分析结果

变量	实施成效				教学效能感	
	模型1	模型2	模型3	模型4	模型5	模型6
教龄	0.046	0.024	-0.020	0.010	0.084	0.063
职称	0.001	-0.056	-0.012	-0.048	0.016	-0.037
学历	-0.013	-0.012	-0.022	-0.015	0.011	0.012
幼儿园示范性	-0.061	0.029	0.008	0.030	-0.087	-0.005

续表

变量	实施成效				教学效能感	
	模型1	模型2	模型3	模型4	模型5	模型6
所在地域	-0.006	-0.009	-0.010	-0.009	0.005	0.002
影响因素		0.876***		0.701***		0.808***
教学效能感			0.785***	0.214***		
R^2	0.008	0.767	0.616	0.783	0.014	0.660
调整后的 R^2	-0.009	0.762	0.608	0.778	-0.003	0.653
F	0.460	156.685***	76.116***	146.656***	0.822	92.329***

注：*** $p<0.001$。

（1）影响因素对实施成效的回归分析。模型1将控制变量"教龄"、"职称"、"学历"、"幼儿园示范性"、"所在地域"纳入回归模型，数据显示，教龄、职称、学历、幼儿园示范性、所在地域对实施成效均无显著影响。模型2显示，在控制了"教龄"、"职称"、"学历"、"幼儿园示范性"、"所在地域"变量后，影响因素（$\beta=0.876$，$p<0.001$）对实施成效具有显著正向影响。

（2）影响因素对教学效能感的回归分析。模型6显示，在控制了"教龄"、"职称"、"学历"、"幼儿园示范性"、"所在地域"变量后，影响因素对教学效能感（$\beta=0.808$，$p<0.001$）具有显著正向影响。

（3）教学效能感的中介作用分析。由模型3可知，在控制了"教龄"、"职称"、"学历"、"幼儿园示范性"、"所在地域"变量后，教学效能感对实施成效具有显著正向影响（$\beta=0.785$，$p<0.001$）。对比模型2和模型4，在引入"教学效能感"变量后，教学效能感对实施成效具有显著正向影响（$\beta=0.214$，$p<0.001$），影响因素对实施成效的影响作用仍然显著但有所下降（$\beta=0.701$，$p<0.001$），说明教学效能感起到部分中介作用。

根据以上分析结果，本研究利用标准化回归系数作为路径系数绘制路径图（见图8-9）。由图8-9可知，影响因素能够直接作用于实施成效，同时也能够通过中介变量教学效能感间接作用于实施成效。

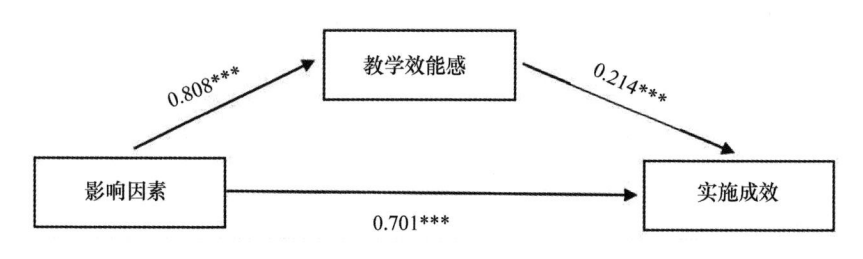

图 8-9　影响因素、教学效能感和实施成效的路径图

三　研究成效

（一）幼儿教师高度重视民族优秀文化的传承与弘扬

本次调查中，95%以上的幼儿教师将传承与弘扬民族优秀文化作为开展民间音乐文化启蒙教育活动的主要动机，93%以上的幼儿教师认为民间音乐文化启蒙教育活动具有培养幼儿爱国爱家、萌发幼儿文化认同的价值，73%以上的教师认为民间音乐文化启蒙教育活动具有促进幼儿陶冶良好个性、主动创造、增加生活情趣、养成良好习惯、乐于表现、共同交流、扩大视野等多元的价值。研究结果显示，经过长期的研究与实践，幼儿教师已经高度重视民族优秀文化的传承与弘扬。

（二）幼儿教师已树立童心本位开展民族文化启蒙的教育理念

本次调查中，教师们将儿童健康成长、儿童兴趣作为开展民间音乐文化启蒙教育活动的主要动机，他们在设计与组织实施民间音乐文化启蒙教育活动时，主要考虑的是幼儿兴趣、幼儿经验、幼儿发展、幼儿主体、幼儿学习难度等因素。访谈结果表明，对于民间音乐文化开展的课程设计、教材选择以及价值把握等困难，广大幼儿教师也是基于对儿童学习兴趣、学习经验等因素思考。

本次调查结果在一定程度上揭示，以幼儿为本、尊重幼儿兴趣需要的"童心本位"教育理念已经深入幼儿教师们的教育信念之中，也渗透到他们设计与组织实施的幼儿园民间音乐文化启蒙教育实践中。

（三）幼儿教师具有较高的民间音乐文化启蒙教学效能感

研究表明，教学效能感高的教师在工作时会信心十足、热情高涨、心情愉快，教育效果良好；而教学效能感低的教师则容易感到焦虑和恐惧，常常处于烦恼之中，进而影响工作效率。本次调查结果表明，幼儿教师在实施民间音乐文化启蒙教育活动中，具有较高的教学效能感。

首先，教师们具有良好的调动幼儿参与活动的效能感。他们认为，自己能激发、调动起幼儿参与活动的积极性，能让孩子们都投入到教育活动中，能经常鼓励幼儿，使他们相信自己的表现很好，能以幼儿为主体，与幼儿有效互动。

其次，教师们具有良好的促进发展效能感，他们认为，自己能激发幼儿喜爱与认同民族优秀文化，能帮助幼儿潜移默化地感受到民族文化蕴含的精神和魅力，能通过活动萌发幼儿爱国爱家的情怀，提升幼儿的审美素养，陶冶幼儿良好的品格习惯。

再次，教师们具有较好的课堂管理效能感。他们认为，当幼儿对文化内容感受与理解有困难时，他们能够提供有效的事例或解释，组织活动时能够保证活动节奏的流畅、紧凑，能有效提炼幼儿反馈的信息以启迪幼儿对文化精神的思考，能在活动中给予幼儿充分表达的机会，当幼儿在完成某项任务有困难时能根据其水平进行及时调整。

最后，教师们具有较好的活动设计效能感。他们认为，自己能够根据幼儿的兴趣与经验选择合适的教育内容，能根据幼儿的兴趣与经验改编或创编合适的教育内容，能根据本班幼儿的特点设计适合的活动目标，在设计教育教学活动时能够把握好重点难点，并能运用多种教学方法，将活动设计得生动有趣。

（四）"礼乐合一"的民间音乐文化启蒙教育取得显著成效

研究结果显示，广大教师普遍认为，通过音乐方式实施民族文化启蒙教育的效果非常好，幼儿园非常有必要通过音乐的方式实施民族文化启蒙教育。"礼乐合一"的幼儿园民间音乐文化启蒙教育对幼儿教师专业成长、教师文化认同以及幼儿发展都有积极的促进作用。

首先，绝大多数的幼儿教师认为，他们和孩子们一起走近民族优秀文化时感到幸福，民族文化启蒙教育能实现他们的人生价值，在长期开展民间音乐文化启蒙教育活动后，他们越来越热爱祖国与家乡的优秀文化，为自己的民族与家乡感到自豪。

其次，绝大多数教师认为，在长期的民间音乐文化启蒙教育活动后，自己的幼儿园与班级的孩子们越来越喜欢参加此类活动，实施民间音乐文化启蒙教育具有萌发幼儿爱国爱家，文化认同，陶冶幼儿良好个性，促进幼儿主动创造，增加生活情趣，促进良好习惯养成，帮助幼儿乐于表现，促进师幼、幼幼以及亲子交流，扩大幼儿视野等多元的价值。

最后，绝大多数教师认为，民间音乐文化启蒙教育活动促进了他们的专业成长，老师们能通过此类研究与实践活动提升自己的专业能力、审美素养、文化修养与品格情操。

第三节　研究的启示与建议

民族文化是民族的精神血脉，文化强国可持续发展的关键在于年幼儿童文化自觉与文化自信的早期萌芽。在长期的民族民间音乐文化启蒙教育活动后，幼儿园民间音乐文化启蒙教育活动得到家长、幼儿与教师们的高度认同与喜爱，大家都越来越喜欢参加与组织此类活动。家长和教师们一致认为，民族民间音乐文化启蒙教育活动具有培养家国情怀、萌发文化认同、养成良好品行、陶冶审美情操、促进主动表现、增加生活情趣、增进人际交流、扩大见识视野等多元的价值，对幼儿身心全面健康快乐成长意义重大而深远。幼儿园民间音乐文化启蒙教育的研究与实践已经构建了良好的家庭教育生态环境与幼儿园专业发展的教研环境，尤其在增强家长的民族文化认同、促进三代人良性互动"家教共同体"的构建以及增强幼儿教师的教学效能感等方面，还发挥着积极而独到的作用。上述研究成效表明，幼儿园开展民族民间音乐文化早期启蒙教育不仅必要也是可行的，"礼乐合一、以美润心"的民间音乐文化启蒙教育有效实现了以美育人、以美化人、以美培元的育人目标。

一　研究启示

（一）高质量的民间优秀文化启蒙需用音乐架起文化与幼儿间的桥梁

调查显示，95%以上的教师认为，以"礼乐合一"的方式、通过民族民间音乐开展民族民间文化精神启蒙的教育效果特别好或者比较好，

97%以上的教师认为幼儿园有必要通过音乐的方式实施民族优秀文化启蒙教育。因此，高质量的民间优秀文化启蒙需注重民间文化的"礼"教与民间音乐的"乐"教的和谐共振，将民间优秀文化以契合儿童身心发展特点的方式，生态式地融入幼儿园音乐美育课程，增强音乐与民间优秀文化的内在契合度，注重音乐与民间优秀文化的生态式融合，构建富有感染力的教学情绪场，激起儿童对民间优秀文化的心灵共鸣，增强儿童对民间优秀文化的情感效应，实现民间文化与儿童心灵间的审美共振，让儿童在蕴含生命活力的民族优秀文化甘泉中润泽身心，获得熏陶与滋养，从而在他们幼小的心灵中播撒下民族优秀文化的种子。

(二) 童心本位是儿童民间优秀文化认同感萌发的基础

调查中，家长们反复谈到兴趣对于孩子的重要性。那些认为幼儿园很有必要开展民间音乐文化启蒙教育活动的家长，反复描述了孩子们回家后对民间音乐及其文化津津乐道的场景，认为这源于教师的教学内容很有趣，教学形式游戏性强。那些认为没有必要开展民间音乐文化启蒙教育活动的家长，则批评班级开展的民间音乐文化启蒙教育活动有的材料不够有童趣，教育方式游戏性不足。调查表明，绝大多数幼儿教师已较好地树立了童心本位的意识与理念，并在民间音乐文化启蒙教育活动的设计与实践中有效渗透，这也是大多数孩子喜欢参加民间音乐文化启蒙教育活动的重要原因。因此，幼儿园民间音乐文化启蒙教育必须坚持童心本位，基于幼儿的年龄特点与思维方式，将民间音乐文化以幼儿喜闻乐见的方式呈现给幼儿，让幼儿充分体验民间音乐文化的有趣与好玩；通过视听感受、模仿、幻想、直觉体验、知觉通感、灵感、顿悟等多种方式，满足儿童好奇、好问、好玩、好探究以及爱美的天性，促进其感受、探究与创造兴趣的提高。在此过程中，儿童不仅是民间音乐学习的参与者，更是其所学内容的"创新者"。

(三) 儿童的音乐审美素养与民族优秀文化陶冶需协同发展

根植于民间优秀传统文化的幼儿园音乐教育，兼具音乐与文化的双重属性。幼儿园教师在设计组织此类型活动时，在协同提升审美素养、培育民族情感两个关键要素方面有很多困难，存在顾此失彼等问题。因此，教师首先要深入领会与充分展现民间音乐文化的艺术风格，不断提升自身的审美素养和能力，能够通过采用诗意化的艺术语言描绘民间音乐的美好意境，运用可视化的呈现方式展现民间艺术的审美风格，以形象化的游戏增强民间传统音乐的审美情趣。其次，教师要精心构建特色鲜明的民间音乐文化启蒙教育活动，萌发幼儿对民间音乐文化的认同感。此外，教师还要通过多种途径与方式，尤其是积极开展家园共育，不断丰富幼儿有关民间传统文化的生活体验，潜移默化地向幼儿渗透民间优秀传统文化价值精髓。

（四）儿童对民间优秀音乐的审美素养需要依赖多元的审美场域

学前阶段是人的审美心理发生与发展的敏感阶段，其审美心理结构正处于初步萌芽与建构时期，对美好事物特征开始产生审美兴趣与审美体验，并有初步的审美偏好和选择美好事物的审美标准，这是儿童最初审美心理结构的雏形。在此阶段进行本土优秀民间音乐文化的早期熏陶，不仅能潜移默化地萌发儿童对民间优秀音乐文化的亲切感与认同感，还能丰富儿童的审美经验，陶冶审美素养与审美情操，让蕴含着丰富生命活力的民间优秀音乐文化甘泉真正滋养幼儿的心灵。为有效调动幼儿参与相关活动的积极性，培育儿童对民间优秀音乐的审美感知素养，促进幼儿的全面和谐发展，依据学前儿童音乐审美感知的特征，教师可营造游戏性强的审美情绪场，焕发儿童对民间优秀音乐的审美期待；创设唯美视听环境的审美物理场，引发儿童对民间优秀音乐的审美共鸣；构建具有联觉效应的审美教育场，丰富儿童对民间优秀音乐的审美体验；建设浸润式的审美文化场，培育儿童认同民间优秀音乐文化的审美心灵。

二　研究建议

为了充分发挥民间音乐早期启蒙对幼儿身心健康成长及文化陶冶的积极促进作用，幼儿园民间音乐文化启蒙教育需要走出原来的教育理念与经验的藩篱，基于童心本位，明确树立"礼乐合一、以美润心"的教育理念，注重民间音乐文化与幼儿园课程的生态式融合，让幼儿在喜欢参与、乐于表达的民间音乐美育活动中获得应有的发展，让民间音乐文化中蕴含的美育精髓与文化精神真正滋养与温润儿童幼小的心灵。

（一）树立童心本位意识，强调儿童主体在民间音乐文化启蒙中的灵动性

童心本位是以明代思想家王阳明为代表的中国童心主义思想作为哲学基础，同时广泛吸收洛克、卢梭等自然主义教育思想，强调儿童自然的童心是民间音乐文化启蒙教育的前提与本位。童心本位视域下的民间音乐文化启蒙教育中，儿童既是出发点又是目的地，成人必须时时处处站在儿童立场，尊重儿童的生命存在与学习天性，基于儿童的兴趣、经验与缪斯天性，充分观照儿童的内在感受与独特想象，强调儿童天性在民间音乐文化启蒙中那种诗情画意的灵动性。

首先，在课程内容上，教师应基于儿童的认知、经验、审美感受与表现等方面的能力与水平，选择符合当代价值和幼儿能理解、接受并喜闻乐见的优秀民间音乐文化内容，或者对优秀的传统文化内容进行与时俱进、切合儿童实际的改造。

其次，在课程范式上，教师必须从以教师预设的知识技能传授为中心的科学中心主义课程，转变为把幼儿的主体参与、合作建构、情感体验等置于民间音乐文化启蒙教育的中心地位，强调综合、情境、生成、幼儿学习的民间音乐文化的社会建构中心课程。

最后，在教学方式上，应该从根本上改变幼儿园民间音乐文化启蒙教育中的"教"与"学"的方式，从仅关注结果获得、偏重言语传授与技能训练，转换为重视活动过程，引导幼儿主动参与到与民间音乐的对话及互动中，真正焕发幼儿在民间音乐文化启蒙教育中的主体性。

（二）合理把握教育价值，实现"审美、游戏与文化"育人的有机统一

在幼儿园民间音乐文化启蒙教育过程中，教师应合理把握幼儿园民间音乐文化启蒙教育的价值追求，有效实施"礼乐合一"的民族文化启蒙教育，用音乐架起"民族文化"与"儿童心灵"之间的桥梁，努力实现"以美育人、以乐施教、以文化人"的有机统一。

首先，教师要不断提升自身的审美素质，充分挖掘本土民间音乐中蕴含的丰富审美要素与文化元素，用符合本土文化的独特方式唤起儿童的审美期待，引导儿童充分感受与体验其中蕴含的独特韵味，插上想象

的翅膀，进入民间音乐美妙的境界，创造性地运用各种方式表达自己的体验与感受，进一步熏陶自己心灵世界。

其次，教师要富有智慧地引导儿童与民间音乐一起游戏，在张弛有度的快乐游戏中主动探索民间音乐及其文化内涵，满足其活动与交往的需要，在不断的自我挑战与成功的体验中获得应有的愉悦与审美享受。

再次，教师要增强文化育人意识，注重民间音乐文化启蒙教育中文化精神的启蒙。教师要深入挖掘民间音乐文化中蕴含的思想观念、人文精神、道德规范，结合时代要求继承创新，以幼儿能够感受理解与喜闻乐见的方式，滋润幼儿的心灵，让幼儿在"礼乐合一"的民族文化启蒙活动中，接受潜移默化的音乐审美与人文精神的双重滋养，实现春风化雨般的审美育人与文化扎根。

最后，教师应注重以美启德、以美润心，充分挖掘民间音乐文化中向善、向美的教育元素，以滋养幼儿、健全人格。儿童爱欲的提升，乃是以美为支点，以爱为动力，爱与美结合的民间音乐文化启蒙教育就是适合儿童最好的教育，儿童时期良好人格的养成是指引儿童向善、向美的过程[①]。民间音乐文化蕴含着丰富而深厚的综合价值，以美润心的民间音乐文化启蒙开启了儿童向着生活与社会世界的生命通道，滋养着幼儿爱国爱乡的美好情感，成为儿童积极走向生活世界与民族文化的精神起点。

（三）建构整体性系列课程，实现民间音乐文化与幼儿园课程的生态式融合

生态式融合是指民间音乐及其文化在进入幼儿园课程时，需以一种整体性、融合性、开放性的生态式教育方式，与幼儿园其他各类活动进行生态融合，并有机渗透到幼儿园一日活动之中。

首先，创设丰富美观、便于儿童多感官体验并能主动参与其中的民间音乐文化环境。幼儿园可以民族民间音乐文化为主线，对幼儿园的环境进行统筹规划与设计，让民间音乐艺术与民族文化元素有机渗透到园

---

① 李京玉、邓洁隽：《儿童教育的旨趣：呵护生命自由生长》，《学前教育研究》2018年第7期。

所、班级、区角等各个角落，让幼儿在绚丽多彩的民间艺术环境中获得充分的相关体验，并积极参与到此类环境的创设与互动中，真正成为教育环境的主人。

其次，构建主题鲜明、特色浓郁的民间音乐文化主题课程。根据民间音乐文化的内容与特点，有机整合艺术、语言、社会、健康等领域，综合通过集体教学、区域活动、创造性游戏、生活活动、创意戏剧游戏等多样化的途径，将民族民间音乐文化有机地融入幼儿园一日活动以及家庭生活之中，全方位积淀幼儿的生活与文化经验，丰富他们的情感体验与审美表现，让他们真正走进民间音乐的文化世界中。

（四）家园社区三位一体，创建以民族优秀文化为"母语"的教育生态

首先，幼儿园要充分重视民族民间优秀文化启蒙教育活动，可以组建一支有志于民族文化传承并具有民族民间音乐兴趣与专长的教师团队，充分挖掘幼儿园所在社区的优秀乡土资源，卓有成效地开展相关教研与实践活动，不断积淀研究基础与课程资源，不断增强教师开展民族民间文化启蒙教育活动的教学效能感。

其次，幼儿园应主动加强家园合作，邀请并组织幼儿的父母、祖辈积极参与民间童谣收集与表演活动，邀请幼儿的父母与祖辈共同参与幼儿园民间故事会、民俗体验馆、民间游戏、民间曲艺表演等民间文化共享活动，积极创建以中华优秀文化、民间优秀文化为"母语"，大中小"课堂"有机结合的教育生态环境。

最后，运用现代技术，在场景化、时尚化的创意活动中增强家长与教师传扬民族民间文化的自觉性。在全球创意产业发展热潮中，文创街区作为地方空间的重要组成单元，在重塑地域文化形象、激活地方经济活力等方面有着越来越突出的产业优势。调查表明，网络媒体与社区是年青一代接触家乡文化的主要途径。为大力传承与弘扬优秀民族民间文化，社区政府应积极探索，加强文创街区的规划与建设，通过网络、媒体、移动技术、人工智能等新媒体技术，将当地的历史文化资源、民间音乐、民俗文化等与城乡社区建设有机结合，打造富有浓郁民间文化特色的文创街区，让成人与孩子们在置身于充满文化内涵与创意活力的

"场景化"街区中，品味优秀乡土文化与民族民间音乐文化的魅力。同时，还可以为传统民族民间音乐插上新媒体的翅膀进行精彩蜕变，把传统传播变为年轻人喜欢的时尚网红，使得传承与弘扬优秀民族民间文化成为新时期年轻父母与教师们的自觉行为。

参考文献

中文专著

陈雷、刘湘如、林瑞武：《福建地方戏剧》，福建人民出版社1997年版。
费孝通：《论人类学与文化自觉》，华夏出版社2004年版。
顾剑英：《爱上民间艺术——民间艺术教育融入幼儿园课程建设的实践研究》，上海社会科学院出版社2012年版。
郭金锁、黄明珠：《闽南民间舞蹈教程》，上海音乐出版社2008年版。
刘春曙、王耀华：《福建民间音乐简论》，上海文艺出版社1986年版。
刘晓东：《教育自然法的寻求》，江苏凤凰教育出版社2018年版。
让-罗尔·布约克沃尔德：《本能的缪斯——激活潜在的艺术灵性》，上海人民出版社1997年版。
王珊：《泉州南音》，福建人民出版社2009年版。
杨立梅：《柯达伊音乐教育思想与匈牙利音乐教育》（新版），上海教育出版社2011年版。
虞永平：《学前课程与幸福童年》，教育科学出版社2018年版。
周青青：《中国民间音乐概论》，人民音乐出版社2003年版。

中文期刊

程英：《"审美与快乐"的音乐教育——关注儿童生命和谐发展的幼儿音乐教育探讨》，《学前教育研究》2003年第7—8期。
程英：《与艺术大师对话的幼儿音乐教育探析》，《教育导刊·幼儿教育》2005年第10期。
程英：《追求和谐，走向融合——多元文化视角下幼儿园民间音乐文化启蒙教育的思考与探索》，《文化传承与幼儿教育》，浙江教育出版社 2005 年版。

程英：《文化的断裂与生态式融合——多元文化视角下幼儿园闽南民间音乐教育的思考与探索》，《绥化学院学报》2008 年第 6 期。

程英：《试论民间音乐教育中儿童"本能缪斯"的激发》，《漳州师范学院学报》（哲学社会科学版）2009 年第 23 期。

程英：《幼儿教师对民间音乐教育的态度及其实施情况调查》，《学前教育研究》2009 年第 10 期。

程英：《从怎么看到怎么教——〈3—6 岁儿童学习与发展指南〉背景下对音乐教育中示范、模仿与创造等问题的思考》，《福建教育》2013 年第 50 期。

程英：《幼儿园民间音乐教育的困境与突围》，《内蒙古师范大学学报》（教育科学版）2009 年第 22 期。

程英：《架起"音乐作品"与"幼儿理解"之间的桥梁——引导幼儿感受音乐、与音乐共鸣的智慧》，《福建教育》（学前教育）2012 年第 7 期。

程英：《对〈3—6 岁儿童学习与发展指南〉音乐教育部分的理解与思考》，《福建教育》（学前教育）2013 年第 5 期。

程英：《幼儿园音乐教育游戏化的精神内涵与实践启示》，《幼儿教育研究》2015 年第 2 期。

程英：《审美体验 快乐表现 创意无限——〈3—6 岁儿童学习与发展指南〉背景下幼儿园音乐教育的改革与创新探索》，《福建教育》（学前教育）2016 年第 z7 期。

程英：《契合幼儿生命灵性的创意戏剧游戏探索》，《福建教育》2017 年第 z3 期。

程英：《童心本位的中华优秀文化传承——第五届海峡两岸学前教育论坛综述》，《陕西学前教育学院学报》2018 年第 34 期。

程英：《创意戏剧中丰富幼儿审美体验与创意表现的策略》，《福建教育》2018 年第 38 期。

程英：《用音乐架起"中华文化"与"儿童心灵"间的桥梁》，《福建教育》2019 年第 3 期。

程英：《闽乐乡音润童心》，《福建教育》2019 年第 33 期。

程英：《大班民间舞蹈活动"拍胸舞"案例诊断》，《福建教育》2019 年第 50 期。

程英：《幼儿园民间音乐教育的困境与破解》，《福建教育》2020 年第 20 期。

程英：《提升审美素养，萌发文化认同——根植于中华优秀传统文化的幼儿园音乐教育》，《福建教育》2020 年第 29 期。

程英：《多元场域下儿童对中华优秀音乐的审美感知素养培育》，《陕西学前师范学院学报》2020 年第 36 期。

程英：《家长对幼儿园民间音乐文化启蒙教育的态度认识及教育建议》，《江苏第二师范学院学报》2021 年第 37 期。

黄明珠：《闽南民间舞蹈的审美范畴探讨》，《南京艺术学院学报》（音乐与表演版）2013 年第 1 期。

许卓娅：《民间音乐与人的教育》，全国音乐教育课程培训研讨会学术报告文集论文，北京，2009 年。

余国良、辛涛、申继亮：《教师教学效能感：结构与影响因素的研究》，《心理学报》1995 年第 2 期。

虞永平：《文化、民间艺术与幼儿园课程》，《学前教育研究》2004 年第 1 期。

刘晓东：《童心哲学史论——古代中国人对儿童的发现》，《南京师大学报》（社会科学版）2015 年第 6 期。

郑玉玲：《闽台民间舞蹈的区域文化特质研究》，《集美大学学报》（哲学社会科学版）2018 年第 21 期。

中文网站

中华人民共和国教育部：教育部关于印发《3—6 岁儿童学习与发展指南》的通知，http://www.moe.gov.cn/srcsite/A06/s3327/201210/t20121009_143254.html，2012 年 10 月 9 日。

中华人民共和国中央人民政府：中共中央办公厅、国务院办公厅印发《关于实施中华优秀传统文化传承发展工程的意见》，http：//www. gov. cn/gongbao/content/2017/content_ 5171322. htm，2017 年 1 月 25 日。

中华人民共和国中央人民政府：中共中央办公厅、国务院办公厅印发《关于全面加强和改进新时代学校体育工作的意见》和《关于全面加强和改进新时代学校美育工作的意见》，http：//www. gov. cn/zhengce/2020 - 10/15/content_ 5551609. htm，2020 年 10 月 15 日。

外文专著

Barrett, M., *Cultural Psychology of Music Education*, UK：Oxford University Press, 2011.

Campbell and T. Wiggins, *The Oxford Handbook of Children's Musical Cultures*, New York：Oxford University Press, 2013.

Gillen, J., "Musicality", J. Gillen and A. Cameron Eds., *International Perspectives on Early Childhood Research：A Day in the Life*, London：Palgrave Macmillan, 2010.

Marsh, K., *The Musical Playground：Global Tradition and Change in Children's Songs and Games*, New York：Oxford University Press, 2008.

外文期刊

Ashton. P. T., "Motivation and the Teacher's Sense of Efficacy" In C. Ames, R. Ames (Eds.), *Research on Motivation in Education：Vol. 2. The Classroom Milieu Orlando*, FL：Academic Press, 1985.

Gibson, S., and Dembo, M, "Teacher Efficacy：A Construct Validation", *Journal of Educational Psychology*, Vol. 76, 1984.

Gluschankof, C., "The Local Musical Style of Kindergarten Children：A Description and Analysis of Its Natural Variables", *Music Education Research*, Vol. 4, No. 1, 2002.

Kim, E., "Music Technology-mediated Teaching and Learning Approach for Music Education：A Case Study from an Elementary School in South Kore", *International Journal of Music Education*, Vol. 31, No. 4, 2013.

Koops, L. H., "Learning in the Gambia 'Deñuy jàngal seen bopp' [They teach themselves]: Children's music", *Journal of Research in Music Education*, Vol. 58, No. 1, 2010.

Lum, C. H., "Musical Memories: Snapshots of a Chinese Family in Singapore", *Early Child Development and Care: Special Issue*, Vol. 179, No. 6, 2009.

Olga Denac and JernejaŽnidaršič, "The Use of Folk Music in Kindergartens and Family Settings", *Creative Education*, Vol. 9, No. 16, 2018.

Park, Hyoung-Shin, Cho, Eun-Jung, "The Effects of Creative Singing Activities Based on Form of Folk Song on Young Children's Musical Creativity and Preference for Korean Traditional Music", 열린유아교육연구, Vol. 18, No. 5, 2013.

Somîtca, Ana-Maria and Stan, Cristian Nicolae, "The Role of Intergenerational Learning in Building National Identity and in Children's Patriotic Education", *Romanian Review of Geographical Education*, Vol. 8, No. 1, 2019.

Tschannen-Moran, M., and Woolfolk Hoy, A, "Teacher Efficacy: Capturing Anelusive Construct", *Teaching and Teacher Education*, Vol. 17, 2001.

后 记

作为一名躬耕于幼儿教师培养园地三十多年的高校学前教育工作者，我常常在想，在中华民族伟大复兴的时代，我们该承担什么样的教育责任与文化使命？如何建立中华民族优秀文化启蒙的宏观视野与理论支撑？如何与幼儿园一线教师构建起"理论—实践"的研究共生体，实现教育理论与幼儿园实践的有效对接与相互滋养？如何基于儿童本真的童心童趣，真正架构起中华优秀文化与幼儿心灵之间的桥梁，带着孩子们一起走进中华优秀文化的世界中，让他们在真切体验中感受中华优秀文化的魅力，真正喜爱自己民族的优秀文化，从而潜移默化地陶冶情操、塑造心灵？

当代社会已逐步迈入智能时代，但是以人为本、育人为本仍然是教育的根基。面向未来的教育是提高孩子们反思能力、自我成长的教育，从而使他们成为能够立足社会、推动社会进步的人才。从这个角度上说，无论如何变迁，立德树人永远是教育的根本，真善美始终都是学前教育的主旋律。美是纯洁道德、丰富精神的重要源泉，美育是以培养审美的能力、美的情操和对艺术的兴趣为主要任务的教育。在新时代里，还必须看到，美育不仅是审美教育、情操教育、心灵教育，也是丰富想象力和培养创新意识的教育。也就是说，在当下时代和社会里，美育必须能提升审美素养、陶冶情操、温润心灵，也能够激发创新、创造的活力。

教育当自儿童的启蒙起，而启蒙教育不能忽视、偏离童心。我以为，童心本位视域下，从音乐教育方面看，民族优秀文化启蒙就是在"礼乐合一、以美润心"的音乐文化启蒙教育中，让幼儿从小就接受鲜活、生动、有趣的民间音乐艺术美育，受到中华美育精神的浸润，埋植下真善美的种子。从生活中来，向生命里去，才能促进孩子们真正的生命成长，并且滋养他们一生的成长，最终真正实现以美育人、以美化人、以美培元的育人目标。

此事说来容易，实践起来难。长期以来，在幼教园地里，幼儿园一线教师苦苦探索，寻找路径，而大学教授则指点江山，激扬理论。实践证明，二者需要不断地向彼此靠拢，风行水上，糅合为一个整体，成为学前教育的研究共生体。幸运的是，我们拥有一批有志于福建民间音乐传承与福建文化精神启蒙的同盟者，而且已经凝聚在一起，迸发出磅礴的力量，也取得了一些令人欣喜的成果。

福建民间音乐的早期启蒙与福建优秀文化的陶冶，要有一个理论主心骨，我们将其确定为"童心本位与文化陶冶"。这是对以幼儿为本理念的贯彻，也是对国家塑造文化自信的回应，更是我们始终坚持的思想原点和一以贯之的精神原则。

本书不算太厚，却在字里行间凝聚与记录了我三十多年来对于幼儿园民族优秀文化启蒙教育、幼儿园民间音乐文化启蒙教育的理论思考，以及整个研究团队二十多年来创新探索的实践智慧。这些研究和书稿的完成，凝聚的不只是我一个人的心血，还有其他人多方面、高水平、可宝贵的诸多贡献。

为此，在这里，我要衷心感谢我们整个研究团队的积极支持，特别需铭记的是福建幼儿师范高等专科学校的詹昌平教授、郑伟教授、杨滨副教授、张含弓副教授、金檬檬老师、荣佳妮老师等专业工作者，他们从学前教育、音乐教育、文化教育等领域出发，进行了卓有成效的跨领域合作；感谢福建省三十多个基地园的负责人和教师，尤其是要致谢以下子课题研究团队的负责人：福建幼儿师范高等专科学校第二幼儿园的游万玲老师、泉州市温陵实验幼儿园的陈梅蓉老师、龙岩市实验幼儿园的翁敏老师、南平市实验幼儿园的范铭芝老师、宁德市福鼎实验幼儿园的朱子夜老师、三明市尤溪县实验幼儿园的李春珠老师、泉州市刺桐幼儿园的黄阿香老师等。

同时，我也要特别感谢精心指导或积极支持本项目研究的专家、学者和其他专业人士，他们是：中国学前教育研究会前副理事长、南京师

后　记

范大学博士生导师唐淑教授，福建民间音乐文化教育大师、福建师范大学博士生导师王耀华教授，中国知名教育哲学家、华东师范大学博士生导师刘晓东教授，中国知名学前音乐教育专家、南京师范大学博士生导师许卓娅教授，福建省教科所吴明洪所长、郭少榕主任，福建师范大学林菁教授等专家，以及赖董芳、林颖、杨双智、陈以力、雷林清、包文宁、江冬英、何鸣翎、周治彬、严希圣等福建各地许多知名的民间音乐家和非物质文化遗产的传承人。

并且，我还要真挚感谢福建幼儿师范高等专科学校鲍仕梅书记、陈峰校长、郑晓生副校长等领导的鼓励与支持，感谢中国社会科学出版社刘艳副编审等人对书稿的梳理、校改与润色……

把著作写在中国幼教事业的广袤大地上，写在生于斯、长于斯的乡土田野上，这是一个艰苦、恒长的过程。本书的完成，是上述课题研究所取得的一个阶段性成果。但这绝不是可以马放南山、人可逍遥的征程终点，而是我们在中华优秀文化启蒙研究与实践过程中的又一个新起点。并且，我也对本小著的社会效益，满怀着这样的一个期待：在中国当代幼儿音乐美育、中华优秀传统文化等方面，能提供一些有益的启示与借鉴，以有效地助推其研究、推广、传承、创新与发展。

鉴于中华民族以及福建民间音乐与文化有着悠久的历史与丰富的遗产，拙著对其审美特点与文化内涵的阐释仅是挂一漏万的初步开端，对幼儿园民间音乐文化启蒙教育的实践探索也仅是迈出了曲径通幽的一步，仍有诸多后续研究工作尚待开展与完善。如有不当与不到之处，敬请专家和同人们谅解、批评与雅正。

程　英

2021 年 8 月